罔兩問景II

II

·中·間·物·

丁乃非、白瑞梅
李思齊、林文玲
林建廷、林純德
張馨文、黃詠光
劉人鵬■著

丁乃非、劉人鵬
張馨文、黃詠光
■編

編輯說明

一、內文中( )、〔 〕括號縮小字級之文字為筆者、編者後加之說明文字。

二、所涉人名、地名、書名、篇名均在每篇首次出現處加註原文,後不贅述。

三、本書內文黑體強調如未加註說明均為原作者所加。

目次

第三部分 —————————————————————————————

木石之怪：在轉向介質與未知新地之間

在遲滯的未來中等待

中間物與眾罔兩的時間性

陳佩甄
國立政治大學台灣文學研究所助理教授

十五年前《罔兩問景：酷兒閱讀攻略》（劉人鵬、白瑞梅、丁乃非，2007）一書出版時我剛離開研究生身分，過了好長一段打卡上下班、靜不下心讀書的日子。彼時自己在碩士論文中處理（不來）的問題暫時被我拋在腦後，對於台灣的酷兒論述、同志運動、性別理論，我感到階段性倦怠。當時本來身處邊緣的同志／酷兒認同與文化生產已經不那麼邊邊了；有了賣座電影、有數個文學獎加持，至少在一眾學術文藝魑魅的狂歡下有了一方天地與能見度。甚至去到同志、性／別研究座談總會遇到年輕的人們暢談自己約砲、吃藥的經驗，並認為那是在抵抗（什麼）。從我的個人視角望出去，《罔兩問景：酷兒閱讀攻略》在彼時的情境下顯得不那麼合時宜、甚至有些「古典」：在以「酷兒」為題的論文集裡，多數文章在討論女同志文化（特別是文學經典），且取了含蓄傳統為對話框架，更別說莊子與眾酷兒們的背離親緣。

十五年後我回到學院讀完博士還幸運找到教職，竟也在此刻迎來了《罔兩問景II：中間物》（下稱《罔兩II》）。作為《罔兩問景：酷兒閱讀攻略》（下稱《罔兩I》）的續篇，《罔兩II》最明顯的承繼已非一九九〇年代以降、台灣與西方混血的酷兒，而是第一部論文集中的兩個子題「婢妾」與「科幻」。這個看似跳躍的延續，倒是讓系列主題中的「罔兩」更加現形（或說變幻形體）：因為「罔兩」的影外微陰之義，已不在狹義的性少數，而是擴及到更多無以名狀之物——與人為主體的妖、妾同行的，還有物質的罔兩（道路、核廢料、斷指、科幻文體），情感的罔兩（負面性、控白、古老鬼魂）。但是這兩部論文集，倒也不是在點名誰是「罔兩」、或「罔兩」為何？重要的在於「問」，即思考、叩問邊緣的能量形式。

「眾罔兩」作為方法

雖然《罔兩 II》已將討論移往「中間物」，但我想還給「罔兩」一個遲到十五年、來自我個人的系譜式閱讀，聚焦在其「不合時宜」與「模糊面目」。我認為這兩個特質造就「罔兩」的時空異質性，回應的是貫穿兩本論文集的多組權力系統，包含：現代化意識形態中介的統一的時間與同質的空間、學術知識生產的單向與不均衡關係、歷史構造中的非物質性內容等。

「罔兩」首先在原本的意涵（影外微陰）中即論示雙重邊緣位置（邊緣的邊緣），是被層層稀釋的（類）主體。其指涉之難，即造就了互為參照之不可能。就如同《莊子》寓言中提問的是（影子的影子）罔兩，但影子的思考卻是針對其與「形」之間的關係，指出萬物皆有依附，層層相因、難以推究其原理。然而「形」、「影」之間的依附關係依舊中介著我們對於萬物之間的關聯與想像，更經常將罔兩排除在外。我曾在別處解釋自己在研究命題上試圖鬆動二元對立系統，因而將同處「邊邊」位置的「前殖民地」與「社會內部他者們」互為參照，以作為方法。若將兩本論文集的「罔兩」並置，即能得出一份十分貼近我近十五年來的研究命題與問題意識。

在「罔兩作為方法」的參照系中，「形－影」相互指涉的關係，就如同「東－西」二元架構（East-West referencing），西方自為中心、將東方劃作邊緣，且東方總是以西方為參照以指涉自身。而「形」在此問答中的「不在場的在場」，更象徵著帝國權力的自我指涉（self-referentiality of empire），非帝國者也都需要以之定義自身內涵。最終，「影」與其「所待」之對象間的關係，總是單向指涉（uni-directional reference），而非橫向與其他影子、或甚至轉身與「罔兩」互望。這些存在已久、根深蒂固的「形－影」間「二元」、「單向」、「縱向」關係，一直以來都是我們看待、解釋世界的方式。

然而「罔兩作為方法」朝向的絕非是以邊緣的邊緣另立中心，或後殖民批判採取的次級化中心策略。就如同《罔兩 II》聚焦在中介、轉移、中間這幾組關鍵字，即是在強調：無論是移動既有的中心位置、或另立的（alternative）中心，都不足以挑戰二元對立的世界秩序。但也正因此，只有如「罔兩」這樣的位置，才能指出這些中介著地緣政治與社會內部階序關係的參照系統，更重要的是，對此提問。

劉人鵬、白瑞梅、丁乃非在十五年前的〈序：「罔兩問景」方法論〉序文中即指

出，罔兩的提問有兩個意義：

> 其一，在一個公私領域都忽略的、人們幾乎看不見（平常誰會注意影子外
> 面猶有微陰，影子還有影子呢？）的位置上，向著常識世界理所當然的主
> 從階序關係提出疑問，並且是對著比較有可能反省這個關係的、被視為
> 從屬性的主體發問；其二，透過一個位於二元性主從階序關係邊緣、難
> 以辨識的位置詰問，文本出現了二元關係之外的聲音，這個聲音之被辨
> 識，也許不在故事本身，而在於一種貼近發問者的閱讀。（劉人鵬、白瑞
> 梅、丁乃非，2007：iv）

　　以「二元關係之外」的位置、對「主從階序」發問，是十五年前的罔兩問景方
法論。而該書的各篇論文也指認了「常態性－不正常」、「陽剛／T－陰柔／婆」、
「人－非人」、「現代進步－卑賤倒退」、「含蓄－暴力」等二元、主從的參照結構，
並試圖為「眾罔兩」賦形，達到橫向參照。然而，此時的「眾罔兩」幾乎等同於「性
罔兩」，並著重在意識形態與象徵的分析面向，較少觸及歷史參照系統運作模式的
物質基礎。更進一步來說，「眾罔兩」的邊邊位置不只與性／別身分有關，如何與
其他生命形態緊密扣連，如何將經濟階級、甚或族群政治連結提問，據此以更趨
近於「眾」的模糊面目（同前引頁），而非僅是「罔兩」的邊邊位置，或許是此方法的
未竟之功，也是其「不合時宜」之處。

眾罔兩的時間

　　此處的「不合時宜」，指的同時是在十五年前、社會急於為罔兩賦形的時代
下，「眾罔兩」模糊面目的不可得；以及當時與「酷兒」同行時、產生微妙的共謀又
互斥的關係。一九九〇年代以降在台灣並肩發展的酷兒論述與認同運動，本該背
離彼此、卻殊途同歸。酷兒理論主張的「去（認同）分類」（de-categorical）——強調抵
抗並轉化羞辱汙名為酷兒共享的認同經驗，而非「gay」、「lesbian」、「bisexual」等殊
異類別——的取徑被（政治與性）認同運動收編為包容性排他的政治正確修辭。因
此當罔兩問景方法論被提出時，台灣社會的性少數多已占好各自的位置，不知去

哪兒的也有個「酷兒」可暫放。「模糊面目」被視為是暫時的，因為「A」到「Z」一定有其所適之處；「罔兩」或被視為「酷兒」的同義詞，或是在地實踐。

然而，若我們不侷限於空間化地理解「模糊面目」，而是賦予其時間化的想像：模糊或如混沌，是天地未形成、元與氣不分時的狀態。那麼在此時間向度中，「眾罔兩」並非遲滯（belated），而是未到（yet to come）；它們並非後殖民主義式的、拒絕黑格爾－馬克思主義辯證法，拒絕將同性戀、女人、黑人視為內在於西方現代化線性史觀中那個播撒的時間性，而是在推遲的未來中等待。我在此想指出的是，僅以空間性（邊緣位置）來想像眾罔兩或許不夠，「未到」、「推遲的未來」的時間悖論，指向的正是眾罔兩干擾線性時間，永遠的不合時宜之態勢。

這十五年來北美酷兒研究與理論家亦從身分認同轉向關注「時間性」，並以創傷情感（Cvetkovich, 2003）、生存模式（Halberstam, 2005）、倒退（Love, 2007）、反進步（Ahmed, 2010）、慢死（Berlant, 2011）、情感支配（Povinelli, 2011）、異步／asynchrony（Freeman, 2010）等主題朝向酷兒「負面」經驗的重構與復返。這些研究強調時間化的生命形態，而非空間化的認同形構，亦將宰制性／別經驗的權力結構複雜化，納入2000年以來劇增的「債務、危機、不平等、裸命、生物政治、新自由主義和帝國」等問題一併思考。（Wiegman, 2014: 5）在這些研究裡，情感和時間性被突顯來強調資本主義或種族主義運作下的進步與幸福意識形態，同時串連精神疾病、身體障礙、老年、性暴力、貧窮等並行的多組問題。這樣的做法一方面直視性／別框架以外的酷兒經驗，同時也將酷兒與其他社會群體連結。這些議題或主體，在日常經驗領域中是以一種「中間」（in-between）的時間性聯繫在一起；這種時間性以個人經驗為尺度，同時產生想像世界的方式，這樣的間隙狀態，經常體現在透徹的自我反省獨白和焦慮中。

上述北美學界關注的命題、也曾透過罔兩研究群陸續引介到台灣：透過出版論文集的方式帶入「憂鬱倒退」、「抱殘守缺」、「妻妾（不）成家」等理論化思考（劉人鵬、鄭聖勳、宋玉雯編，2010；劉人鵬、宋玉雯、鄭聖勳、蔡孟哲編，2012；劉人鵬、宋玉雯、鄭聖勳、蔡孟哲編，2014），或與麗莎・杜根（Lisa Duggan, 1954-）、安柏・霍利博（Amber Hollibaugh, 1946-）等理論家與運動者對話新自由主義下的階級、（性）勞

動與貧窮問題。[1] 這些發生在兩本「囡兩」專輯之間的學術對話，雖然與上段提及的北美學界的發展幾乎「零時差」地並行發生，但其時間感依然是鑲嵌在台灣社會當下情境裡：對於過往十五年在台灣發生的愛滋治理、同婚論辯與性權抗爭等多組議題，「囡兩」也未缺席。

　　那麼，這樣一種時間化理解後的「眾囡兩」，要如何作為方法？我認為在《囡兩II》至少拉出了三條路徑與三種時間性，這三種時間性都展現了我在本文提出的時間悖論——遲滯的未來，而非以線性歷史或「邊緣－中心」來理解。「遲滯的未來」更突顯了《囡兩II》跨時空、跨類別的內涵，以及「中間物」非空間性的過程與過渡性。以下我將透過論文集中的「情感」、「非認同化的性相」、「非人物質」為線索，並結合我自身的思考，試著探問以「眾囡兩」作為方法的路徑。

有情時刻：「情感」作為中間物

　　亞美與冷戰文化研究者王智明在其系譜化探究台灣冷戰知識生成的專書中，以一小節〈情感的表述：囡兩作為方法〉為題，梳理「囡兩問景」作者群（中央大學性／別研究室成員為主）在此研究命題上的累積，指出「囡兩的位置恰恰就是社會符號結構中那個無法被說出、辨識與認知的存在」。（王智明，2021：388）他進而連結我在上段提及的、同一群研究者累積的北美在地思考於台灣文化研究的「情動」理路，強調酷兒批判對囡兩位置的情感認同。（同前引，頁591）王在此節寫下許多段落引述已故學者鄭聖勳（1978-2016）的「憂鬱與障礙訴說」，認為核心「不在於訴說本身，而在於訴說之障礙與不能，以及耽溺其中的絮絮叨叨、斷斷續續」。（同前引，頁392）鄭聖勳的反身性美學留下了不可忽視的囡兩遺產，正是其中的兩種時間：一是叨叨絮絮的瑣碎、破碎時間，二為憂鬱倒退——時間化的情感表述。同時將情感與時間聯繫在一起，則能夠呈現情感作為中間物的歷史性，進一步補充／修正了「感覺結構」這組概念的未竟之處。

　　馬克思主義、文化研究學者威廉斯（Raymond Williams, 1921-1988）於一九六〇年代提出「感覺結構」（structures of feeling）一詞，作為許多日後研究者探討、分析

1　麗莎·杜根與安柏·霍利博分別於2014年5月16至20日、2015年底訪台。

情感政治的濫觴，我則注意到他如何初步將「感覺」與「時間」扣連思考。（Williams, 1977）威廉斯以「感覺」（feeling）一詞強調與「世界觀」或「意識形態」等概念的區別，認為社會對於既有的觀念總有著相同、固定的認知，但事實上在不同的時代或階段下應該會產生屬於當下變動、流動的感受。但在威廉斯的觀察中，感覺結構經常呈現出的是「過去的時態」，一代人要理解或與上一代人產生連結的企圖，總是倚賴既定的（已完成的過去）世界觀。因此他強調「感覺」（feeling）一詞的「現在式時態」，因為這個結構是動態的，有著不同時間並存並作用於經驗，因此「感覺結構」並非僅是當下的經驗，也將觸及其他歷史時期的參照或遺緒。

　　我欲從上述要點中突顯一個問題，即威廉斯堅持的「時態」經常在相關討論中被忽略，而著重在「感覺」與「結構」的因果表述與體現方式；或將「時態」等同於「歷史時間」，以線性時序理解過去與現在的關係。例如討論「酷兒憂鬱」就會指向當下的集體情緒與相應的壓迫結構，或將過去的感覺直接延續到當下來證成其存在的歷史。當然威廉斯並未具體論述我在此提點的時態問題，因此我需要稍微離開威廉斯的概念，另闢思考路徑。這使我轉向其他與感覺、情感相關的討論資源。

　　一樣是在十五年前，《情動轉向》（The Affective Turn, 2007）一書的出版昭示了人文社會科學研究的轉向。書中研究所涉及的主題包羅萬象，有探討種族離散族群遭遇的創傷、肌肉細胞與身心的關係、以量子理論框架分析物理學和生物學，以及情動經濟與醫療人員勞動的關係等。馬克思主義研究者哈特（Michael Hardt, 1960- ）在《情動轉向》的前言〈情動何益〉（"Foreword: What Affects are Good For," 2007）一文中即梳理了，情動最容易觸及的研究對象為身體和情感，這兩個主題在女性主義和酷兒理論的領域中經常被談論，如我在前方提及的北美台灣性／別與酷兒研究群體的累積。哈特也認為，透過情動和情動轉向的概念，能夠影響當下社會既定的政治印象並產生新的政治可能性——使之更加符合當代的生活經驗。

　　我在此簡要提點兩部感覺結構、情動、情感研究的著作，並非為了將「罔兩」放進這條學術知識系譜，而是要結合威廉斯的「時態」與人文學科的「轉向」，為《罔兩 II》中的情感中間物提出一條更特定的路徑，即：「有情時刻」。在此，情感並非上述研究中呈現的「對象」，而是方法與主體。如黃詠光在〈亞洲之間思想遭遇的負面性轉移：瞿秋白與泰戈爾，1924〉這篇長文中處理亞洲之間思想的「糟」遇，是透過「負面性」情感這一取徑，同時作者自身在論述過程即帶有濃厚的有情

工作。因此我在此文中讀到一種動態的感覺結構，在那之中，二十世紀初期的亞洲與當代的亞際並非實體或是客觀性的存在，而是作為方法、作為中介而存在，帶出那之間和轉移的部分、片段、負向的情感勞作向度與瞬間。

　　黃詠光細節化呈現的，是瞿秋白（1899-1935）透過泰戈爾（Rabindranath Tagore, 1861-1941）表述自身情感結構中、那種位處於當下的「過去」，不合時宜的「殘餘」。當然我在閱讀時十分警惕地想，以瞿秋白或泰戈爾為論文的核心內容，似乎又將個人視為國族寓言？即使並非帝國主義式的版本（而是竹內好〔1910-1977〕式的亞洲），瞿秋白這樣的「負面遺產」，是否仍舊帶有整體化的社會性質？以及，瞿秋白遭遇泰戈爾後的反應是因其作為知識菁英，越臨近現場衝擊更大，相比於更沒有資源的零餘者，他們曾經緊握在手的要放下更難？這樣的疑問總是會出現在西方現代性與地緣政治中介下的世界圖像中，但僅是前景。透過近身閱讀（瞿秋白、泰戈爾與黃詠光）後我們得以觸及到一幅內景，在帝國擠壓下的眾生與罔兩就是一種「糟」逢——負面轉移——並亟待直視與指認，因為影外微陰之處依舊是面目模糊之物。

　　黃詠光最後提出「這樣的『轉移』不僅僅是那樹立替代性智識框架的行動，更是那有情的工作開展的時間。而轉移，正是時間本身」。（本書頁119）「轉移」在此同時是行動（方法）與過渡（時間），帶出情感作為中間物的歷史化工作。我以此連結時間化的罔兩方法，觀察到黃以失效的「亞洲」、「第三世界」想像回應的，也正是十五年來罔兩問景方法明確指出既有的參照架構，及其如何中介「影」與「罔兩」之間、乃至「眾罔兩」間的分斷與區隔，因此文中核心的「糟」遇，更是論述中介試圖使勁之處。

　　我在張馨文針對「何謂主體性？」的提問中亦看到「糟」遇所能指引的路徑。如黃詠光借前人之光取徑，張馨文將亞際文化研究與印度後殖民女性主義學者寧蒂珠（Tejaswini Niranjana, 1958-）所提出的「在亞洲『之間』」的方法論」（Inter-Asia Methodology）與她提出的「控白概念」研究法結合，檢視台灣學界在一九九〇年代翻譯英文「Subjectivity」一詞引發的論爭。在此「糟」遇的是「中國－台灣」這組「形影」不離的國族菁英欲望和參照系統，也是在一九八〇年代以降，性別運動、環境運動、勞工運動、原住民運動、學生運動等（形影之外的罔兩）運動透過主體性這個概念形成的主體能指。由當下檢視回望那一場遭逢，張馨文提醒國家層次鬥爭

與民間的抵抗之所以形成新的文化霸權，「並不是因為它們集中對抗國民黨的這個具體的黨機器，而是因為主體性的鬥爭顛覆並重構了人與他人、人與家庭、人與社會、人與國家的關係。在當時，主體性是『浮動能指』，有文化霸權的領導性」。（本書頁176-177）他因此提出將此意義黑洞納入分析。

這裡的時間化工作注意到的並非主流歷史事件，或如一九九〇年代這樣特定的時間段的脈絡化，而是主體形成過程永遠被延遲、與未完成的挫敗與落差。從階級、族群、性別身分出發的鬥爭到後來竟都走向情感的鬥爭與創傷，似乎也就可以理解？雖然未明確使用情感詞彙，張馨文用了十分類似於情感的「欲望」來表述「主體性／Subjectivity」排除的主觀經驗與情感，並以「一種能探詢『欲望』真相的實踐」作為研究的想望（envision），開啟他下一階段的知識追索，亦是另一段有情的工作。

「情感」作為中間物的論述實踐，更體現在劉人鵬累積了二十年以上的研究洞見，也為我此段討論主題定調。從晚清文人思想到當代科幻，劉人鵬的研究命題在「罔兩」系列中一直起著重要的中介作用。那並非「跨時」的歷史連續，而是思想「轉移」（借黃詠光之義）的各種時刻。她經常藉「翻譯」這一系統討論過去思想的中介性，同時如張馨文一般警惕「翻譯」造成的理解落差。這裡的「落差」絕非原文與譯文間的差異，而是翻譯突顯的時代思想的不均質。如收錄在本書的論文，仔細辯證了「淫」字的殘餘歷史遺跡如何消失於現代「性」之外，據此一方面藉由晚清文人的「翻譯」行為揭示「中／西＝落後／進步」的時空同質性，一方面將翻譯的「中間物」作為過渡性客體。且更重要的是，這個翻譯落差不能只在空間化的地緣政治階序中理解，而需提點「情感」的時間中介。

劉人鵬指出，「淫」在翻譯為「性」的轉移過程中，經常被注視的是轉化後知識面的內容物，然而對於「淫」字的感知（或感覺結構）在此過程中則一直共存於對「性」的理解之中。由此引入魯迅（1881-1936）對於「中間物」的表述（客觀意義上指一切都是進化過程中的「經過」），劉人鵬注意到的是，在具體的事例裡，這些經過卻是帶著某種不情願的感情。那是中介了傳統與現代的有情時刻，像星點般布置在黑暗與光明之所在；即使夜不放光，也依舊在那裡，形成罔兩時間，具現威廉斯那曖昧不清的感覺結構。

劉人鵬把握了晚清過渡性的時代特性，倒也並非認為其之前與之後就不帶過

渡性；就如兩本「罔兩」專輯都收錄了丁乃非針對「婢－妾－妻」的連續體的研究，即是在重構傳統的時間序列，並緊緊扣連罔兩問景方法中的閱讀策略。我將在下方持續叩問「時間性」的問題，並將討論集中在三篇與「性」直接相關的論文討論第二個罔兩時間——暮光時刻。

暮光時刻：妾身未明的「性」

此前，丁乃非曾在〈置疑婚姻・轉譯家庭〉（2011）一文開頭特別提及「沉默與含蓄」如何表現在胡台麗（1950-2022）作品中的「安靜的婚姻」、宋玉雯研究中「沉默的抗議」。這是延續她與劉人鵬在〈含蓄美學與酷兒政略〉（2007）中揭示中國文化傳統中的「默言寬容」，如何作為一種日常生活實踐中的力道與權力，以維繫人、事、物以及行動模式的「正常秩序」。在此壓抑力道下的犧牲者，就是只能絕對含蓄的拒絕——自殺身亡。而這在〈看／不見疊影：家務與性工作中的婢妾身形〉（2007[2002]）、與本書的〈成者為妻，敗者妾妓：婚姻轉型與女權演化〉中可以看到更清楚的批判指涉，即國家／反娼女性主義者身上的正典傾向。

台灣主流女性主義以文化、媒體、法律、道德論述等種種方式奠定了「現代好女人」的位置與形象，同時也架構出新的性道德女性主義，極力擺脫歷史中女性的低賤身分以及形象。丁將之稱作「女性主義工程」，其工作在於把這些「低賤」的女性視為是「過去」的，已然成為「歷史」的（如香港的妹仔和台灣的婢女、童養媳），會讓社會「進步」扣分的傳統殘餘。丁也注意到，甚至連身為娼妓婢妾者的子女都還會有抹不去的「骯髒」與羞恥；時至今日，這樣的情緒看似是來自前一代、過去的，但卻又沒有語言能說得清楚，因為相應的情感結構與解釋已被抹煞。同時，這並非「女人間的鬥爭」，而是冷戰殖民經驗的體現，影響擴及社會各層級，是「眾罔兩」同處的黑暗時刻。

我原本認為那些最髒最羞恥的，才是酷兒要聲張自持的歷史。但是某些骯髒的歷史已被清洗（「性」可以是解放的），同時也對陳年「汙垢」視而不見（依舊稱賣「淫」而非賣「性」）。然而丁乃非二十幾年來不斷叩問的「婢－妾－妻」連續體，對此時間性的介入思考，倒也不在將（已被現代家庭排除的）婢妾魍魎還魂附體、使之成妻成后，而是婢妾的中間物意涵，與隨之被抹除的情感結構。婢妾的中間物

意涵於我來說，正是「妾身未明」一詞的時間性，點出另一重要之處在於「未明」。如在法律契約、道德論述明示與中介後的「婢－妾－妻」歷史斷裂，抹除的正是歷史的中間物。而這組問題，或許可以透過林純德與李思齊討論的東北妖來體現。

劉人鵬在此書收錄的論文中，將「淫」化作「古老的鬼魂」，而我認為這「古老的鬼魂」的現代賦形即為「妖」。「妖」十分接近我對「罔兩」的想像，是階級、族群與性底層（城市邊緣、「男」同性戀、跨性別之下）的底層，也是林純德點出的：（中國）同性戀正典化（家庭）接軌（美國）西方人權正統（性）之後的渣滓。而透過山寨性／別模組化（何春蕤，2009），「妖」突顯了西方「跨性別」概念的侷限（只界定性別，而非「性」），置疑婚姻家庭的道統，更照出工業化發展城鄉不均質的實態。

但若從在工業化發展的影響面向來看，在非都市、落後貧窮的空間中生存的妖，其賴以維生的，不也正是（因工業化發展產生的）勞動人口移動後、婚家性產生的缺口？且其運作方式亦高度地資本主義商業化（清楚的項目價碼）。再者，林純德正視「妖們」的經驗與生命形態，是否展現文中所謂的抵抗與基進性，又或者反倒是強化其邊緣性，鞏固既有典律（如回歸正典異性戀婚家生活的「妖客」）。亦即，其妖性並未造成「認同」威脅，許多（高大上的）客人被滿足後隨時回歸正典生活；甚至連妖后「玫瑰」最後也回到異性戀的婚家照護體系裡。因此我不將妖的性視為「抵抗」模組，而是觀照其中間性。

我在此借用女性主義研究者安娜・克拉克（Anna Clark, 1978-）的〈暮光時刻〉（"Twilight Moments," 2005）來理解「婢妾」與「東北妖」的罔兩時間。克拉克將討論聚焦在「性行為」與「性認同」之間的脫節狀況，拆解兩造之間的聯繫，並主張我們需要好好地理解那些「沒有產生身分認同的性慾、行為或關係」。她將這些現象稱為「暮光時刻」（twilight moments），以彰顯其模糊性和短暫性，並強調：暮光時刻的邊緣狀態並不一定意味著具有顛覆性（或如張馨文所提醒的主體性內涵的「敵對性」），反而經常與統治結構共謀。其中，許多從事「非法」性行為的人不一定會認為自己異常、病態或不自然，但他們不免受各種形式的社會懲罰（例如羞辱）。

由此來看「形－影－罔兩」、「妻－妾－婢」、「異－同－妖」這幾組疊影映照出的現代化意識形態中介的同質時空，或這幾位學者明示暗示西方與在地學術知識生產的單向與不均，都可以運用「眾罔兩」的模糊性與不合時宜來複雜化原本的問題組。這幾造間的關係並非先來後到、孰優孰劣，也非取消規範與分類標準即有

解方。我依舊想問的是，中間物的時間性、或黃詠光的「轉移」即時間，能夠開啟什麼樣的工作與想像，因此在最後一段將以「非人」的史觀來理解罔兩與中間物的時間性。

與未來「糟」遇：物質罔兩的中介性

我在此處所指的「非人」較接近不以人類中心為度來理解世界的方法，而非將「人類」排除在外，那可能又會落入空間化的思維裡。同時，「非人」原本被排除在人類歷史時間之外的存在形式，可以讓「提問」的方式與對象從主體問題轉移到時間性的討論。更具體來說林文玲、林建廷與白瑞梅的論文都指向一種非典型的「非人」思考：並非自外於人類社會的無機體或理想化的自然，而是在介於中間的物質性存在。

林文玲在〈社會議題的中介與轉化：以撒舒優・渥巴拉特兩部台灣原住民族紀錄片為例〉一文中觸及到多組複雜問題，包含紀錄片不同的形式語言與觀影者們之間的關係，經濟、政治、環保與殖民歷史交疊下的原住民處境，人與土地、空間難以分割的生命觀念與存在樣態等。而我認為，林文玲討論這些複雜問題時，透過將「古道」、「核廢料」作為「罔兩／中介」來理解，因此繞開「壓迫（掌權與開發者）vs. 被壓迫（原住民）」這樣的古典批判敘事，亦即「形－影」間的參照結構。

古道雖然一直扮演著連結、轉向與中介的角色，但在林的討論中，透過道路跨越與連結的並非「自然與人為」之間的界線，而是「實質與虛擬」的時空分隔，更代表了（非現代化的）價值、信念與生活態度。而在當代環境災難論述中被賤斥、妖魔化的核廢料，其特定「時間尺度」的中介性，更同時揭示「社會關係重新配置」，以及人類生命週期無法定奪的未來。（本書頁294）古道與核廢料象徵化為「過去的延伸」與「耗盡的未來」，但又同時體現中間物的過渡性與罔兩的時間性，而非僅是空間化了的「發展遲滯」的阻礙、與「過度發展」的惡果。發展的線性時間觀並未給予人類心靈、情感移轉中介的餘裕，那終究得在別處尋得，而林建廷的「斷指」即在此面向與林文玲文中的物質罔兩有呼應。

「等待醫治的斷指」具有強大的隱喻功能，「體」現了種族化的國家殘缺失能、階序化的現代醫療知識、後殖民亞洲國家的發展遲滯等冷戰殖民經驗。林建廷將

電影《太平天國》（1996）中主角阿憲的斷指，諭示為台灣後殖民國族史觀：因日本殖民暴力而毀損的國族身體，期待從美國冷戰的醫療現代性與自由人文主義中得到復原；而將斷指泡在薑罐裡的「民間知識」或「民俗療法」，對於美國科學化醫療理性來說，是社會未發展的證據。這一讀法一方面揭示了《太平天國》內在的後冷戰歷史遺緒，另一方賦予「斷指」對一切參照體系提問的可能。「斷指」即使已離開了身體，該具身體就此留下殘缺印記，沒有所謂復原的可能，就如同林文玲提點核廢料相對於人類生命週期來說的無法處理。「等待醫治」便成了遲滯的、不會到來的未來，斷指註定無法參與「強迫治癒」的未來想像。但與劉人鵬在魯迅經驗中「死屍」、「鬼魂」那種掉在進步的鏈子後方無法往前的時間性不同，斷指並非「如影隨形」，而是如同幻肢罔兩（也如古道），成為虛實之界的中間物。由此我將接續重新理解「科幻」、「旁若」在「罔兩」書系的中介功能。

　　劉人鵬在《罔兩 I》中以〈在「經典」的「人類」「旁邊」〉這組標題討論1994年台灣科幻小說獎得獎作品，而該年得獎作品中不僅有兩位直接參與了台灣酷兒翻譯與論述的生成，更在同年於《島嶼邊緣》雜誌主導了「酷兒」專題的內容。科幻非人與酷兒罔兩的共同體想像，似乎在一九九〇年代台灣母體妾身未明之時，已自發生成，在更多形成中的主體「旁邊」，自己玩。[2] 而《罔兩 II》中，白瑞梅討論的兩部外國科幻文本也與本文梳理的知識系譜有著時間上的巧合（1994、2007），並且在討論中提出諸多線索與前面各篇文章相呼應。

　　白瑞梅觀察到幻設小說擁有對社會改造工作重要的思想資源，但這似乎總是在一個預設了「糟糕」未來的藍圖中實踐。例如文中引述斯皮勒斯（Hortense Spillers, 1942-）的〈想像性遭遇〉（ "Imaginative Encounters" ）概念，賦予科幻文類建構世界的能力，讓怪異與熟悉並存，得以讓「我們未知而未曾經歷過的方式帶我們回到原本熟知的事物」。也如狄蘭尼（Samuel Delany, 1942-）所說，「科幻迫使讀者認知到他們對於被描述的世界並不全然了解」。（本書頁353）科幻中介了未知的想像，但是奠基於已知的事物（且經常是糟糕的事物），這與黃詠光為亞洲之間的負面性遭遇提出的理解不遠，終究需要時間化的思想工程。就如文末白瑞梅接合陳光興（1957-）的去冷戰政治思想計畫，突顯科／幻設小說的語言特質，得以超越自由主義認定的價

2　　當然我沒忘了這是在一小眾群體中發生的事，不能整體化為當時的酷兒想像。

值及可能性，這也是此篇論文在不同戰場上開啟的各種時空想像，與罔兩問景方法論的又一次集體實踐。

「誰」在遲滯的未來等待

我在這篇文章中指稱的時間性，或許較貼近於英語中的「temporalities」，並非線性的「過去－現在－未來」，而是這些時間的共在，如何由一個行動、中間物促成，進一步賦予眾罔兩的「不合時宜」一種介入歷史批判的動能。但那並非企圖朝向「合時宜」，我認為重點依舊在於想像「不」的可能性。「眾罔兩」「不」是什麼、「不」被想像為共同體的一部分、「不」被封存在過去或未來，正是中間物的核心內涵。在此樣態下，指認與辨識都不可為，也依勢必行。

《罔兩II》中各篇文章延展了十五年前的諸多歷史、思考的限制，重訪懸宕的命題，指認面目依舊模糊的各種存在。意不在超克（反倒更近似於超渡）現代，而是召喚被封印在國族咒語下的鬼魂，以情感指認之；在天色未明之時，辨識出短暫現形的魍魎；更在現代性允諾窮盡之地，與未來「糟」遇。情感、性、非人（雖是由我主觀歸納而來），在不同類別、不同結構、不同型態下成為「眾罔兩」共同體想像，並與中間物一起作為方法。而這個「方法」，終究指向的是不停止提問、指認、辨識一眾跨類別、跨樣態、跨時空質地的罔兩，持續地不合時宜與混沌未明。《罔兩III》也正在那推遲的未來中，等待將屆。

參考書目

中文書目

丁乃非著，金宜蓁譯（2007）〈看／不見疊影：家務與性工作中的婢妾身形〉（2002），《罔兩問景：酷兒閱讀攻略》，中壢：中央大學性／別研究室，頁247-278。

丁乃非（2011）〈置疑婚姻・轉譯家庭〉，《置疑婚姻家庭連續體》，台北：蜃樓出版社，頁135-166。

王智明（2021）《落地轉譯：臺灣外文研究的百年軌跡》，台北：聯經出版。

何春蕤（2009）〈山寨性／別：模組化與當代性／別生產〉，國立中央大學性／別研究室「何春蕤

論述資料庫」，2009年12月5日，https://sex.ncu.edu.tw/jo_article/2009/12/山寨性%EF%BC% 8F別：模組化與當代性%EF%BC%8F別生產/

劉人鵬、丁乃非（2007）〈含蓄美學與酷兒政略〉，《罔兩問景：酷兒閱讀攻略》，中壢：中央大 學性／別研究室，頁3-43。

劉人鵬、白瑞梅、丁乃非（2007）〈序：「罔兩問景」方法論〉，《罔兩問景：酷兒閱讀攻略》，中 壢：中央大學性／別研究室，頁iii-xii。

──（2007）《罔兩問景：酷兒閱讀攻略》，中壢：中央大學性／別研究室。

劉人鵬、宋玉雯、鄭聖勳、蔡孟哲編（2012）《酷兒‧情感‧政治：海澀愛文選》，台北：蜃樓 出版社。

劉人鵬、宋玉雯、蔡孟哲、鄭聖勳編（2014）《抱殘守缺：21世紀殘障研究讀本》，台北：蜃樓 出版社。

劉人鵬、鄭聖勳、宋玉雯編（2010）《憂鬱的文化政治》，台北：蜃樓出版社。

外文書目

Ahmed, Sara. 2010. *The Promise of Happiness*. Durham: Duke University Press.

Berlant, Lauren. 2011. "Slow Death (Sovereignty, Obesity, Lateral Agency)." *Cruel Optimism*. Durham: Duke University Press.

Clark, Anna. 2005. "Twilight Moments." *Journal of the History of Sexuality*, 14: 139-160.

Cvetkovich, Ann. 2003. *An Archive of Feelings: Trauma, Sexuality, and Lesbian Public Cultures*. Durham: Duke University Press.

Freeman, Elizabeth. 2010. *Time Binds: Queer Temporalities, Queer Histories*. Durham: Duke University Press.

Halberstam, Judith. 2005. *In a Queer Time and Place: Transgender Bodies, Subcultural Lives*. New York: New York University Press.

Hardt, Michael. 2007. "Foreword: What Affects are Good For." In Patricia Ticiento Clough, Jean Halley (Eds.), *The Affective Turn: Theorizing the Social* (pp. ix-xiv). Durham: Duke University Press.

Love, Heather. 2007. *Feeling Backward: Loss and the Politics of Queer History*. Cambridge: Harvard University Press.

Povinelli, Elizabeth A. 2011. *Economies of Abandonment: Social Belonging and Endurance in Late Liberalism*. Durham: Duke University Press.

Wiegman, Robyn. 2014. "The Times We're in: Queer Feminist Criticism and the Reparative 'turn'." *Feminist Theory*, 15(1): 4-25.

Williams, Raymond. 1977. *Marxism and Literature*. New York: Oxford University Press.

「中間物」方法論

黃詠光、張馨文、劉人鵬、丁乃非

Die Mitte ist überall.

(The thing-in-between is everywhere.)

——尼采（Friedrich Nietzsche）

在進化的鏈子上，一切都是中間物。

(On the chain of evolution, everything is a thing-in-between.)

——魯迅

　　十五年前《罔兩問景：酷兒閱讀攻略》（2007）一書，由罔兩（影外微陰）邊緣、難以辨識的位置，向著常識世界理所當然的主從階序關係發問，提出了酷兒閱讀攻略。

　　當時提出的歷史背景之一是1997年公娼抗爭以及（公娼抗爭觸發的）婦女新知基金會不續聘全職女同志員工事件（又稱，婦運「家變」）。[1] 該事件本為「非事件」，因當時「不論在運動團體內部或對外，談論的方式總是很含蓄」。（劉人鵬、白瑞梅、丁乃非，2007：v）「罔兩問景」方法論的提出，在「父權結構 vs. 女性主義」、「服從 vs. 抵抗」形影不離的相斥又共生關係「之外」，開創新的發問位置，將「含蓄」化為一組文化問題意識，使「家變」顯形為一歷史事件。

　　正如書中序言所論：「『含蓄政略，酷兒詩學』源自我們感受到在日常生活中瀰

1　1997年11月7日，婦女新知秘書處全職工作人員王蘋、倪家珍接獲婦女新知基金會董事會書函，「告知」他們的工作將於11月底停止，名義上是「邀請王蘋參與下屆董事、倪家珍改聘為委員會委員，均不支薪」，王蘋與倪家珍拒絕接受，並抗議此「解聘」決定。此解聘事件與1997年9月因台北市政府（在婦女團體的建議下）推動廢除公娼的政策所引發的公娼上街抗爭有直接相關，公娼抗爭與新知的解聘事件使婦運內部出現支持廢娼與反廢娼的分裂衝突，即「婦運家變」。

漫著的一種文化的，以及文化養成的力道，其效力在於一種主流的倫理，附帶看不見的暴力。」（同前引頁）《罔兩問景》一書試圖探索將歷史文化結構暴力「讀出來」的方法——然而「形、影、影外微陰」的形象易使人將其理解為「主流、邊緣與更邊緣」，好似在找尋或依附最邊緣，或選擇「超越二元對立」的（更正確的）政治位置，這與《罔兩問景：酷兒閱讀攻略》一書中所強調並不完全相同——《罔兩問景》強調的是比「真正的」更加要緊的「活生生的」（同前引，頁129）：即是那些受到「真正（不了）的性別政治」所掩蓋與排除（不了）而一直存在我們「中間」的勞動實踐、經濟交換與欲望衝突的真實歷史軌跡。

十五年後的這本《罔兩問景II：中間物》繼續開展罔兩的發問，在「晷景遷馳，分陰不駐」（語出章太炎〔1869-1936〕）與「凡物之非此非彼者」（語出嚴復〔1854-1921〕）罔兩寓言閱讀所提供的難以捕捉的時空位置，重新反思亞洲現代性與其思想的「中間物」軌跡。

中間物：在魯迅與尼采之間

劉人鵬在這本書的第一篇文章〈性、淫、翻譯：晚清性別知識重構舉隅〉以魯迅（1881-1936）翻譯尼采（Friedrich Nietzsche, 1844-1900）而創造的「中間物」意象，分析了知識的過渡性質，以及（半）殖民地在現代性刻痕下，對於知識重構過程的感知框架與歷史情感。在此，她提供了我們一個可能的概念喻說，來重新閱讀彼此的工作，嘗試對於當下殖民與冷戰耦合下知識形構的論述－情感閾限（discursive-affective limit）重啟「罔兩之問」。

劉人鵬文中提及「中間物」是來自魯迅1920年翻譯尼采〈察拉圖斯忒拉的序言〉（"Zarathustra's Vorrede"，以下簡稱〈序言〉），由查拉圖斯特拉（Zarathustra，孫周興譯，即魯迅譯「察拉圖斯忒拉」）說出：「我於人們還是一個中間物在傻子和死屍之間。」（Eine Mitte bin ich noch den Menschen zwichen einem Narren und einem Leichnam.）（尼采著，唐俟〔魯迅〕譯，1920：966；轉引自劉人鵬，本書頁69）劉人鵬提到魯迅〈序言〉「譯文突顯的一種『中間』的意象是，背著『死屍』上路，以及一種危險的『經過』，一種過渡性的存在，如同一條索子，『結在禽獸和超人的中間』，而這種過渡性的存在狀態正是『人』的狀態」。（本書頁69）劉人鵬特別引用魯迅譯文描寫「中間」狀態的段落：

　　人是一條索子，結在禽獸和超人的中間──一條索子橫上潭上。

　　是危險的經過，危險的在中途，危險的回顧，危險的戰慄和站住。

　　在人有什麼偉大，那便是，為他是橋梁不是目的；於人能有什麼可愛，
　　那便是，因他是**經過**又是**下去**。

　　我愛那，除卻做那下去者之外，不要生活者，這也便是經過者。（同前
　　引，頁960；轉引自劉人鵬，本書頁69）

　　這裡的「經過者」與「下去者」的描述是「可愛」與「偉大」的，然而在魯迅對於
他自身歷史處境中，扛著死屍的意象卻成了無奈而不情願背負的傳統的「殭屍」與
「鬼魂」。在尼采的《查拉圖斯特拉如是說》（*Also sprach Zarathustra*, 1883-1885）當中，查
拉圖斯特拉背上的死屍，正是序文第六節中市場裡的走索者。在這一節當中，市
場裡的走索者走在兩塔之間的索子上，「在他的中途（Mitte）」，塔的門又開了，一
個小丑跳出來對他吼著「〔……〕一個更好的，比你更好，你阻了他自由的道！」惡
鬼似地躍過了他，這走索者「失了他的頭和他的索子」，直直落下墜向深處，觀看
的群眾在這可怖的情景下一哄而散。（同前引，頁965）然而，這意象正如第四節中
「偉大」與「可愛」的「作為橋梁不是目的」的「經過者」（Übergung; over-goer）又是「下
去者」（Untergung; under-goer）。這「經過」（übergehen）也是「過渡」與「轉化」，而「下
去」也是「沉沒」、「崩落」與「毀壞」。走索者斷氣前，查拉圖斯特拉對他說：「你拿
危險做你的職業，這是無可侮蔑的。現在你於你的職業到了底了，所以我要用我
的手埋葬你。」（同前引，頁966）這裡的死屍不是不情願地背負，而是查拉圖斯特拉
唯一的同伴與聽眾──聽了他棄絕虛幻的來世救贖與懲罰，而無懼無悔面對生存
奮鬥帶來的死亡。

　　德文中「Mitte」作為名詞，可譯為「中間」、「中央」、「中點」、「當中」。與
「Mitte」字根上接近的包括介系詞「mit」（接近英文介系詞with）、「Mittel」（可譯為「方
法」、「途徑」、「手段」、「工具」）、「mittelbar」（形容詞，indirect，非直接、受中介的）與
「Vermittlung」（名詞，mediation，中介）等字。「Mitte」作為可數名詞在〈序言〉中似
乎有著鮮明的意象，魯迅或因此特別將他譯為「中間『物』」。在尼采晚年寓言似
的《查拉圖斯特拉如是說》中，「中間物」似乎給予了一個思索屬於塵世地土的超越
自身的意象。也就是說，當這個世界背後的形上學理型或者超越性的理念不再能

作為我們的導引，在這個源源不斷生出生活的意志的瀑流轉變的生成之河中，我們也不再能以己身為度而思考「目的自身」，確信著我們正朝無限的進步大步邁進著。然而，我們仍然渴望著、鬥爭著，對著「地土」與「生活」的愛氾濫橫流著，不斷向下與向地移動。

「中間物」（Mitte）一詞雖然在《查拉圖斯特拉如是說》出現的次數不多，然而在書中卻充斥「在中途」（der Mitte seines Weges）、「夜正中間」（Mitternacht）、「作為手段」（als Mittel）、「在……（中）間」（mitten）等的意象：如同「所以我在工作中間，走向我的孩子們，又從他們那兒回來：為了自己的孩子們的緣故，查拉圖斯特拉必須完成自己」（尼采著，孫周興譯，2010：253）當中對於「未來者」的愛；或是不斷出現的「夜正中間」，如同「這些<u>夜正中間</u>的靈魂，比任何白晝都更明亮與深沉」[2]（同前引，頁514）中，對於黑暗的直面與肯認。

然而在尼采那裡，也有讓他感到輕視與痛苦的「中庸」、「中立」似的「中間物」形象。在第三部的〈使之渺小之道德〉（"Von der verkleinernden Tugend"）一節中擁抱著「小確幸」（ein kleines Glück）以順從為道德的「渺小化的人們」得意地說「我們把椅子擺在中間（die *Mitte*）」而「與垂死的鬥士與滿足的豬玀同樣的距離」，查拉圖斯特拉說「但這就是——平庸（*Mittelmässigkeit*）：雖然它被稱之為<u>溫和適度</u>」。（斜體為原書所加；Nietzsche, 2003）[3]（這裡尼采筆下，「知道一切」而使得「一切事物日益渺小」，忙忙碌碌追求無害、中庸、「使人類本身變成人類最好的家畜」〔尼采著，孫周興譯，2010：268〕，有著「最壞的虛偽」也就是「統治者」〔同前引頁〕與「命令者也佯裝出服侍者的德性」〔同前引，頁267〕的「末後的人」、「渺小的人」，是否早早窺見了現代之疾下科技統治下的「牧群」與打造正典現代國家族的「含蓄政略」？）

除此之外，在〈康復者〉（"Der Genesende"）一節中，查拉圖斯特拉的動物們安慰病中的他說：「萬物去了又來，存在之輪永遠轉動。萬物枯了又榮，存在之年永遠

2　魯迅當時僅翻譯了尼采本書序言的部分，本篇導言中《查拉圖斯特拉如是說》大部分的引文我們引用孫周興（1963-）於2010年的中文譯本，然而在一些與「中間物」相關的語彙上，則依本文行文所需略作更動（如此處引文孫周興譯為「<u>午夜</u>」，我們改譯為「<u>夜正中間</u>」），並以底線標出，後不贅述。

3　此段譯文由於本文行文所需直接參考原文，然而譯文參考了徐梵澄（1909-2000）的舊譯本與孫周興的新譯本。（尼采著，徐梵澄譯，1992：168；尼采著，孫周興譯，2010：269）

行進。萬物分了又合；同一座存在之屋永遠在建造中。萬物離了又聚；存在之環永遠忠於自己。存在始於每一個剎那；每個『那裡』之球都繞著每個『這裡』旋轉。中間物無所不在（Die Mitte ist überall）。永恆的路是彎曲的。」（同前引，頁352）查拉圖斯特拉卻回答說：「我的動物啊，連你們也是殘忍的嗎？你們也像人類所做的那樣，旁觀我的大痛苦嗎？」（同前引頁）在海德格（Martin Heidegger, 1889-1976）的尼采講座中，把這段與〈幻相與謎疑〉（"Vom Gesicht und Räthsel"）一節中查拉圖斯特拉與侏儒在山上名為「瞬間」（Augenblick）的雙面關口的對話並置，一條長路往回綿延永久，另一條往前，兩條路會永遠背道而馳嗎？侏儒提出的答案接近於他的動物們：「時間是個圓環」，一切循環往復。查拉圖斯特拉駁斥了這樣對於「永恆回歸」與圓環的理解，因為若是如此站在旁觀者的角度，一切循環反覆，無限地彌補遞歸，那麼一切的掙扎、鬥爭與決斷都將無關緊要。然而，我們不是旁觀者，而是在時間之中，佇立在此一「瞬間」，這瞬間就是我們對於過去的接受與肯認與向著未來行動。在此一瞬間的掙扎鬥爭中，是過去與未來的兩條路徑「迎頭撞上」（vor den Kopf stoßen，同前引，頁277）的遭／精遇。（Heidegger, 1996[1961]）

　　在此我們無法、也無意深究尼采《查拉圖斯特拉如是說》對於西方哲學形上學傳統帶來的挑戰與開啟在他身後的哲思，或是他的超克自身的思考在西方或是在東亞現代性中帶來著政治效果。我們的工作，是在己身殖民－冷戰的歷史之中，試著探問尼采創造出鮮活的「中間物」概念喻說在此的遭／精遇。關於尼采「在傻子與死屍之間」的「中間物」並未見太多討論，[4] 常見的英譯版本甚至就是譯為「something」，然而這個「中間物」的意象卻似乎深埋進了魯迅的心裡。魯迅在1918年，曾經以文言翻譯了序言的前三節為〈察羅堵斯德羅緒言〉。兩年後，又以白話文翻譯了整篇十節的序言〈察拉圖斯忒拉的序言〉，後附上註解，在1920年刊登於《新潮》雜誌。魯迅後來囑託徐梵澄翻譯了全文，定名為《蘇魯支語錄》，鄭振

4　除了精神分析師榮格（Carl Gustav Jung, 1875-1961）在1934至1939年的尼采講座中，在1934年春、秋兩個學期花了許多時間以象徵主義的方式討論了走索者的段落。榮格認為走索者是查拉圖斯特拉屬於人性的形式，也揭示了尼采自身的命運；而小丑則是查拉圖斯特拉的負面性的一面，也就是說如此的一個無意識形影可以遠遠勝過人類本身，甚至將其毀滅。榮格把尼采的精神病理與此段落相繫，這段「我於人們還是一個中間物在傻子與死屍之間」對他來說便是人們一般看見的尼采的死亡與瘋狂。（Jung, 1988）

鐸（1898-1958）也為此寫了一頁的序，在這譯本多年後加上的〈綴言〉中，徐梵澄說到魯迅那作為「華文第一譯」的文言：「那譯筆古奧得很，似乎是擬《莊子》或《列子》。以原著的思想及文采而論，實有類乎我國古代的『子書』。」（徐梵澄，1992：1）[5] 然而，從尼采拒絕那目的論與彼岸救贖的「中間物」（Mitte），既是那「下去者」（untergehen；向下探底〔借用本書林純德語〕）又是「經過者」（übergehen；過度橫流）的情感，或許是以死亡與瘋狂作為代價；在魯迅譯介之下的「歷史中間物」，一面雖是直面瀑流轉變的現實與拒絕彼岸，另一面卻在時代感知的中介下難以不被單向的進化論所圍，而生出一種厭棄自身背負傳統的氣悶情感。

　　1926年，魯迅在自編文集《墳》的後記〈寫在《墳》後面〉中提到的「中間物」一詞，最為學界熟悉。為了清楚展現魯迅這段名言的語境，我們不惜篇幅引用如下：

> 記得初提倡白話的時候，是得到各方面劇烈的攻擊的。後來白話漸漸通行了，勢不可遏，有些人便一轉而引為自己之功，美其名曰「新文化運動」。又有些人便主張白話不妨作通俗之用；又有些人卻道白話要做得好，仍須看古書。前一類早已二次轉舵，又反過來嘲罵「新文化」了，後二類是不得已的調和派，只希圖多留幾天僵屍，到現在還不少。我曾在雜感上掊擊過的。
>
> 新近看見一種上海出版的期刊，也說起要做好白話須讀好古文，而舉例為證的人名中，其一卻是我。這實在使我打了一個寒噤。別人我不論，若是自己，則曾經看過許多舊書，是的確的。為了教書，至今也還在看。因此耳濡目染，影響到所做的白話上，常不免流露出它的字句、體格來。但自己卻正苦於背了這些古老的鬼魂，擺脫不開，時常感到一種使人氣悶的沉重。就是思想上，也何嘗不中些莊周、韓非的毒，時而很隨便，時而很峻急。孔孟的書我讀得最早，最熟，然而倒似乎和我不相干。大半也因為懶惰吧，往往自己寬解，以為一切事物，在轉變中，是

5　徐梵澄所謂魯迅「古奧」的譯筆是如何？在此摘錄一小段魯迅首譯之《察羅堵斯德羅緒言》：「維此超人，實大地誼諦。汝志其曰，維為超人，斯大地誼諦。／今誓告汝，嗟我兄弟，其貞大地，而毋信說汝出世望者。此投毒人也，無間識非識。／此侮生活者也，方溢死者也，自鴆毒者也，大地厭夫具，可以逝矣。」

總有多少中間物的。動植之間，無脊椎和脊椎動物之間，都有中間物；
或者簡直可以說，在進化的鏈子上，一切都是中間物。（魯迅，1989c：
161-162）

　　魯迅不會料到，自己書序中出現三次的「中間物」竟成為二十世紀末以來研究
者熱烈討論魯迅思想的關鍵字之一。那是在白話書寫方興未艾的時代，新舊之間
看風向的投機文化人汲汲營營尋找一個苟安的位置、見風轉舵、折衷調和，種種
拙劣看在魯迅的冷眼裡正譏諷著，卻又冷不防發現自己也落到一個尷尬境地裡。
他應該是想要唾棄老舊、走上白話的現代康莊大道，別人卻稱讚他白話做得好是
來自古文讀得好，自己也不得不承認的確飽讀舊書、耳濡目染，這些他瞧不起的
別人所稱羨的舊學根柢，卻讓他感到「背了這些古老的鬼魂，擺脫不開」而且「時
常感到一種使人氣悶的沉重」，連思想也是「中毒」了。是在這樣的脈絡下，他以
「中間物」自我寬解：在「轉變」或「進化」的過程中，總有中間物甚至一切都是中間
物，彷彿如果是「中間物」，那麼，意義、位置、立場的不穩定，甚至背負著擺脫
不掉的落伍，亦即「進化」的不完全，也都有了暫時喘口氣的時間或空間：反正終
究還會往前進化的。

　　陷在「中間物」的困頓裡，在邁向「現代」的「進化」過程中，在「現代」之眼
裡，魯迅見到了芸芸同胞國民看客、漠然、無特操與奴性，羞恨於落伍、無所適
從、企圖守住傳統、不想進化、抗拒進化或進化不了的「國民性」，彷彿所有的錯
都在於吃人的傳統以及阿Q的醜陋。來不及戳破「進化」的神話，來不及揭穿現代
的黑暗，可能也來不及訪問古老的智慧。本書用魯迅的「中間物」試圖理解或捕捉
某些歷史轉折中的位置與情感，卻未限於用魯迅的眼睛來看待中間物。

　　事實上，魯迅在這裡對於「中間物」是引伸用法，「中間物」來自當時自然科
學的對象。早在1909年魯迅於杭州任教時編的《生理學講義》（許壽裳題「人生象
斅」），已出現過兩次生理學上的「中間物」。其一指造血過程中變化時的中間狀

態[6]；其二指嗅覺器官中某種既非此又非彼、既類此又類彼的構造[7]。前者「中間物」意味著在變化的過程中產生出來、並且在變化過程中會消逝轉換到下一階段，本身卻不會成為最終的產物；對於這個意義的認識，如果將重點放在變化的過程，我們可輔以恩格斯（Friedrich Engels, 1820-1895）的「運動」來理解，即「運動是物質的存在方式，無論何時何地，都沒有也不可能有沒有運動的物質」（恩格斯，1975：98），「這種認識，是今後對轉化過程本身進行更為豐富多彩的研究的既得的基礎，而轉化過程是一個偉大的基本過程，對自然的全部認識都綜合於對這個過程的認識中」（同前引，頁53-54）。後者「中間物」則意味著，在知識分類的範疇中，無法涵括於較明確的任何類別之一。這種認識，則可借助恩格斯所謂「意識到自然過程的辯證性質」（同前引，頁53），亦即「舊的不變的對立，嚴格的不可逾越的分界線正在日益消失」（同前引頁）。恩格斯曾指出，「自從按進化論的觀點來從事生物學的研究以來，有機界領域內固定的分類界線一一消失了，幾乎無法分類的中間環節日益增多」（同前引，頁54），他舉的例子有「孵卵的哺乳動物」與「用四肢行走的鳥」（同前引頁）[8]等。以恩格斯的角度理解前一種中間物，生命作為蛋白質體的存在模式，它的主要在於這樣的事實，「在每一個時刻它既是其本身也同時是其他事物」，「在每一瞬間既是它自身，同時又是別的東西」（同前引，頁121），生命本身的內在運動本身就包含著消亡。生物演化對於環境的適應，可能意味著進化也可能意味著退化。而第二種中間物，則涉及了既有的知識的分類，固有的分類學對於起源與發生的認識的限制，使得許多物種無法歸類，而打破了固定的分類界線。而魯迅的中間物思想，或許根基在他對於生命進化的理解上，然而也存其相互矛盾之處。

　　一方面，他對於發展與進化的理解似乎囿於單向與直線，如同他在這本《墳》的文集中〈我們現在怎樣做父親〉一文裡，他說「後起的生命，總比以前的更有意

6　「其說曰：骨髓之中，函幺一種，名造血幺（Hämatoblaston），中亦函核。與見於胎兒之有核赤血輪相同。或則謂變自白血輪。其說曰（一）已在脾靜脈及骨髓中，見其方變之中間物。……」見魯迅《人生象斅》。（魯迅著，唐弢編，1952：686）

7　「支柱幺上部，作圓柱狀，於函黃色色素粒，下部甚隘，而歧其端，與鄰幺魰合，成形素網，每列之幺所函核略同。其高顯幺之形，上下皆銳，弸大之處有核，環以形素，上端生茸霾，下端則銳減，與神經系聯。其核之高亦悉等一。上列兩種而外，亦有類顥幺並類支柱幺而實非是者。蓋其中間物也。」（魯迅著，唐弢編，1952：743）

8　此二例註釋謂「前者是指鴨嘴獸，後者顯然是指始祖鳥」。（恩格斯，1975：595）

義，更近完全，因此也更有價值，更可寶貴；前者的生命，應該犧牲於他」。（魯迅，1989b：117-118）然而，這直線與無限的進化對他而言似乎也非真正可期，而有著這樣的暗影：「將來的運命，早在現在決定，故父母的缺點，便是子孫滅亡的伏線，生命的危機。」（同前引，頁120）對於現下感到的黑暗絕望，他僅能將他的中間物思索，化為對於「孩子」的「愛」的一種倫理政治計畫的想像，反覆要求「自己背著因襲的重擔，肩住了黑暗的閘門，放他們到寬闊光明的地方去；此後幸福的度日，合理的做人」。（同前引，頁115、128）[9] 這對於「新生者」與「未來者」的愛，似乎近似於尼采所言，「使我成了孩子們的獵物，因他們而失去了自己」（尼采著，孫周興譯，2010：254），將希望置於「小孩乃是無辜與遺忘，一個新的開端，一種遊戲，一種自轉的輪子，一種原初的運動，一種神聖的肯定」（同前引，頁32）。然而，《墳》中收錄魯迅於1907年以文言文寫成的〈人之歷史〉中對於演化學說的介紹，他特別著重的是黑格爾（E. Haeckel〔1834-1919〕，後通譯海克爾，非哲學家Hegel）將「個體發生學」（Ontogenie）和「種族發生學」（Phylogenie）視為同構的演化學說，然若每個個體的發展都是種族發展的反復，那麼，每一次的新生，不也是社群歷史的反復的開端？（魯迅，1989a）

因此，魯迅這寫在《墳》後面的這餘話，似乎充滿了奇異的矛盾，寫得彎曲來回反覆。就在前面這段引文之後，他的寫作作為這中間物的任務，似是喊出「新聲」，而正因為來自「舊壘」中，而可以「反戈一擊」。然而，這樣的寫作「仍應該和光陰偕逝，逐漸消亡，至多不過是橋梁中的一木一石，並非什麼前途的目標，範本」。（魯迅，1989c：262）中間物只是作為進化的路途。然而，對於這路途引向何處，他所知道必然的終點，卻只是一己的「墳」：

> 然而我至今終於不明白我一向是在做什麼。比方作土工的罷，做著做著，而不明白是在築台呢還在掘坑。所知道的是即使是築台，也無非要將自己從那上面跌下來或者顯示老死；倘是掘坑，那就當然不過是埋掉自己。總之：逝去，逝去，一切一切，和光陰一同早逝去，在逝去，要逝去了。——不過如此，但也為我所十分甘願的。（同前引，頁258）

9　魯迅在這篇文章開頭寫了這句話，文末又再度引用前文重述了一次。

　　這裡築台而「跌下來」與「掘坑」而「埋掉自己」，自然使人想起《查拉圖斯特拉如是說》中的走索者，終究崩落的、背負的、埋藏的都是一己之身。魯迅的「中間物」的倫理計畫，最終或許是像瞿秋白所言「不能不自殺」、「時時刻刻的自殺」。（瞿秋白，1986）然而，這中間物的主觀情感仍舊矛盾，仍是帶著對於「過去」的留戀。如魯迅自承，出版這本白話與文言雜陳的文集而名之為《墳》，他自認究竟是一種「取巧的掩飾」。出版這《墳》，仍是留戀、紀念著這「逝去的生活的餘痕」：

> 在我自己，還有一點小意義，就是這總算是生活的一部分的痕跡。所以
> 雖然明知道過去已經過去，神魂是無法追躡的，但總不能那麼決絕，還
> 想將糟粕收斂起來，造成一座小小的新墳，一面是埋藏，一面也是留
> 戀。至於不遠的踏成平地，那是不想管，也無從管了。（魯迅，1989d：9）

　　而即便倡議著白話文的新聲，〈寫在《墳》後面〉的文章最末卻引用了陸機（261-303）的〈弔魏武帝文〉，而止於「嗟大戀之所存，故雖哲而不忘」。（魯迅，1989c：264）因此，魯迅的「中間物」的倫理計畫，自始至終帶著矛盾的情感，既是自剖也是掩飾、既決絕也留戀、同時是遺忘也是紀念、埋藏與背負。最終，在自我消滅中有著那麼一點過剩的生的意志，「對於他的敵人」，「要在他的好世界上多留一些缺陷」。（魯迅，1989d：8）

　　而後世認真承繼了魯迅追索的知識分子，如同錢理群，也將「歷史中間物」放置在自身倫理政治計畫的中心。他在北京大學最後一門課，開頭就說到自己「要是離開跟年輕人的交流，我的思考、學問都沒有了」。（錢理群，2011：25）然而，他提到他自己這一代學者作為「新文化」的「歷史中間物」狀態，他們以五四新文化、新文學為知識結構主體，而有著兩大盲點與隔膜，也就是對於「中國傳統文化」與「西方現代文化」的隔膜。因此錢理群說：「自己在學術上也只是『歷史的中間物』，就是看清了這樣的根本性的缺陷，而且這是無法彌補的，只能是永遠的遺憾；而且這是時代與命運造成，非我個人所能把握，因此在我的內心深處常有悲涼與無奈之感：人只能在歷史允許的範圍內做自己能做的有限的事情。」（同前引，頁102）在完全不同的歷史的處境下，少了魯迅「留下缺憾」對於「親密的敵人」的倔強

頑鬥，錢理群仍把自己的知識工作作為「歷史中間物」的價值，放在其「缺憾的價值」。

棄卻傳統的「新文化」並未使得「中間物」在歷史的發展中消逝，如魯迅在〈寫在《墳》後面〉的開頭所說，「電燈自然是輝煌著，但不知怎地忽有淡淡的哀愁來襲擊我的心」（魯迅，1989c：257），這中間物的憂悒，或許正來自那還說不清的「山腳下騰起野燒的微光」（同前引頁）甚或是那他期冀「與『光』『陰』偕逝」（同前引，頁262；引號為本文所加）的「罔兩」之叩問。

消逝的中介與中間物

在詹明信（Frederic Jameson, 1934-）於1973年〈消逝的中介〉（"The Vanishing Mediator: Narrative Structure in Max Weber"）一文中，在韋伯（Max Weber, 1864-1920）自身及其建立「社會學」「作為價值中立（*Wertfreiheit*）的學門」中的敘事結構中，我們亦可看見「價值中立」的現代社會「科學」與其創始者的中間物情狀。

詹明信認為，韋伯著作中的深層敘事結構（或說作為說故事形式的神話）本身，其實「中介了」各種不可能和解的歷史矛盾與衝突。得助於結構符號語言學（格雷馬斯〔A. J. Greimas, 1917-1992〕）與結構主義人類學（李維史陀〔Claude Lévi-Strauss, 1908-2009〕的神話學），詹明信分析了韋伯的著作及個人生命中潛藏的由多組二元對立所構成的複雜網絡結構，以及，該結構與他所提倡的「價值中立」（*Wertfreiheit*）之間的關聯。簡略而言，該網絡結構在某層次上由「相互矛盾的數個（原初）認知系統」之間的等價關係所組成，然而，這些等價關係也可同時被解讀為帶有「改變與轉型之幻覺」的敘說故事或歷史事件。（Jameson, 1973: 70）詹明信認為，韋伯透過書寫，將矛盾對立的網絡結構讀成歷史轉型的故事，而這樣的「歷史轉型時刻之質變」（*Ibid.*, p. 73）的敘事主要是透過二種機制來達成：「由正轉負的價位轉移」（*Ibid.*, p. 70），以及，「變項與函數之間發生顛倒」（*Ibid.*）。詹明信以李維史陀用以解釋神話中介矛盾的方程式：「Fx(a):Fy(b)≅Fx(b):F-a(y)」來表達：

> 韋伯的論點是透過以下的方式表述：目的的理性化 [Fx(a)] 之於工具的宗教化 [Fy(b)]，等同於，工具的理性化 [Fx(b)] 之於宗教的「非目的化（未竟

化 non-finalization）」（F-a(y)），在此〔……〕宗教不再是一個函數，而被視作
[其他函數中的]一個變項，其本身不再感覺是一個終極目標或價值。因
此，這個歷史事件拖拉延長而進入了現代，成了世俗化的廢棄物，原本
就內在於他一開始的命題中。（*Ibid.*, p. 73）

　　詹明信說明了「新教主義本身成為中古世紀傳統世界（新教主義於此萌發）與
現代世俗化的世界（新教主義為其準備）之間的中介」。（*Ibid.*, p. 75）這樣的論點並
不新穎，通俗馬克思主義者也認為新教主義是個中介，其原因是新教主義的理論
教義將生活變得不宗教了。然而，詹明信認為，韋伯的看法具顛覆性：「從宗教到
除魅（*Entzauberung*）、從中世紀到現代轉型的達成〔……〕並不是透過將生活變得不宗
教，而是使其**更加**宗教。喀爾文並非將世界去神化，反之，他將**整個**世界變成了
一間修道院。」（*Ibid.*, p. 76；黑體強調為原文所加）韋伯論點之顛覆性正是在此：新教
主義在精神形式與機構上的轉型，弔詭地提供了將宗教普世化的基礎，然而這個
普世化了的宗教，是一個作為「工具」（means）的宗教，而不是作為「目的」（ends）的
宗教，當前者向全世界擴散時，後者消失不見了。當新教主義成功地達成歷史轉
型的中介任務，其本身變得無關緊要。詹明信稱之為「消逝的中介」，它的功能如
同催化劑，任務完成即消失不見。

　　較少被討論的是文章的最後一節，詹明信在此突顯了韋伯個人生命的中間
物特性，分析他如何掙扎著想要克服卡在父力與母力之間的認同僵局，它們在作
品中表現為「舊的傳統主義社會生活形態與卡里斯瑪型權威的社會生活型態的消
逝」。（*Ibid.*, p. 87）與歐洲第一代布爾喬亞階級（托爾斯泰或為一例）所進行的跨階
級、反貴族的鬥爭有所不同，韋伯屬於第二代布爾喬亞階級，他們的掙扎是在家
內、階級內發生。我們亦可推測，詹明信的這篇文章是第三代對第二代所進行的
閱讀。第二代布爾喬亞階級適逢家庭結構的改變，包含小家庭的興起以及隨之而
來的「家庭主婦化」（housewifization）。這也是瑪莉亞・密斯（Maria Mies, 1931-）所稱之
維多利亞式的「家有天使」（angel in the home）的世界歷史政治經濟體，與之同步的
則是詹明信透過韋伯所說的，在價值中立的專業主義下擴張的「商業文明」（business
civilization）的迷思化（mystification）與個人主義式的私有化。（Mies, 1986）小家庭的興
起，一方面再生產了既正典又穩定且在文化上被設定為相互對立的雙元性別，於

此同時，也激發了最終對專業所產生的認同。正如詹明信所言：「母親的種種價值，允許韋伯最終達成一種刻苦強迫勞動的學者存在狀態，然而，這樣的存在只可能在這些〔母親的〕價值被消除時達成：他們各自一一地透過題材化（thematization）轉變成研究的客體。」（Jameson, 1973: 86）

　　詹明信認為貫穿韋伯所有作品的「消逝的中介」的敘事結構，與他擺不平的伊底帕斯式的生命掙扎有密切關聯。換言之，韋伯的學術著作有一種（佛洛伊德〔Sigmund Freud, 1856-1939〕在分析達文西〔Leonardo Da Vinci, 1452-1519〕時提出的）「昇華」（sublimation）作用，使韋伯得以從布爾喬亞第二代的「厭世」（ennui）中昇華。詹明信論道，韋伯有段時間受苦於無力、疲倦、無聊的「厭世」狀態，「厭世」是介於（早期浪漫主義式的）「絕望」與（當代存有論式的）「焦慮」之間的情感，而絕望、厭世與焦慮是「同屬一個歷史過程」的連續的情感狀態。（Ibid., p. 57）過往受聚焦在國族國家視框切割，這些情感被視為各自分離且相異，然而韋伯著作作為這「厭世」的昇華，如今，透過詹明信，可以理解為世代之內的在地多股力量，如何在衝突與鬥爭中，透過重組而形成區域性乃至於全球性的知識霸權（若不將之視為商業霸權）。凡此種種結構的改變都是透過中介或至少是「消逝的中介」來進行：新教信仰消失了，但依然在新的「商業文明」中保存下來，並普遍化、私有化與個人化。而韋伯自己，在他擘劃了科學的社會學的「此前」與「此後」的奮鬥中，也成了個消逝的形影。（Žižek, 1991, note 6）

　　詹明信對韋伯的分析呼應我們對魯迅的閱讀。我們看到，作為普世價值的現代性（以「西方」為雛形）在歷史中的發生，是透過諸多層次的掙扎與衝突：事件、思想、人物形影，以及，最重要的，韋伯自己。一如劉人鵬在文中提到：

> 在現代全球殖民語境中，把「傳統」分給了非西方，把「現代」分給了西方。在地知識分子又會在此大語境下，構築自己在地的傳統與現代，模式成為「在地」只有傳統而缺乏現代，因為那個大語境已經把現代分給了西方；而西方的「傳統」（或「前科學時期」）則經常以非西方為例，轉嫁到非西方。如果不論中西都各自經歷過從傳統到現代轉變的軌跡，如魯迅所說，「在進化的鏈子上，一切都是中間物」，那麼，以下現象是值得留意的：我們經常看不到「西方」作為「中間物」存在的足跡。（劉人鵬，本書

頁71）

　　詹明信的文章彰顯出歐洲區域史與跨北大西洋的歷史的中間物狀態：內在於歐洲種種分殊的在地「傳統」，在朝向形成統合的盎格魯－歐洲乃至於全球性的「商業文明」（及其學術側翼）的歷史中，存在諸多處於「中間」狀態掙扎的事件、思想型態、與人物形象。韋伯一方面將目的「昇華」至另一層次而成為工具，另一方面，又將卡在戀母與戀父之間自我的糾結「昇華」成一種由在地信仰（宗教性）置換而來的「科學興趣」（專業主義）。從這裡出發，我們可將詹明信的看法放置於盎格魯－歐洲之外的後殖民與第三世界來閱讀：

> 韋伯關於新教主義的主要著作，試圖為以下問題提供部分的解釋：封建小農歐洲的居民的傳統心態是如何預備了後來的現代化工業的工人對（內在於現代工業的）規訓與延遲滿足的史無前例的接納。**這個問題對當代第三世界的工業化經驗來說是熟悉的，這問題對那些被刻板化為懶惰、不值得信任、酗酒、以及對（歐洲意義下的）線性時間與有教養的標準一無所知的前資本主義「土著」的殖民經驗而言，也是熟悉的。這些當代的參考點〔……〕幫助我們一瞥韋伯的做法中的形上學的色彩，其中，「理性化」並非只是歐洲資本主義發展的某種在地的或歷史性的階段，而更是即將到來的災難，預示了禁慾的理性主義的「鐵幕」的到來，在其中，人將被宣告，在整個文明化的時期，遭受監禁。**（Jameson, 1973: 71；黑體強調為本文所加）

　　詹明信與（他所解讀的）韋伯都可被視為是「中間物」的人物形象，他們與劉人鵬所提到的魯迅與他的（不太）絕望，並沒有那麼大的不同。正如劉人鵬所說，這並非巧合，但也不能等量齊觀。近期關於韋伯的研究強調某些關鍵詞的翻譯如何部分決定了非西方讀者對韋伯理論的接受度（Baehr, 2001），而對韋伯的接受度又如何影響台灣與中國的學術發展（Tsai, 2016），這些都突顯了，在非西方地區，韋伯的人物形象及其作品本身即是一種「中間物」。

　　中世紀的宗教意識已被「現代」「化／劃」為「前現代」，但其從未真正消失，透

過新教倫理作為消逝的中介反而以無意識的方式更普遍的存在。詹明信以「消逝的中介」解析這種歷史轉型的神話敘事，它一面否認（各種歷史、文化與政治經濟力量的）價值衝突，然而具體生活實則被衝突所支配。而魯迅本身則是有意識的要作為「消逝的中介」而消失，然而轉型未完、消失不了，敘事無法縫合，各種衝突有意識地具現於己身。因此他本身則是深具「中間物意識」之人，他並不否認（雖不喜歡）進化／昇華不完全帶來的「使人氣悶的沉重」，也因此而與詹明信筆下韋伯的「從厭世到專業主義」，將衝突「無意識」化的路徑有別。或許我們也可以說，「中間物」是西方現代性的無意識，然而在一些其他知識分子身上，則是一種有意識但令人氣悶的現實，特別是在非西方的（後）殖民境況當中。

　　此外，在冷戰對峙下看似「文明衝突」的當代，「消逝的中介」亦有另一種層政治意涵。在911事件爆發後，巴里巴（Etienne Balibar, 1942-）曾以〈歐洲：消逝的中介〉（"Europe: Vanishing Mediator?" 2002）（似有呼應詹明信之意）一文來回應事件後諸多評論人對於「歐洲」扮演中介／協調角色的希望與絕望，這樣的希望／絕望來自於虛妄的歐洲作為具有超越地方性的至高的（空白）主體的想像。巴里巴認為世界與日俱增的衝突的有效「中介」（亦為衝突中的協調者）不會是想像的歐洲主體，因為對於如此歐洲的想像正是來自於戰後美國取代歐洲成為單邊強權後「歐洲的消失」。因此重新想像中介的可能必得是以在地優先於國際、但同時存在兩者的「開放的、非排除性」並且充分與具體的、物質性的地理與歷史相連的架構，這樣的架構將會把任何形式的衝突視為「內戰」——即視為在我們之中之事——因而可在衝突的「中間」促成某種共同體（community）的自決，而將「內戰」轉化為內部和平，然而這樣的共同體並非既存的實體，而更近似為一種「發明」。（Balibar, 2002）或者，我們也可將之視為一種「中間」「物」。巴里巴也提醒我們，其實，現代的「民族國家」，原先就是近代為了解決在地衝突而「發明」出來的「中介／中間物」，只是這個過去作為「解方」的東西今日成為了「問題」本身。（Ibid., p. 28）和平的議程需要發明新的中間物，然而，這必須透過歐洲直面兩次大戰與殖民的大規模暴力史，這些在當下幾乎健忘的「負面遺產」。面對千禧年的種種危機，巴里巴試圖直面戰後各種國際架構將歐洲一體化的絕望／希望中的「虛妄的歐洲」，而想像一種替代性的歐洲作為中介的可能；而身處亞洲的冷戰與殖民地緣關節下的我們，是否能想像其他中介的可能？

「中間物」作為「中間物」

　　這本書將試圖把魯迅來自尼采的「中間物」概念喻說放在殖民－歷史－地理的認識向度中，作為一個啟導性與中介性的概念，集結九位作者各自的九篇論文，共同探索亞洲當下批判性知識生產的可能性。在西方學術形式主導當前，學院論文幾乎都要以「先提出理論框架，再佐以材料分析」的模式出現，否則即似乎失去了理解與論證的依憑與效力。這本書則嘗試逆向而行，也就是說各篇論文並非基於對「中間物」的任何特定理論而提出許多個案研究，「中間物」的概念是在各篇文章成文「之後」在相互參照閱讀中發展出來。

　　事實上，這九篇文章在研究主題與客體上看來各自不同，而每篇文章也皆有其各自思索的概念裝置，包括了劉人鵬的「中間物」、黃詠光的「亞際負面轉移」、丁乃非的「變／連續體」、張馨文的「控白概念」、林建廷的「殘缺比喻」、林純德的「假名」、林文玲的「物質中介」、李思齊的「修辭情境」、以及白瑞梅的「旁若」的「想像性邂逅」等。然而，各篇文章展開的問題意識，似乎一環扣著一環，而可以「中間物」作為環中，以輻輳知識生產的問題性。而在學術工作日益個人化的當下，我們也期待透過這本書探索一種在集體「中／之間」共同工作的可能。這樣的方法，我們或許可稱之「**相互參照轉移之間**」（inter-trans-(re)ference），也就是說，透過「中間物」的概念喻說，使得各篇論文各自假以不同的概念與能指產生彼此之間相互的連結，而能進一步相互詰問，而產生新的閱讀與情感。換言之，我們透過這裡的工作，是以多種識別「中間物」的向度、角度以及思想資源，提供讀者進一步思索中間物的起點，在殖民與冷戰的歷史－地緣關節下，探索著知識形構的論述－情感閾限，而盼望成為亞際知識情感解殖工作之未－來的中間橋梁。

　　我們以三種罔兩之喻將九篇文章分為本書的三個部分：第一部分「暑影遷馳：在歷史轉型與知識形構之間」、第二部分「無待而獨？——在空白與（種族）階序之間」以及第三部分「木石之怪：在轉向介質與未知新地之間」，這或許也可以作為我們閱讀陳佩甄為本書寫的序〈在遲滯的未來中等待：中間物與眾罔兩的時間性〉中關於罔兩的「時態」的啟發與回應。

1. 晷影遷馳：在歷史轉型與知識形構之間

第一部分的三篇文章，在某個意義上，都是關於歷史轉化中知識形構對於自身歷史轉化／轉型的量度與識別。劉人鵬與丁乃非的文章分別處理了性／別知識與女性主義翻譯／譯介中介的「轉型敘事」；而劉人鵬與黃詠光的文章特別著重在歷史轉化／型中的情感生成，而勾勒了相近的「中間物」身影。

劉人鵬在〈性、淫、翻譯：晚清性／別知識重構舉隅〉中，分析了現代「性」（sex）的翻譯中被壓抑遺忘而作為歷史殘跡的「淫」字所帶出的知識「中間物」性質。透過譚嗣同（1865-1898）在〈仁學〉中對於「淫」的負面性的批判再讀，指出的不僅是「名」（語言）的武斷性與歷史性，更是以善惡之名不斷估價的權力階序生產。然而譚嗣同文中「勿淫」戒令「召人於淫」的生產性（禁忌與羞恥啟動淫行的引力）所展開的欲望面向，卻由進步／落後的時代感知所中介，在「淫」的回歸「自然」思考成為現代知識對象的動力下，僅能被後續的現代「性」中被閱讀為嫌淫過剩。也可以說，譚嗣同以傳統「淫」字翻譯「sex」，將「淫」歷史化而去除其負面性意涵的激進計畫，卻在將其轉化為現代知識對象中，使得傳統失去了「性」。

若是借用詹明信轉型敘事神話的圖示，或許可以嘗試寫為：「性的客體化：翻譯語言的傳統化≅翻譯語言的客觀化：傳統的去性化。」而此後，透過翻譯所中介的性／淫界線的建立，則成為新文化與道德運動的工作。這裡翻譯的中介不僅是（如酒井直樹〔Naoki Sakai, 1946-〕所言）生成可認知的共時性二元對立的文化差異與國族身分認同疆界（Sakai, 1997），更是時空被階序化之下的價差建立。相對於酒井在翻譯的循環中（「subject」→「主觀」或「主體」→「subject」）看到意義剩餘，劉人鵬透過〈仁學〉英譯的中介指出「sex」→「淫」→「sex, lust」循環中，現代「性」／「sex」政體中遮蔽不見或被抹除損失的意義剩餘。而透過「淫」所帶出來的，也是「性」與「sex」本身通常隱蔽不見的歷史以及中間物性質。此外，透過馬君武（1881-1940）的彌勒女權學說譯介（經常被認為「未抵達」的非西方現代早期的翻譯中介），指出了當下冷戰知識框架下的女性主義學說流派史所遮蔽的社會主義聯繫，以及彌勒（John Stuart Mill, 1806-1873）在歷史鬥爭浮現於視閾時的「中間物」情感。

劉在〈性、淫、翻譯〉一文中以晚清作為「過渡性」特徵明顯的時代，以翻譯的「中間物」作為過渡性客體，顯示了在「中／西」、「落後／進步」價差中介所構築的落地現代性中被湮沒遮蔽的歷史軌跡，文章也更進一步捕捉「中間物」概念喻

說在這階序價差的翻譯中介下的情感生成，從魯迅譯筆下尼采的傲然，至魯迅自身無以擺脫的憂鬱氣悶。這「中間物」的探問，也成了這本書的起點。最終，劉人鵬透過「『餘』論」指出的，正是她全篇不斷透過「淫的過剩」、「社會主義『殘』章」（*Chapters on Socialism*之譯介）等不斷細緻思索的看似自然化、中性化的現代性構築當中無法化約的剩餘，與始終未嘗消逝的中間物。

黃詠光的〈亞洲之間思想遭遇的負面性轉移：瞿秋白與泰戈爾，1924〉以兩面編織般地行文，一面展開泰戈爾1924年應邀訪問中國，與當時中國進步知識界的「糟」遇，對照以瞿秋白筆下之自身，終究與其閱讀的泰戈爾疊影成為「多餘的人」。「始終，他挑釁般攻擊的『過去的人』，卻是那鏡中最熟悉的身影。」（本書頁93）兩人於二十世紀初各自帶著不同又鄰近之殖民與半殖民、建造與摧毀中的在地歷史巨變，參與也遭逢地方與國際序列重整，偶然相遇之「糟」與負面情感──而這又如何能「幫助我們理解亞洲知識分子在每一次的相遇裡，為了尋找知識生產與現代性的替代性出路的掙扎？」（本書頁95）

編織的另一面，黃詠光重讀溝口雄三（1932-2010）的《作為方法的中國》（『方法としての中國』，1989）更回到竹內好（1910-1977）的〈作為方法的亞洲〉（方法としてのアジア，1960）以及〈何謂近代：以日本與中國為例〉（近代とは何か：日本と中國の場合，1948），深掘溝口閱讀竹內好之現代性經驗的「未致之處」（本書頁99），亦即，停留於戰爭的「負面性與失敗感當中」不是「空無（nothingness）或是空白」，反倒是歷史湧現的痛的「充實」之口。（本書頁99）「竹內好不斷在戰爭經驗中反思的，是歷史的不透明性，以及在歷史中不得不在抵抗與屈從一線之間晦暗不明的主體性。〔……〕必須承認民眾戰爭經驗的『戰爭吟』，假手戰爭吟，而轉化戰爭的性質。」（本書頁98-99）而竹內好在〈何謂近代〉中更將主奴辯證作為「西洋－東洋」的一則近乎機械式運動之寓言。「歐洲需要東洋來成為歐洲。而侵略不可能是單面性的，擊敗對方預設了對方抵抗的前提；而倒過來說，抵抗的前提卻是失敗，因為它必然已經是壓倒性的力量的意象反射。」（本書頁100）前進後退的瞬間，即是歷史的湧現；此時，「歐洲成為歐洲，而東洋作為東洋而消逝」（本書頁100）。東洋的消失或近似劉人鵬分析的歐西思想盤據中介之下，「其餘」（地方）頓失當下以及未來，僅剩（個別同一化的）過去。而詹明信分析的消失的中介，竹內好是否於詹明信的歐西現代文明符號鏈之旁，思索了一消失的（東洋）中介「化為行動的絕望」之時，

「在後退的方向上未經中介的概念」，亦即，兩種表面相似卻方向相異的「奴隸情感的根源」？

　　黃詠光進一步分析竹內好閱讀魯迅，「理解中國近代的模式是一種自我內在的否定，我在自我保持的同時，不斷地成為『非我』的運動」。（本書頁102）我不是奴隸，我不是不是奴隸，二者之間情感運動作為過程和方法？此即竹內好所謂（魯迅／中國的抵抗之）「回心」不同於（日本戰後之不斷）「轉向」，「表面上看來，回心與轉向相似，然而其方向是相反的。如果說轉向是向外運動，回心則向內運動，回心以保持自我而表現出來，轉向則發生於自我放棄，回心以抵抗為媒介，轉向則沒有媒介」（竹內好，引自本書頁102）。此時，或許有一種回心之向內，「在自我保持的同時，不斷成為『非我』的運動中間物（情感），而轉向（外）之沒有媒介，則較近似（詹明信的）消失的中介，兩者之瞬間（歷史／終結之）區別？黃文以此再探亞洲作為「方法」，和亞洲之間的「方法論」其間佚失了前者「能指所標記的負面情感的轉移」。（本書頁104）「『亞洲』在這裡，並非實體或是客觀性的存在，它僅是作為方法、作為中介而存在。」（本書頁103）而「亞洲之間」的新的知識生產，繞道「在地化」的間隔與嫌隙，顯影劉人鵬分析那落地而橫生隔膜的「中／西」中介的知識情感叢。黃詠光以及劉人鵬和白瑞梅以不同時向、層疊知識情感的歷史遭／糟遇的螺旋分析，聯繫起文末的瑪麗‧若望（Mary John）尋求亞洲之間對話可能的兩種挑戰，比鄰「共享」的敵對分化之歷史，以及不關過去，「透過想像的共同未來而建立相互參照的超越性框架的對話」（本書頁106）。

　　丁乃非的〈成者為妻、敗者妾妓：婚姻轉型與女權演化〉一文中，我們可以看見在分析方法上，「罔兩」從十五年前「影外微陰」之義下歷史「疊影」，看見家務與性工作中的婢妾身形，到如今直面資本主義不均發展與全球分工歷史物質過程中親密勞動的連續光譜，而「妓妾」之「罔兩」作為「中間物」（作為變續體中的一環）的轉折。1997年公娼抗爭與婦運家變至今（2022）歷時二十五年，本文在梳理這段女性主義歷史時，將「賣淫－妾侍－婚姻／通姦」，也就是歷史上活生生的女人們往上爬的婚姻經濟「（變）連續體」視為「歷史中間物」。如此一來，在方法上，歷史中間物與女性主義進步歷史觀之間的相互中介的緊張對峙關係更為可見。這篇文章透過一齣連續劇的大眾文本，重新提出一組在當代被忘卻的把婚姻－妾侍－賣淫視為連續體的女性主義思維，也就是恩格斯以降對於家庭與私有財產的歷史

物質分析的女性主義思維，特別是柯絲司瓦然（Prabha Kotiswaran）所標示出的「連續體」概念。「妾侍制」的範疇作為「中間物」在這個分析中是重要的，它重新中介了冷戰知識形構下看似對立的「婚姻」與「賣淫」，而揭示了這連續光譜的「歷史位移」。這裡的一條分析軸線是透過法制史當中有限保障「家戶」成員的「過渡」性法律（妾在法律上的消失與實質上的存在），或是負面形式存在的「通姦」範疇（每個人都成了潛在的妾？），所標誌出透過法律改革壓抑而消失於法律身分中的妾侍制度一直從未完全消逝的現實。而在歷史當下發生中的，則是「同婚」成了置換「（專偶）婚家」持續不斷危機的新革命性符號，而在此同婚的神話表意功能壓抑了法案中的「多元成家案」的可能。然而，這壓抑的過程卻也正是被壓抑的回返，而標記了那無法抹除禁絕的「妾侍」身影。

　　文章的另一條軸線則是知識生產的「冷戰現實效應」：接近劉人鵬文章中分析的冷戰下的女權譯介，丁乃非分析了在冷戰外緣英美語系中介的女性主義知識形構，如何在冷戰地緣政治中的民族國家發展階序下，透過二階國家的菁英欲望，把作為一階國家鑲嵌於在地知識社群論辯脈絡中局部性文本的意義與現實效應擴大，直接作為「造家做國」的法制工程。女性主義的歷史敘事在此也是事先宣布「專偶婚」作為歷史終點的去歷史的單向進化敘事，「未達陣」的羞恥下，僅能加速抹除與邊緣化任何非典形式的親密勞動。或許類似於齊澤克（Slavjo Žižek, 1949- ）分析的雅各賓黨人的激進主義成為完成資本主義的個人主義意識形態的「消逝的中介」（Žižek, 1991），看不見冷戰現實效應的激進女性主義，從未完成團結與解放階級、種族差序下的「所有女人」的「目的」，然而卻轉化為現代國家的法理「工具」，完成了現代資本主義核心家庭與婚姻平權中個體自由的意識形態基礎。而當初「家變」事件中公娼起而抗爭的開放性歷史中投入公娼鬥爭而被屏除在「女權」之外的酷兒同志，如今回溯性地進入女性主義線性的平權進化敘事。[10]「含蓄」已經不再需要「儒家文化」的軀殼，而是普遍的「自由民主」體制對於鬥爭的迴避下的國家進步與「人權排隊」（本書頁139）敘事。

　　丁乃非以「變續體」的概念思考「家內與家外有階序差異的女性化親密勞動」

10　這或許也接近於齊澤克所提及「消逝的中介」的另一種閱讀，也就是作為「事件」迸發的開放性時刻，然而在事後回溯中則被制度化地閱讀為歷史必然的排序階段與進程，而使得事件隱身不見。（Žižek, 1991）

（本書頁127）連續光譜上的生存移動，以替代冷戰知識框架之下把婚姻（愛）與賣淫（剝削）作為價值對反而不斷再生產階級、種族、文化權力階序的中介形式。底層研究（Subaltern Studies，又譯從屬者研究）小組出身的政治學者查特吉（Partha Chatterjee, 1947- ）曾在討論後殖民的國族與社群的分析中曾特別討論黑格爾（Georg Wilhelm Friedrich Hegel, 1770-1831）的《法哲學》（*Grundlinien der Philosophie des Recht*s, 1820）中以「愛」這個最深具矛盾性（自由與隸屬）的概念作為具體倫理生活中最自然直接的第一個元素「家」的基礎，他的重點在於黑格爾把這個實質的聯合侷限在歐洲布爾喬亞的核心家庭，使得它無法擺脫市民社會（市場經濟）的個人主義陰影，最終只能以國族國家作為「普世家庭」回返來實現這個概念，他提供的替代性敘事是以邊界模糊的社群／家的多元形式（jati）代替這裡布爾喬亞婚家形式，重新思考這個歷史中介過程。（Chatterjee, 1993）丁乃非則進一步以具體的歷史分析與「變續體」概念中介進一步展開了這個「愛」的提問，重新指出專偶婚形式遮蔽的這一道光譜中「愛」包含的剝削／奴役與「婚姻」必然包含的賣淫。

2. 無待而獨？——在空白與（種族）階序之間

　　事實上，「『愛』台灣」也對台灣的「中間物狀態」產生遮蔽。林建廷與張馨文的文章不約而同地指出「台灣」作為一種中間物，是一種「冷戰中間物」。這種冷戰中間物的狀態並非「卡在兩個強權之間」意義上的「中間」，而是另一種冷戰與殖民現代性混生的結構：介在（新）自由主義人文主義所追求的「空白主體」（民主、平等、理性）與人文主義所欲否認的活生生血淋淋的資本主義（種族）階序之間。與之產生辯證性對照的，則是林純德文章中，東北妖「假名」之另一種「空白」。

　　張馨文的〈何謂台灣的「主體性／subjectivity」？——一個在亞洲「之間」的方法論的實踐〉以亞洲「之間」轉譯「亞際」（Inter-Asia），一邊解除「民族國家」作為分析框架和欲望，另一方面挑戰也跨越既有的知識分類、地域分化、「理論與實踐、學術與政治」的分野。（本書頁167）張文對與台灣一九九〇年代「主體性／subjectivity」一詞（作為亞際之間方法上的概念）「使勁」，貼近分析1992至1996年間，刊登於《中外文學》一系列辯論台灣主體性的文章，何以溝通不成，反倒共同成就了一場寧靜的符號系統革命，催生了理論－倫理的治理國度，讓「知識菁英的夢」——台灣「主體性／subjectivity」——得以驅逐歷史和情感，歸「空」稱霸。

　　「主體性／〔斜槓〕subjectivity」的斜槓，即（中間物作為閃現遺跡之捕捉的）方法，張文命名為「控白概念」，以此顯示知識菁英翻譯過程，其間不斷替換濃縮的「夢」之殘餘。「控白概念」作為方法滋生於在地讀者與知識菁英翻譯之間，既相似又不同於「浮動能指」：（1）「『控白概念』強調譯者菁英階級在文化霸權上的角色，政治欲望在翻譯的落差裡，『控白』也是譯者階級鬥爭的所在之處」；（2）「西方因素在後殖民的情境裡至關重要，在『控白概念』成為文化霸權的過程中，西方並不直接具有支配性，主體性的意義並不由西方理論中的『subjectivity』所直接提供，而是透過譯者中介、阻斷與再造」。（本書頁177-178）此處的「西方因素」（也就是林建廷一文與白瑞梅文章皆置疑的種族化資本階序）儼然成為消失的中介，從目的標準轉而為無所不在的工具（化）。控白概念，此時也近似又不同於斯巴瓦克（G.C. Spivak, 1942-）的「catachresis」[11]（「訛轉」[12]或「飛白」[13]）；斯巴瓦克說的「catachresis」是「沒有恰當所指的概念或意象」，在後殖民情境下，國際秩序飛來的新殖民英語文概念字詞（抽象價值），黏連在地詞彙，天羅地網。張馨文則精闢分析，在地菁英翻譯之工掏補結網，阻礙、截斷與重組「再造」在地人間的平時用語感知。這裡「控白概念」的重要提示在於：從在地閱讀實踐過程，「將『控白概念』『主體性／subjectivity』視為譯者之言放置在大寫『他者』的位置，也就是將原先以為內在於我的（主體性）當作外在於我（他者），這種內外顛倒的作法雖然會使人感覺怪異與錯亂，卻可以協助像我這樣透過翻譯學習理論的在地實踐者，重新反思理論語言在自己身上所產生的效果。『控白概念』這個方法提供一種從「效果」的角度反思自我，並從『自我作為一種效果』的角度重新反省理論與實踐的可能與限制。」（本書

11　「牛津英文字典將『catachresis』定義為『對於喻說或是隱喻的濫用或倒解』。我們將此挪用來表明語言生產的構成最原初的『濫用』，在當中概念與隱喻『從它們合乎體統的意義中硬是被扭撐出來』。因此，狹義上來說，〔catachreses〕是無法找到適切的指涉對象的一個字。」（Spivak, 1990: 220, note 29）

12　「訛轉是一種語言的誤用。以修辭法而言，係明顯打破語言通同規範的手法（通常為蓄意）。另見飛白。英語『catachresis』源自希臘語『κατάχρησις』，意思是「不當使用詞彙」。」（引自https://zh.m.wikipedia.org/zh-tw/%E8%A8%9B%E8%BD%89）

13　飛白是故意援誤的一種修辭方法，和「malapropism」相近。作者模仿、記錄或援用某些音近或別音的字詞，製造錯誤以達到喜劇效果等目的。這種作法違反了一般語用的準則，產生弦外之音或幽默特色。（引自：https://zh.m.wikipedia.org/zh-tw/%E9%A3%9B%E7%99%BD）

頁178）著眼於「中間物」的控白概念閱讀方法，或於此顯影了讀者與閱讀物間，消失的中介因素，以及自身作為效果的連動。

林建廷的〈等待醫治的斷指：冷戰自由人文主義的國／種族殘缺敘事〉一文透過電影《太平天國》分析「冷戰軍事主義與科學人文主義，如何鑲嵌於跨太平洋台灣與美國現代性權力共構關係之中」。（本書頁209）林建廷指出，當科學人文主義宣稱能對一切關於「何謂為人」的種種「人、人性、人權」問題提出超越「（冷戰）二元對立」的解答時，其實是將冷戰軍事主義與西方種族階序變成（彷彿已成往事，實則無所不在的）「消逝的中介」，進而產生林建廷所提出的「科學人文主義冷戰政治性矛盾」（本書頁212），其矛盾表現在諸如強調人權、民主、超越二元對立式的軍事化，以及，以跨越種族差異為名的科學發展帶來的種族化。

透過對《太平天國》細緻的分析，林建廷的文章也讓我們看見「置換」種族主義的國族文化機制之機巧：並非透過隱藏與不提，而是透過嬉笑的方式提出而迴避，完成置換。而《太平天國》如何在看似對於美國帝國主義與其軍事部署的批判下，把一九六〇年代的美國在台的軍事醫療的生命政治部署、與階級、種族、性別化的勞動分工的現實，轉化為無足輕重的鄉間小人物的地景而完成了這個去歷史化的現代國族？林建廷在這裡細緻地分析了這個「諷刺」的裝置，透過主角阿盛知識分子眼光的雙重分裂（dédoublement），一面是在歷史中「對於美國科技與文明充滿崇拜」，「等待醫治」卻「自覺深受恥辱」（本書頁214）的經驗性自我；然而另一面是「以科學進步的人文價值超脫（transcend）人種與族裔區分」（本書頁212）的超脫性自我，透過嘲諷昇華為超脫的現代國族主體。這個置換，或許可以借用柄谷行人（Karatani Kojin, 1941-）推展德曼（Paul de Man, 1919-1983）對於「反諷」（irony）的分析[14]，正是透過「反諷」，「一切都得是玩笑，一切是認真」，「一切都被天真的揭露，而一切也都被深深的掩飾」（語出施萊格爾〔Friedrich Schlegel, 1772-1829〕；轉引自 Karatani, 2012: 128），在「認真的輕浮」（借用柄谷行人語）中把種族化的殘缺身體與第三世界的（「落後」）歷史置換轉化為人文主義眼光下的「風景」。正是反諷的意識，拉開了「優越」的超脫性自我與「劣等」在現實歷史中經驗性自我的距離[15]，然而這裡的超脫

14　德曼對於反諷與歷史關係的分析，可見〈時間性的修辭〉（"The Rhetoric of Temporality"）。（de Man, 1983）

15　柄谷行人在《歷史與反覆》（*History and Repetition*）一書中分析了「反諷意識」如何完成了日本現代

性視野，價值性顛倒所遮蔽的起源，或者正是那消失的中介，也就是人文主義（否認）的種族主義的眼光。進一步借用柄谷行人的話來說，「構成了反諷的是對於矛盾的嘲弄，對於問題的嘲弄」（*Ibid.*, p. 79）；而「輕視內容，保持空白，就是浪漫派的反諷」（*Ibid.*）。而這樣的視野，恐怕正是透過張馨文文章中，一九九〇年代「空白」的主體性國族的生成，才能完成的視野。[16]

　　林純德的〈妖嬈若是：當代中國大陸「妖」的山寨性／別模組化展現〉深度參與、交心、訪談67位妖姊妹性工作者，她們在二十一世紀初急速後工業化的中國都會邊緣社區與公園賣淫，這些屬於罔兩的邊緣空間，歷史地承接了社會主義工業化廢墟的農村剩餘勞動人口，橫向卻與全球性別整編秩序影響下的國際組織的維權行動與資金轉向糟／遭遇。妖們的直白故事抵觸著國內、外「高大上」的整編力道（本書頁248），林純德延伸何春蕤老師的「山寨／模組化」的概念，在訪談細節中描寫了在加速變化的都會中，妖們面對客人、姊妹、家人的山寨性／別展演、模組套裝拼貼，俐落又專業，掙錢也快活。

　　林純德的研究記錄了妖們百變的精湛生存技藝，各個足以「惑亂」國際之間性／別整編序列，於是「被中介的西方『跨性別』身分僅僅是接合、運作不同脈絡下的微妙動能而被某些妖們所展現的模組化性／別之一」。（本書頁266）林純德以印度佛教中觀學派龍樹〈中論〉所提出的「假名」（prajnapti）來說明「妖」的「緣起性空」（本書頁249），此「空」展現在文章開頭玫瑰（化名）在愛滋防治國際會議上所高喊的「請給我們妖、TS一個發展空間，別總抓我們！」的句子中介在「妖」與「TS」之間那代表無關聯的關聯「頓號」（本書頁231-232），妖是「爛逼」的實踐與賣淫的勞動，

文學的認識論裝置，在去歷史（現實的鬥爭）中建構了日本的文學史：「我稱之為『根本的顛倒』或是『惡意』的，正是反諷的意識。這正是那超越性的自我（意識）冷冷地注視著經驗性的自我。這樣的自我意識永遠不會被傷害，也不會被打敗。因為這樣的自我意識鄙視經驗性的自身與其客體。而不用說，這種『內面』的勝利，僅僅是對於『鬥爭』的迴避。」（Karatani, 2012: 122）他引用佛洛伊德的話說：「嬉戲的反面不是認真，而是現實。」（語出Freud；轉引自 *Ibid.*, p. 164）他進一步說，這個「現實」就是「歷史」。（*Ibid.*）

16　可參考黑格爾在《法哲學》（*Elements of the Philosophy of Right*）中對於施萊格爾與索格爾（Karl Wilhelm Ferdinand Solger, 1780-1819）「反諷意識」的批評，「它的形式是主體／觀的空白，在其中，它認識自身為空白了所有的內容，而在這樣的知識中，將**自身**認識為絕對」。（Hegel, 1991: 182；黑體強調為原書所加）

而TS並**不是**性別的認同而是面對「國際」時的自我「訛轉」或「飛白」，其實玫瑰並不清楚「跨性別為何物」，妖們也「大多數並未有明顯的變性念頭」。（本書頁232）劉人鵬文中論及「淫」的「中間物」情感——那橫在深潭上的索子是危險的經過，在這裡或許也重新為林純德的故事中那不是認同而是「經過」與「下去」的「妖」的可愛、那「除卻做那下去〔即『向下探底』〕者之外，不要生活者」的生存樣態所中介。林純德強調「緣起的一切存在作為現象畢竟不是虛無的，因此善巧施設『假名』來指涉之」。（本書頁249）仔細閱讀本文，將察知林純德未以中／西對比來框構眼前妖的生存圖景，而繞道假以龍樹中觀思想中的「假名」來指稱，而這「假名」概念當中的雙重否定，或許與黃詠光文中亞洲作為中介的負向客體的「轉移」概念相互中介。妖的「假名」下的「空白」，與冷戰下「台灣」國族主義對「空白」主體的召喚相對照，前者是對「中間物」的肯認與「勇於承接」（本書頁255），而後者則是強制移出並予以否認。

3. 木石之怪：在轉向介質與未知新地之間

最後一部分的三篇文章，皆關於作為介質的中間「物」（道路、核廢料、攝影機、紀錄片與系列小說的文理類型）如何中介並轉化著「不確定的未來」。

林文玲〈社會議題的中介與轉化：以撒舒優・渥巴拉特兩部台灣原住民族紀錄片為例〉一文分析撒舒優・渥巴拉特的兩部直接碰觸台灣原住民部落衝突神經的紀錄片《最後12.8公里》（2013）與《我們原來不核》（2015），前者與阿塱壹古道糾結，而後者與沉默的核廢料相抗。這是兩部差異頗大的紀錄片，《最後12.8公里》呈現相互衝突、對立的聲音並尋找調解的可能，而《我們原來不核》則是以信念相通的三人話語組成「密度甚高的聲響（sonic）與聲音（voice）的空間迴廊」（本書頁281），但這兩部紀錄片各自都介入地方的經濟、政治、環保與歷史的糾結，進而轉變在地社群之間的對話，也中介在地社群與國內、外觀影者們之間的關係，展現各方相互搏鬥之情感與知識。

在撒舒優的紀錄片實踐中，林文玲閱讀出不同於「中立」的「中介」，以及，與預先設定進步方向的「轉型」思維有所區別的「轉化」契機。林文玲闡述，中介即「介入」、「並不標榜中立」（本書頁282），「是意圖在做出動作的同時，去影響靜止或恆常的情境、狀態，使之震盪、鬆動或產生傾斜，促使中介力場的出現」（本書

頁282），中介不是空白，而是如阿多諾（Theodor Adorno, 1903-1969）所言「中介含納於媒介或客體自身」（本書頁283），或可說，中介即中間「物」。激起衝突的阿塱壹古道本身在文中提供了最佳的中介例子，「道路是物件也是關係」（本書頁287）、「涵蘊了中介與物質性兩個相互關聯的維度」（本書頁290），其可促成「轉化」卻並不保證「轉型」成功，「每一種媒介都是獨特的土壤，不保證長出什麼樣的植物，但卻影響什麼樣的植物將會開花或凋零」。（Carpenter, 2001；轉引自本書頁291）紀錄片一如道路／媒介「這樣一種人與土地、空間難以分割的生命與存在樣態，以及一個有著複雜親屬關係的生活世界，常常內建、植基於原住民媒介的製作過程，支配著攝影機前後的拍攝者與被拍攝者之間的互動」。（本書頁283）《我們原來不核》的拍攝過程由於支持核廢者的拒訪而無法呈現「不合」之聲，只能以「不核」的「蒙太奇加乘聲響」（本書頁298）去探觸「那深而不可度量的〔核廢料之〕沉默」（本書頁298），「不核」之聲敲出「中間空間」亦為「飢餓」之境：台電方由專家背書的回饋金宣導策略之下，肇因與解方隱沒於搆不到的希望「就是你肚子很餓了、餓很久了〔建設匱乏、沒有生計可能、很難養活自己跟家人〕、要餓死了〔回饋金的發放帶來希望，能夠馬上緩解飢餓〕，可是這個問題〔飢餓〕是社會造成的」。（撒舒優，2018a；轉引自本書頁297）三位主述者創造了影片作為中介與調解的力道。林文玲的「中介」與巴里巴的「中介」相互呼應。

李思齊的〈中國跨性別性工作者不確定的未來與言證紀錄片〉一文與林文玲文章相似，都分析了同一導演主題相近但風格相異的兩部紀錄片：劉言的紀錄片《女夭兒》（2014）和《跨·年》（2016）。《女夭兒》展現妖性工作者的日常即興中的親緣生存樣態，尖銳言談間的諷諭幽默，與賣淫經略抱負中偶爾閃現之絕望。《跨·年》則在滿是悲憫的「NGO凝視」下，以「被同情的受害者」角色順應「跨年」修辭情境的需求，訴說艱辛的現在與不確定之未來的夢想。

李思齊的文章側重於紀錄片之修辭情境（rhetorical situation），在納入「寫實」視覺文類文法「必須」含括的貼地日常情感與關係的同時，顯露《女夭兒》之「女夭兒」言說，如何「中介／介入」當下全球性別治理秩序之高速路，尤其是在與「跨·年」之非互動式訴願文類一起讀的時候。而與林文玲的文章一同閱讀的話，將發現《女夭兒》銜接了林文玲文中，撒舒優·渥巴拉特記錄的「古道」相對於「高速路」之時間與全球不均發展下「飢餓」的結構性日常。《女夭兒》以其日常的挖苦吐槽與親暱

撕逼「關注性工作者的物質和財務困境（如《巴黎在燃燒》〔*Paris is Burning, 1990*〕中始終存在的金錢主題），而不像其他許多關於性工作的紀錄片那樣，充斥著性汙名和創傷。《跨‧年》則著重於「灌輸承擔（責任）」：一種個人化的也是既定的家與國型態（文類）沿著國際法律文明之種族化階序向上提升，人人不得規避之「自我」發展責任。兩部紀錄片都承接著「中國經濟和基礎設施快速轉型下被棄離的人們日常生活」（本書頁316），然而在《跨‧年》的類型設定之修辭倫理情境中，柴米油鹽和性的互動話題只得消音，儘管如此，卻也持續迴盪於兩部紀錄片的製作（同一導演）與觀影、閱讀之間（不同地方之同時放映、討論）。因此李思齊強調兩部需一起看，並放入中、美之不同類型紀錄片脈絡中，方能在兩部片之間看出那矛盾、無法調解和合之「中間『物＝柴米油鹽‧性』」，閃現於女叐兒們的嘲笑怨懟，與絕處不一定逢生。而兩片之文類修辭、倫理語法所彰顯的距離拉扯，猶如林文玲文中「古道」之於「高速路」，又如vuvu愈來愈難懂、瀕臨失傳之「聲」之於（支持）核廢料的無聲。李思齊閱讀的紀錄片或不似林文玲分析的紀錄片介入國家「硬」發展與在地鄉人的變動日常，後者甚至可能創建朝向未來之新集結；卻有耦合之處，「與預先設定進步方向的『轉型』思維有所區別的『轉化』契機」。

　　如果李思齊追究紀錄片類型之間修辭情境、倫理律令之別所開展的「轉化」之中間（物－情境）時空，顯現妖兒（個人與關係）、跨性別之言說，灑落於類型文理之間，白瑞梅的〈幻設轉向：「千禧年」之「喻」〉探究的則是北歐與北美邊緣寫作社群的地下互動與閱讀寫作之傳遞。她以北歐與北美各一部未完成的長篇作品，各以其類型文理問題化了（成為情節人物標的物之）「西方」進步文明棟梁（根基於私有財產的個體化之自由主義）之政治哲學思維，尤其「自由民主」之下「暗黑」腹部之歷史糾結（成功的個人與興旺的家族以及白人優越反移民種族歧視，這兩者之間長期暴力感情行動之關聯）。

　　白瑞梅文章的副標巧妙地以一個助詞「之」字，讓北歐史迪格‧拉森（Stieg Larsson, 1954-2004）的《千禧年》（*Millennium*）系列與北美奧克塔維婭‧巴特勒（Octavia Butler, 1947-2006）的《比喻》（*Parable*）系列小說進行了「想像的邂逅」（本書頁329）：「千禧年」所代表的種種新自由主義的社會危機（極端的種族主義、性暴力、貪腐、投機、社福制度與基礎建設的崩壞、罪刑化、氣候危機等等），經常被視為自由主義對於個人權利保障的悖離與脫軌；然而只有透過「比（之而）喻」──「*para-*

ble」，「旁若」（para-）的「幻設文學」拋射（-bole）、建構出的另一種世界，才能見到兩者之間的連續性，並打破新自由經濟現實主義，打開「不可能」的「真實」。

　　透過「想像的邂逅」，白瑞梅鬆動了一般文學界對於類型小說嚴格的文類分際，轉向「幻設」（speculative），改變的同時是世界也是「閱讀」的種種「不／可能」。在這個意義上，這兩部未完成的系列小說皆可以被閱讀為運用了「認知疏離的科幻技巧，以此批判一個將自身呈現為唯一可能到世界系統」。（本書頁334）《千禧年》系列呈現了作為典範的「北歐模式」的中間物特性，由「冷戰資本主義、移民與人口販賣、白種國家法西斯等過往的歷史紛雜交錯」而成。（本書頁337）這些容易在自由主義下歸責個人的「性暴力」議題中模糊掩蓋掉的歷史真實，在小說中重新連結而一一浮現。接近於佛洛伊德說的「離怪」——「unheimlich」，這裡「heimlich」的一切——自由主義下一切熟悉的、親密的、強調的家庭生活、小說中的「密室懸案」——小說透過「過去假設」的時態而使得「一切應該要保持隱藏而秘密的，卻被顯明出來」（Freud, 2001: 225），而顯露出自由主義交纏著種族主義、國家主義與法西斯主義的暗黑「過去」。而《比喻》系列則透過「地球之種」在不見星辰的黑暗之境中提供了一種突破新自由主義「別無選擇」的經濟現實論的觀念模式，而提出一種關於「未來」的「中間物」想像：「在眾星之間生根」。（本書頁349）與「空白主體」作為一種否定情感的至高理論－倫理的方案不同，「在眾星之間生根」雖然也對過去與現在採取基進的否定，但並「不被特定的『在地』所束縛」（本書頁355）也不以啟蒙自由主義下一體化封閉（區分「我們」與「他們」）的飛地社群為烏托邦的想像基礎，而是以非私產的「公社」為模式擴散，是一種「永遠移動前進（愈走愈遠）的持續性的」（本書頁354）「另翼的、多種族的社群」（本書頁354）。

　　而白瑞梅特別著墨突顯了兩個系列中的一種「（法定）失能者」、「殘障者」的形影，正好可以對照於林建廷對於電影《太平天國》中的「殘缺者」形象。林建廷文中千禧年新國族的寫實主義電影，正是冷戰下「普世／（事實上是）種族人文主義」的超越性、透明性與同情性的眼光將種族化的殘缺身體變成地景；相反地，白瑞梅這裡的幻設小說中，不被自由主義法治對於良善公民與家庭權利保護的人造殘障失能，同時卻也是特異能力的來源，這些「不透明」的法外殘缺主體像是一個不透明暗點的回望，質問了普世人文主義以及自由主義對於自身危機的解方。這裡，白瑞梅特別點出她們「同理心」甚至是「過度同理症候群」（本書頁348），是對於

世界與對象精準的理解，切斷了同理心與自由人文主義對其公開、透明、互為主體的假設，而使得當下的倫理選擇是開放的決斷與持續不斷的鬥爭。或許近似於巴里巴的〈歐洲：消逝的中介〉，白瑞梅處理了「假定作為整體的西方」的負面歷史與遺產；然而不同於巴里巴仍以歐洲的社會運動與「多元民主」傳統想像一種激進的中介框架，來面對殖民與大戰暴力史的負面遺產與千禧年的種種危機，白瑞梅卻另闢蹊徑而繞道亞際，以亞洲發展中國家當中對於「非自由主義實用主義」的思索，以及非洲未來主義，作為幻設小說想像的參照。

最終，《千禧年》與《比喻》「之」「想像性邂逅」，正是過去與未來在此一當下的遭／糟遇。而白瑞梅在最後一節引用的《比喻》：「地球之種的使命，便是在眾星之間生根，是在新的地球上生活並繁衍，是化為新生，思索新的疑問，是探索廣袤無垠的天際，是探索廣袤無垠的自己」（本書頁353），彷彿尼采向地而生而超越自身的「中間物」的比喻的回聲：「人身上必須還有一種混沌，才能孕育出一顆跳舞的星球。」（尼采著，孫周興譯，2010：18）兩部未完結的小說、持續移動的地球之種，也為我們的《罔兩問景 II：中間物》劃下最末的刪節號……

來到我們的中間……

這本書作為不斷在中途的罔兩探問，本身自然也是一種無以總結的「中間物」。盼望這中間物的出版，能為未來的工作建立一種在自身身上的歷史索引。然而作為「中間」之「物」得以出版，正是因為許多人來到我們中間，盛情支援。我們要感謝國立陽明交通大學文化研究國際中心對於本書的補助，以及國立陽明交通大學出版社協助出版。我們也特別感謝《中外文學》前後兩任主編廖勇超與李鴻瓊對於當初中介專題出版的支持、協助與指正，以及《中外文學》編委會與《台灣社會研究季刊》的編輯群對於本書中所有論文在兩份期刊上出版的協助。萬分感謝陳佩甄用情至深，在升等在即的百忙中為我們做序。她的序言中辨識出這十五年來罔兩之間中或也仍看不清的的歷史軌跡與情感路徑，在仍上下求索以致「持續地不合時宜與混沌未明」（本書頁17）的方法路徑上以「時間性」為之定標，我們深受啟發。最後，這本書能夠出版必須歸功於「可愛」與「偉大」的編輯們，蘇淑芬照顧了出版的所有程序與細節，指導每個環節的工作；而我們的執行編輯陳筱茵，仔細

閱讀了每篇文章的每字每句，給予回應，協助校正了許多自己看不見的錯誤，並且逐一查證引文、重編書目，並協助添補有助於閱讀的註腳與資訊，美編羅文岑則包辦了這本書封面設計的一切細節。若不是她們，這本書將難以成型。難以言謝，只能說我們何其有幸，能在她們中間一起完成《罔兩問景 II》的工作。

參考書目

中文書目

尼采（Friedrich Nietzsche）著，唐俟［魯迅］譯（1920）〈察拉圖斯忒拉的序言〉，《新潮》第2卷5期，上海：上海書店，頁954-973。

尼采著，孫周興譯（2010），《查拉圖斯特拉如是說》，尼采著作全集第四卷，北京：商務印書館。

尼采著，徐梵澄譯（1992），《蘇魯支語錄》，北京：商務印書館。

徐梵澄（1992），〈綴言〉，《蘇魯支語錄》，尼采著，徐梵澄譯，北京：商務印書館，頁1-29。

恩格斯（1975），〈反杜林論〉，《馬克思恩格斯選集》第三卷，北京：人民出版社，頁45-364。

劉人鵬、白瑞梅、丁乃非（2007）《罔兩問景：酷兒閱讀攻略》，中壢：中央大學性／別研究室。

魯迅（1989a），〈人之歷史〉，《墳》，收錄於魯迅全集第一卷，台北：唐山出版社，頁11-21。

——（1989b），〈我們現在怎樣做父親〉，《墳》，收錄於魯迅全集第一卷，台北：唐山出版社，頁114-128。

——（1989c），〈寫在《墳》後面〉，《墳》，收錄於魯迅全集第一卷，台北：唐山出版社，頁257-264。

——（1989d），〈題記〉，《墳》，收錄於魯迅全集第一卷，台北：唐山出版社，頁7-9。

魯迅著，唐弢編（1952），〈生理學講義〉，《魯迅全集補遺續編》，上海：上海出版公司，頁590-841。

錢理群（2011），《我的回顧與反思：在北大的最後一門課》，台北：行人文化實驗室。

瞿秋白（1986），〈自殺〉（1919年12月11日，《新社會》第5號），《文藝雜著（續輯）》，收錄於瞿秋白文集文學編第二卷，北京：人民文學出版社。

外文書目

Baehr, Peter. 2001. "The 'Iron Cage' and the 'Shell as Hard as Steel': Parsons, Weber, and the

Stahlhartes Gehäuse Metaphor in the Protestant Ethic and the Spirit of Capitalism." *History and Theory*, 40(2): 153-169.

Balibar, Étienne. 2002. "Europe: Vanishing Mediator?" Humboldt-Universität zu Berlin George L. Mosse Lecture. [https://edoc.hu-berlin.de/bitstream/handle/18452/2320/Balibar.pdf?sequence=4]

Chatterjee, Partha. 1993. *The Nation and Its Fragments: Colonial and Postcolonial Histories*. New Jersey: Princeton University Press.

de Man, Paul. 1983. "The Rhetoric of Temporality." In *Blindness and Insight: Essays in the Rhetoric of Contemporary Criticism*. Minneapolis: University of Minnesota Press.

Freud, Sigmund. 2001. "The 'Uncanny'(1919)." In *The Standard Edition of the Complete Psychological Works of Sigmund Freud: (1917-1919) Vol: XVII*. (James Strachey Trans.). London: Vintage.

Hegel, G. W. F. 1991. *Elements of the Philosophy of Right*. (H. B. Nisbet Trans.) Edited by Allen W. Wood. Cambridge: Cambridge University Press.

Heidegger, Martin. 1996[1961]. *Nietzsche: Erster Band*. In *Gesamtausgabe: I. ABTEILUNG: VERÖFFENTLICHTE SCHRIFTEN 1910-1976*. Frankfurt am Main: Vittorio Klostermann.

Jameson, Fredric. 1973. "The Vanishing Mediator: Narrative Structure in Max Weber." *New German Critique*, 1(Winter, 1973): 52-89.

Jung, C. G.. 1988. *Nietzsche's Zarathustra: Notes of the Seminar Given in 1934-1939 by C.G. Jung. Volume 1*. Edited by James KL. Jarrett. New Jersey: Princeton University Press.

Karatani, Kōjin. 2012. *History and Repetition*. (Seiji M Lippit Trans.). New York: Columbia University Press.

Mies, Maria. 1986. *Patriarchy and Accumulation on a World Scale: Women in the International Division of Labour*. London: Zed Books.

Nietzsche, Friedrich Wilhelm. 2003. *Also Sprach Zarathustra*. The Project Gutenberg [Ebook #7205]. [https://www.gutenberg.org/files/7205/7205-h/7205-h.htm]

Sakai, Naoki. 1997. *Translation and Subjectivity: On Japan and Cultural Nationalism*. London: University of Minnesota Press.

Spivak, G.. 1990. "Poststructuralism, Marginality, Postcoloniality, and Value." In P. Collier and H. Geyer-Ryan (Eds.), *Literary Theory Today* (pp. 219-244). Bloomington: Indiana University Press.

Tsai Po-Fang. 2016. "The Introduction and Reception of Max Weber's Sociology in Taiwan and China." *Journal of Sociology*, 52(1): 118-133.

Žižek, Slavoj. 1991."Why should a Dialectician Learn to Count to Four?" *Radical Philosophy*, 58(Summer): 3-9.

晷影遷馳 在歷史轉型與知識形構之間

性、淫、翻譯[*]

晚清性別知識重構舉隅

劉人鵬

前言

　　本文擬同時處理或面對的，一方面是晚清性／別議題，一方面是糾結在一起的形形色色知識框架作為中介的問題。晚近學院「性／別」研究作為一種「現代」的知識領域，通常通過西學的中介，而在西方現代性的內蘊框架裡，常常潛在一個不證自明的假設，即：「性／別」的認知或實踐是由「落後」(保守)到「文明」(進步)的進化過程，其目標也在於由「落後」到「進步」。這個性／別「落後」到「進步」的影像，又與國家、種族、族群等的階序重疊(例如歐美進步、亞非落後；性／別進步即國家文明等等)。在「中－西」框架中，將中與西都同質化，而且將「中」的「傳統」與「西」的「現代」對照，遺忘了中與西都各自經歷過不同的傳統到現代轉變的軌跡。

　　本文主要從十九世紀末到二十世紀初性／別討論的某些角落，觀察知識分子「性／別」感知轉變過程中的某些現象，及其後在學術中的敘述。主要從三個例子討論，其一，目前所見資料只能觀察到，大約在一九二〇年代前後才較明確以「性」字翻譯「sex」，而直到一九三〇年代報刊雜誌中題目是「論性」的文章仍多指性理之學的「性」而與「sex」無關。本文考察並討論晚清時期將英文「sex」翻譯成「性」字之前的一點歷史遺跡及學術史中的弦外之音。其二，當英文「sex」還沒有譯為「性」時，本文以譚嗣同(1865-1898)《仁學》(1897)為例，觀察他如何討論「淫」而帶

---

* 本文為科技部計畫107-2410-H-007-066-MY2研究成果之一。初稿的不同部分曾發表於第二十六屆英美文學國際學術研討會(台東：台東大學，2018年10月27日)及第七屆中國性研究學術研討會(哈爾濱，中國人民大學性社會學研究所暨哈爾濱醫科大學性健康研究與教育中心主辦，2019年8月28日)。寫作過程特別感謝丁乃非、黃詠光的討論，以及李雪的校對，所有的錯誤與不足，是我的責任。

出了現代視為「性」的內容，並指出這道知識軌跡裡的「中間物」性質。[1] 其三，以馬君武（1881-1940）1903年翻譯彌勒約翰（John Stuart Mill, 1806-1873）《女人壓制論》（*The Subjection of Women*, 1869）的文本脈絡，觀察今日視為「自由主義女性主義」理論者曾經如何與社會主義糾結的種種遺跡。[2] 透過這三道遺跡的討論，彰顯中介帶出的知識形構，以及中介所遮蔽的某些事實與關係。本文一方面呈現知識對象，同時分析知識用語，說明知識用語並非直接知識，而是經常被西方現代性所構築的「傳統與現代」的關係所中介，且本身又成為這種關係的中介，同時構築了落地的「現代」與「傳統」。

　　本文「中介」是分析的語彙，用以指出關係、性質、作用等等，不是一套特定的理論。本文使用「中介」時，若參考了前人較細緻的分析，則隨文加腳註，否則即一般意義。在此要特別提醒「中介」的一個重要性質，即：「中介」是組構關係及整體過程本身的一部分，「中介」（動詞）是通過關聯項，一種「居中的」的手段，帶出一種關係；而「中介」（名詞）就是關聯項本身。中介之為中介，是關聯項而不單只是催化劑，或是關係的外在條件，如理查德・岡恩（Richard Gunn）舉「一條繩索連結起兩個登山人」為例，中介必須本身就是關係，必須組成關係。（Gunn, 1987: 1）

　　本文討論的三個例子都涉及翻譯，包括字詞翻譯與論述譯介，「翻譯」的意義不止是中西不同語文之間的翻譯（如「sex」與「性」），還包括從「傳統」翻譯到「現代」（如「淫」），或是不同時刻的知識動態之間的翻譯（如彌勒女權說）。「翻譯」本身固然是中介，翻譯組成了兩種語文或事物或概念間的關係；然而翻譯同時也是種種中介的產物，亦即，中介也有其中介始得以某種形式存在。再者，如何討論翻譯，如何面對古今中外不同知識動態間的翻譯，同樣透過形形色色的中介建立或中斷關係。本文的諸多例子，特別也看到現代性本身作為翻譯之中介的現象。

1　「中間物」借用魯迅（1881-1936）的用法，指特定的歷史過程中處於中間過渡狀態的情狀。魯迅的用法特別道出了處於中國特定時刻掙扎於甩不掉的傳統與搆不上的現代之間一種瞭然與無奈。本文使用「中間物」一詞，有時僅指客觀的「中間過渡狀態」，有時則強調了魯迅用法所帶出的糾結於厭棄傳統（這個傳統因自身歷史而更接近於自我）同時又不夠現代（這個現代具有較高的價值卻離自我較遙遠）之間的特定情感。為免行文分散，本文將在「餘論」中再對魯迅意義的「中間物」做進一步討論，一方面收束，一方作為繼續迴旋的餘音。

2　「John Stuart Mill」之中譯，有穆勒、彌勒、彌爾、密爾等，本文為求一致，除非在引文中依原文引，行文則一律依馬君武譯為「彌勒約翰」或「彌勒」。

黑格爾（Georg Wilhelm Friedrich Hegel, 1770-1831）曾指出，所有知識皆非直接達到，必然透過方方面面的中介。我們在歷史實例中看到的是：中介構築對立或矛盾的關係，也帶出特定的情感，當然，中介也會遮蔽掩蓋或徒勞地調和對立與矛盾的關係（如馬克思〔Karl Heinrich Marx, 1818-1883〕對彌勒的批評）。而以「中／西」知識框架為中介的知識狀態還有值得留意的是，西方的「中間物」經常消失，彷彿只有非西方有著作為「中間物」的氣悶狀態（詳後文）。當「中－西」關係在現代殖民知識中不知不覺成為「傳統」到「現代」的進化關係時，當女性主義性別知識漸漸無意識獨尊歐美西方時，出現了、也遺落了林林總總的知識中間物（例如早期社會主義，以及西方的「中間物」軌跡）。試圖辨識這些中間物，也是辯證地對於中介的辨識、構築與揚棄。[3]

一、譚嗣同如何討論「淫」

當代許多學者都曾提到，傳統中文「性」字的意義如「天命之謂性」，「性者，生之質也」等，無一與當代「性」（sex）相關者。（Rocha, 2010: 605-606；翟本瑞，1995：59；阮芳賦，2010：37；潘綏銘，2010：45-46等）在以「性」字翻譯「sex」尚未普遍之前，雖不用「性」字指今日視為「性」的內容，但是晚清從傳統文人到維新或革命知識分子到通俗刊物，都曾用別的字詞來談論今日所謂「性」的內容，五花八門非常繁多，用字從傳統來的有交合、色、欲、淫等等，新的則有「生殖器」等。（唐權，2016：5-6）「性」或「淫」或「男女」或「交合」等問題，在晚清某些憂國憂民的知識分子書寫中，並不是一個相對於革命或國族社會等「公」議題之外的「私」議題，而是一個攸關「革命」或「革新」的重要議題。長久以來我們習慣將譚嗣同、康有為（1858-1927）等人視為革命家、思想家、政治改革家等，將其學術分別放到思想史、學術史、國學史或革命史中討論，而將性與性別議題與既有學科界限分離，或稱之為「微政治」，或稱之為「跨學科」議題，彷彿是額外而新興的論題。但回到歷史，譚嗣同、康有為等人都曾在他們自己的時代中、在重要學術著作中認真嚴肅討論「淫」或家庭與性別或平等的問題，提出不同於當時代流俗習見的主張。當

3　「揚棄」指黑格爾辯證意義的「aufheben」。

然，也正如普列漢諾夫（Georgi Valentinovich Plekhanov, 1856-1918）所說：「一個時代的思想家任何時候都不會在所有人類知識問題和社會關係問題上同自己前輩們進行全線的鬥爭。十九世紀法國空想主義者在許多人類學觀點上同百科全書派完全一致；復辟時代的英國貴族在許多問題上，比如民法等問題上完全同意他們所憎惡的清教徒」（普列漢諾夫著，王蔭庭譯，2012：202）、「始終有某一部分觀念同樣地既為革命者也為舊制度保衛者所承認」（同前引，頁206）。談論性／別議題並不意味著進步，性／別議題總是勾連著同時代的其他議題，同時作為中介，構築新的社會關係。譚嗣同透過對傳統「淫」字含義的批判再讀，讓「淫」字去除負面的道德涵義成為準知識性的意符，亦即，不造新詞，卻翻攪傳統「淫」字，從「淫」字生產出具有「中間物」意味的淫／性，是晚清性／別知識重構過程中較為有趣的例子。

　　譚嗣同在他著名的《仁學》裡討論了「淫」的問題，「仁學」怎麼會討論「淫」？話題是由傳統的「性」與「情」之善惡論展開的。理學傳統有個糾結的問題是：如果性善，為何情會有惡（「性善何以情有惡」〔譚嗣同著，湯志鈞、湯仁澤校注，1998：17〕）？譚嗣同提出的解釋是，「情」之「惡」只是來自「名」（而非「實」）。他以「惡」中最極端的二種形式相提並論：「淫」與「殺」。他說，「淫」與「殺」到底是善是惡，在人類是「名」（文化、制度性之約定，隨時空而變異）的問題，而不是「實」（本質性的絕對事實，不因時空而改變），因為「淫固惡，而僅行於夫婦，淫亦善也。殺固惡，而僅行於殺殺人者，殺亦善也」。（同前引頁）意即，「淫」與「殺」之所以是「惡」，並不是淫與殺之所指為直接存在的本質實體為惡，因為如果是「實」，應該所有淫與殺皆為惡，但在歷史社會實踐中其實不然，僅行於夫婦之間的「淫」就被認為是「善」，而「殺殺人者」的殺，也被認為是「善」。因此他認為「淫」是由人類權力階序與倫常習俗所中介的「名」，而非「實」。（同前引，頁15）意即「淫」與「殺」的善惡具有「名」的武斷性與歷史性。

　　譚在接下來的討論中，思想上跟隨了清代學術對於「天理」（善）與「人欲」（惡）二分的批判。他引用王船山（王夫之，1619-1692）的「天理即在人欲之中；無人欲，則天理亦無從發見」，以及佛家「佛即眾生，無明即真如」，而主張「天理善也，人欲亦善也」。（同前引，頁17）在此理論基礎上，「淫」作為「名」，只是人為而非實有。譚說，把「男女媾精」名之曰「淫」，就是「淫名」，而淫名不過是「生民以來沿習既久，名之不改，故皆習謂淫為惡耳」（同前引頁）的習慣成自然，如果當初

「相習以淫為朝聘宴饗之鉅典，行之於朝廟，行之於都市，行之於稠人廣眾」（同前引，頁17-18）就如同「中國之長揖拜跪，西國之抱腰接吻」（同前引，頁18）而沿習至今，也就無人會認為淫是惡的。這說法很極端，但譚的意思是，何種行為是「禮」，何種行為是「淫」，具有約定俗成的武斷性以及從眾的習慣性，「乍名為惡，即從而惡之矣」（同前引頁），某時某地在某些歷史條件下稱某事為「惡」，某事也就因此有了惡名而人們也從而以之為惡了。他又批評，防淫太過正所以召人於淫。「防淫太過」包括：嚴男女之際使不相見、立淫律、禁淫書、恥淫語等。這些並不是譚嗣同的論理作文，而是清代確有的語境。連當時傳播西學的《萬國公報》等報刊也有「戒淫」之文，譚說「雖文明如歐美」，同樣也是「深以淫為羞辱」。（同前引，頁20）而他指出，「懸為厲禁，引為深恥，沿為忌諱」正是告訴人「此中有至甘焉」。（同前引，頁21）譚認為，為什麼會有淫之心，又為什麼會以「淫」為羞恥，都是來自戒淫的聲音：「而勿淫」的戒令具有生產性，正所以啟動淫行、淫念與恥感。此外，「淫」的習見裡還包含了男女不平等的問題：「男則姬妾羅侍，縱淫無忌；女一淫即罪至死。」（同前引，頁20）[4]

　　接下來譚嗣同重建了對「淫」應有的新認識。他說，事實上「淫」就是「發於自然」的身體動作，「毫無可羞醜」。（同前引，頁22）從「西醫」來說，「淫」就是「筋絡肌肉如何動法，涎液質點如何情狀」（同前引頁），從「中國醫家」來說，也就是「男有三至，女有五至」——這是房中養生術的語句。他主張，應該普及這種對「淫」的新認識，要「多開考察淫學之館，廣布闡明淫理之書，使人人皆悉其所以然」。（同前引頁）譚會通中西，把「淫」從習俗道德不平等的領域轉到「醫學」身體的領域來，作為一種客觀的身體活動來認識。但這個認識的中介不全然是西方科學，還包括了至今仍然稱不上「科學」的他所謂「中國醫家」的房中養生之術，也因此他所謂的「淫學」、「淫理」之「淫」，既非傳統的「淫」、亦非現代西方的「性」。譚的認識作為一種歷史的「中間物」，就其學說本身而言，此時此刻並沒有以「傳統－現代」的視框看待「中－西」與「過去－未來」，《仁學》的「衝決網羅」也不是衝決傳統，而是衝決「利祿」、「俗學」、「全球群學」、「君主」、「倫常」、「天」、「全球群教」、「佛

4　唐權提出譚嗣同「淫學」與打破男女不平等問題之關聯：「他夢想建立一門新的『淫學』」，以打破倫常中重男輕女的『暴亂無理之法』。」（唐權，2016：37）

法」等諸般網羅（同前引，頁2），在「全球」的視野中又有著「然真能衝決，亦自無網羅；真無網羅，乃可言衝決。故衝決網羅者，即是未嘗衝網羅」（同前引頁）的超越性認識。

現代學者有人稱譚嗣同為「近代中國主張性開放的第一人」（李國祁，1997：13），但譚嗣同不是對今日所謂的「性」「開放」，他是不迴避當時「淫」這髒惡之字，長篇幅揭露：「淫」字的神秘與道德罪惡且男女不公平的意涵乃來自歷史社會的「名」，而非超越歷史社會的「實」，主張重新帶出具有提升意義的對「淫」的新感知。過去思想史討論《仁學》較不提這段充滿「淫」字的段落，晚近研究則有些在「淫」與「性」截然二分的認識下，須將譚嗣同討論的內容分別用「淫」與「性」的概念去解釋。《仁學》的英譯最能說明這一點。雖然譚嗣同自始至終用「淫」字，但現代學者英譯卻必須隨文譯為「lust」或「sex」，這固然是不得不然，否則難以明白語意，例如「考察淫學之館」譯為「research institutes devoted to the study of sex」，「闡明淫理之書」譯為「books on sex theories」。（Tan, 1984: 87）亦即，英文必須將「淫學」理解為「性學」；然而也因為以「淫」與「性」的界限為中介[5]，「淫」字所殘存的歷史遺跡也就消失於現代「性」（sex）的想像中。

此外事情還有另一面。譚嗣同的論說脈絡裡，固然有一種超越性的衝破網羅及其爆發力，然而在西學東漸之初，也被一種感知結構所中介，又中介這種感知結構，亦即，「淫」需要成為可以進入現代知識的新對象，或關於對象的新知識，才是「廣開淫學之館」的必要性與目標所在。這是進化路上的另一種中間物狀態。譚的討論其實主要有二個重點，一是批評戒淫禁慾說，主張自然看待「淫」；一是主張「淫」的「正確」認知需要普及，用今日的語言就是「性教育」要作為普及新知的重要工作。這二個重點幾乎為後來對性議題感興趣的知識分子定了調。例如1927年茅盾（1896-1981）這麼說：「中國之所以會發生那樣的性欲小說，其原因亦不外乎：（一）禁慾主義的反動。（二）性教育的不發達。後者尤為根本原因。」（茅盾，1993[1927]：30）茅盾把對於中國「性」文學的不滿，歸咎於禁慾主義，以及性教育不發達。他認為中國性欲作品太多，而且是惡魔道，「描寫性欲而赤裸裸地專述性

5　這裡借用黑格爾「界限是中介」的觀念：「所以某物作為直接的實有，就是對別的某物的界限，但是某物又在它本身那裡具有界限，並由於界限的中介而是某物，界限也同樣是它的非有。界限是中介，通過這個中介，某物與他物既是又不是。」（黑格爾著，楊一之譯，1991：122）

交狀態像中國所有者直可稱為獨步於古今中外」（同前引，頁18），這是厭棄傳統的反諷貶抑。也就是，當認識到傳統有那麼多的「淫書」時，即使已經說「淫」是一件自然的事了，到1927年更已經稱之為「性欲作品」而不是「淫書」了，但在「中國傳統落後／西方現代進步」的框架下，仍然沒有可以理解這些傳統書籍的方式，只能嫌這樣的作品太多，多到令人羞恥。

　　以上所述由傳統「淫」字來重新感知現代「性」的內容，卻又多少以「中／西」之「落後／進步」為框架所中介的「中間物」知識及情感狀態，是晚清到民國較普遍的狀態。當新的「性」觀念漸興，「淫」一直也在同樣的時空中與之共存，而不是在西方科學性學傳入後即與傳統的「色」或「淫」產生了斷裂性的認知。從報章雜誌看，直到五四後期，男女、戀愛、婚姻、生殖等相關文字，在通俗認知中都常常仍徘徊在「淫」的範疇。例如，1922年章錫琛（1889-1969）曾說：「‘Love’這一個字，在中國不但向來沒有這概念，而且也沒有這名詞。近來雖然勉強把他譯成『戀愛』，但概念還是沒有，所以許多人祇是把他和『姦淫』作同一解釋；〔……〕在中國人的腦筋中盤踞著的，只有『姦淫』，所以說到『戀愛』，便和『姦淫』的概念混雜了。」（章錫琛，1992：121）[6]「淫」與「性」的界限是一種中介，劃分「淫」與「性」的界限固然是重建新文學新道德與新秩序的新工作，同時也中介了傳統與現代的「中間物」關係。

二、「性」與 sex

　　「性學」一詞在中文語境其實出現很早，大致在格物學範疇，例如明末在華傳教士艾儒略（Giulio Aleni, 1582-1649）所著的《性學觕述》（1623）中，其自序謂「性學為天學人學之總」，是「格物」旨趣的「人性之論」（艾儒略，2014[1623]：476），其內容包括了現代歸於身體與心理等方面的知識（董少新，2008：262），「性」字的意義接近「生之所以然者謂之性」（《荀子》），並非當今「性學」（sexology）所指。這裡如果我們不加以下的說明，以上說法所中介或被中介的不言自明之中／西關係可能

6　另可參見楊聯芬的《浪漫的中國》（2016），頁9-16。楊還舉了另一例子：「1930年民國政府首次編定的《民法》公布後，法律人士在對其《親屬編》中的婚姻法進行解釋時，也從法律角度將戀愛同居，稱為『奸淫關係』。」（頁11）

是：十七世紀的早期中國還沒有西方的性學。如果我們不是這個意思，可能就必須再多作說明。因為殖民的現代知識常將西方現代的某一點化為西方從古至今的永恆，西方失去了落後與過去，而「非西方」失去了進步與現在。[7]事實則是，十七世紀的西方也沒有當代意義的性學。西方性學領域一般將現代專業的性學推源於德國馬格努斯・赫希菲爾德（Magnus Hirschfeld, 1868-1935）1919年於柏林創立之性學中心（Institute for Sexology）；性學一詞則溯源於1906年德國醫學家布洛赫（Iwan Bloch, 1872-1922）創用之「*Sexualwissenschaft*」，「Sexology」為該德文之英譯。實則早在1867年美國已首次出現「sexology」這個字，是作為書名：《性學作為生命的哲學：包含社會組織與管理》（*Sexology as the Philosophy of Life: Implying Social Organization and Government*），該書第一部為「宇宙源起，生理學，與心理學」（"Cosmogony, Physiology, and Psychology"），第二部則為「社會學，神學，與天命」（"Sociology, Theology and Destiny"）；如此將宇宙、生理、心理、社會、神學等雜揉於一書的知識樣貌，呈現出一種今日學界非常不熟悉的「西方」。（Willard, 1867）這樣的著作若出現在西方之外，可能意味著雜揉與「傳統」，但實際上出現於十九世紀後半葉的美國，而美國的「中間物」狀態則可能落在中／西框架的知識想像之外。學者曾介紹西方性學領域從「前科學」到「科學」階段的分期，是個很好的例子。西方「現代性學」或「科學性學」肇始之年被認為是1886年奧地利理查・克拉夫特－埃賓（Richard Freiherr von Krafft-Ebing, 1840-1902）的《性心理病》（*Psychopathia Sexualis*）。（阮芳賦，2011：82-83）在這幅知識發展圖中，「性學」的發展由「前科學」到「科學」時期，但「前科學時期」指1886年以前的性研究，例子卻是古埃及、美索不達米亞、古中國、古印度，（同前引，頁79-82）亦即，西方的「前科學時期」在東方，而不在歐美。「科學時期」的「第一階段」從1886至1933年希特勒（Adolf Hitler, 1889-1945）破壞赫希菲爾德的性學中心為止，代表性的成果就在歐洲國家；而1933至1999年的第二階段，則轉以美國的成果為主；第三階段1999年以後，出現了中國的成就。亦即，關於現代性學發展區塊的敘述，與現代國家消長區塊暗合。

十九世紀後期，中文報刊中仍不時出現論「性」之文，除性理之學的範疇外，

7　筆者曾以梁啟超（1873-1929）、胡適（1891-1962）等文章為例，說明「西方」如何成了「現在」與「未來」，而「中國」的此時此刻卻呈現為空白。（劉人鵬，2000：148-151）

也有用於自然科學範疇的「性學」或「形性學」字眼，如人稱中國天主教第一份報紙的《益聞錄》於1880年有一篇〈西婦講求性學〉的短文，主要是講西方婦女「多有講求測算形性等學」（第34期，頁21）；另於1888年有〈論形性學〉（第781期）一文，「形性學」指物理學──「性」字皆與「sex」無關。查十九世紀的幾部「英華字典」，如1847至1848年麥都思（Walter Henry Medhurst, 1796-1857）的《英華字典》，將「sex」解釋為「男女分別之處」，1866至1869年羅存德（Wihelm Lobscheid, 1822-1893）的《英華字典》及1884年井上哲次郎（1856-1944）的《訂增英華詞典》都將「sex」解釋為「類」，並將「the female sex」譯為「女類、女流」，「the male sex」譯為「男類、男輩」，尚未有「性」的譯法。1908年顏惠慶（1877-1950）的《英華大辭典》首見「sex」的解釋出現了「性」字，但又與屬、類等並列，指的是：「The distinction between male and female，性，屬，類，雌雄牝牡之別」，「性」字仍似「類、屬」的同義詞，「the female sex」仍譯「女類，女流」。學者們多已指出，現代中文用「性」字指英文「sex」相關的語義，來自現代日文的迻譯，但日文又為什麼會用「性」這個漢字來譯「sex」？[8] 這裡我們又要暫停一下回望這個問題背後作為中介的假設，即：當這樣問的時候，彷彿預設了英文「sex」一直是當代的意義，只是早期沒有漢字來譯；似乎中文脈絡早期尚未理解「sex」的語意，或是中文傳統沒有西方「性」的觀念而經歷了摸索的階段，日文則較先找到了一個後來普遍被接受的漢譯。實則不盡然。早期這些譯詞多少是符合當時英文「sex」之意義的，即：以「sex」來表達兩性或男女區分的意義。（阮芳賦，2010：20）英文「sex」的語意當然也經歷了傳統到現代的變化：十九世紀後期在英文字典中「sex」主要也是「男女之性質」、「男女範疇之一」、「男女之分別」等義，「sex」的「性交」義出現很晚，在二十世紀後，且要晚至一九六〇年代後「sex」的「男女之性質」之義才漸漸為「gender」取代。（同前引，頁23-29）據現有資料觀察，早期英文「sex」相關意義與「男女分別之處」、「性質」、「天性」、「自然」等語境不無關係。[9] 例如，1875年（明治八年）日人千葉繁（1834-?）翻譯美國1859年出版的《自然書》（*Book of Nature*, James Ashton），一本通俗性科學的著作，書名副標極長：*The Book of Nature*; Containing *Information for Young People*

8　按唐權曾引日學者考證日語中「性」與「sex」互譯過程。（唐權，2016：6-7）

9　阮芳賦亦曾對「sex」一詞語義在英語中的變化稍有說明。（阮芳賦，2010：20-21）

Who Think of *Getting Married*, on the *Philosophy of Procreation* and *Sexual Intercourse*; Showing *How to Prevent Conception* and to *Avoid Child-bearing*. Also, Rules for *Management During Labor and Child-birth*，該書內容包括青年結婚須知、生殖、性交、避孕、生產等，都是當今視為「性」領域的內容，但書名主標題卻是「The Book of Nature」，日本當時譯為《造化機論》。（唐權，2016）1913年出版的《哲學語彙詞典：主要來自日文》（*A Dictionary of Philosophical Terms: Chiefly from the Japanese*）中，「sex」仍譯為「男女特性」。（Richard and MacGillivray, 1913: 59）

在「性」作為「sex」的直接中譯尚未固定或普及之前，經歷了一個中間的階段：「性」字確實用於男女或「sex」相關脈絡，卻是語意曖昧，不容易判斷究竟是傳統「性質」之「性」或是現代指「sex」的「性」。例如1903年葉德輝（1864-1927）在〈新刊《素女經》序〉一文中出現「性學」一詞，是在論及西方「衛生學」的脈絡中提及，他認為當時新譯西書如《生殖器》、《男女交合新論》、《婚姻衛生學》等這些內容已見於中國古代經書緯書，「性學」一詞似乎指「飲食男女」之學，但又是相對於「理學」的「性學」。（葉德輝，1988：601）[10] 就現有文獻看，首見將「sex」譯為「性別」者是周作人（1885-1967）。他在1907年《天義》的一篇譯文中，將英國《十四日評論》（*Fortnightly Review*, 後通譯《雙週評論》）的 "Sex and Suffrage" 一文譯為「性別與選舉權」。[11] 學者們也注意到，1907年有幾處史料中出現了「男性」、「女性」或「兩性」。（Rocha, 2010: 606）[12] 但「性」字並不一定是指現代意義的「性／性別」。（Liu, Karl, and Ko, 2013: 15-16）而在早期的譯詞中，有二個例子是較為有趣而值得留意的。

其一，周作人在1927年的〈讀『性的崇拜』〉一文中提醒讀者：「兩性字樣是從日本來的新名詞，嚴幾道的《英文漢詁》上還稱曰男體、女體。」（周作人，2009[1927]：295）周作人提到的嚴幾道（嚴復，1854-1921）《英文漢詁》一書，出版於

10　翟本瑞認為最早言「性」者是葉德輝在〈新刊《素女經》序〉一文中出現「性學」一詞，「似乎兼有本性（nature）及Sex之意味」。（翟本瑞，1995：60）在此「性學」相對於「理學」，也有可能接近艾儒略時的「性學」，只是在葉德輝的脈絡中談的主要是晚清翻譯「衛生學」中與男女、婚姻、生殖相關者。

11　周作人以「獨應」為筆名，在《天義》刊出〈婦女選舉權問題〉一文。（劉人鵬，2017：33）

12　按「兩性」一詞出現較早，來自日文。見1902年《新民叢報》譯自日人岸本能武太（1866-1928）之《社會學》：「若夫夫婦之愛，亦兩性本能之作用耳」。（岸本能武太著，章炳麟譯，1966[1902]：31）

1904年，是一部以文言文解釋英文文法的書，被稱為中國第一部左起橫排的書。由於書中用語常附英文詞彙以說明，我們最容易對照嚴復使用的中文字究竟是翻譯哪個英文字。當解釋英文「Gender of Nouns」時，嚴將「masculine gender」譯為「陽屬」（「名物〔或稱代〕字所名之物為雄，謂之陽屬 masculine gender」），「feminine gender」譯為「陰屬」（「若其為雌，則謂之陰屬 feminine gender」）。（嚴復，1904：19）嚴復並進一步解釋，「謂之 gender 者，法文謂之 genre」，其意義就是「類也，屬也。於字則稱屬，gender。於物則稱體，sex，如男乃陽屬之字，而其人則為男體，male sex，不得以 masculine gender 稱之」。（同前引頁）亦即，嚴復解釋「gender」為文字符號的性別屬性，有「陰屬」、「陽屬」之分，而所指之物的性別，則是「sex」，就人而言有「男體」、「女體」之別。此時英文「gender」主要用於文法上的性別。嚴復當時還有另一個相關的有趣翻譯。他在介紹了法國文字名物分陰陽後，又說明還有一類是既非陰又非陽的屬性，他譯之為「罔兩」：「是故物之無牝牡陰陽可論者，別立一屬，謂之罔兩 Neuter Gender。罔兩者，非此非彼，兩無屬也；如兒，如紙。」（同前引頁）這種翻譯的行徑與今日不同之處在於，由於沒有標準化的譯法，譯者嘗試性的理解方式會援用較多的傳統語文及思想資源，作為一種帶著歷史軌跡的「中間物」，既與傳統有著斷裂的關係，同時也與傳統有著無法斷裂的依附，翻譯的中介性也較無法透明。

其二，1907年《中國新女界雜誌》第5期有「女性氣質」、「女性」（懺碧，1977[1907]：14)、「男女兩性之關係」（同前引，頁15）等，細究這些「性」字出現的上下文，多半是在討論男女不同的「性質」「性情」等，若指稱生理性別，則多用男人、女人，男子、女子，或男女等。很明顯的例子是在《中國新女界雜誌》第1期的〈女德論〉一文中提到：「歐西學理精深，亦有男性女性之別，以男代剛性，以女代柔性，不知剛柔因人而異，不因男女而異。男子亦多女性，女子亦多男性。」（巾幗，1977[1907]：8）這裡有意思的是，文章指出「歐西」學理有男性女性之別，而男性女性又與男女生理性別扣合，但該文質疑這種將生理性別與社會性別氣質視為連續的「歐西學理」，主張「男子亦多女性，女子亦多男性」。「性」字在此更多是延續傳統「性」字而有的「性質」、「性情」等固有的意義。另外一個例子是，《中國新女界雜誌》第1期中有一篇白話「演說」稿〈男女平等的真理〉，文中分別了「男女的體質」與「男女的性質」，該文認為「男女的體質有分別，而男女的性質，是無分別

的」（珮公，1977[1907]：38），這麼說是為了反對當時由於「女人與男人的性質不同」（同前引頁）而認為女人柔和無見識因此要服從男權之說，該文主張「不能劃開分之曰這個樣子的是男性質，那個樣子的是女性質」（同前引頁）。在這篇演說中，當在討論男女的脈絡下使用「性」字時，還調動了理學論述框架中「性」相對於「理」的意義，它指出「天然的理未發動的是性質」（同前引頁），認為：當訴諸「天然的公理」（同前引頁）時，就沒有男女性質的分別。類似的意思也出現在1907年《天義》中何殷震的〈女子宣布書〉，謂：「男女同為人類，凡所謂男性、女性者，均習慣使然，教育使然。若不於男女生異視之心，鞠養相同，教育相同，則男女所盡職務，亦必可以相同，而『男性』、『女性』之名詞，直可廢滅。」（萬仕國、劉禾校注，2016：44）何殷震認為男女若有相同的教養，就無所謂本性的不同。這些例子顯示，1907年左右在婦女或女子革命論述語境中，「男性」、「女性」的用法，更多是在反對將男女性別氣質固化的脈絡下提出。這些文章論及「男性」、「女性」這些「歐西」新詞時，意在批評反對，而不是引進新學。他們批判這種將男女性別與剛柔氣質視為連續的「歐西學理」，而主張「男子亦多女性，女子亦多男性」。

三、彌勒女權論譯介與社會主義學說

最後，我們再由女性主義論述層面討論一個晚清女權譯介的例子。晚近學界對女權學說或女性主義思潮史的敘述，經常是通過一九七〇年代中期以後歐美女性主義所形塑的女性主義思潮史為中介，將女性主義分為「自由主義女性主義」、「馬克思（或社會主義）女性主義」、「基進女性主義」等流派。一九七〇年代以後形成的女性主義思潮史著作介紹西方自由主義女性主義時，通常以十八世紀的沃斯通克拉夫特（Mary Wollstonecraft, 1759-1797）、十九世紀的彌勒約翰等人為代表，且似乎將自由主義女性主義當作西方女性主義理論的起源。對於這樣的流派式思潮史，當然已經有很多西方女性主義學者提出過種種問題。[13] 並且也有學者提出，早期烏托邦社會主義者對於啟動女性解放的意識形態具有重要貢獻，但卻被史家

13　以自由主義女性主義為例，批評如：即使留意到早期黑人女性主義者的貢獻，自由主義女性主義理論仍然侷限於白人，自由主義女性主義與其他流派女性主義區別不易，自由主義女性主義與自由主義的區別也問題重重等等。（Kensinger, 1997: 182）

忽略（Goldstein, 1982: 91-108），這就又涉及冷戰知識框架了。晚近研究晚清的女權主義或婦女運動，有時也會帶著西方第二波女性主義後漸漸形成的觀察視角，來區辨晚清自由主義女性主義、馬克思（或社會主義）女性主義的軌跡。然而我們回到晚清文獻，以及十九到二十世紀之交世界新興思潮以及革命運動的脈絡，會發現：面對歷史發展形成的新問題，知識分子或革命志士面對現實中「如何改變世界，如何解決社會不公義」的問題而展開的運動／思考／著述，很難侷限於後來的流派框架，東方與西方皆然。有一個例子值得我們特別留意。彌勒一直被認為是自由主義者，他的女權論也一直被認為是當代女性主義流派中的自由主義女性主義；然而晚清中國翻譯女權論的重要學者馬君武1903年翻譯〈彌勒約翰之學說〉時，聯繫的卻是彌勒與社會主義或當時社會黨的運動。1976年漢學家伯納爾（Martin Bernal, 1937-2013）已留意到「梁（啟超）的同事馬君武，著文談到約翰·穆勒提倡婦女解放，以及它和社會主義的關係」。（伯納爾著，丘權政、符致興譯，1985：88）

　　馬君武是早期翻譯西方女權論的重要人物，他大約1902年譯的〈斯賓塞女權篇〉在晚清當時就引起了重要的迴響；同時他也是早期譯介社會主義學說的重要人物，主要譯介烏托邦社會主義以及廣義的社會主義概說。[14] 1903年馬君武譯了彌勒的《自由原理》（*On Liberty*, 1895），又譯了〈彌勒約翰之學說〉刊登於《新民叢報》，其中第二節是「女權說（附社會黨人《女權宣言書》）」。這篇文章中，他簡要譯介的是彌勒1869年的《女人壓制論》（*The Subjection of Women*，後譯為《婦女的屈從地位》），但卻引用1891年在比利時布魯塞爾的第二國際宣言以及1891年埃爾福特（Erfurt）宣言，並總結了「社會黨人所主張之女權問題」（馬君武著，莫世祥編，1991：145），亦即將彌勒的女權論放到社會主義或社會黨的語境。在這一節中，馬君武置放彌勒女權說的脈絡是：他認為歐洲今日文明來自二大革命，一是「君民間之革命」，一是「男女間之革命」；也就是說，性別議題的重點在於革命，而且與政治革命是相提並論的。但他視為「革命」的行動是如彌勒在英國議會中推動男女平等法案：「彌勒氏不但能言而已，而在議院為議紳也，力爭男女平等之案，欲遂以見諸實

14　1903年馬君武之社會主義相關譯著包括：〈社會主義與進化論比較：附社會黨巨子所著書記〉、〈社會主義之鼻祖德麻司摩爾之華嚴界觀〉、〈社會黨巨子加菩提之『意加尼亞旅行』〉、〈聖西門（一作西士門）之生活及其學說（佛禮兒之學說附）〉等，並開了一份社會主義書單。參見《馬君武集》（馬君武著，莫世祥編，1991），頁83-92、頁114-118、頁161-167、頁168-175。

行。彌勒氏誠女權革命之偉人哉。」（同前引，頁143）彌勒1866年曾經進入議會擔
任議員，1867年在改革法案中力主將婦女選舉權加入修正案，但當時遭到否決。
接著馬君武又指出與彌勒同論調者有德國社民黨倍倍爾（August Ferdinand Bebel, 1840-
1913）等人，接著說：「近年以來，社會主義日益光明。社會黨之勢力，日益盛大。
社會主義者以男女同權為其主義之一大原理，而社會黨人者，即實行男女同權論
之人也。」（同前引，頁144）該文將「自由主義」的彌勒學說放在社會主義或社會黨
的脈絡裡，並強調社會主義者的男女同權主張，這意味著翻譯語境的「走樣」嗎？
當然不是。反而是呈現十九與二十世紀之交全球歷史、社會、革命、運動、論述
生產的一面不同的景象，一段為冷戰後女權主義流派論中介所遮蔽的歷史。

十九世紀流傳甚廣且影響重大的婦女地位與社會文明程度相關聯的說法，
恩格斯（Friedrich Engels, 1820-1895）曾推源於法國烏托邦社會主義者傅立葉（François
Marie Charles Fourier, 1772-1837）。傅立葉在《關於四種運動的理論》（*Théorie des quatre
mouvements et des destinées généra-les*, 1808）中提出了「某一時代的社會進步和變遷是同
婦女走向自由的程度相適應的，而社會秩序的衰落是同婦女自由減少的程度相適
應的」。（恩格斯，1972b：618）恩格斯評論傅立葉時說：「他第一個表明了這樣的
思想：在任何社會中，婦女解放的程度是衡量普遍解放的天然尺度」。（恩格斯，
1972a：300）彌勒在《婦女的屈從地位》中同樣呼應這樣的說法：「歷史學家和哲學家
已率先采納以婦女地位的提高或貶低作為從整體上說對一個民族或一個時代的文
明的最可靠的檢驗標準和最正確的尺度。」（穆勒著，汪溪譯，1995：273）晚清當時
對於婦女議題的路線爭論，重要的分別並不是自由主義與社會主義，而是諸如：
是否同意將婦女爭選舉權列為重要議題，女子教育問題重要或是女子革命重要等。

就彌勒個人而言，他的確曾經有過糾結，不論在生前遺稿或在《自傳》
（*Autobiography*, 1873）中，都曾經析論過他自己與當時新興社會主義學說或社會主義
理想之間的思辯，早期社會主義思想軌跡在他的書寫中是重要的殘存。他生前未
發表的〈社會主義殘章〉（"Chapters on Socialism"）於1879年首度刊出於《雙週評論》
（*Fortnightly Review*），附了其繼女海倫・泰勒（Helen Taylor, 1830-1907）的〈序言〉謂：
「正是在1869年，甚至可以說是在密爾先生的最後二十年間，當整個世界完全忙
於其他事務時，深深打動密爾的卻是思辯理論家們的社會主義思想在所有文明國
家工人中的傳播。」（密爾著，胡勇譯，2008：294）對彌勒來說，他所指的社會主義

者就是烏托邦社會主義者歐文（Robert Owen, 1771-1858）、傅立葉、聖西門（Henri de Saint-Simon, 1760-1825）等。對於來自社會主義思想的挑戰，彌勒有過一段困惑反思，他說，「真正的體系遠比我過去所知要更複雜而多面向」。（Mill, 1981: 169）對於社會主義，他說：「他們對於自由主義一般學說的批評，對我來說似乎充滿了重要的真理；而且部分是因為他們的作品，我才打開了視野，看到古老政治經濟學的價值是有限而短暫的。〔……〕我最尊敬的是他們最被貶低的部分，也就是他們對於家庭問題的大膽以及沒有偏見。」（Ibid., pp. 172-175）對於男女平等以及家庭問題，彌勒歸功於社會主義者的倡議，他說：「家庭問題是最重要的問題，比任何其他重要的社會制度都需要更根本的改變，但卻幾乎沒有改革者有勇氣碰這個問題。聖西門主義者與歐文和傅立葉都宣稱男女完全平等，男女彼此關係要有全新的秩序，他們都值得後世感激緬懷。」（Ibid., p. 175）就其自我生命經驗及學術投注而言，彌勒是在長久耕耘的「民主主義」基地上，當社會主義的時代氛圍提供了重新思考與實踐的養分時，認真思索了民主主義的不足，同時投入社會實踐，並認為社會最終需要超越民主主義以達到社會主義（Ibid., p. 239）；然而對馬克思來說，彌勒只是代表了「平淡無味的混合主義」（馬克思，2009a：17），他只是「不願單純充當統治階級的詭辯家和獻媚者的人，力圖使資本的政治經濟學同這時已不容忽視的無產階級的要求調和起來」（同前引頁）之一員，只是「企圖調和不能調和的東西」（同前引，頁18）。馬克思認為彌勒這類思想的興起正是「宣告了『資產階級』經濟學的破產」（同前引，頁17），從彌勒對資本家與工人關係以及對待社會生產的各種歷史形式的看法，正好可以測量出「現代資產階級的平庸」（馬克思，2009b：592）。馬克思的觀點指出的是知識中介另一重要面向：可能徒然地調和或掩蓋實質上是對立與矛盾的關係。[15] 而就彌勒本身而言，他未嘗不是「自由主義」（或民主主義）與「社會主義」之「中間物」。[16]

　　彌勒的學說在上世紀之交全球間被引用的脈絡也並不侷限於自由主義，而是

15　對彌勒而言，其識見框架與中介必然不以為「資本的政治經濟學」與「無產階級的要求」是無法調和的矛盾，甚至必須以否認這個矛盾關係為前提。

16　這個觀點要特別感謝黃詠光的提醒。如果將彌勒閱讀為掙扎於當時「自由主義」與「社會主義」的中間物，我們也會發現情感狀態顯然不同於魯迅，其不同或許來自二者所處位置與現代性的不同關係。

廣為初期社會主義文獻及運動脈絡引用。例如，當時德國社民黨領袖著名的馬克思主義者倍倍爾的《婦女與社會主義》（*Woman and Socialism*, 1879）多處引用彌勒，如引其對當代婚姻的評論：「婚姻是法律認可的唯一真正的農奴制度。」（倍倍爾著，朱霞譯，1995：99）此外，俄國的車爾尼雪夫斯基（Nikolay Gavrilovich Chernyshevsky, 1828-1889）也曾把彌勒的《政治經濟學原理》（*Principles of Political Economy*, 1848）一書翻譯成俄文，車爾尼雪夫斯基根據彌勒關於法國社會主義思想的探討，發展的不是自由主義，而是社會合作理論，這種理論中也有著路易・勃朗（Louis Blanc, 1811-1882）的影響。（柯爾著，何瑞豐譯，1978：51-52）此外，彌勒〈社會主義殘章〉對於社會主義的定義，曾經為1895年《社會主義手冊》（*A Handbook of Socialism*）一書引用。1903年日本著名的無政府社會主義者幸德秋水（1871-1911）的《社會主義神髓》（1903）也述及「穆勒給社會主義下了這樣的定義：『社會主義的特點在於把生產資料和生產方法作為社會全體成員共有，因此，生產品的分配也必須作為公共的事業，按照社會的規定來進行。』」（幸德秋水著，馬采譯，2009：30）此外，幸德秋水還進一步說：「穆勒說：『共產主義的管束，對多數人類說來，比較今日的狀態分明是自由的。』」（同前引，頁38）[17] 當時中、日青年學生或知識分子讀到彌勒的《自由論》，興起的是「革命」的意識，例如，陳獨秀（1879-1942）1901年東渡日本，加入學生團體勵志會，讀到穆勒《自由原理》、斯賓塞（Herbert Spencer, 1820-1903）《代議政體》（*Representative Government: An Essay*, 1885）等書，思想上由「改良」轉為「革命」。胡秋原（1910-2004）曾提及「日本初期社會主義母胎」的學說包括法國自由民權論、穆勒等的個人主義自由思想。（胡秋原，1929：4）此外，1908年中國無政府主義刊物《衡報》也引用過彌勒：「近世以來，歐美諸學者，若John Stuart Mill，若Herbert Spencer，均斥土地私有制。」（萬仕國、劉禾校注，2016：797）

晚清馬君武對約翰彌勒女權說與社會主義之聯繫的譯介，提醒我們追究社會主義與民權自由運動在女權學說史殘餘的中間物軌跡，以及中文譯介過程曾經呼應的社會主義視野。晚清許多翻譯西學之作，我們習慣於檢查中文翻譯是否合乎「原文」，但其實我們更可以透過當時翻譯所擺放的於今不合的脈絡，去捕捉當時

17　幸德秋水接著指出彌勒所說的共產主義，「就是現在所說的社會主義」。（幸德秋水著，馬采譯，2009：38）

西學某些「中間物」，以及其後諸如冷戰知識框架等所遮蔽或簡化的複雜歷史遺跡。

四、餘論，以及無法總結的結語：「中間物」

　　本文探討的是一個「過渡性」特別明顯的歷史時段——晚清——一些與性／別相關的知識殘餘，而這個時刻的「過渡性」，如果不以普同抽象的方式理解，那麼它承載的情感與現代性刻劃的歷史軌跡，可以通過「中間物」這個語彙來捕捉。「中間物」一詞來自魯迅（1881-1936）。魯迅最早使用「中間物」是在1920年於《新潮》月刊（第2卷第5期）刊載翻譯尼采（Friedrich Wilhelm Nietzsche, 1844-1900）的〈察拉圖斯忒拉的序言〉（"Zarathustra's Vorrede", *Also Sprach Zarathustra*, 1883-1886）一文中，由查拉圖斯特拉（Zarathustra，即「察拉圖斯忒拉」）之口說出：「我於人們還是一個中間物在傻子和死屍之間。」（尼采著，魯迅〔署名唐俟〕譯，1920：966）在這篇譯文中有個鮮明的意象是查拉圖斯特拉「他抗〔引者按：原文如此〕死屍在他背上並且上了路」。（同前引，頁967）此外，還有以下較長的段落描寫著「中間」的狀態：

> 人是一條索子，結在禽獸和超人的中間——一條索子橫上潭上。
> 是危險的經過，危險的在中途，危險的回顧，危險的戰慄和站住。
> 在人有什麼偉大，那便是，為他是橋梁不是目的；於人能有什麼可愛，那便是，因他是**經過**又是**下去**。
> 我愛那，除卻做那下去者之外，不要生活者，這也便是經過者。（同前引，頁960）

譯文突顯的一種「中間」的意象是，背著「死屍」上路，以及一種危險的「經過」，一種過渡性的存在，如同一條索子，「結在禽獸和超人的中間」，而這種過渡性的存在狀態正是「人」的狀態。值得注意的是，譯文中對這種「經過者」的描述是「偉大」與「可愛」的，而「人」被想成把禽獸和超人連接起來的索子，組成了他們之間的關係。與此類似的結構關係在1926年魯迅〈寫在《墳》後面〉一文提到的「中間物」語境裡，呈現為進化鏈子上的關係。學界較熟知的魯迅「中間物」，就是〈寫在《墳》後面〉一文中所提到的，該文「中間物」有魯迅自己具體經驗的例子作為脈絡。當

時有些人主張「白話要做得好，仍須看古書」（魯迅，2005[1926]：301），魯迅批評這是「調和派，只希圖多留幾天僵尸」（同前引頁）。但弔詭的是，魯迅不情願地發現：自己竟被別人當成了「要做好白話須讀好古文」（同前引頁）的例證之一。魯迅說「這實在使我打了一個寒噤」。（同前引頁）提倡白話且寫作白話的自己，卻不免流露出「耳濡目染」的古書字句、體格，別人拿他當模範，但他說「自己卻正苦於背了這些古老的鬼魂，擺脫不開，時常感到一種使人氣悶的沉重」。（同前引頁）這個句子似乎呼應著尼采的查拉圖斯特拉譯文「他抗死屍在他背上並且上了路」的意象，但語調不同。魯迅所譯的尼采那裡似乎傲然，魯迅這裡卻是氣悶。魯迅接著說：「大半也因為懶惰罷，往往自我寬解，以為一切事物，在轉變中，是總有多少中間物的。動植之間，無脊椎和脊椎動物之間，都有中間物；或者簡直可以說，在進化的鏈子上，一切都是中間物。」（同前引，頁301-302）魯迅的「中間物」客觀意義上似乎指一切都是進化過程中的「經過」，但在具體的事例裡，卻是帶著某種不情願的感情。在此脈絡中，魯迅一方面指出了一種與傳統有意斷裂卻又痛苦無奈背著自己已成死屍或鬼魂的傳統，上了路，欲望向前或無奈被推著向前；另一方面也在「進化」的假設下，「中間物」與「之前」、「之後」構築起一組「擺脫不開」與「尚未企及」之間的關係。有趣的是，「之前」的被形容為「僵尸」、「鬼魂」，是已死的，有如尼采的「死屍」，由走在路上的人似在非自由意志的情況下扛著。汪暉就此脈絡提出了「現代意識」覺醒下體現的「傳統」與「未來」關係的闡釋：

> 「中間物」意識體現著通過現代意識的覺醒而從傳統中分離出來的一代知識者靈魂的某種「分裂」。正是這種「分裂」，使得魯迅能夠跳出古老的生活方式，而又對這種生活方式充滿強烈的印象和痛苦；他念念不忘地要創造一種屬於未來的原則，一種能夠使他從盤根錯節的社會牽絆中解脫出來的情趣中心，而又不得不把這種內在要求首先通過對舊生活的感受表現出來。（汪暉，2000：107）

這種感受，在「西學東漸」之後的中國知識分子當中相當普遍。非西方的「現代」與「傳統」的關係，恰恰是被「現代意識」所中介，構築「背著死屍上路」過程中「傳統」與「未來」似乎帶著矛盾與對立的關係，同時對於「經過」的中間階段，帶著一點氣

悶又無奈厭棄的感情。若依黑格爾所說，「界限」是中介，我們將傳統與現代的界限本身視為中介而不是直接存在；[18] 那麼，回望十九世紀末到二十世紀初歷史，我們會看到中介如何構築了某種知識的形態或框架，在整個西方現代的語境裡，構築了傳統與現代的關係。傳統與現代其實是一個整體，「界限」中介出矛盾對立的傳統與現代，但界限本身作為中介，不論傳統與現代，必然帶著既是又不是的無法劃界。在現代全球殖民語境中，把「傳統」分給了非西方，把「現代」分給了西方。在地知識分子又會在此大語境下，構築自己在地的傳統與現代，模式成為「在地」只有傳統而缺乏現代，因為那個大語境已經把現代分給了西方；而西方的「傳統」（或「前科學時期」）則經常以非西方為例，轉嫁到非西方。如果不論中西都各自經歷過從傳統到現代轉變的軌跡，如魯迅所說，「在進化的鏈子上，一切都是中間物」，那麼，以下現象是值得留意的：我們經常看不到「西方」作為「中間物」存在的足跡。[19] 而對上世紀之交中國知識分子而言，作為「中間物」的存在，卻又太匆促於為「古老的鬼魂」感到沉重氣悶。

參考書目

中文書目

〈西婦講求性學〉（1880），《益聞錄》第34期，頁21。

〈論形性學〉（1888），《益聞錄》第781期，頁319-320。

巾俠（1977[1907]）〈女德論〉，《中國新女界雜誌》第1期，台北：幼獅文化事業公司，頁7-17。

尼采（Nietzsche）著，唐俟[魯迅]譯（1920）〈察拉圖斯忒拉的序言〉，《新潮》第2卷5期，上

---

18 黑格爾：「直接知識論的主要興趣乃在於指出從主觀的理念到〔客觀的〕存在的過渡，並斷言理念與存在之間有一個原始的無中介性的聯繫。即使完全不考慮由經驗中映現出來的聯繫，單就由理念過渡到存在這一中心點來說，在它本身內也是包含有中介過程的。而且在它的這種〔中介性〕的規定裡，它既然是真實的，並不是一種和外在東西並通過外在東西而形成的中介過程，而是自己包含著前提與結論在自己本身內的中介過程。」（黑格爾著，賀麟譯，1995：163）但我們不要將「中介」與「直接性」視為二元對立，較好的見解是，中介是對直接性的揚棄與超越。（夏宏、韋增勇，2013：34）

19 感謝黃詠光的提醒，這裡既是說「西方」也有「中間物」，同時也是說「西方」本身是「中間物」，在現有知識框架中都難以覺察。

海：上海書店，頁954-973。

艾儒略（Aleni, Giulio）著（2014[1623]）〈性學觕述〉（*A Brief Outline of the Study on Human Nature*），《梵蒂岡圖書館藏明清中西文化交流史文獻叢刊》第1輯第28冊，鄭州：大象出版社。

伯納爾（Bernal, Martin）著，丘權政、符致興譯（1985）《一九〇七年以前中國的社會主義思潮》（*Chinese Socialism to 1907*），福州：福建人民出版社。

李國祁（1997）〈譚嗣同的兩性認知〉，《近代中國婦女史研究》第5期，頁3-16。

汪暉（2000）《反抗絕望：魯迅及其文學世界》，石家莊：河北教育出版社。

阮芳賦（2010）〈英語Sexuality的漢譯和華人性觀念的革命〉，何春蕤編：《連結性：兩岸三地性／別新局》，中壢：國立中央大學性／別研究室，頁15-42。

——（2011）〈性學的發展及其分期〉，《性學研究》第2卷第1期，頁79-91。

周作人（2009[1927]）〈讀『性的崇拜』〉，鍾叔河編訂：《周作人散文全集》第5卷，桂林：廣西師範大學出版社，頁294-296。

岸本能武太著，章炳麟譯（1966[1902]）〈論初民發達之狀態〉，《新民叢報》第24期，台北：藝文印書館，頁23-32。

幸德秋水著，馬采譯（2009）《社會主義神髓》（1903），北京：商務印書館。

柯爾（Cole, G. D. H.）著，何瑞豐譯（1978）《社會主義思想史》第2卷，北京：商務印書館。

胡秋原（1929）〈日本無產文學之過去與現在〉，《語絲》第5卷第34期，頁1-33。

茅盾（1993[1927]）〈中國文學內的性欲描寫〉，張國星主編：《中國古代小說中的性描寫》，天津：百花文藝出版社，頁18-30。

倍倍爾（Bebel, August）著，朱霞譯（1995）《婦女與社會主義》（*Woman and Socialism*, 1879），北京：中央編譯出版社。

唐權（2016）〈從「造化機論」到「培種之道」：通俗性科學在清末中國社會的傳播〉，《近代中國婦女史研究》第27期，頁1-94。

夏宏、韋增勇（2013）〈盧卡奇早期對中介範疇的基本理解〉，《廣州大學學報》第7期，頁34-37。

恩格斯（Engels, Friedrich）著（1972a）〈反杜林論〉，第三編，《馬克思恩格斯選集》第3卷，北京：人民出版社，頁297-364。

——（1972b）〈社會主義〉，《馬克思恩格斯選集》第3卷，北京：人民出版社，頁577-653。

珮公（1977[1907]）〈男女平等的真理〉，《中國新女界雜誌》第1期，台北：幼獅文化事業公司，頁29-40。

馬克思（Marx, Karl）著（2009a）〈《資本論》第二版·跋〉，《馬克思恩格斯文集》第5卷，北京：人民出版社，頁14-23。

——（2009b）《資本論》第十四章，《馬克思恩格斯文集》第5卷，北京：人民出版社，頁581-592。

馬君武著，莫世祥編（1991）《馬君武集》，武漢：華中師範大學出版社。

密爾（Mill, J. S.）著，胡勇譯（2008）〈社會主義殘章〉，《密爾論民主與社會主義》（*Mill on Democracy and Socialism*, 1879），長春：吉林出版集團有限責任公司，頁294-349。

章錫琛（1922）〈戀愛問題的討論〉，《婦女雜誌》第8卷第9期，頁120-123。

普列漢諾夫（Plekhanov, Georgi Valentinovich）著，王蔭庭譯（2012）《論一元論歷史觀的發展問題》（*The Development of the Monist View of History*, 1895），北京：商務印書館。

黑格爾（Hegel, Georg Wilhelm Friedrich）著，賀麟譯（1995）《小邏輯》（*Shorter Logic*），北京：商務印書館。

——著，楊一之譯（1991）《邏輯學》（*Science of Logic*）上卷，北京：商務印書館。

楊聯芬（2016）《浪漫的中國》，北京：人民文學出版社。

萬仕國、劉禾校注（2016）《天義·衡報》，北京：中國人民大學出版社。

葉德輝（1988）〈新刊《素女經》序〉，《叢書集成續編：素女經》，台北：新文豐出版公司，頁601。

董少新（2008）《形神之間：早期西洋醫學入華史稿》，上海：上海古籍出版社。

翟本瑞（1995）〈中國人「性」觀初探〉，《思與言》第33卷第3期，頁27-75。

劉人鵬（2000）《近代中國女權論述：國族、翻譯與性別政治》，台北：學生書局。

——（2017）〈《天義》的無政府共產主義視野與何震的「女子解放」〉，《婦女研究論叢》第2期，頁22-35。

潘綏銘（2010）〈回應sexuality的翻譯〉，何春蕤編：《連結性：兩岸三地性／別新局》，中壢：國立中央大學性／別研究室，頁43-49。

魯迅（2005[1926]）〈寫在《墳》後面〉，《魯迅全集》第1卷，北京：人民文學出版社，頁298-304。

穆勒（Mill, J. S.）著，汪溪譯（1995）《婦女的屈從地位》（*The Subjection of Women*, 1869），上海：商務印書館。

譚嗣同著，湯志鈞、湯仁澤校注（1998）《仁學》，台北：學生書局。

嚴復（1904）《英文漢詁》，上海：商務印書館。

懺碧（1977[1907]）〈婦人問題之古來觀念及最近學說〉，《中國新女界雜誌》第5期，台北：幼獅文化事業公司，頁1-13。

外文書目

Goldstein, Lesliu F. 1982. "Early Feminists in French Utopian Socialism: The St.-Simonians and Fourier." *Journal of the History of Ideas*, 43(1): 91-108. [https://doi.org/10.2307/ 2709162]

Gunn, Richard. 1987. "Marxism and Mediation." *Common Sense*, 2: 1-11.

Kensinger, Loretta. 1997. "(In)Quest of Liberal Feminism." *Hypatia*, 12(4): 178-197. [https://doi.

org/10.1111/j.1527-2001.1997.tb00303.x]

Liu, Lydia He, Rebecca E. Karl, and Dorothy Ko. 2013. *The Birth of Chinese Feminism: Essential Texts in Transnational Theory*. New York: Columbia University.

Mill, John Stuart. 1981. *Autobiography and Literary Essays. Collected Works of John Stuart Mill. Vol. 1.* Toronto: University of Toronto Press; London: Routledge & Kegan Paul.

Richard, Timothy, and Donald MacGillivray. 1913. *A Dictionary of Philosophical Terms: Chiefly from the Japanese*. Shanghai: Christian Literature Society for China.

Rocha, Leon Antonio. 2010. "Xing: The Discourse of Sex and Human Nature in Modern China." *Gender and History*, 22(3): 603-628. [https://doi.org/10.1111/j.1468-0424. 2010.01609.x]

Tan, Sitong. 1984. *An Exposition of Benevolence: The Jen-Hsueh of Tan Ssu-tung*. (Sin-wai Chan Trans., 1897). Hong Kong: Chinese University Press.

Willard, Elizabeth Osgood Goodrich. 1867. *Sexology as the Philosophy of Life: Implying Social Organization and Government*. Chicago: J. R. Walsh.

亞洲之間思想遭遇的負面性轉移[*]

瞿秋白與泰戈爾，1924

黃詠光

知否？知否？倒懸待解，

自解解人也；

徹悟，徹悟，餓鄉去也，

餓鄉將無涯。

——瞿秋白，《餓鄉紀程》

（瞿秋白，1985a：6-7）

貫穿了我們肉體生活的整體的線縷是過去的記憶；

然而那精神生活的居所是盼望中未來的記憶。

——泰戈爾，《人的宗教》

（Rabindranath Tagore, *Religion of Man*, 2015: 57）

* 本文初稿部分內容曾於2019年8月於菲律賓杜馬蓋地（Dumaguete）舉行的亞際文化研究學會雙年會（Inter-Asia Cultural Studies Conference 2019）中報告，修改後刊登於《中外文學》第49期第4卷「中介專輯」。而為本書《罔兩問景 II：中間物》之出版，又再增補了第五節關於泰戈爾部分的討論。

感謝當初《中外文學》審查委員與編委會的指正與修改建議，讓我多番重新思考向亞洲轉移這「無路之路」的方法與路向。本文修改過程漫長，必須特別感謝丁乃非、劉人鵬、張馨文、吳欣隆在過程中無數次的討論與不間斷的支持，若非如此，本文絕無可能完成。也感謝摯友沈昌鎮、林樂昕、林建廷、張歷君、何欣潔、郭瑾燁的閱讀、建議與鼓勵。最後，特別感謝陳光興與寧蒂珠（Tejaswini Niranjana）兩位老師，作為本文內在與外在的對話對象。當然，本文的限制與錯誤是我自己的責任。

一、導言

　　亞際文化研究（Inter-Asia Cultural Studies, IACS）起始於世紀之交，作為一個形成中跨界集體的知識計畫，其在最初自我命名時，便加上了「運動」（Movements）的別名。面對一九八〇年代起「亞洲興起」的修辭，它開始於「置疑亞洲」（problematizing Asia），重新梳理審視殖民的過去如何在異質不均的現實中，仍限制著這想像的亞洲的論述情感結構。因此，這個計畫在嘗試打開替代性的論述空間時，期許其自身成為「不斷建構與重構亞洲之間批判性的主體性」的運動的一部分。（Chen and Chua, 2000; Editorial Statement, 2000: 5）也因此可以說，從開頭這個計畫便是作為一種「反向的亞洲」（counter-Asia），是圍繞著「想像的亞洲」展開的雙向運動。

　　在前幾年出版的亞際文化研究讀本（*Genealogies of the Asian Present: Situating Inter-Asia Cultural Studies*, 2015）的導言中，印度學者寧蒂珠（Tejaswini Niranjana, 1958-）回顧了過去二十年的路徑。起初開創亞際文化研究的第一代知識分子的軌跡，大抵是成形於後萬隆會議（post-Bandung Conference）的第三世界主義（Third-Worldism）運動以及後冷戰（post-Cold War）的社會運動之中，他們起初的知識計畫圍繞著非西方左翼政治一路走來的歷史限制與可能。他們連結於在地的各式社會運動與反思知識生產的文化研究，在殖民歷史與冷戰下的文化帝國主義作為這些地域知識生產不得不然的歷史條件之下，摸索著建立替代性的知識框架，來理解這些不同地域的歷史經驗。透過一系列的比較研究以及思想的交流與交換，亞際文化研究作為知識生產的運動掙扎於尋找一套方法，以建立一種亞洲之間的觀點（inter-Asian perspective）。（Niranjana, 2015）在這裡，「之間」（inter）的「間」（in-betweenness）是重要的，不同的世界觀正是在每次亞洲間思想遭遇的這間隙中萌生。

　　在這條運動的軌跡上，陳光興（1957-）的《亞洲作為方法》（*Asia as Method*, 2010）設下了路標，正如方法的英文「method」的字源「methodos」所意指的「方向」或「路徑」，這個方法指向的是將亞洲的概念作為一個想像的錨定點，亞洲內部的各個社會可以成為彼此的參考座標，進而轉化對於自身主體性的認識。為了克服在普遍意義上或是特殊歷史－地理脈絡下的帝國知識生產與再生產，我們可以透過「轉移參考框架」（shifting the frame of reference）走出一條不同的新路徑。（Chen, 2010: 243）這個方法試著建立一種比較研究的模式，在各個不同的第三世界社會經驗中辨識

出相似的感覺結構，試圖透過殖民或是冷戰的歷史耦合點來理解這些經驗並連接這些歷史社會經驗。透過「亞洲」作為既定歷史條件下的「情感能指」（emotional signifier）（*Ibid.*, p. 213），逐漸真正形成一個亞洲之間的批判知識社群連帶。（*Ibid.*）而寧蒂珠則指出了將情感能指轉化成知識生產的各種挑戰。這個知識社群逐漸在一個網絡中形成的過去二十年間，也伴隨著歷史條件的改變帶來的挑戰，包括在亞洲學術的專業化與全球化、文化研究進場成為建制學科（disciplinary）或是近似並行於建制學科（para-disciplinary）的領域，這個空間的新進者不見得共享第一代的第三世界的歷史軌跡與問題，即便他們也與當下的社運相繫。然而新的條件卻也使得各種跨界的相遇與移動更為可能，也真正打開了發展亞際相互參照的比較研究的空間。面對制度空間與實踐的新挑戰與可能，寧蒂珠試著繼續深化「方法」的問題。她提到，如果方法指的是做某件事情的流程或是系統性的做法，那麼「亞洲」如何能夠作為一個方法呢？因此，她的建議是建立一種「亞洲之間的方法論」（inter-Asia methodology）（Niranjana, 2015: 5），或許較諸先前「亞洲作為方法」在意義上將更為精確。這裡的「方法論」是以多重的參考框架與比較研究為前提，來形成一個較為寬廣的「亞洲之間」的概念框架。而這個方法論的核心，則是她所謂的在概念上「加壓」（"pressing" the concept）（*Ibid.*, p. 6），也就是說，不同地域彼此可以在概念之間互相對質，其目的在於分析歷史過程之間如何相互聯繫，進而可以建立「亞洲當下的系譜學」。（*Ibid.*）

　　然而，在這裡我卻想要回頭閱讀陳光興《亞洲作為方法》這本英文著作出版多年前，其中文版的前身《去帝國》（2006）當中的某個時刻，因為它瞬間熠照出了這個集體知識計畫的情感向度。我想把注意力放在《去帝國》當中參考架構轉移、認同對象轉移使用的「轉移」一詞上。（陳光興，2006）「轉移」一詞，也經常是作為「transference」一詞的中文翻譯，使得它意外也或不意外地負載了精神分析上的意義。事實上，《去帝國》一書從序言開始，便期許文化研究作為解放性的知識，能進入社會主體，在精神的層次上操作，直面主體被壓抑的情緒狀態作為思想與分析的資源。它從開始便是關於創傷主體的縫合與轉化的計畫。該書開頭第一章便分析了去殖民語境下本土左派的帝國主義欲望陷阱。在第二章「去殖民」的問題意識中，更直接進入了殖民的精神分析，思考後殖民的創傷主體的困境，在面對西方（前）殖民者作為鏡像中單一的認同對象時，難以擺脫的妒恨（resentment）機制

其實是加深了殖民關係。[1] 陳光興由此思考透過認同對象的多元轉移來掃除他所謂「小主體的不安」與「文明主義的傲慢」。（同前引，頁139）該書終章提出「亞洲作為方法」作為這個主體轉化的實踐路向。陳透過與帕沙・查特吉（Partha Chatterjee, 1947-）的對話，「政治社會」（political society）與「民間社會」（civil society）兩組概念的對讀，演示了這個轉移參考框架的相互參照可能。陳光興更進一步地在原理上思索「方法」的問題，透過溝口雄三（1932-2010）寫於一九八〇年代末的《作為方法的中國》（『方法としての中國』，1989）如何接續並翻新了竹內好（1910-1977）在一九六〇年代〈作為方法的亞洲〉（方法としてのアジア，1960）中的問題意識，進而推展了認識論上的轉移而提出強調變動與轉化的「基體展開論」，他指出了當下以「亞洲作為方法」承續溝口基體論的多元歷史本體論而開展的多元參照與轉化的實踐方向。（陳光興，2006：398, 404-405）

然而，在最終提出「轉移」作為實踐的路向與方法時，陳光興指出了認識論的轉移，卻似乎忘了他所提出的「轉移」正是精神分析實踐的核心概念，是主體認識轉化自身的關鍵時刻。轉移，是精神分析的治療實踐中遭遇的特殊而難以理解的困礙，在理解自身的分析過程中，病人把治療師當成了自身情感的客體，無論是深情或是敵意，轉移顯著的特徵，是這樣的情感總是過剩、過度的。轉移構成了治療過程中最大的困難與阻礙，然而卻也是最有價值的時刻，因為轉移使得那忘卻的、被埋葬的記憶重新得以浮出地表、而實現在當下。因此，我們或許可以說，如果亞洲是創傷主體治癒與轉化之方法路徑，那麼，知識參考框架上的「轉移」（shift），即是「轉移」（transference）。[2] 正是「轉移」一詞在意義上的雙重銘刻，標

---

1   這裡陳光興以閱讀瑪諾尼（Octave Manoni, 1899-1989）、法農（Franz Fanon, 1925-1961）、敏米（Albert Memmi, 1920-2020）與南地（Ashis Nandy, 1937-）對於國族主義、本土主義、文明主義的精神分析取向的後殖民境況分析，展開他對於後殖民主體困境的思考。（陳光興，2006）

2   我無意岔題進入精神分析文獻中對於「轉移」的總總探究與論辯。然而我仍想簡單地提及即便在精神分析中，轉移（transference）也一直是關於能指的轉移（shift），也就是能指的位移（displacement）與替代（substitution）。事實上，精神分析的創始者佛洛伊德（Sigmund Freud, 1856-1939）第一次使用轉移的德文字「*Übertragung*」，是在他最早期以神經學為模型所寫下的關於精神系統（psychi system）的科學的心理學計畫中，討論到在精神系統中一串串想法（train-of-thought）的位移，是「情感能量投注從一個神經元到另一個神經元的轉移」（cathexis transference from neuron to neuron），在拉岡（Jacques Lacan, 1901-1981）的閱讀中，沒有語言學工具的佛洛伊德，透

記了「知識參考框架的轉移」當中的情感向度。也就是說，它指出了透過想像的亞洲，我們對於這些亞洲的鄰居們筆下歷史經驗的閱讀，永遠總是那情感勞作的有情時刻。但，我想進一步問的是，如果這情感是負面的呢？

　　因此，這篇文章要探究的正是關於在亞洲之間一次次遭遇（encounter）的歷史中，一個「負面性轉移」（negative transference）案例，或許我更願意用印度報章雜誌反恐報導中常用的「『糟』遇」（mis-encounter）一詞來形容。在這個知識運動在制度空間上打開更多新的遭遇與相互參照的可能時，我想要繞道另一個歷史時刻，在另一個想像的亞洲也作為情感能指的歷史條件下的遭／「糟」遇，嘗試打開「轉移」的情感向度。而這個故事，正是瞿秋白（1899-1935）與泰戈爾（Rabindranath Tagore, 1861-1941）在1924年春天的一場遭遇／「糟」遇。

二、遭／糟遇：過去的人

　　1924年4月18日，桂冠詩人泰戈爾正在航向中國的船上，即將踏上嚮往已久的土地，他滿心期待著即將開展的旅程。而這一天，在《中國青年》雜誌上，刊登了一篇題為〈過去的人：太戈爾〉[3] 的書評，評論前一年出版由景梅九（1882-1961）與張墨池合譯的泰戈爾的小說《家庭與世界》（孟加拉語：**ঘরে-বাইরে**〔*Ghare-baire*〕／英譯：*The Home and the World*，1916）。這篇書評的作者是瞿秋白，他當時年方二十五，前一年才甫從俄國返回上海。在這篇尖銳毫不留情的評論中，他給了泰戈爾這樣的診斷：印度快速前進的工業發展與階級變化下的社會運動與革命情緒，對泰戈

過神經元上的能量投注說的正是能指鏈。（Lacan, 1997）而在《夢的解析》（*Interpretation of Dreams*, 1899）中，佛洛伊德則用同一個字指涉夢的工作的一個程序，也就是無意識中那些壓抑的欲望、與無法解讀的夢的思維，附著在先前白天思維的記憶殘餘上。（Freud, 2001a; 2010）正如「*Übertragung*」一字所表明的，轉移是從過去帶來的剩餘，是某個被壓抑的過去的記憶的帶到當下的剩餘。日後當佛洛伊德遭遇到治療過程中這個帶來阻礙與困難的神秘難解現象時，他也將此現象命名為「轉移」（*Übertragung*）。他發現每每當分析中的自由聯想靠近病叢結的核心時，轉移就會發生，作為一種抗拒，以逃避真正辨認這個核心的問題。轉移本身是反覆（repetition）的一個片段，而反覆則正是遺忘的過去的轉移。（Freud, 2001b; 2001c）

3　「太戈爾」為當時泰戈爾（Rabindranath Tagore）訪中時之中譯名，今通譯「泰戈爾」，本文除引用之人名、篇名尊重原作者保留原譯名，其餘行文均作「泰戈爾」，後不贅述。

爾來說實在太快了，他再也無法跟上，只好轉身向後，往印度古代的歷史中去尋找答案。雖說是要調和「東方」和「西方」，事實上他卻完全是站在東方文化的觀點上。泰戈爾原來是個「後時的聖人」。（瞿秋白，1985f）

　　瞿秋白如此尖銳的批評，大致反映了當時在俄國革命後逐漸轉向馬克思主義的知識分子們對於泰戈爾訪中的態度。泰戈爾演講的場合幾乎成了一場滑稽的鬧劇，現場一片喧嘩騷動，到處是前來抗議的青年學生呼著口號、拉著布條，並散發著傳單。傳單上寫著他們拒絕泰戈爾，因為東方文化是暴政、種姓制度與奴性的文化。（Tan, 2011）事後來看，泰戈爾訪中可以說是現代中國文壇關鍵轉折的事件，五四新文化運動陣營的分裂甚至是決裂，在這次事件中公然浮上了檯面。大表歡迎的隊伍以及反對陣營中，皆可見到五四文化運動的代表性人物。（王燕，2011）[4] 對於泰戈爾訪中一事漠然以對的魯迅（1881-1936），對於這兩方極端的反應帶著些冷峻的眼光，在多年後論及文學批評的「罵殺與捧殺」時忍不住又憶起這段往事。[5] 然而，在關於泰戈爾訪中的相關研究中，令人納悶的事實是：在當時發表了最尖銳批評的文人知識分子，卻恰恰好是當初最早將泰戈爾譯介至中國的陳獨秀（1879-1942）、郭沫若（1892-1978）、茅盾（1896-1981）等人。當時對於泰戈爾攻訐最為激烈、近乎是人身攻擊的陳獨秀，其實是最早在1915年將泰戈爾的得獎詩集《吉檀迦利》（Gitanjali）中的四首詩以五言體翻譯為中文引介給中國讀者的人。他當時並將泰戈爾與托爾斯泰（Leo Tolstoy, 1828-1910）並列，以兩人代表非西方的社會改

4　王燕的文章中提到：「歡迎者的隊列中有蔡元培、胡適、梁啟超、林長民、蔣夢麟、徐志摩、鄭振鐸、陳西瀅、辜鴻銘、陳三立、王統照、馮友蘭、梁漱溟、胡愈之、梅蘭芳、齊白石、劉海粟，甚至包括廣州革命政府臨時大總統孫中山、北京政府的頭面人物段祺瑞以及地方實力派閻錫山等；持反對立場者則有陳獨秀、沈雁冰、郭沫若、瞿秋白、沈澤民、惲代英、吳稚暉、林語堂等新文化運動和左翼思想界的代表人物。」（王燕，2011）

5　魯迅在〈罵殺與捧殺〉一文中提到：「人近而事古的，我記起了泰戈爾。他到中國來了，開壇講演，人給他擺出一張琴，燒上一爐香，左有林長民，右有徐志摩，各各頭戴印度帽。徐詩人開始紹介了：『叫！嘰哩咕嚕，白雲清風，銀磬……當！』說得他好像活神仙一樣，於是我們的地上的青年們失望，離開了。神仙和凡人，怎能不離開？但我今年看見他論蘇聯的文章，自己聲明道：『我是一個英國治下的印度人。』他自己知道得明明白白。大約他到中國來的時候，決不至於還胡塗，如果我們的詩人諸公不將他製成一個活神仙，青年們對於他是不至於如此隔膜的。現在可是老大的晦氣。」（魯迅，1934）

革者的理想典型。茅盾也是最早開始在各文壇雜誌上追蹤報導泰戈爾行跡、譯介泰戈爾的先驅。他在1920年時以筆名「雁冰」翻譯發表了泰戈爾的短篇小說〈骷髏〉（"Skeleton"），並在1923年與鄭振鐸（1898-1958）選譯了泰戈爾的詩集《歧路》（*Lover's Gift and Crossing*）發表在《小說月報》上。（王燕，2011）茅盾在泰戈爾抵達前後也發表了兩篇批評的文章，比起陳獨秀與郭沫若，他是相對的溫和。他首先給了「實行農民運動」的泰戈爾「相對的歡迎」，然而在泰戈爾於上海發表的「東方文化之危機」與北京的「人類第三期之世界」兩場演講之後，茅盾表達了徹底的失望：泰戈爾把「田野之美」當成是東方文化所固有，（茅盾，1989b：441）而達到第三期世界的途徑竟是「服從與犧牲」的精神，這不啻是「奴隸的生活」與「鬼的世界」了！（同前引，頁442）[6]

　　人們對於泰戈爾的態度戲劇性的轉變，不禁使人想問，這個似乎借予了這些社會文化改革者一種內在的聲音而建立一種新的語言的泰戈爾，為什麼才在短短幾年之間，就變身成了過時的墮落東方文化的代表？又人們到底在這個與中國相似的鄰國來客身上看見和尋找什麼，使得他的來訪一觸即發成了文壇分裂的事件？對於兩極化的反應和幾年間人們態度的急遽變化，自然是可以在文學界的不同黨派以及當時政治上的變化中找到一些解釋。[7] 然而，這或許無法真正回答上述的問題，也不是我關切的核心。事件有其偶然性，而即便是有組織策劃的一系列批評，每一篇不同署名下的文章都有其獨特的刻痕。

　　讓我重新把故事聚焦在瞿秋白與泰戈爾的遭遇上。瞿秋白這篇書評開門見山在第一句話就劈頭寫道：「現代的印度，───一切社會運動及革命運動的印度，在

6　在較先發表的〈對泰戈爾的希望〉一文中，茅盾這樣說：「我們也相對地歡迎泰戈爾。但我們絕不歡迎東方文化的泰戈爾；也不歡迎創造了詩的靈的樂園，讓我們底青年到裡面去陶醉去冥想去慰安的泰戈爾；我們所歡迎的，是實行農民運動（雖然他底農民運動的方法是我們所反對的），高唱『跟隨著光明』的泰戈爾！」（茅盾，1989a：424）

7　王燕的文章即提到茅盾等人多年後對於此事的回顧，顯示當時共產黨中央是有組織地策劃了一系列的批評，並分派給黨內的作家與知識分子們在不同的雜誌刊物上發表的任務，當時黨已經對於泰戈爾有了定調。（王燕，2011）而泰戈爾英語寫作全集的編者席喜・庫瑪・達斯（Sisir Kumar Das, 1936-2003）的文章中，也提到了這些批評或許真正針對的是邀請泰戈爾的北京講學社的東道主梁啟超（1873-1929），恐怕桂冠詩人的影響力將在青年人間成為梁的中國文明論的支撐。（Das, 1993）

泰戈爾思想裡決不能有完全的反映。」（瞿秋白，1985f：331）瞿秋白作為共產主義運動者，他相信現代世界革命的共時性，渴望著新世界的萌芽。甚至在書寫語言的問題上，他擁抱著浮現與新生在各大城市裡形成中的普通話，而拒斥了茅盾對於各地方言的現實主義寫作下對於「『一個』普通話」的批評。瞿秋白期待這位鄰國的訪客帶來的，絕非來自古老帝國或是落後國家的訊息，而是來自在現代世界的歷史舞台上也扮演著重要角色的「現代印度」的訊息。不幸的是，這位訪客明白地拒絕了這樣的期待。泰戈爾來到中國，宣告他不是為了任何「訊息」，他僅僅是想要前來表達「來自他自己以及他的人民對於中國的愛」。（Tagore, 2002b）

　　然而，在這篇書評開頭直截的批評，又接著挖苦地諷刺了泰戈爾還夢想著「愛與光明」可以喚回英國資產階級的心而竭力否認政治鬥爭，甚至妄想著「返於梵天」之後，瞿秋白接著卻說泰戈爾不是不談政治社會，《家庭與世界》這本小說談的即是十九世紀末印度社會的革命情緒。這本小說自有一種**「歷史價值」**，他特別為這四個字加上重點強調的引號，因為這本小說描寫根據的社會現象，正是當時在經濟革命之下開始發展而不願意受到英國資產階級繼續壓榨的本土資產階級之外的另一種革命分子：「『非階級化的』智識界雖然有受高等教育的可能，而因為生產過剩的原故，與勞動者同樣處於悲慘的境遇。」（瞿秋白，1985f：332）在接下來的分析中，瞿秋白指出泰戈爾藝術化的方式完全地表達了他的政見，他「以為『個人的修養』是避免社會衝突裡所發生的一切惡象之『大道』」。（同前引，頁333）而這本小說的主角尼基爾（Nikhil）[8] 代表的即是當時一部分落後的印度市儈的「革命」情緒：「又要反抗英國，又怕犯了殺戒。」（同前引，頁334）瞿秋白分析道，印度當時的社會運動，雖然是半無產階級化的智識階級及學生，代表的卻是印度農村資產階級以及高利貸富豪的利益，因此這「是印度舊社會結構變化時所**不可免**的社會心理」。（同前引，頁333；黑體強調為本文筆者所加）

　　這篇出現在一份年輕的政治評論雜誌上而極為簡短也未深入討論的書評，在接近一個世紀之後可能簡單地被批評為一種反映論，過度簡化了歷史中的文學與階級關係，而只是反映當時中國一種未成熟的庸俗馬克思主義的文學批評。而事

8　瞿秋白在文章裡的英譯為「Nikhie」，然而多數的英譯將這個名字譯為「Nikhil」，在此統一使用「Nikhil」。瞿秋白中譯為尼海爾，然而根據原孟加拉語發音，筆者於本文中統一譯為尼基爾。

實上，1922 年的時候，盧卡奇（György Lukács, 1885-1971）在〈泰戈爾的甘地小說〉（"Tagore's Gandhi novel"）一文中便評論過這本小說，他認為小說裡蒼白扁平的人物與無趣的故事連像樣的政治文宣都說不上，而泰戈爾對於反殖運動使用暴力的高蹈道德家觀點，只是再現了「印度永久屈從的意識形態」罷了。而泰戈爾在德國文化圈裡顯赫的名聲對盧卡奇來說根本是個「文化醜聞」，是「今日德國心態的病灶」。（Lukács, 1922）[9] 瞿秋白的批評看來僅是重複了這樣的觀點。

　　然而，倘若我們閱讀瞿秋白十多年間各樣的日記、雜文、書評，這篇短短的文章裡猛烈攻擊的「過去的人」的身影似乎逐漸在紙上朦朧地暈開，成了不同的疊影，彷彿接起了一條通往謎底的線索。事實上，在此兩年前鄭振鐸翻譯俄國作家薩文夸夫・路卜洵（Savinkov Ropshin, 1879-1925）的小說《灰色馬》（The Pale Horse〔Kon'blednyj〕, 1909），[10] 瞿秋白在為此譯作所寫的序言（〈鄭譯《灰色馬》序〉，1924）中討論到蘇聯文藝理論家盧那察爾斯基（Anatoly Lunacharsky, 1875-1933）的一篇文章，這篇文章的標題在瞿秋白的譯筆之下就成了〈過去的人〉。（瞿秋白，1985c：261）這篇《灰色馬》的序言，瞿秋白寫的正是民粹派虛無主義革命分子。他提到民粹派是唯心宗教的舊俄社會產物，在反抗現實的黑暗時反而沉溺於「舊俄的中世紀思想」，然而他們仍有著小農俄國的「誠摯謙樸的熱烈心靈」。（同前引，頁257）在這篇序言當中他引用了盧那察爾斯基在〈過去的人〉一文所描寫俄國民粹派的一段話：「這也許是很

9　盧卡奇自己毫不諱言這是一篇「徹底輕視性的評論」。（Lukács, 1992）

10　鄭振鐸的譯著《灰色馬》，於 1922 年 7 至 12 月分別連載於《小說月報》第 13 卷第 7 至 8 號和第 10 至 12 號，後由商務印書館於 1924 年 1 月集結出版。《灰色馬》作者原名鮑里斯・薩文科夫（Boris Savinkov），筆名路卜洵（Ropshin），瞿秋白於此文中誤作「薩文夸夫・路卜洵」。
　　薩文科夫為俄國作家、革命家，是民粹派「社會革命黨」的運動者，投入該黨以恐怖主義暗殺行動為手段的革命運動。《灰色馬》寫於 1909 年，是薩文科夫在 1905 年革命失敗後，放逐至巴黎時所寫，為其自傳式的隱喻作品，主角佐治（George O'Brien）為薩文科夫自己的化身。瞿秋白在序言中談到這本小說代表的正是民粹派分裂後，充滿智識階級唯心、個性主義傾向的一支，由於無法認識到資本主義與無產階級在俄國的發展，而其一直所希冀的農民自主革命無由發生，因而對群眾力量充滿了消極，以至於完全投入於個人英雄主義式的恐怖主義和暗殺行動。恐怖主義與暗殺不再是手段，而「摧毀一切」成了革命的目的和本質，成就了民粹派末流任性頹廢的革命虛無主義。（瞿秋白，1985c）。《灰色馬》1933 年版（由瞿秋白與沈雁冰〔茅盾〕分別作兩篇序，並由俞平伯作跋）全書可見中國國家圖書館：http://read.nlc.cn/OutOpenBook/OpenObjectBook?aid =416&bid=82736.0

稚氣的，然而始終很偉大的。——馬克思（Karl Marx, 1818-1883）都有時為此種奮鬥精神所興發，每每以為他們或者有所成功。不過馬克思所預料的俄國文化發展，當然不與民粹派相同。」（同前引，頁261）在俄國文學史與革命思想史的緊密關係下，薩文科夫的小說所代表的正是民粹派思想在社會經濟生活瀑流轉變之下，無法跟上社會情緒而即將熄滅，而到了其末流強烈的頹廢虛妄論調，而他筆下的《灰色馬》的主角佐治（George O'Brien）正是那「最後的虛無主義者」的身影。瞿秋白這樣說：

> 社會思想的形式是所謂的「學說」，——狹義的社會理想；因此理想往往涉入主觀，故「致其末流」雖獲仍不失為一派社會情緒的動因，然而只能代表那**「過去」的悲哀**了。（同前引，頁256）

這裡，不僅是「過去」兩字給打上了引號，「『過去』的悲哀了」幾個字也再次被強調標注，更加添了這過去的悲哀的重量。然而，這裡難以判斷是標定了屬格或是形容詞性的助詞「的」，使得我們徬徨於難以斷下決定的意義之間：[11] 是在將來充滿希望遍地紅花綻放的新世界不再有的、屬於這消逝中舊世界的「『過去的』悲哀」嗎？或者，還是為了那已消逝、不斷流轉消逝中的過去，而感到的深切的「過去的『悲哀』」呢？還是因為屬於過去的，本身就是悲哀的「『過去』的悲哀」呢？這麼說來，這「過去的人」既已屬於那「過去的悲哀」了，又如何「始終」是偉大的呢？恐怕這難以不使人想起在他前往「餓鄉」之行啟程之時那樣的話：

> 舊社會一幅一幅的畫雖顯於吾人之前，又是我們所要解決的社會問題的對象。個性的突變沒有不受社會環境的反映的。可是呢，「過去的留戀」

11　保羅・德曼（Paul de Man, 1919-1983）在〈抗拒理論〉（"Resistance to Theory"）一文中說到文法的解碼無法達到決定一個文本的修辭面向時，討論了濟慈（John Keats, 1795-1821）未完成的史詩《海柏利昂的殞落》（ *The Fall of Hyperion* ）標題中的屬格的詮釋，可以是「Hyperion's fall」（殞落了的海柏利昂），也可以是「Hyperion falling」（殞落中的海柏利昂），在文法上都是可能的，在語義上有著不可決定性。（de Man, 2006）在這裡，中文的助詞「的」，由於可能是標定屬格或是形容詞性，使得瞿秋白這裡使用的「過去的悲哀」的意義有著相似的不可決定性。在印地語（Hindi）中的「ka（का）／ ki（की）」，與中文「的」功能十分相似，也同時有著標定屬格或是形容詞性的可能。

呵，你究竟和我的將來有什麼印象，可以在心靈裡占一不上不下的位置呢？我現在是萬緣俱寂，一心另有歸向了。一揮手，決然就走！（《餓鄉紀程・三》／瞿秋白，1985a：22）

在此決然揮別過去的瞿秋白，向著在這世界的共時性中不斷變動更新的歷史視線盡頭走去，似乎卻仍有著一個過去的黑影纏繞其後。在為將來的新社會吶喊之時，「過去」，似乎總是使瞿秋白留戀難捨，或許，更遠遠超過「過去」對泰戈爾而言的重量。然而，這「過去的留戀」在瞿秋白的將來，有著什麼樣的「印象」——它留下了什麼樣刻痕印記在未來之上，又給予了未來什麼樣的圖像？

　　事後回溯來看，瞿秋白把目光執著地放在《家庭與世界》之上並非是偶然的，彷彿，是這本他激烈批評的小說預言了他命運的悲劇性終點。

　　《家庭與世界》是一部散文小說，以當時反殖抵制英貨的本土運動（Swadeshi movement）為背景，小說的寫作僅僅是反覆圍繞著三個主人翁內心的類似日記式的獨白而進行：比摩拉（Bimala）的故事、雄地普（Sandip）的故事、尼基爾（Nikhil）的故事。尼基爾出身孟加拉地區的地主之家，在他貴族家庭的傳統裡，男人有著放縱自毀的傾向，女人則美貌奢華。然而尼基爾受到良好的現代教育，與家庭傳統決裂，而熱衷於學問與社會工作，背著家族傳統娶了並不特別貌美但卻受過教育、聰慧熱情的比摩拉。他建立了一個銀行，提供貧農無需擔保的貸款，自己虧損嚴重，並不時資助著當時的反殖運動。然而，他對於家中寡嫂的各種物質要求，也未曾拒絕。小說中這位追求現代世界的地主之家的青年，有著早逝的哥哥以及與寡嫂特別的親密情感，使得尼基爾背後總有著泰戈爾自己的影子。小說開頭，初嫁的比摩拉安於家庭生活，把尼基爾當成自己全部的幸福世界，然而尼基爾卻覺得兩人之間的愛，必須要在遇見現實的「外頭的世界」彼此相遇與認識，才是真實的愛。兩人為此不斷爭執，比摩拉問：「在這家中我們彼此的愛有缺乏嗎？」尼基爾卻執著地要為著真實而自由的愛冒險，拉著比摩拉向外頭的世界走去。他介紹了他的朋友雄地普——一名激烈的民族運動領袖——給比摩拉認識。起初，比摩拉並不喜歡雄地普，一眼看出他的淺薄，覺得他雖然相貌堂堂，眼光中總有些不真實。尼基爾還不顧她的反對，資助雄地普。然而比摩拉卻逐漸被雄地普吸引，在他雄辯滔滔的演講中被打動，看見他不顧一切要打倒殖民者的英雄

氣概。而更重要的是她在他的眼光中，看見自己作為女人的一種「自然」的政治，感覺到自己可以代表著母國（motherland）的力量（shakti），這使得她的戀慕逐漸轉向雄地普。相形之下，總是在角落的尼基爾顯得低調古板、蒼白憂鬱，對於這選擇冒險的代價內心痛苦卻不發一語。比摩拉變得與雄地普無比親密，全力為他工作，甚至背叛了家人／丈夫而偷拿了尼基爾保險箱裡屬於寡嫂的存款。然而雄地普煽惑性的排外民族主義卻引發了印度教徒與穆斯林社群之間日增的衝突，這衝突也為英國殖民者所利用。而無條件抵制英貨也使得地方的穆斯林貧窮小商人在大地主（Zamindar）的壓力下不得不從，生計陷入困境。一直不願意無條件支持抵制英貨而顯得保守的尼基爾，看著自己在報紙上為人謾罵攻擊，想要阻止社群衝突的擴大卻無力回天，並發現了比摩拉的背叛，內在外在都讓他灼心不已。故事到了最後，雄地普的民族主義終究引發了地區大規模的社群衝突暴動，他卻逃走了。原本尼基爾的啟蒙老師勸他帶著已在外頭世界迷失的比摩拉離開鄉下到加爾各答去，然而，就在要離開的那天，消息傳來，暴徒已在他所熟知的人家劫搶、凌辱婦女，尼基爾瞬時決定前往，最後重傷垂危，故事結局暗示著可能的死亡。（Tagore, 2002c）[12]

　　1934年，當紅軍決定長征時，瞿秋白留在了瑞金的蘇區，長年患肺癆的他在繞道前往上海就醫途中於福建長汀被捕，1935年6月18日遭到槍決。當時身心俱疲的瞿秋白邁步走向刑場，彷彿那是早已等待著他的**不可免**的命運，正如小說的主人翁尼基爾在故事的尾聲毅然趕往那社群暴動的現場，宛如早已知道這是女神為他準備的不朽之飲。而瞿秋白也像是故事裡的尼基爾一樣，最終，內在與外在皆徹底地遭到毀壞，正如小說裡尼基爾說的「每一步皆受到挫傷，而最終，到來的是至高的挫傷——死亡」。（Ibid., p. 199）

　　1935年瞿秋白在被捕後，預知即將到來的死亡，寫下了那一度被認為是偽作

12　對於泰戈爾這本小說與他對於民族主義的批評，可參見阿席斯・南地（Ashis Nandy）的《民族主義的不正當性：泰戈爾與自我的政治》（The Illegitimacy of Nationalism: Rabindranath Tagore and the Politics of Self, 1994）一書，在這本書中，他透過了泰戈爾的三部小說《家庭與世界》（Ghare-baire, 1916）、《四章書》（Char Adhyay, 1934）和《果拉》（Gora, 1910）來探討泰戈爾對於民族主義的細緻批判，在書中，南地也回應了盧卡奇對於泰戈爾《家庭與世界》閱讀難以擺脫的歐洲中心主義眼光。（Nandy, 2000）

而多年後又陷入「自首叛變」爭議的〈多餘的話〉。他寫道，在滅絕的前夜，「被解除了武裝，拉出了隊伍」，那小布爾喬亞智識者「自我分析」脾氣，讓自己想要說說內心話，暴露內心的真相，留下這些可說也可不說的「多餘的話」：當中他將自己描繪為「脆弱的二元人物」，雖然走上了馬克思主義的道路，無產階級的人生觀與宇宙觀，然而，那潛伏的紳士意識，卻「始終」是脫不了的。「頹廢、脆弱、浪漫」的成分總是脫除不了，「假惺惺的仁慈禮讓、避免鬥爭，……以致寄生蟲式的隱士思想」，是個「高等遊民」或是說到底是個「廢物」。（瞿秋白，2014：424）他始終是個「半吊子的文人」，對於政治始終沒有什麼真正的興趣，對於馬克思主義的思想一知半解，但「歷史的誤會」，教他做了共產黨的領導人，讓他在革命的政治舞台上混了好多年。這使得他在政治會議或寫文章時就自己知道的一點理論「就事論事」，然而總覺得是「替別人做的」，急急於結束，好「回到自己那裡去」。（同前引，頁424-425）然而「真相**始終**是要暴露的，『二元』之中總有『一元』取得實際上的勝利」。（同前引，頁425；黑體強調為本文筆者所加）而憑著自己一知半解的馬克思主義，面對革命的變化，總是犯下機會主義的錯誤，認為革命的前途不是要立即地向大城市發展，就是迅速的敗亡。他說，在四中全會中被指出這個「立三路線」的盲動路線的錯誤之後，被解除了中央政治局委員的職務，他卻感到「卸下千鈞重擔」。然而他感到自己的政治生命早就結束了，七、八年來早已感到萬分的厭倦疲乏，心理感到不得休息，身體也極度疲憊，肺癆、吐血病，神經衰弱而感到成了「頹喪殘廢的廢人」，當中一度只感到「不管宇宙的毀滅不毀滅，不管革命還是反革命等，我只要休息，休息，休息！！好了，現在已經有了『永久休息』的機會」。（同前引，頁436）這隱藏的紳士意識讓他**始終**無法真正成為無產階級的戰士。然而，瞿秋白說「歷史是不能夠，也不應當欺騙的」，「教革命同志叫叛徒為烈士卻是大大不應該的」，他不願意「冒充烈士而死」。（同前引頁）他像是一個「戲子」，然而「一齣滑稽劇就此閉幕了！」（同前引，頁435）他「始終」要向歷史揭露這個真相：「揭穿假面具是最痛快的事，不但對於動手去揭穿別人的痛快，就是對於被揭穿的也很痛快，尤其是自己能夠揭穿。現在我丟掉了最後一層假面具，你們應該祝賀我。我去休息了，永久休息了，你們更應當祝賀我。」（同前引，頁437）

　　回頭來看，瞿秋白對於《家庭與世界》那「農村生產過剩的『非階級化的』智識份子**不可免**的社會心理」的分析，正是他早在《赤都心史》（1921至1922年作，1924

年出版）中就寫下的：「我的家庭，就是士的階級」，屬於舊時代的「古物陳列館」，是「社會中歷史的遺物」，因此「它**自然**也和大家均攤可憐的命運而絕對的破產」了。（瞿秋白，1985b：210；黑體強調為本文筆者所加）那說要「調和東西文化，事實上卻站在東方文化觀點上」的泰戈爾，也正如他所說的：「『我』，——是歐華文化衝突的犧牲，『內的不協調』，現實與浪漫相敵，於是『社會的無助』更斲傷『我』的元氣，我竟成了『多餘的人』呵！」（同前引，頁219-210）而那要極力避免社會衝突，「怕犯了殺戒」的「市儈」革命分子尼基爾，多麼像是〈多餘的話〉裡，那個被布哈林（Nikolai Bukharin, 1888-1938）說說話像「三層樓的小姐，總是客客氣氣，說起話來不是『或是』就是『也許』、『也難說』」的瞿秋白（瞿秋白，2014：432），那個「忍耐、躲避、講和氣、希望大家安靜些仁慈些」（同前引，頁433），犯了政治錯誤即「立刻『放棄』錯誤見解」，也沒有細想，只覺得「爭辯起來太麻煩了」的瞿秋白。（同前引，頁431）而那在急著離開前往加爾各答前夕，還在一箱箱仔細收拾心愛的書本而回應著嫂嫂「我還是無法克服對於它們的喜愛」的尼基爾，難道不也像是那最終「告別了，這世界的一切」之後，還忍不住加上那多出來的一句「最後……／俄國高爾基的《四十年》、《克裏摩·薩摩京的生活》，屠格涅夫的《羅亭》，托爾斯泰的《安娜·卡裏寧娜》，中國魯迅的《阿Q正傳》，茅盾的《動搖》，曹雪芹的《紅樓夢》，都很可以再讀一讀」的瞿秋白嗎？（同前引，頁438）最終，瞿秋白向歷史揭露，他便是自己筆下「過去的人」：

> 文人是中國中世紀的殘餘和「遺產」——一份很壞的遺產。我相信，再過
> 十年八年沒有這一種智識份子了。
> 不幸，我自己**不能否認**自己正是「文人」之中的一種。（同前引，頁432；黑
> 體強調為本文筆者所加）

《家庭與世界》裡這個「中世紀殘餘」尼基爾，彷彿成了他自身不可免的命運的預言——也就是那歷史殘餘的士紳階級必然的命運。他奮力抵抗這個必然的命運，不斷試圖脫離，卻如命定般地回到原點。他眼中即將落幕的「滑稽劇」，竟像是那悲劇本質最明白的演示：主體自由和客觀必然的衝突，「是知道那裡有一個客觀的力量威脅著摧毀我們的自由，而在心中有著堅定的與一定的信念，而逆著它搏

鬥，而總結了我們的自由而走向滅絕毀壞」。（語出Schelling；轉引自Szondi, 2002: 8）而最終「自願地承受懲罰，甚至是為了一種**不可免**（*unavoidable*）而犯下的罪，由此而證明了一個人的自由，然而卻正是透過了失去自由」。（Szondi, 2002: 9）[13] 而瞿秋白和小說裡的尼基爾，正都是為了這爭取與證明這自由，而自願以死亡的滅絕作為最終的懲罰。

三、偶然、必然與自然[14]

而事後看來，這與鄰國的桂冠詩人的「『糟』遇」，也不是偶然。事實上，瞿秋白對於泰戈爾並不陌生。在1923年寫給弟弟瞿景白（1906-1929）的信中（〈弟弟的信〉，1923年10月作），兄弟兩人有著這樣的對話。弟弟瞿景白寫道自己在西湖邊讀著鄭振鐸的〈歡迎泰戈爾〉（載《小說月報》第14卷第9號，1923年9月）裡的「愛、光、安慰、幸福」，又說道讀了鄭振鐸譯的《微思》（泰戈爾著，鄭振鐸譯，《飛鳥集》，上海商務印書館，1922）等書，即感到詩意包圍了全身，「全身遂被『情』和『景』剝奪了自由，又因之無憂無慮的大樂。在此一息中，並且是有身以來難有的事。——天黑了……」。瞿秋白回信開頭即嘆息說：「真不錯！天黑了……這漫漫的長夜呵。弟

13　謝林（Friedrich Schelling, 1775-1854）透過伊底帕斯王（Oedipus Rex）的悲劇，演示悲劇本質中自由與必然的衝突與最終的合一。伊底帕斯不斷逃離那命定的命運，甚至狠狠地詛咒了未來的自己與先知特伊西亞斯（Tiresias），而走向必然的命運，最終承擔起那不可免而犯下的罪的罪責與懲罰，而由此證明了主體的自由。

14　在修改本文的過程中結識研究瞿秋白的先進張歷君，歷君兄分享了三篇精彩的文章〈心聲與電影：論瞿秋白早期著作中的生命哲學修辭〉（2008a）、〈現代君主與有機知識分子：瞿秋白、葛蘭西與「領袖權」理論的形成〉（2017）與〈歷史與劇場：論瞿秋白筆下的「滑稽劇」和「死鬼」意象〉（2008b），這幾篇文章與這裡對於瞿秋白的閱讀多有共鳴。〈現代君主與有機知識分子〉一文中，從「領袖權」（hegemony）的角度討論了瞿秋白政治思想中「自由」與「必然」的關係。〈心聲與電影〉一文中，歷君則分析了瞿秋白早期著作裡生命瀑流轉變的生命大流的意象中柏格森（Henri Bergson, 1859-1941）「生命」哲學的影響，以及他著作中的柏格森主義。歷君在瞿秋白的知識系譜中辨識出「東亞生命主義」，而我在文章中則試著從瞿秋白著作中的「自然」，看見其與泰戈爾之間可能的連結。瞿秋白早期著作中的「自然」與「生命」有其接近之處，但不同的概念也有其不同的生命。希望日後能更透過與歷君文章與近年出版的《瞿秋白與跨文化現代性》（2020）中的生命概念對話，更進一步處理瞿秋白筆下的自然觀。

弟，景白，你：概渴望那東方，那東方……早昇旭日？」（瞿秋白，1985d：298）後來則向弟弟說到那西湖濱路上的燈火與西方的樓房，那光明是私有，決不是泰戈爾的「光」與「愛」。瞿秋白似乎半無奈並帶著嘲諷地問弟弟：「你為什麼不到自然界裡去領略太戈爾？他的哲學是所謂『森林哲學』，應當與自然融洽無間的。」（同前引，頁299）其實，這位泰戈爾最重要的譯者鄭振鐸，便是瞿秋白幾年前共同創辦《新社會》（*The New Society*）、《人道》（*Humanité*）月刊時的摯友。在《餓鄉紀程》（1920至1921年作，1922年出版）裡，記下了瞿秋白啟程之時，《人道》的幾位好友鄭振鐸、耿濟之（1899-1947）、瞿菊農（瞿世英，1901-1976）惜別寄贈之詩。當時小瞿秋白一歲的叔叔瞿菊農追寄給秋白侄的詩中（〈追寄頌華宗武二兄暨秋白侄〉，1920年10月16日，署名菊農）這樣寫道：

> 回頭一望：悲慘慘的生活，烏沉沉的社會，
> ——你們卻走了！
> 走了也好，走了也好。
> 只是盼望你們多回幾次頭，
> 看看在這黑甜鄉酣睡的同人，究竟怎樣。
>
> 〔……〕
>
> 太戈爾道：「變易是生活的本質。」
> 柏格森說，宇宙萬物都是創造，——時時刻刻的創造。
>
> 你們回來的時候，
> 希望你們改變，創造。（《餓鄉紀程·五》／瞿秋白，1985a：34）

瞿秋白在天津整裝回覆好友的信（〈"Humanité" 鑒〉）所隨附的詩〈去國答《人道》〉（1920年10月18日，署名秋白）中則說：「驅策我，有『宇宙的意志』。／歡迎我，有『自然的和諧』。／〔……〕／蜂蜜成時百花謝，／再回頭，燦爛雲華。」（同前引，頁36）而1923年，寫著給弟弟景白頗有隔膜的信（〈弟弟的信〉）時，想著在西湖畔感

到情景交融的手足兄弟，舊時的好友們：早已感到傾向過於唯心的摯友振鐸、後來成了泰戈爾訪華重要的接待者之一的叔叔菊農，這黑暗無光的漫漫長夜，還真將早昇旭日的期盼放在「東方」嗎？恐怕正如當初告別一信的開頭：「"Humanité"鑒：我們今天晚車赴奉，從此越走越遠了。越走越遠〔……〕。」（同前引，頁35）

　　然而，已遠離了《人道》的瞿秋白向弟弟說到往自然界去領略泰戈爾，這對於「自然」的追索與探問，卻似乎未曾離開瞿秋白。在起初〈"Humanité"鑒〉的信中便寫著：「我們卻只是決心要隨『自然』前進。——不創造自創造！不和一自和一！」（同前引頁）自然，在瞿秋白的筆下隨處打著括號，宛如是那必須懸置於括弧之中，那人們在這大千現象世界裡無法觸及的終極「實際」。自然召喚著他前進，卻宛如捉不住地不斷向後退去。離家時坐在火車聽著輪機轉動，他即感到：「那雲山草木的『天然』在我的眼前如飛似掠不斷的往後退走，心上念念不已，悲涼感慨，不知怎樣覺得人生孤寂得很。」（《餓鄉紀程・一》／瞿秋白，1985a：10）即便直到後來，無論是在討論起托洛斯基（Leon Trotsky, 1879-1940）與伊凡諾夫・臘朱摩尼克（Ivanoff Razumnik, 18/8-1946）的文學論爭時，永久的大地作為詩的深淵與作為暫時機器的兩相對照的問題；（瞿秋白，1985e）甚至他選譯高爾基（M. Gorky, 1868-1936）的〈時代的犧牲〉（"Hearts and Creeds"），小說中社會黨的男主人翁「求智識的擴充以戰勝自然，力求所謂神秘的力量服從人的意志」與信仰虔敬的女主人翁「人生是貢獻那『不可思議』的犧牲，是對於最高意志底理性的服從」兩者之間的對張；（高爾基著，瞿秋白譯，1985g：338）瞿秋白筆下從未停止對於「自然」問題的思索與叩問。

　　在日日寫下革命俄國見聞，唯物史觀已在心底抵定時，《赤都心史》中卻仍可見到這題為〈「自然」〉（1921年12月24日）的隨筆，瞿秋白讀著泰戈爾說起文化發源的風土自然讓希臘文化視自然為敵與印度文化視自然為友的關係比喻，讓他也興起了俄國與「自然」之間或像是閒話家常相互窺伺的「鄰人」，而中國則與自然如同偶然同道而行卻痛癢漠然的「路人」的玄想。（《赤都心史・三六：「自然」》／瞿秋白，1985b：221）他這樣說：

　　　　人遠離包含萬象的自然，捨棄永久的基礎，只在人造的鐵網間行走，——
　　　　這或是跳舞矯作姿態時，或是乘橇下峻坡耳；他不得不步步勉力自求保持
　　　　身量之均勢；偶然得一休息之地，反暫時感覺一隱隱的傲意：「我對於外

> 界的自然，很能有強力的克服他。」自然，自然，不能永久如此，如此強
> 勉。……
>
> 「我」與「非我」相合，方有共同之處可言，「我」與「非我」相對，只覺個性
> 之獨一無二。
>
> 如此，不得不有以系連之：「愛」。
>
> 兒童酷好遊玩，誠然不錯，然而他假使不知道有「母懷」可返，遊玩便成
> 迷失，漸覺可怕；我們個性的高傲，假使不能從「愛」增高其質性，他便
> 成我們的詛咒。（同前引，頁222）

自然，自然如此，瞿秋白連用了兩個在句法中功能意義微異的「自然」。自然，「如
是而已」，是必然，也是不得不返的本然。而以系連之的愛，在這裡似乎是將對立
的我與非我、自由的孩童與自然的母懷緊繫在一起，宛如在那不斷退後作為的終
極實際的自然那裡「不和一自和一」。而在泰戈爾那裡，母懷也是自然的隱喻，嬰
孩從母懷中分離出來，他才發現了跟母親真實的關係，這關係的真理是自由。自
然在這裡也是有著雙重性，一面是原初豐裕的無限供給，然而另一面卻是那必然
之律的束縛。自然必然律的世界裡，沒有錯誤的空間；而人的世界裡，永遠存在
犯錯的可能，才是真理可被尋獲之處。然而，在泰戈爾那裡，人之所以為人的核
心概念卻是「剩餘」（surplus），是因著超出了自然需求的「剩餘」，因為能夠跨越了
自然之律與生命領域的界線，人們可以自我犧牲，而得以轉向內在。（Tagore, 2015）
換句話說，人作為人，正是作為那「多餘」的人。回頭來看《餓鄉紀程》的開端，當
時新思潮下的思想紊亂，讓瞿秋白感到漂流震盪於狂濤駭浪之中，他自我整頓思
想時真誠地去了「法我見」和「人我見」的人生唯實論，（瞿秋白，1985a：30）成就了
他世間的「唯物主義」，要探索那「實際」；（同前引，頁31）而也是這「內的要求」（同
前引，頁15）的「絕對責任」（同前引，頁31），驅策他忍心捨下家鄉留戀的一切決然
前往俄國。這「去國」的意義對他而言，宛如「出世」。（同前引，頁17）他這樣說：
「清管異之稱伯夷叔齊的首陽山為餓鄉，——他們實際心理上的要求之實力，勝過
他愛吃周粟的經濟欲望。——我現在有了我的餓鄉了。」（同前引，頁31）至此，或
許唯物與唯心的二分，瞿秋白與泰戈爾的殊異，在這張力之間，竟只剩下那毫釐
之隔。究竟，他成了那「多餘的人」。

　　始終，他挑釁般攻擊的「過去的人」，卻是那鏡中最熟悉的自己的身影。宛如是《哈姆雷特》（*Hamlet*, 1603）中的那一幕，哈姆雷特經過送葬的隊伍，見到賴爾蒂斯（Laertes）傷慟地縱身躍下奧菲莉雅（Ophelia）的墳中，哈姆雷特被震攝住了：「這是什麼人？悲哀得如此沉痛？淒慘的言詞使得行星都止住腳步聽得發呆？」（莎士比亞著，梁實秋譯，2001：265）剎那間，那鏡子當中比自己還要哀傷美麗的身影使得哈姆雷特竟也一躍而下，猛然生出的那狂躁般的攻擊性（manic aggression），最終導致了那場致命的比武，那場生死的決鬥卻是對已永遠失去了奧菲莉雅哀悼的儀式。[15]

　　這個場景，是拉岡（Jacques Lacan, 1901-1981）筆下兩種對象客體認同的喻說。假如我們可以在此稍微借用精神分析的語言，那麼這裡或許涉及了兩種在影像域上的同一化（imaginary identification）：（1）對於鏡中相似的身影（賴爾蒂斯）的同一化，同一化的對象客體是作為鏡中反射的影像的他人，也就是理想的自我（the ideal-ego），那總是挑動攻擊性的競爭對手正是那比自己還要哀傷美麗的自己；（2）然而，

15　這裡哈姆雷特的關聯，不僅來自於拉岡——在拉岡筆下，哈姆雷特是現代悲劇的代表，因為他從頭到尾都知道他本身存在的罪過，這是不同於伊底帕斯王的。在這個意義上，莎士比亞（William Shakespeare, 1564-1616）發明了現代的精神官能症（neurosis），這是文學創造出的現實。而這個關聯更是來自屠格涅夫（Ivan Turgenev, 1818-1883）在〈哈姆雷特與堂吉訶德〉（"Hamlet and Don Quixote", 1965）與錢理群（1939-）在《豐富的痛苦：堂吉訶德與哈姆雷特的東移》當中的討論。屠格涅夫在該文章中，是針對於赫爾岑（Alexander Herzen, 1812-1870）將1848年的革命當成是「堂吉訶德式」的幻想提出辯駁，他要說保持這個理想甚至是幻想是可貴的。他以哈姆雷特與堂吉訶德文學再現兩種人物典型，是詩人筆下人性的終極典型。哈姆雷特為向內的態度，是充滿了懷疑與否定而利己的；而堂吉訶德則是外向的態度，是利他的。他也比較了兩者的死亡，哈姆雷特是悲劇的，所有的偶然似乎都是必然；而堂吉訶德則是滑稽劇的，他的死亡與失敗不過就是偶然與倒霉而已，女人的高貴與未知的戰鬥在他心中從未幻滅，那最終的死亡是溫暖而美麗的。（Turgenev, 1965）屠格涅夫賦予堂吉訶德更高貴的位置，然而哈姆雷特的影子，似乎卻更在他小說中不斷出現，也不斷地與「多餘的人」的形象疊合，最終哈姆雷特的典型在《父與子》（*Fathers and Sons*, 1862）當中新時代的懷疑主義者巴札羅夫（Bazarov）身上表現出來，巴札羅夫在小說中不斷地在自然中尋找現實與必然，而否定自然的美麗與奧秘。錢理群的《豐富的痛苦》是經歷了文化大革命之後，在思考理想主義為何總是帶來災難性的後果時，重新反思這兩個典型，而願意給予哈姆雷特內向態度的懷疑更重要的位置。在書的後半，他也透過了這兩個典型來閱讀中國現代文學的革命傳統中的作者，在當中討論瞿秋白的一章，他說瞿秋白是「一位中國共產主義運動中的哈姆雷特」。（錢理群，1993：219）

這背後卻還有另一種更為神秘難解的同一化，也就是對於那永恆失落的對象客體（奧菲莉雅），也就是小對體（objet petit a）作為欲望的客體的同一化。那幽靈的幻影被喚起，填補了實在界上留下的那如深淵之洞，然而正是通往這個哀悼的舉動的途徑上（the passage to the act），主體將自身宛如被遺棄的客體般拋擲出去直墜那死亡的深淵。（Lacan, 2019）而我們或許看見在這個亞洲之間的相遇對於他人閱讀的時刻所發生的負面性的轉移當中所迸發的攻擊性，事實上，卻是對於難以承受的失落的哀悼舉動。那麼，是什麼樣「過去的悲哀」（the melancholy for / of the past）這樣如陰影般地纏繞著瞿秋白，甚至是我們的現代性政治經驗呢？

　　將時光倒撥一些，回到1920年，當時的瞿秋白是《北京晨報》駐俄的特約通訊員，日日努力考察著革命後的蘇聯的社會經濟轉變，以及這過渡轉型時的種種艱難。從未經歷過北國五個月之久的漫天白色，冰雪風暴，這氣候教人連「呼吸都不如意」。八月間，淒淒陰雨中滑汙的莫斯科街道，亂砌的石塊都讓人心神憂黯。再度被診斷出肺病的瞿秋白，病裡「夢囈模糊，焦熱煩悶，恍恍忽忽僅有南國的夢影，燦黃的菜花，清澄的池水……桃花……」，趕緊提醒自己，「舊夢無聊」是「病深了！」（《赤都心史‧一九：南國》，1921年8月5日／瞿秋白，1985b：165）當時在俄國的他，雖然在五四後參加了馬克思主義研究會，已經歷了由早年的托爾斯泰無政府主義轉向了馬克思主義的關鍵思想轉變，然而他曾經嚮往托爾斯泰的新村理想，此時仍想一償宿願，而借機造訪了革命後在托氏遺留下的土地上留下的公社清田村（Yasnaya Polinia）。然而，在清田村托爾斯泰宅邸裡，見到的是承襲托氏唯心理想主義者的苦悶，她們與脫不了舊日貴族氣息而對革命帶來的改變充滿牢騷的家人之間的張力，以及公社的農家們在新經濟政策下勉為餬口的生活。那裡俄羅斯渾樸的農家生活仍深陷於小資產階級的經濟中，而平民農人與智識階級長久以來複雜的歷史情感糾結下盤根錯節的問題，在革命帶來的搖撼衝擊之後，還有待「自然」的解決。瞥見了這舊時代俄國唯心派新村的理想主義運動，「貴族遺風還喘息於草間，依稀縈繞殘夢」。（《赤都心史‧二八：清田村遊記（七‧歸途）》，1921年10月18日／瞿秋白，1985b：198）他在火車上斑駁雜色的奇異文化圖景中睡去，酣然一夢，醒來又回到了莫斯科車站。最終，他寫下這清田村剩下的殘夢。或許，那睡醒之後越追尋越消逝、只餘下殘片的夢，也是瞿秋白自己的，是那瀑流轉變的現代經驗裡那失落而不再可得的鄉土過去的一去不返（the pastness of a rural past），在夢

裡喚起了清田村理想新村的幻影。走到了最後，那失落與被掏空的感受心緒仍在那〈多餘的話〉裡：

> 近年來，感覺到這一切種種，很願意「回過去再生活一遍」。
> 霧裡看花的隔膜的感覺，使人覺得異常地苦悶、寂寞和孤獨，很想仔細地親切地嘗試一下實際生活的味道。譬如「中央蘇區」的土地革命已經有三四年，農民的私人日常生活究竟有了怎樣的具體變化？他們究竟是怎樣的感覺？我曾經去考察過一兩次。一開口就沒有「共同的語言」，而且自己也懶惰得很，所以終於一無所得。（瞿秋白，2014：434）

最終，他深切感到隔膜與脫離，並願意回頭再去經歷的，竟然難以想像地接近於泰戈爾的〈文學中的歷史書寫性〉（"Historicality in literature" ／ *Sahitye Aitihasikata*）中的歷史——那農人田間的日常悲歡（*pratyahik sukhduhkha*）。（Tagore, 2002a）

四、亞洲作為中介

　　泰戈爾與瞿秋白這偶然的遭遇，或「糟」遇，如何幫助我們理解亞洲的知識分子在每一次的相遇裡，為了尋找知識生產與現代性的替代性出路的掙扎？而這個負面性轉移的案例又如何幫助我們繼續思考亞際文化研究不斷試著推進的竹內好起初的發問：亞洲，可能意味著什麼？

　　在此，我想回到陳光興《去帝國》與《亞洲作為方法》中關鍵的參照點的位移來進一步探討他所思考的「轉移」。陳光興「亞洲作為方法」的標題雖然可以說是重申了竹內好的〈作為方法的亞洲〉，然而，在方法的討論上，溝口雄三《作為方法的中國》才是他主要的對話對象。對陳光興而言，溝口是批判性地繼承了竹內好的問題意識，然而也翻轉了竹內一代人因為以西歐現代性為單一丈量點而始終無法跳脫的「進步／落後」認識論框架。（陳光興，2006；Chen, 2010）溝口雄三在《作為方法的中國》的開頭，就指出以竹內好為代表的一代戰後的日本思想，由於戰爭的贖罪意識，把「中國」當成是日本近代的反題，在自我批判的意識上，對中國生出一種「未來亞洲理想型態的憧憬」。（溝口雄三著，林右崇譯，1999：2）在這樣的憧憬結

構下，這個近代中國其實是日本意識主觀的反自我意識的投影，而非指向客觀的中國。在這個投射出的自我否定的憧憬結構下，把「非」（＝無）歐洲的「無」視為「欠缺」或「虛無空白」，並把這個「無」當成了「轉化」的動力本身，而無法掌握前近代的歷史傳統。[16] 這個「反」歷史、「否定」歷史的觀點下，中國的近代也就產生在否定自我的主體之上。（同前引，頁7）因此，這個反脫亞、反近代主義或是亞洲主義的主體，也成了主觀而稀薄脆弱的主體。（同前引，頁3）溝口的計畫是脫離這個「無」或「非」歐洲卻仍以歐洲的近代為參照點的一元觀點，而充分考察中國、日本近代各自別無抉擇的「異」歐洲的實體。（同前引，頁21）陳光興在《去帝國》中也特別引用了溝口的這段話：

> 總而言之，中國的近代是以其自身的前近代為母體，因此也就內在地繼承了前近代的歷史獨特性……換句話說，中國從開始就沒有對歐洲近代的傾向。這不是「欠缺」、「虛無空白」，而是中國近代**必然的一種充實**，也正因為這種充實的繼承，又使得他們**不得不**受到其前近代這個**母體**的制約。（語出溝口雄三；轉引自陳光興，2006：396；黑體強調為本文筆者所加）[17]

溝口進入歷史的內在邏輯，考察母體性質而對於近代的過程做出解釋的基體展開論，對陳光興而言，這樣歷史社會本體論接近他一直在思考的「殖民－地理－歷史唯物論」中「在地史」的概念。而溝口透過對照比較彼此的差異來解釋各自的內在邏輯的方法，提供了陳光興方法實踐上關鍵的參照，他這樣理解：「溝口的意思不僅是我們要內在地理解中國，從而內在地來超越它，更意味著透過彼此相對化，**以相互客體化為中介的過程**，『中國』與『日本』才能夠得到不同的理解，也就是將自戀式的『being』解放成相互轉化的『becoming』」。（陳光興，2006：401）在這裡，

16　溝口雄三所謂的「非」歐洲，僅是與歐洲本來就相異的另一條歷史發展路徑，而他認為竹內好等戰後的日本知識分子，在「非」＝無的等式中，把「無」視為空白與欠缺，而對於非歐洲的近代性的討論則建立在這個空白與欠缺之上。

17　在國立編譯館 1999 年的譯本中，此處「必然的充實」譯為「本身無法抑止的充實」，而「前近代的母體」則譯為「前近代的母斑（胎記等）」。（溝口雄三著，林右崇譯，1999：11）

客體的形成是作為中介的過程，是主體轉化的方法。陳光興在閱讀溝口於一九八〇年代的思索的同時，也看見了當時 2000 年全球化下的跨界互動給予的新歷史契機，歷史條件的成熟給予了可能性，可以把溝口的「中國」重新再次置換成「亞洲」。（同前引）[18]

在此，陳光興透過溝口的基體論在方法上的思考而回頭理論化了竹內好提出的「作為方法的亞洲」，向亞洲的轉移是以**相對的客體化**作為中介的主體轉化與生成的方法，實踐上是積極地將閱讀與對話的對象多元地擴向亞洲各地；然而，若是這作為中介的客體從來都不是整全的客體，而是部分片段的客體（partial object），甚至是負向的客體（negative object）呢？[19] 那麼我們如何理解這個跨界閱讀與對話的遭遇？而若是亞洲作為方法承繼著溝口基體論的思考，我們又如何理解在客體中介的主體轉化過程中，「**不得不**受到的**母體**的制約」以及那「必然（無法抑制）的**充實**」？

這裡，我想回到最起初的參照點，竹內好的〈作為方法的亞洲〉，也就是他在1960 年題為「作為對象的亞洲和作為方法的亞洲」的演講紀錄。的確，在這次的演講中，竹內好主要是分享自己知識上轉化的心路歷程，以及零散透過了杜威（John Dewey, 1859-1952）對日本與中國的觀察、泰戈爾訪中等例子以及他對於當時戰後日本與中國的情勢的觀察，簡單地說明了他對於中國與日本的近代化之間差別的看法。他並沒有聚焦在討論他所謂的「方法」，頂多就是簡略地提到了鶴見和子（1918-2006）的《賽珍珠》（『パール　バック』，1953），以日本、中國、美國三個立體的視角來思考，而非西歐對中國的二元對立形式。然而，也確如溝口雄三所提到的自我否定的憧憬結構，竹內好在談及 1924 年泰戈爾訪中時，由於他把中國對照於他

18　溝口雄三所謂的「作為方法的中國」，是**翻轉**過去以「世界（史）」（事實上是歐洲）為方法而以中國為「目的」的中國學（溝口雄三著，林右崇譯，1999：106）；中國作為方法，「目的」即是「世界」（同前引，頁 107），是使得「世界相」、世界史的普遍是建立在多元的差異之上的「世界之創造」（同前引，頁 109）。

19　陳光興在書中也談到溝口所討論的基體強調的是變動與轉化，因此不可能是文化本質主義的，因此「亞洲作為方法」在參照基體論而可以充分地開展時，這裡的本體論很難以實證主義的方式操作。因此，「我們可能永遠無法精準地掌握基體的總體邏輯，而只能在某些剖面中慢慢地畫出**片段**的連結點、線、面」。（陳光興，2006：400；黑體強調為本文筆者所加）因此，主體轉化中遭遇的客體，必然也是片段的。

所批判的日本而將中國視為亞洲的抵抗的代表，如此投射性的映像，自然也讓他有了一種美麗的誤認：認為泰戈爾訪中得到了中國知識分子熱烈的迴響，是由於中國的知識分子把泰戈爾看作是「民族解放運動的戰士」、「民眾的代言者文學家」來接受，而非像日本一樣，僅將泰氏看作是「亡國的詩人，弱者的哭訴」。（竹內好著，胡冬竹譯，2007：243）這裡，當然也是想像的轉移（imaginary transference）。事實上，即便是竹內好提到對於泰戈爾有所研究的郭沫若（1892-1978），在泰氏訪中時，也是極盡攻訐非難，幾近刻薄。

然而，我認為這篇演講稿中最可貴的部分，是竹內好談到戰爭與戰敗經驗如何成為自己研究思想上的轉機。他在1943年去了軍隊，參與了太平洋戰場的戰爭，經歷了戰敗的經驗。在那之前，學習支那學的他已感到了日本人思考的中國與中國的實際有很大的錯位，他自己在求學期間去過北京，並在參與戰爭前與武田泰純（1912-1976）等友人成立了中國文學研究會（中国文学研究会，1934年成立至1943年解散）。但他說，人們可以去到中國而什麼都看不見，而他自己在知識上轉化的真正關鍵轉折，則是戰爭的經驗與戰敗的痛苦。由於投入戰爭與戰敗經驗中實在的痛感，使他從未站在抽離於歷史經驗的後見之明角度，全面否定戰爭或與戰爭撇清關係；也因此，在戰後，他也未曾在戰後共產主義運動高漲的時候，加入那樣進步的隊伍行列。畢竟在他的那一代人中，見到了眾多共產主義者在戰爭時的轉向，積極地協力擁護戰爭。「轉向」的歷史經驗，讓他感到問題的癥結恐怕在更深層的地方。戰後的他，寧願「退一步」，「落後於時代」地望著運動的去向。（同前引，頁236）竹內好的思想軌跡，可以說幾近是強迫症般地執著於戰爭中敗北的痛感的負面經驗。如果翻開他在1949年所寫下的〈近代的超克〉，對他而言，經歷戰敗之後，以後見之明地全面地否定戰爭，對於「近代的超克」進行意識形態的批評或是平反，其實是看不見太平洋戰爭與之後戰敗的事實給了「近代的超克」如咒語、傳奇般的象徵位置，是無法把握作為事實的思想的。[20] 在這篇文章中，竹內好不斷在戰爭經驗中反思的，是歷史的不透明性，以及在歷史中不得不在抵

---

20 〈近代的超克〉這篇文章的標題日後成了2005年北京三聯出版的竹內好文集的書名標題，然而竹內好這篇文章並非是在談如何超克近代的問題，而是他對於1942年太平洋戰爭爆發，日本向英美宣戰時「文學界」群體、「日本浪漫派」與「京都學派」所舉辦的「近代的超克」討論會、以及戰後對於這個像是夢魘般記憶的「近代的超克」的相關討論的反思紀錄。

抗與屈從一線之間晦暗不明的主體性。在捲入全體國民的總體戰爭中只能深入戰爭，進入民眾的參戰生活，直視戰爭的本質，因而他說，必須承認民眾戰爭經驗的「戰爭吟」，假手戰爭吟，而轉化戰爭的性質。（竹內好著，李冬木、趙京華、孫歌譯，2005b）[21] 竹內好的決意，是讓自己堅持留在戰爭的負面性與失敗感當中。

　　這裡我想要強調的是，負面性（negativity）並非空無（nothingness）或是空白，而是關於那主體在根本上是獨一無二與脆弱易毀的一切。痛感從來不是空白無有，痛楚的經驗是被迫向著極限的敞開，活生生的血肉之軀無法逃脫的實際。正因它無法逃脫，痛是宛如石化的經驗。正如竹內好對於主體性的譬喻——主體性是那珍珠，只能生於那外來的砂礫異物侵入的痛楚之中。痛感，不是空白，而是無可避免的「充實」。這或許是溝口閱讀竹內的現代性經驗的未致之處。如果充實不是實證主義或是經驗主義的任意抽象出的種種範疇，那麼或許竹內強調的負面性經驗，正是關於溝口的基體論中那個最親近也最疏離的、我們赤著身回頭尋找的前近代「母體」在我們身上的印記。[22] 對於竹內好來說，歷史的不透明性，使得我們

21　這裡對於戰爭吟的討論，是竹內好透過中野重治（1902-1979）在1942年的《齋藤茂吉筆記》（『斎藤茂吉ノオト』）中對於戰爭中的詩歌、歌謠的討論來思考抵抗的可能。對他而言，在總體戰爭當中，全體國民與戰爭之間是零距離的，這是總體戰爭中的基本事實，這零距離使得民眾除了加入戰爭並在當中發出自己的獨特的聲音之外別無選擇。不深入戰爭，不深入參與戰爭的民眾生活，是無法組織民眾的。他引用中野的話：「昭和十六年當今的戰爭吟，才形成了這種規模的汪洋恣肆吧。包括數種支那事變歌集、遺屬歌集和歌人的戰爭詩歌，事變使國民得以以全民的規模展開歌喉。」（竹內好著，李冬木、趙京華、孫歌譯，2005b：332）因此，只有承認貼近民眾生活戰爭吟，看見總體戰爭中戰爭吟的不透明性，在此戰爭與現實是沒有距離的，假手轉化戰爭吟才有可能轉化戰爭本身的性質。

22　我無法在這篇文章中細緻討論溝口雄三的所謂的「充實」（positive）的取向，是否仍然侷限於一種實證主義（positivism）的問題。他的基體開展論的歷史內在邏輯的方法，透過近代國家的政治範疇，以比較的方法回溯性地進入前近代的內在邏輯，比較例如「天下與國家」、「生民與國民」的概念範疇，以理解前近代母體在中國近代經驗的刻痕與作用。這方法是否是經驗主義任意的抽象，仍需要進一步的細緻討論。但無論如何，在溝口對於中國近代性內在邏輯的考察中，這個客體性仍然是思考著拒絕自我意識鏡像投射的向著他者的倫理。然而這個比較的方法，到了汪暉（1959-）的現代中國思想的興起的儒學內在邏輯時，看似在民族國家與帝國間的兩難（undecidability）卻成了國家復權（用溝口的話來說）的雙重不在場證明。（汪暉，2004）另外，或許也可以問的是，溝口所謂的充實，是否真的是他所說的日本戰後意識中投射的「欠缺」與「空白」的對立面？他在對於明代儒學的天理與人欲的自然觀折轉的考察中，把焦點放在一個邊緣性

不可能站在一個超越性的制高點看著文明像是跑馬場上的競賽。對他而言，歷史不是不同特殊文明的平行線，而是在不透明性的遭遇的「點」上痛楚的經驗中湧現之物。竹內好的歷史生成於遭遇的瞬間，而他對於現／近代性的思索，正如主奴辯證中那主人與奴隸遭遇的瞬間，奴隸遭遇了土崩瓦解的純粹負面性，才是自我意識生成的時刻與歷史轉化的契機。而竹內好對於負面性歷史經驗與失敗感的執著，在可說是〈作為方法的亞洲〉的理論前提的論文〈何謂近代：以日本與中國為例〉（近代とは何か：日本と中国の場合，1948）一文當中，已經是他思索的前提。在這裡，或許我們可以透過〈何謂近代〉中竹內好提到的兩種自我運動模式重新閱讀他的〈作為方法的亞洲〉，來思考亞洲之間的思想遭遇的「負面性轉移」時刻。

1948年的〈何謂近代〉一文中，竹內好是將主奴辯證重新思索成為一個「西洋－東洋」的寓言，宛如是觀看一個劇場當中兩個演員互相推擠的一個瞬間。歐洲與東洋對竹內好而言並非地理上的實體，他將兩者的概念化，可以「前進（西洋）－後退（東洋）」的圖式來理解。他幾乎是以機械力學的方式在理解這樣的運動。歐洲是作為自我意識的自我保存與自我擴張的運動，它欲望成為自身，它基本的公式可以說是「A需要透過排除『非A』來成為A」。因此，歐洲需要東洋來成為歐洲。而侵略不可能是單面性的，擊敗對方預設了對方抵抗的前提；而倒過來說，抵抗的前提卻是失敗，因為它必然已經是壓倒性的力量的意象反射。然而，這個前進與後退的等式其實僅是一個瞬間之後所產生的意象：「所謂瞬間，與其說意味著作為極限狀態的不具有延伸性的歷史上之一點，不如說是歷史從哪裡湧現的點（而不是歷史的擴展）。」（竹內好著，李冬木、趙京華、孫歌譯，2005a：189）而這個等式的意象，A＝A而非非A，即是歐洲本身，在此，歐洲成為歐洲，而東洋作為東洋而消逝。意識僅產生在抵抗之中。東洋，僅能不斷地在抵抗中感到失敗而成為東洋。而竹內好在日本的極度進步主義中看到了一種沒有抵抗的現代性的模式，所有事物在當中不斷地汰舊換新，穿過而無法留下任何痕跡，因此當中也沒有自我意識的生成。他將日本近代與中國做了一個比較。然而說是中國的近代，

的人物李卓吾（1527-1602）身上，聚焦在那「不容已」的核心概念中的飢餓感，甚至是他「自由的中國學」的方法那「赤手空拳進入歷史」的隱喻，難道負面性與欠缺不正也是溝口思想中充實的核心嗎？可參見溝口雄三的《中國前近代思想的屈折與展開》和孫歌的《探尋歷史的「基體」：溝口雄三的中國思想史研究》。（溝口雄三著，龔穎譯，2011；孫歌，2016）

事實上竹內好僅是在魯迅的思想中，感覺到了一種抵抗的可能。他透過魯迅的〈聰明人和傻子和奴才〉（1925）的寓言，來思考抵抗的問題。在這個寓言當中的抵抗，全然異於任何人道主義或是進步主義對於解放的想像。[23] 抵抗不是反題的「推翻」或是合題的「超克」，而僅在「化為行動的絕望」中。然而，在這個瞬間，並沒有如黑格爾（G.W.F. Hegel, 1770-1831）在《精神現象學》（*Phänomenologie des Geistes*, 1807）寓言中，主奴的辯證有自然世界作為中介，奴隸透過了勞動而握有了知識，辯證的運動與革命的種子已然包含其中。這裡的東洋卻像是沒有中介的自然本身，困於本身的蒙昧與無知：

> 後退的觀念亦誕生前進之中，即作為把前進投射於對象中去的對立概念而誕生。因此它們是相關的；但在後退的方向上理解這個事實的時候，這個相關性將要失掉。而雙方被作為各自固定為孤立的實體。前進與後退這兩個實體性的觀念在後退的方向上**互不構成媒介**，從而互不矛盾亦互不統一地並存著。（竹內好著，李冬木、趙京華、孫歌譯，2005a：194；黑體強調為本文筆者所加）

這個相關性的失卻，在後退的方向上未經中介的觀念，對竹內好來說，是奴隸情感的根源。[24] 因此，竹內好在魯迅那裡，不斷看到的是一種努力地「知道自己不知

23　竹內好在討論到這個寓言時這樣說：「奴才拒絕意識到自己為奴才。他覺得自己不是奴才時，才是真正的奴才。當奴才自身成了主人的時候，將發揮出徹底的奴性。」（竹內好著，李冬木、趙京華、孫歌譯，2005a：207）又說：「『所謂『無路可以走』乃是夢醒之後的狀態，而覺得有路可以走則還是睡在夢中的證明。奴才拒絕自己為奴才，同時拒絕解放的幻想，自覺到自己身為奴才的事實卻無法改變它，這是從『人生最痛苦的』夢中醒來之後的狀態。即無路可走而必須前行，或者說正因為無路可走才必須前行這樣一種狀態。他拒絕成為自己，也拒絕成為自己以外的任何東西。這就是魯迅所具有的、而且使魯迅得以成立的、絕望的意味。絕望，在行進於無路之路的抵抗中顯現，抵抗，作為絕望的行動化而顯現。把它作為狀態來看就是絕望，作為運動來看就是抵抗。」（同前引，頁206）在這裡，無法認知自己為奴才的奴才，是真正的奴才。奴才拒絕成為奴才只在於徹底根本地拒絕自己並非奴才的那一點點幻想。他不是「不是奴才」。這是對於自身想要逃脫卻無法逃脫的主體性徹底的自覺。而這就是竹內好從魯迅那裡閱讀到最重要的「絕望」的意味。

24　在精神分析當中，對於主奴辯證也有著不同而翻轉性的閱讀，特別是拉岡的四個論述中對於主

道」的掙扎。透過魯迅，竹內好理解中國近代的模式是一種自我內在的否定，我在自我保持的同時，不斷成為「非我」的運動，這樣的自我運動模式中國能產生辛亥革命。而明治維新以降的日本，則是由轉向民主主義、再轉向共產主義、再轉向極權主義、再轉向否定戰爭，日本的意識形態中不包含失敗，永遠可以轉向於更進步的主義，所以「日本的意識形態永遠在失敗，故永遠是成功的」。（同前引，頁198）沒有中介的失敗不能被經驗為失敗，也不可能有「失敗的失敗」。竹內好由此區分了兩種自我的運動——「轉向」與「回心」：「表面上看來，回心與轉向相似，然而其方向是相反的。如果說轉向是向外運動，回心則向內運動。回心以保持自我而表現出來，轉向則發生於自我放棄。**回心以抵抗為媒介，轉向則沒有媒介。**」（同前引，頁212-213；黑體強調為本文筆者所加）

然而，產生抵抗的契機是什麼？在後退的方向上，抵抗如何發生？在竹內好身上，是在戰爭的痛感與幾近絕望的孤獨當中與魯迅思想的遭遇。是在找到「第三點」作為座標，西方－日本－中國的立體視角中，他重新思索了何謂近代的問題。十年之後，他在「作為方法的亞洲」當中繼續推進這樣的思路。在文章的結尾，竹內好提出希望聽眾思索的問題，若歐洲的現代性與普遍性建立在對亞洲與非洲的殖民榨取，也就是西洋侵略東洋的基本圖式上，那麼如何在文化上捲土反擊，讓西洋重新被東洋包裹，使西洋發生變革，而有更高的普遍性。他最後一句話是這

人論述（master discourse）的討論。這裡主人的自我意識的知識是竊取、占用奴隸生產的無意識的實踐性知識（know-how），但在這一組關係中，主人占取了奴隸的產品，失去的卻是原初的快（苦）感（jouissance），享受的是奴隸。由於這失落的快（苦）感，使得主體不斷地圍繞著這個失落中產生的剩餘的快（苦）感（surplus-jouisaance）而反覆。（Lacan, 2007）（由於苦／快在字源上的同根，在這裡我把「jouissance」裡的痛／快暫時譯為快〔苦〕感）或許關於自我意識的現代思想，必然也是面對這樣的失落，而不斷地圍繞著這樣的剩餘而反覆。而阿席斯・南地在《親密的敵人》（The Intimate Enemy, 1994）等書中思考非西方的政治心理出路時，反而是把竹內好所說的沒有中介而互不矛盾也互不統一並存的觀念的奴隸的情感與道德視為解放性的出路，這裡無中介的直接性（immediacy）對他而言是真正的「無辜」（innocence）。奴隸理解主人，他的世界是更包容與寬廣的，可以享受的也是奴隸。奴隸的道德，也就是他所謂「不參與遊戲者」（non-players）的非現代（non-modern）的文化政治出路。（Nandy, 2015）這自然是一條完全不同的路徑。然而，竹內好在這裡所謂的奴隸的情感，正是幻想自己不是奴隸的自欺。對他而言，他不斷透過否定的否定（negation of negation）的陳述結構所討論的中介過程（mediation），指向的核心正是負面性（negativity）本身。而這正是他所思考的現代性的核心。

麼說的：「在捲土反擊時，自己必須擁有自己獨特的東西。要說那是什麼，恐怕這樣的東西作為實體並不存在。但作為方法，也既是主體形成的過程，應該是存在的。我給它加了『作為方法的亞洲』的標題，但即使是我也並不能明確地規定它。」（竹內好著，胡冬竹譯，2007：250）

　　在這裡，竹內好並沒有將亞洲作為西洋的對立面，他談到這一組對立關係時，使用的仍是西洋與東洋。而東洋的反擊，要形成主體，得要有自身「獨特的東西」，這樣的東西作為實體並不存在。因此，「亞洲」在這裡，並非實體或是客觀性的存在，它僅是**作為方法、作為中介而存在**。「亞洲」僅是作為沒有中介的後退中、不斷消逝中、無法作為自我而存在、黑暗蒙昧中的東洋的**轉移對象**。或許回到語源上「Asia」一詞可溯及的「Asu」，日升之處，僅是日升於黑暗基底的大陸的處所。亞洲，僅是作為一個**負向的客體**（negative object）而存在。

　　正如陳光興所說的，亞洲作為方法，是參考框架的「轉移」，是轉化自身主體性的關鍵。若回到我所想談的亞洲之間種種可能的思想遭遇，竹內好所談的兩種自我轉化的運動，正可以理解那些「負面性轉移」的瞬間。在轉向的向外運動中，我們永遠可以擁抱替代性的進步框架，然而，這些框架也可以隨時被更進步的框架替代而不留下任何痕跡。然而，竹內好所不斷思索的是內向運動「回心」。他所用的「回心」一詞是宗教性的，幾乎是帶著懺悔贖罪的自我否定的意識。然而「回心」，是以抵抗為中介的。自然，竹內好思考的主體性是構成現代性的自我意識的主體，因此這個以抵抗的中介「回心」經驗，最終僅能以宗教的內向性的懺悔意識來類比。然而或許今日在亞洲之間的思想遭遇的場域中，重新思考「亞洲作為方法」的實踐中參考框架的「轉移」的意義時，我們可以重新思考「轉移」中抵抗作為中介的意義。這裡所說的抵抗，不是有意識的對於自身主體性的防衛。反過來說，這個抵抗或抗拒是無意識的，是那創傷性的入侵當中所經驗到的負面性情感與痛楚。而在向「亞洲」的轉移之中尋求替代性可能時所遭遇的如同外來入侵的痛楚，或許正是來自主體的內部，來自那最為陌生的母體留下的刻痕。這樣外向的相逢遭遇卻正是那痛苦的內向運動，不斷地將自身指向那頑固地存在著而不斷持續作用的負面性。

　　回頭閱讀《去帝國》，作為亞際文化研究的一份史前史，它除了記述了陳光興的知識與思考軌跡，或許也記錄了成書十多年之間在地的文化政治頓挫與批判知

識社群對話困境的些許情感切面。特別是書中第三章「去冷戰」，在透過《多桑》（吳念真，1994）與《香蕉天堂》（王童，1989）的電影敘事捕捉殖民／冷戰雙重構造的平行／交錯的歷史感覺結構的嘗試中，正如他所說，分析幾乎成了多餘，兩組現代性經驗留／流下的是其無可化約、無以化解的「眼淚」。（陳光興，2006：180）這無言的眼淚成了和解難以跨越的路障，在世紀之交留下了「大和解為什麼不／可能」的沉重提問。而或許正是這「不／可能」的情感挫傷與對話僵局的絕路（impasse），最終不得不在無路之處轉向尋求亞洲作為方法的關徑。若是轉向亞洲的前提，正是這本書中一章章記錄下十多年間困頓中的質疑探問，是在置疑本土性之上建立自身主體性的悖論、是在鏡像關係中難以逃脫的認同與妒恨與隨之而來的攻擊性、是大和解的無路、是對於內在於自身文化主體性最深層的帝國主義的「嗆聲」，那麼，這樣的情感能夠是不負面的嗎？[25]

若如陳光興所言：「歷史經驗不斷告訴我們，多少的創痛是發生在精神身體的銘刻上，〔……〕最後讓不應一再發生的悲劇不斷地上演。」（同前引，頁113）而「轉移」的經驗正是在這走向治癒與轉化的關係空間中，寫不進主體歷史的無言創傷的反覆與重演；那麼，這亞洲之間思想遭遇的空間中轉移的時刻，是否也不得不反覆重演這些負面性的情感？那麼，或許他所說亞洲作為方法將閱讀對象擴展向亞洲各地的基本實踐，不僅是可比較的歷史經驗的理解，或許更多是不可免的誤讀，在誤認（misrecognition）中遭／精遇自身無法迴避的負面性情感的核心。

在亞際文化研究社群逐漸擴大成形而反思其知識生產時，寧蒂珠把意義曖昧不明的「方法」置換成了「方法論」，為比較研究打開了新的可能性。然而，寧蒂珠或許沒有注意到的是，在歷史的反覆之中，或許這情感的能指（emotional signifier）已經不再只是「亞洲」，而更是「方法」。「亞洲之間的方法論」所推進的認識論轉移之中，或許佚失了從竹內到溝口以至於陳光興不斷重新刻寫「方法」的能指所標記的負面情感的轉移。在回顧這個知識計畫十五年的來時路並展望未來實踐實際的方向時，寧蒂珠回顧了她這一輩第一代的亞際文化研究開創者身上那左翼的第三世界主義軌跡，他們在努力地嘗試以亞洲之間的視角來處理本身所處的脈絡境遇

25　這裡使用「嗆聲」一詞是來自陳光興《去帝國》一書第四章〈去帝國〉早先在《台灣社會研究季刊》發表的版本之篇題——〈嗆聲自身：民主運動與美國帝國主義〉（2004）。

時，產出經常是高度在地的，即使是一種新的在地性。對於舊知識框架的普世主
義進行批判的努力是全面而難以喘息的，這些努力經常拘限於回到一種在地性。
因此，寧蒂珠期許在如今全球化擴大的跨界交流實踐中，新一代的研究者的研究
問題能成為「真正『亞洲之間』（inter-Asian）」的知識生產。（Niranjana, 2015: 4）在亞際
文化研究創刊（*Inter-Asia Cultural Studies*，2000年創刊）時，她思索在一九五〇、六〇
年代的去殖民與不結盟運動的歷史時刻過後，後萬隆與後冷戰的時刻「第三世界」
不再是明確有效的政治範疇之下，如何重新使用「第三世界」概念的歷史銘寫開啟
一種替代性的比較研究，透過重新概念化異於自身的第三世界空間來重新理解自
身，擺脫以西方作為普世性的規範性，而以人類學視角看待非西方差異的比較研
究框架。（Niranjana, 2000）[26] 然而在十五年後的文章中，她多次提及第一代的與新一
代亞際研究者的差異，以第三世界概念銘寫殖民、冷戰經驗的困境包袱與歷史限
制似乎是在她這一代即將終結的負面性情感，是「過去的悲哀」，寧蒂珠願意把希
望放在「將來者」、放在新的歷史契機中亞洲之間的遭遇與文化實踐上。（Niranjana,
2015）然而，她所不斷強調亞洲「之間」的「間」（inter, in-betweenness），或許卻也正提
醒我們，這主體的生成是在亞洲之「間」。間，是間隔、間隙、裂隙，或許正是亞
洲之間思想遭遇的核心經驗，也就是在轉移的過程中不斷經驗到的與自身母體間
難以彌補的間隙。因此，在轉移之中，遭遇不能不是糟遇，而間隙甚至是經驗為
閒／嫌隙。

　　在亞際文化研究十週年回顧特刊（*Inter-Asia Cultural Studies*, vol. 11, no. 2, 2010）的
批判性回顧一系列反思亞際文化的制度實踐與重新檢視亞洲認同想像的文章中，
印度學者瑪麗・若望（Mary John）提到在第三世界的意義消解下，尋求亞洲之間對
話的可能方案與相應的挑戰時，她區分了兩種不同的努力：一種是有共享的過去
的鄰居，卻因為第三世界歷史中的衝突與敵對，而阻絕了知識與政治上的關係與
對話空間。[27] 然而另一種對話的動力是不同的一種欲望，是無關於是否有共享的

26　這裡寧蒂珠所提出的第三世界比較研究的具體操作，或可以參考她關於千里達群島的離散印裔
　　女人與音樂的研究。（Niranjana, 2006）

27　例如印度與巴基斯坦，香港、台灣、中國，或是日本、韓國之間。瑪麗・若望特別舉的是南亞
　　的孟加拉、斯里蘭卡與巴基斯坦的女性主義者在一九八〇、九〇年代打開的對話空間，對於印
　　度的主導地位帶來的挑戰，從人民歷史的角度重新看待了分治（Partition）的效果，批判了軍事主

過去，然而「相信我們的未來需要創造多重的參考框架來超越自身所屬的西方框架」。（John, 2010: 195）而若望提到這前一種對話，本身就是直接糾纏著過去的歷史性負面情感；而後一種無關共同過去，透過想像的共同未來而建立相互參照的超越性框架的對話，卻正如這篇文章所述的遭／精遇，在正向的認同中遭遇最為核心的負面歷史情感。在同一專輯中，菲度斯·阿辛（Firdous Azim, 1952- ）分析了作為南亞小國的孟加拉的穆斯林女性的現代孟加拉語書寫語言，如何是在各種殖民／後殖民國族、宗教社群、階級的衝突性力量的夾縫之中而充滿矛盾，從現代語言的角度問題化亞洲之間的各種認同。如今以南亞而言，向左右鄰舍的連結都充滿挑戰，如今向東已不若百年前，印度與中國在政治經濟上彼此競爭作為強權，向西則是與穆斯林國家，這連結則碰觸到伊斯蘭的種種文化認同。對比於百年前泰戈爾向東的文化交流的旅程，是透過藝術的感知回頭來構思孟加拉／印度的現代性；如今亞洲之間的跨界旅程，更多是由於那些路程充滿危險的難民的航程、被貧困驅動的移工，這些對於經濟階序與支配的經驗。這樣的經驗與感知也將構成亞洲之間對話的一部分。（Azim, 2010）或許，在擴大的跨界交流實踐中，面對亞洲新的地緣政治的變化與權力的消長，「第三世界」的意義不再明確穩定的此刻，新一代的「亞際人」更將在歷史反覆轉移的負面性情感中，回頭理解與重構主體歷史的刻痕與情感。[28]

　　或許，我們必須賦予亞際之間的遭逢相遇之中這些「負面的轉移」的時刻一

義和民族主義。而這樣的對話如何對於區域的形構有新的想像。（John, 2010）

28　以一個晚近的例子來說，在2019年7月在菲律賓杜馬蓋地舉辦的亞際文化研究成立二十年的會議中，創始人之一蔡明發在回顧二十年並思考未來方向時提出了兩個議程的方向。他回顧了當初二十年前亞際文化研究創始時，在亞洲崛起論述的脈絡下是要「置疑亞洲」，因此如今在地緣政治的變化之下，一個方向是在中國崛起的論述下，要在亞洲之間重新思考「中國」的問題，另一個方向則是在極權興起的當下重新思考「自由主義」的問題。他提出的方向自然是有刺激與爭議性的，因為這或許正是過去亞際文化研究思考替代性的框架時試圖繞徑思考的情感癥結的回歸，正如當初陳光興面對台灣在地冷戰與殖民雙重構造的情感結構造成的對話僵局時，以轉向亞洲尋找出路，在亞洲之間的許多在地史中，如今「中國」與「自由主義」或許都是盛滿過多情感的能指。然而在2019年香港反送中抗爭正如火如荼進行中的當下，在這個跨界交流的場域之中，這負面性情感的遭／精遇似乎無法迴避。我在這裡無法仔細討論亞際文化研究場域中各種發生中與可能的遭／精遇，然而或許蔡明發的發言也正是指向在這交流的實踐中那無法迴避的負面性情感。

些新的價值，它們不再僅僅是衝突與失敗，如同在精神分析中，負面轉移中的攻擊性意圖正構成了「整齣分析的戲的開場的環節（inaugural knot）」。（Lacan, 2006: 87）這裡，想像的亞洲的幻影（*fantasme*）是負向的凝視。在這一次次思想的遭遇裡，那些充滿了負面情感的頑強抗拒的瞬間，正是我們可以見到轉移全面性作用的時刻，也是摺入了歷史性本身的處所，是歷史湧現的點。轉移，在時間當中打斷了時間，我們終將見到轉移的工作在時間中所展開這些包覆了歷史性的褶痕。而最終，轉移本身即是時間與歷史。正如瞿秋白在1924年春天的與泰戈爾遭／糟遇的負面性轉移，正像是悲劇中絕對的轉折點，像是「cata-strophe」一字的字源一般，自此一切向下直轉，瞿秋白直奔向其在歷史中的命運。最後射向他的命運之箭，不是客觀的歷史必然射出的箭，而是在轉移之中他拉了生命之弓，射向了「過去的人」卻由時間之弧回到自身的「另一支箭矢」。[29] 這並不僅是想像層的轉移，在鏡像認同中的對抗；同時也是在象徵層次上，透過「過去的人」的能指，在向著「過去的人」的掙扎與鬥爭中，寫下了「過去的人」的歷史。忍不住會想，若是歷史的偶然讓瞿秋白與泰戈爾遭遇的場合有所不同，或是回頭他們再有一次對話的機會，他們之間能展開什麼不一樣的對話？然而，主體的歷史總是事後回溯性地重構的。瞿秋白在個體生命的層次上，以死亡為條件，進行了絕望的行動。他為將來的新世界鬥爭，作為消逝的中介者而消抹自我。他唱著國際歌昂然走向刑場，從容地安坐就義。然而，他卻也透過寫下〈多餘的話〉留下了主體掙扎的痕跡，透過失去自由而證明了自己的自由，如同再次翻開〈過去的人〉的篇章而重新簽署下自己的名字。這多出的剩餘痕跡，這一系列的能指，為往後改造世界的主體的歷史與其情感創造了新的喻說。他終究透過了他筆下「滑稽劇」的悲劇性死亡，承擔（assume）也創造了主體的歷史。而在亞洲之間主體的建構與重構，如同《亞際文化研究》發刊的編者按中所說的，是給予這區域的知識社群「遲來」（overdue）的聲音。（Editorial Statement, 2000: 5）換句話說，這主體的歷史總是遲來、是事後回溯（nachträglich），是

29　這裡我借用了彼得·松地（Peter Szondi, 1929-1971）對於赫德林（Friedrich Hölderlin, 1770-1843）面對歷史革命性的風暴所寫下的讚歌（hymn）的分析中的喻說，那「另一支箭矢（the other arrow／*von anderem Pfeile*）不是《伊底帕斯王》（*Oedipus Rex*）劇中伊底帕斯說的「有限的凡人如何能避過那來自那奧林巴斯山的憤怒的箭矢」，而是「自己加諸的傷（self-inflicted wound／*von selbgeschlagener Wunde*）」。（Szondi, 1986: 34）

透過這負面轉移的遭遇中打開的一系列歷史的索引指向的未來的記憶。

五、故事的另一面

　　最後，我想簡單地說說瞿秋白與泰戈爾相遇的故事的另一面。泰戈爾對於在中國經驗到的激烈的批評自然是感到錯愕與受傷，在隔年重新出版的中國演講集當中，他進行了劇烈幅度的修改，刪除了幾場演講的講稿，並且在開頭的自我介紹部分，增添了自己出生的時刻，正是孟加拉地區歷史關鍵性轉變的時刻，羅伊（Rammohan Roy, 1772-1833）的宗教改革以及班津（Bankim Chandra Chatterjee, 1838-1894）的文學革命如何構成了他的成長背景，也更多地強調了新的、創造性的、運動的、革命的面向。（Tagore, 2002b）當時轟動文壇的泰戈爾訪中事件留下了許多空白與裂隙，這本中國演講集不知何故長期未曾譯為中文，而未曾受到關注與討論，研究者們仍然只能努力透過當時各中文舊雜誌與相關文獻，以及當時參與在其中人的回憶，重訪1924年的事件，透過不同的片段重新理解泰戈爾當時與中國知識分子的遭／精遇。（Das, 1993; Tan, 2011）而也許正是當時「僅是傳達對中國的愛」的空白的訊息，以及那謎樣的詩性，使得轉移得以全面開展。[30]

30　泰戈爾受邀訪華有其歷史偶然性，即便是當時也曾接待泰氏的胡適（1891-1962）刊登於1961年《光華雜誌》上一篇回憶的文章〈泰戈爾在中國〉（"Rabindranath Tagore in China"）中，也只能模糊地說到泰戈爾對於訪華似乎抱著深切的期待，因此當時偕行的還有多位他在加爾各答附近的鄉村地區所設立的寂靜之鄉國際大學（Santiniketen）的多位學者老師。（Hu, 1961）而泰戈爾對於中國的情感，對於國際往來交流的想像，以及他在一戰前後對於民族主義的深刻批評，能給予這次訪中的線索，恐怕必須要另文討論。在泰戈爾一百五十歲誕辰時，泰戈爾國際大學的譚中先生編輯了一本《泰戈爾與中國》（Tagore and China）文集，當中有幾位嘗試重新回顧1924年的訪問，特別是兒時曾就讀寂靜之鄉學校的諾貝爾經濟學獎得主阿馬提亞‧森（Amartya Sen, 1933- ）嘗試理解這個錯失的對話可能的原因，特別是泰戈爾自一次大戰以來對於西方文明走向的帝國主義與民族主義的沉痛批評，也承接了西方內部的批評，而將東方文明當成是外於西方文明的沉疴的可能解藥。而白任麗（Rimli Bhattacharya）在書中的文章，則透過對於泰戈爾詩文的不同翻譯與閱讀，嘗試重新接上對話的可能。（Tan, 2011）席喜‧庫瑪‧達斯的文章也提供了重要的參考。（Das, 1993）而我在這裡想說的是，泰戈爾本身是個多面向的詩人、社會改革者、教育家等等，然而他最經常強調的是自己詩人（Kabi ／কবি）的身分，而這裡傳統意義上的詩人，是「看見真相者」（seer of truth），這或許也使得對於他訪中的閱讀成為多重而開放的。

回頭再看《家庭與世界》這本小說，或許正捕捉著泰戈爾經歷的界限上的經驗。這部小說描寫的背景正是1905年殖民政府分割孟加拉省引發的1905至1908年間的本土運動（swadeshi movement），也是孟加拉地區第一次大規模抵制英貨與杯葛英國政府的反殖運動。[31] 原本承襲了自己家庭梵天會社（Brahmo Samaj）宗教改革背景的泰戈爾，[32] 早年也貼近於重新打造與復興印度輝煌的傳統來對抗英國殖民的印度教民族主義（Hindu nationalism）。[33] 他在此運動初期義無反顧地投入，[34] 然而不

31　1905年在印度總督寇松勳爵（Lord Curzon, 1859-1925）主持下，將當時的孟加拉省分割為東、西孟加拉，主要的理由是面積過大造成治理效率的問題。此政策在研議時，即引起當時印度的民族主義者反對，當時廣大的聲音認為這是英國政府面對反殖聲浪意圖製造矛盾的「分而治之」（divide and rule）政策。分治之後，東孟加拉的印度教徒成為人口上的少數，這也引起了印度民族主義者激烈的抗爭，除了強烈地抵制英貨之外，還包括暗殺、炸彈攻擊等被視為恐怖主義的活動。最終，英國殖民政府在1911年重新恢復統一的孟加拉省，穆斯林社群代表強烈反對，而後要求了以宗教社群界分的穆斯林分別選舉區。這段時間種下了日後不同宗教以及語言社群衝突的種種歷史因素。

32　泰戈爾的家族所屬的梵天會社（Brahmo Samaj）是十九世紀孟加拉文藝復興時期的宗教改革組織，大致上是朝著西方基督教一神化與理性化的方向進行宗教與社會的改革。

33　在這裡我把「Hindu nationalism」翻譯成「印度教民族主義」是個困難的選擇。「Hindu」一字的翻譯上有其困難，原來這只是自古以來外來的人們對於這片大陸上的人們的泛稱，類似「天竺」之類的古稱。因此，它原來也只是泛指相當多元的文化生活內容，很難說是一個宗教。而在反殖期間，興起的民族主義向著西方重構了自己的「印度教」，可以說「印度教」作為一個宗教與「民族主義」本身是同構的，是現代國族的產物，而非落後的歷史殘留，這是我擔憂選擇譯為「印度教民族主義」可能造成的印象。然而若是直接翻譯為「印度民族主義」，則容易與「Indian nationalism」混淆。而若真譯為「天竺民族主義」恐怕也會造成閱讀上的難以理解。這裡我無法深入印度學界對於宗教與世俗化問題長期與深刻的討論，因此我還是依照一般的譯法，譯為「印度教民族主義」。

34　泰戈爾強烈地反對分治，在1904年即寫下的〈本土社會〉（"Swadeshi Samaj"）一文，倡議在城中的不在地地主回到自己鄉下的田地復興鄉村手工業並活絡鄉村的市集的一種積極性的本土主義，即是對於英國政府以統治效率為由分割孟加拉的回應。這篇文章標題英譯為〈社會與國家〉（"Society and State"），當時泰戈爾強調了本土傳統中的「samaj」概念傳統（samaj或可以譯為社會、社群、社會性，它的字根「sam」〔together〕和「ajati」〔to drive〕），也就是自主、自給自足、自我管理的社會自我組織肌理，是徹底不同於英國殖民統治的政府（他用「Sarkar」一字翻譯「Government」）概念。（Tagore, 2020）日後泰戈爾不再強調從本土性的角度討論社會性的概念，然而它在泰戈爾的社會思想中一直占有重要的位置，也可見於本文中他對於民族主義的批判。E・P・湯普遜（E. P. Thompson, 1924-1993）在他為泰氏民族主義演講集寫的導言中，也指出泰戈

到一年，中產階級的本土運動者強迫農民與小生意人抵制價廉的外國貨的做法，接連引發了社群暴動。本土運動激進的印度教民族主義，造成了穆斯林與印度教社群的緊張與分裂。泰戈爾因此毫無保留地質疑與批評本土運動，並在1907年驟然退出政治活動，退居寫作並回到寂靜之鄉（Santiniketen）進行農民教育與鄉村建設的工作，引起民族主義者對他強烈的批評。[35] 在普拉迪普・達塔（Pradip Kumar Datta）編輯的《泰戈爾的《家庭與世界》：一本批判指南》中（*Rabindranath Tagore's The Home and the World: A Critical Companion*, 2003），達塔的導言也從泰戈爾生命史的一些其他斷面來置放這部小說：泰戈爾年紀漸長寫作卻日趨激進。他自1914年開始積極參與前衛的文學雜誌《綠葉》（*Sabuj Patra*）的工作，他認為雜誌的美學計畫是「震驚」與「搖撼」讀者的心靈。而這部小說便是他在1915至1916年間寫作，刊登連載於這本雜誌上。泰戈爾在這本小說的自白日記形式中盡情地實驗使用口語的孟加拉語（*chalibhahsa*）的書寫形式，而非正式寫作用的梵文化（Sanskritised）的孟加拉語（*sadhubhasha*）。而在此期間，1915年，泰戈爾回到自己鄉下的田產莊園長住，發現世界大戰造成黃麻價格崩跌，當地農民非常困苦的處境，他開始在當地進行籌辦銀行、合作社、學校等工作。這「生活的實際」的揭露，讓他感到罪咎，然而也像是回家。而另外，泰戈爾雖然在1913年獲得諾貝爾文學獎而享譽國際，1916年他在一戰期間出訪日本與美國，他在幾次演講中力陳民族主義與戰爭為孿生兄弟，在日本反應冷淡，在美國的行程甚至遭到媒體攻擊而被迫縮短，隔年出版為《民族

爾較諸於同代的思想家，有著最為清晰的民間社會（civil society）的概念構造，認為其有可以從政治經濟構造中區別出來的自身的肌理。（Thompson, 1991）（我無法在此處理將「civil society」概念譯為「民間社會」的問題，然而就此處湯普遜的使用，或許譯為民間社會仍最為適切。關於後殖民處境中的「公民社會」〔civil society〕作為規範性的架構與「政治社會」〔political society〕作為多數人的民主運作空間，以及如何重新連結「政治社會」與台灣「民間社會」的概念，以回應台灣一九九〇年代的民間社會論辯，可參考查特吉與陳光興的著作。（Chatterjee, 2007; 2012；陳光興編，2000）或許這也是早期中國的無政府主義者引介翻譯泰戈爾著作願意汲取的思想資源。

35　在《家庭與世界》中尼基爾一直不願意以宗教象徵動員群眾而拒絕的口號「母親，我向祢俯首（*Vande Materam*）」，正是民族主義者班津以1770年的「出世者叛亂」（Sannyasi rebellion）為主題的歷史小說《極樂大寺》（*Anandamath*, 1882）中的一首歌。這首歌因為成為反殖民族主義的象徵，被英國殖民政府禁止，然而泰戈爾作為指標性的人物也曾在公開場合吟唱這首歌。在此，可以看到泰戈爾對於這本土運動態度的劇烈轉變。

主義》（*Nationalism*, 1917）演講集。（Datta, 2003）在當中，泰戈爾力陳民族是一群人圍繞著一個「機械性的目的」組織起來，是創造財富與權力的商業政治機器。而他一直強調的是「社會性」，原本社會並沒有外於、高於自身的目的，它自己就是其自身的目的。[36] 政治原來只是工具，然而當代國族卻成了最終目的，深深影響社會生活的每個層面與人心，像是作為工具的機械吞噬了人的生活，這是西方現代的畸形發展，透過殖民統治來到殖民地。然而，非西方有機會、而也有義務不跟隨著西方走上這條民族主義的路，正是因為彼此是有共同的未來的。（Tagore, 2018）[37]

　　泰戈爾在面對反殖的本土運動突然湧現的歷史動力中，看到一種毀滅性的力量，在演講中，他試著以「民族主義」命名它，理解它的邏輯與動力。然而，在小說（《家庭與世界》）中，他透過三個角色的敘說與思維的辯證，三個人都隱隱約約看見那社會變動中浮現的一種如同死亡驅力般的力量。他透過比摩拉的口說出了那歷史突現的力量：

> 如果想要填平日夜之間的鴻溝，那麼，大概就需要一世紀的時間。然而，太陽一旦升起，黑暗就會消逝。這種無限的時間更迭，瞬息間就可以實現。
>
> 有一天，國貨運動突然闖進了孟加拉邦，但是弄不清楚它是怎麼發生的，似乎在這個時代同它以前的時代中間並沒有一個過渡時期。因此這個新時代簡直就像沖毀堤岸的洪水一樣，一瞬間沖走了我們的恐懼和疑慮。我們簡直沒有時間考慮：已經發生了什麼事和將來還會發生什麼事。（泰戈爾著，董友忱譯，2000：17）

36　他在此一直強調的「社會」，也就是他一直所使用的「*samaj*」一字，是社會性存在自發的自我表達，可以透過彼此協作來發展理想的生活。（Tagore, 2018）

37　而在後來題為〈國族主義在印度〉（"Nationalism in India," 1917）的美國演講中，泰戈爾則開門見山地說「在印度我們實際的問題不是政治的。而是社會的」。在美國聽眾面前，他以「種族」（race）的概念來指稱種姓（caste），他說種族的差異與共存是印度文明有史以來的核心問題，並說印度與美國歷史一長一短，卻共享了同樣的問題與社會需要改造之處。把社會問題當成都是外來的，是自卑並且將創造暴政。（Tagore, 2018）

　　達塔的文章中提到，家庭生活與性別關係是十九世紀小說的關注焦點，而自白形式也是由班津小說中借來的，然而，這本小說中有一種對於「新」的自覺。（Datta, 2003）若是把十九世紀透過殖民而進入的小說形式作為文化過程中的支配性的元素，或許我們可以透過泰戈爾眼光的中介而覺察的是當中「殘餘」（residual）與「浮現」（emergent）的元素。[38] 在這本小說中，面對孟加拉社會急速的變動，泰戈爾試著以新的口語的形式的孟加拉文書寫，嘗試捕捉那無以名之如怒潮般的社會力量；也試著展開他對於在對抗西方中成形的民族主義的本質的思考；而小說裡也描寫了生計受到本土運動抵制英貨巨大衝擊的佃農盤秋（Panchu）的角色。而另一方面，如阿席斯‧南地所言，孟加拉文中以「*upayasa*」翻譯「小說／ novel」一詞，顯示了人們期待小說能部分承擔起「*upakathas*」的傳統功能，也就是一直以來以殘存在公共記憶中的神話故事般的敘事。特別由於《家庭與世界》寫作中的詩性的形式，因此對於人們來說，泰戈爾寫的，與其說是小說「*upayasa*」，不如說是當世的「*upakathas*」或是往世書「*purana*」。（Nandy, 2000）正如「*upa-kathas*」字根所顯示的，「*upa-*」的字根意指「下面」、「低於」、「從屬」或「在側」而「*katha*」則意指故事或傳說，因此「*upa-kathas*」本身就是作為大眾記憶中以殘存的形式而存在的敘說，或者我們可以大膽些地說是「從屬者的敘事」，而又進入了支配性的小說的形式中，作為殘餘的元素存在。而《家庭與世界》中或許泰戈爾正是透過這替代性的殘餘形式，捕捉著界線上那無以名之難以說清楚的社會劇烈變動中的浮現中的衝突性的力量。

38　這裡我借用雷蒙‧威廉斯（Raymond Williams, 1921-1988）的「支配」（dominant）、「殘餘」（residual）、與「浮現」（emergent）的文化生產形式。在《城市與鄉村》（*The Country and the City*）一書中，他即透過了中間階級（intermediate class）的眼界，閱讀在城鄉對張中尋找社會變遷的實質具現的文學形式，重新書寫了英國的內生農業資本主義發展的社會史。威廉斯的「感覺結構」（structure of feeling）的概念，在方法上即是透過這三個範疇，於內在外在的「邊界」（border）上捕捉變遷中溶解的社會經驗。而對於「殘餘」（residual）與「古式」（archaic）的區別，以及斯匹瓦克（Gayatri Spivak, 1942-）的閱讀中，透過對於詹明信（Fredric Jameson, 1934-）的批評，把焦點放在「浮現」與「殘餘」範疇中的異質性的痕跡構造上，以及她把「前浮現」（pre-emergence）與拉岡「預先排除」（foreclosure）和尼古拉斯‧亞伯拉罕（Nicolas Abraham, 1919-1975）與瑪麗亞‧托羅克（Maria Torok, 1925-1998）的「隱匿之名」（cryptonymy）放在一起閱讀，所打開的一種「可能的過去」（a possible past），對於這裡閱讀泰戈爾十分有幫助。（Spivak, 1999; Williams, 1977）

　　在前述的引文中，泰戈爾透過比摩拉的口，以比喻的形式描繪了一個瞬間片刻，在巨大的張力中把兩個無限遠的對立元素緊緊繫在一起。如果說比摩拉說出了變動中的孟加拉的現實與其歷史變化的力量，泰戈爾讓尼基爾與雄地普兩個人各自演繹著兩種對立的邏輯的辯證。事實上，清楚地表明「我是個唯物主義者」的雄地普並非僅只是平面淺薄的刻板反派角色，甚至有些片面像是屠格涅夫筆下如同巴札羅夫的虛無主義者。在他的獨白與對話中，他演繹著關於自然、現實、權力的客觀邏輯，對他來說，欲望是自然的動力，就像他不斷反覆地重述的「我要／I want」，是一切的動力。然而，若現實是真理，那麼人從理念中欺騙中醒來追求現實而受到的怨恨、責難與懲罰，對他而言，也是現實的一部分。現實的客觀性力量，對他來說，就像是頑石隨著山洪墜落到人們的屋頂般地殘忍。他與比摩拉之間對於「現實」的對話是精彩的，他說男人愛好幻想，「可是你們女人呢？你們一心一意地嚮往人世間那種有血有肉的現實生活，孕育並培養著這種現實生活」。（泰戈爾著，董友忱譯，2000：56）他在她身上看到一種自然殘酷的力量，是走向毀滅的。在有血有肉的現實與歷史力量的面前，無論唯心或是唯物的邏輯，都是唯心的論說。而他「思想的甲冑中還有裂縫和漏洞，通過這種裂縫和漏洞總會不時地冒出一種東西——她非常稚嫩，又非常軟弱」。（同前引，頁82）

　　雄地普推至極致的唯物主義邏輯，走向了他自己的對立面，作為反對任何虛妄幻想的無神論者，卻為了動員那現實／自然的群眾力量，動員了最為虛幻的宗教象徵。然而，看來是理想的唯心主義者的尼基爾，一直與雄地普爭辯著反對的暴力，認為唯一許可的暴力是遏制自己身上欲望的暴力。然而，最終在他與比摩拉之間，他必須問「在我身上是否蘊藏著一種暴力？我希望按照一種美好的模式來澆鑄我和碧莫拉〔按：董友忱之譯名，即比摩拉〕的關係——在我的這種願望中也許就暗藏著一種暴力」。（同前引，頁215）而尼基爾也意識到他的理想主義對於現實走向的無力，他自己成了過時的人，他意識到「我留在這裡是多餘的〔……〕我只會高談闊論、誇誇其談，因而他們給我的模擬稻草人像戴上了個破碎的花環並且在河邊把它焚毀了。我不能把別人從死亡的道路上拉回來，〔……〕我們不是火焰，我們是焚燒過的灰燼〔……〕。我一生的經歷已經證明，我製作的那根蠟燭是不會再燃燒了」。（同前引，頁212）

　　在《家庭與世界》中，泰戈爾透過了宛如神話史詩般的構造，讓尼基爾與雄地

普身上兩股嘗試創造歷史的邏輯，都不是整全的，而是有著裂縫，有著不可化約的剩餘。他透過小說中尼基爾的啟蒙師談到雄地普的話這樣說：「他就像一輪殘月，他的確可以被稱為月亮，但他卻偶然地走向了自己的反面。」（同前引，頁116）事實上，兩個對立的邏輯，都有自身的矛盾與剩餘而走向了自己的對立面。雄地普這樣說自己生命中莫測的矛盾：「在我的生活裡，有一章是同碧莫拉〔比摩拉〕和尼基萊〔按：董友忱之譯名，即尼基爾〕聯繫在一起的。在這一章裡也有許多東西被掩蓋著。假如我的思想不遇到對立面的話，這種掩蓋物也許還不會被揭穿。」（同前引，頁83）尼基爾則回答他的老師說：「因此我和他永遠不會有共同的語言〔……〕。但我的心倒是傾向他的。儘管他給我帶來了許多傷害〔按：董友忱譯作損失〕，並且還將給我帶來傷害〔損失〕，但我還是尊敬他的。」[39]（同前引，頁116）最終，泰戈爾在沒有結論與解答的論詰中給了開放性的結局，即便是在敘事的層次上，尼基爾的終局也是垂危於生死之間的界線之上。

　　然而，試著打開這個故事的另一面，不在於指出瞿秋白的誤讀與矛盾。在一個方面來說，瞿秋白也沒有誤解泰戈爾／尼基爾，他們的確是地主階級，雖然不是瞿秋白所想的在時代變化下破產而消逝中的中國鄉村的仕紳階級，英國殖民的現代土地所有制度反而強化了鄉村的封建的階級關係。或許雄地普所屬的階層，還更接近於瞿秋白所說的「去階級化的知識分子」。而作為地主，也的確限制了泰戈爾的歷史視野。然而，泰戈爾是不是個「後時的聖人」？泰戈爾在自己的家鄉也一度被認為是過時的，被年輕一代的作家批評他缺乏現實性（即便他們晚年通常承認自己一直私下偷偷抱著對於泰戈爾的喜愛）。在文學的「現實性」（bastab）的問題上，泰戈爾也曾用文類的分工來處理「鄉」的現實性與超越性的問題，他的確不放棄要在眼見的歷史時間的灰暗現實上看見一種超越性的終極現實，然而透過語言的物質性，那積澱在語言中沒有進入意識的實踐的異質性痕跡構造，使得這超越性同時也是排除在現代意識之外的農民與從屬者的異質視野。[40] 在這個意義

39　引文中兩處「傷害」，董友忱均譯作「損失」，然而對照英譯本，筆者認為譯作「傷害」應更貼近於小說中的情感。

40　從屬者研究（Subaltern Studies，又譯底層研究）的史家迪佩許・洽克博地（Dipesh Chakrabarty, 1948- ）在他精彩的〈民族與想像〉（"Nation and Imagination," 1999）論文中，處理了泰戈爾作品中的想像性與現實性的問題。泰戈爾自早期開始便以詩性（poetic）與平凡的散文性（prosaic）的分工

上，他以一種現實代替了另一種現實，以一種加密封印的語言（cryptonymy）而說出了那個現代政治意識之外「前浮現」（pre-emergence）的從屬者的聲音。這裡所說的語言的物質性，在當初的翻譯當中，自然恐怕是難以捕捉的。[41] 泰戈爾與現代與傳統之間的複雜關係，以及現代性作為一種與過去關聯的模式，在他的著作中的時間性所隱含的替代性的可能，或許難以在這篇文章中開展。然而，他是個自覺的現代主義者，1916年在日本演講中他強調「現代精神無須現代化」（modern spirit

---

描寫鄉村生活兩種相互矛盾的形象，他以故事、小說、散文承載社會改革的功能，描寫鄉村的貧窮、疾病、種姓、性別、宗派主義等需要改變的問題。而他的詩歌裡面，卻是孟加拉之「鄉」（village/home）的美麗與神性，而把視線帶到了歷史時間之外，穿越了眼見的現實景象的「帷幕」。一九二〇年代孟加拉年輕一輩的作家批評他的作品與現實脫節，他作品中的超自然神性、歐洲浪漫主義，特別是他只著眼鄉村，不處理加爾各答城市灰暗的生活，他的詩完全無法承載像是波特萊爾（Baudelaire）般的現代主義。泰戈爾也是在意年輕一輩的。後期的他也以新的文類散文詩描寫加爾各答灰暗、狹小的巷弄中的沉悶憂鬱的生活，散文的形式可以乘載這現實的日常，然而這個早期的分工中詩性與散文性的分工仍然存在，在散文詩中這詩性的時刻會突然透過非常口常幽微的元素進入，把讀者突然轉位帶入另一個超越歷史時間的超越性層域，也是泰戈爾區分的不斷變動的日常（pratyak）和永恆（nitya）的雙重視野。洽克博地最精彩的論說正在於，泰戈爾透過了語言的物質性，使得這超越性的視野，正是農民與從屬階級的積澱於語言中的實踐。這使得這裡的「想像」（imagination）的範疇，有了不可化約的異質構造，它不僅是歐洲浪漫主義的屬於主體、唯心與意識的範疇，而是客體性的物質性實踐的範疇，而這也使得政治性本身有了異質的構造。（Chakrabarty, 2000）而洽克博地自己，恐怕也像是他所描繪一九二〇年代那些開始受到社會主義的現實主義影響而批評泰戈爾的浪漫主義的年輕作家，他在早年文章中處理孟加拉分治大規模遷移後的家鄉記憶，如何抹除了當中的宗教社群是沿著階級矛盾而劃分的現實時，泰戈爾的詩作也是屬於這個鄉愁想像與建構的一部分。（Chakrabarty, 2002）然而，在較晚的這篇文章中，泰戈爾則透過語言的物質性，而深入了孟加拉地區上上下下的日常語言與情感。

41　在這裡我無法深入處理翻譯的問題，我沒有找到當初瞿秋白閱讀的景梅九與張墨池的譯本。景梅九與張墨池的翻譯或許與其無政府主義的背景有關。景梅九可以說是國民黨左派，如同章太炎（1869-1936），早期他也醉心於無政府主義思想。張墨池也是有基督教信仰背景的無政府主義者。景梅九與張墨池二人合譯了泰戈爾的《家庭與世界》（中譯本：1923年上海泰東圖書局出版）與托爾斯泰的《懺悔》（Confession, 1882，中譯本：1920年自印，1922年上海大同書局出版），當時瞿秋白在何脈絡下閱讀到此譯作我暫時無從著手。當時的譯本是根據1919年泰戈爾的兄弟書倫德納‧泰戈爾（Surendranath Tagore, 1872-1940）的英譯本譯成的可能性居多。然而在普拉迪普‧達塔的序言以及阿席斯‧南地的書中都曾提到一般認為英譯本偏重於故事的情節，而少了小說更重要的透過詩性語言的辯證思維。（Datta, 2003; Nandy, 2000） need not modernize），不是模仿西方，而是把自己向生命的種種風險與無限可能的未來敞開的自由精神。（Tagore, 2018）在他的哲思當中，無限性不是無休止的延後，它的時空界域是在有限性本身不斷的循環往復上，是在內生的「關係之際」（inter-relationship）。（Tagore, 2015）這裡的有限性時空中的無限性，或許可以指認為《奧義書》（梵語：उपनिषद् ╱ Upanishad）的傳統，或是德國唯心論的影響。但無論如何，是這些有限元素的「跨界」。[42] 正如他在美國演講中談到種姓的疆界從前作為一種避免這片大陸上多元種族的衝突的社會構造，然而這卻沒有正視「突變」（mutation）與「運動」（movement），或換句話說「排列」（permutation）與「組合」（combination）的可能。對他而言，這個現代的精神是跨越界線，甚至是跨越生命與本能的界線，是向著「剩餘」（surplus）的工作。

　　從另一個角度來說，誤讀或許是必然的。這是在無共同的過去、或共同的過去已被遮蔽，而企求共同的未來，透過想像的亞洲尋找歷史耦合點連結不同社會的歷史經驗與感覺結構時，經常難以避免的錯置。那比較研究的框架，不是單純如「compare」的字根的「com-par」──「with equal」，僅是尋找相似的結構；而更是起初所說透過想像亞洲的同一化中「跨越界線」（transborder）實踐，而這樣的實踐總是向著「剩餘」，那無法辨識、無法進入框架卻引發了過剩情感的種種剩餘。然而，在這個誤認中，瞿秋白也透過這個負面性轉移中的同一化（identification）撞見了自己身上作為主體的歷史性與欲望中失落的客體。而矛盾正是瞿秋白自己不斷指出來的，他自己身上矛盾的歷史力量與情感，在新與舊、將來與過去、現實與浪漫、西方與非西方、無產階級的戰士與舊時代的文人之間的衝突與掙扎。然而，這矛盾或許正是許多第三世界的知識分子的欲望構造，對於在西方的知識架構下，對於已然割斷聯繫無法回歸的母體矛盾的情感，這也使得許許多多後來的人能在〈多餘的話〉留下的矛盾與掙扎的痕跡中看見自己的身影。而欲望的結構本身便具有其矛盾性，它本身並不能帶來行動。然而，透過轉移中的同一化，才促使了那具有改變主體歷史的行動。因此，亞洲之間的主體建構與重構，或許不是多元的「認同」（identities），而是亞際文化研究發刊詞說的「同一化」（identification），

---

42 「蛋」是《奧義書》中對於世界的循環往復不斷的隱喻，然而尼基爾在書中說，「蛋殼是很現實的東西」，然而雞的生命仍然透過衝破這個現實而生出。或許正像是對於泰戈爾來說，即便他承繼了《奧義書》的哲學傳統，然而他也是願意跨越僵固的疆界，而打破傳統的。

是向著「文法上不可能」（grammatically impossible）[43]的負向的亞洲的轉移，而透過同一化產生的行動中打開的歷史索引，不斷建構與重構亞洲之間的主體。

六、多餘的話

　　然而，我最後想說的剩下的故事，是關於泰戈爾的晚年。當眼見這個總在進步的自我想像中前進的世界，不可避免地進入了全面的殺戮戰爭；而他無力阻止孟加拉地區日漸加深的宗教社群衝突與分裂主張，最終在他過世數年後印度獨立時分裂成兩國，而釀成大規模的暴力屠殺與流離失所；晚年憂鬱而近乎絕望的泰戈爾詩作日趨灰暗，他的寫作反覆圍繞在死亡的主題上。這裡我想借用帕特瑪．班納吉（Prathama Banerjee）在〈不合時宜的泰戈爾〉（"The Untimely Tagore," 2011）中的一段話：

> 透過了死亡的問題，以及面對一切之「新」時對於自己本身之多餘性與有限性的經驗，泰戈爾嘗試著重新打造他自己。他說，死亡是那把「鑰匙」，為時間之中的旅人開啟了那扇門──未受邀請而來到現在的訪客，彷彿來自另一時間，被投擲在他自身之外，因而可以照見他自己本身迂迴交織在那一切嶄新的、空前的、突現的無法掌控的迷宮之間。……死亡，是那界定了過去的事實也是未來唯一確定的應許，讓過去與未來進入了對話，某個意義上來說，或許驟然躍而過了現在。在這個意義上，泰戈爾把死亡從關於暴力、非暴力、與戰爭的簡化與道德的問題意識中救了出來，正因為在死亡之中要緊的，還是一己與那嶄新、後來者的遭遇。（Banerjee, 2011）

43　寧蒂珠在《亞際文化研究讀本》（*Genealogies of the Asian Present: Situating Inter-Asia Cultural Studies*）的導言中的題詞上放了蔡明發在2013年亞際文化雙年會事前的一場學生研討會上說的話：「如今如此廣為流傳的『亞際／亞洲之間』（Inter-Asia）的名字，當初提出時根本是個『文法上的不可能』（grammatically impossible）──這個詞指向了一個不大可能發生的多數的亞洲的存在。然而，這的確抓到了我們心中的想法。」（Niranjana, 2015: 1）

當我們再重讀瞿秋白那「多餘的話」當中那憂悒的「過去的人」如何迎接著自己的死亡，宛如迎接著新世界的指望與應許：「我還留戀什麼？這美麗世界欣欣向榮的兒童。『我的』女兒，以及一切幸福的孩子們。我替他們祝福。這世界對我仍然是非常美麗的。一切新的，鬥爭的，勇敢的都在前進。……月亮的光似乎也比從前更光明了。但是，永別了，美麗的世界！」（瞿秋白，2014：437）我們是否能不瞥見在浪漫的桂冠詩人以及革命者兩心之間那極度不可能卻最大極限的親近性？以及二人的命運在歷史開展中的交會合流？在負面的轉移中，或許那強迫症般過度執著的注視正是那充滿張力的一刻，愛與恨、敵與友的矛盾兩極在那徬徨無地的明暗之間，合而為一。

　　或者，小說的題名正可以作為此刻最好的寓說。原孟加拉文的標題「*Ghare Baire*」，其實更貼近於英文「at home」與「outside」二字緊鄰，沒有系詞或連結詞相連，如同中文反義副詞中兩字來回往復的緊張，是內外辨證的緊張與矛盾，正可作為此處的雙向運動的寓說：擊碎了那讓人安居的甜美之鄉的牆垣，在那鄉土的廢墟之上，或許才是人們返鄉歸土之時。

　　在至今孟加拉地區人們仍然經常日日吟唱的泰戈爾的歌謠（*Rabindra Sangeet*）當中，泰戈爾透過循環反覆的反義詞作為喻說，不斷地重述他詩歌的思想當中的充滿張力的核心詞語——「擊碎－建造」（*bhangon-goron*）——建造，僅存在那徹底打碎毀壞中。像是他那首〈你那開展的風〉（"Tomar Khola Hawa"）：

> 用你新鮮奔湧的風碰觸我的帆，擊碎我停泊的錨——
> 我不後悔，即便我因而沉沒。
> 白日在徒勞間溜走；夜晚隨之而去，
> 別把我繫在那近岸之處。
> 我整夜微醒，尋覓著船夫，
> 疾風不時捉弄我。
> 我願與那暴風雨為友，不為所嚇，
> 讓我獨自一人吧，親愛的，我若遭遇疾風，便得安慰。（Tagore, 2019）[44]

44　感謝白任麗對於泰戈爾歌謠（*Rabindra Sangeet*）中「擊碎－建造」（*bhangon-goron*）概念的提醒。

而在此我想提出的不過是最微小的一步：去肯定直視那些亞洲間彼此遭逢的那些最為負面的時刻，因為認識框架的轉移向來不能不是嚴格意義上的「轉移」本身，是向著「文法上不可能」的負向的亞洲的轉移。這樣的「轉移」不僅僅是那樹立替代性智識框架的行動，更是那有情的工作開展的時間。而轉移，正是時間本身。

參考書目

中文書目

王燕（2011）〈泰戈爾訪華：回顧與辨誤〉，《南亞研究》2011年第1期，頁123-136。

竹內好著，李冬木、趙京華、孫歌譯（2005a）〈何謂近代：以日本與中國為例〉（1948），孫歌編：《近代的超克》，北京：生活‧讀書‧新知三聯書店，頁181-222。

——著，李冬木、趙京華、孫歌譯（2005b）〈近代的超克〉（1959），孫歌編：《近代的超克》，北京：生活‧讀書‧新知三聯書店，頁292-357。

——著，胡冬竹譯（2007）〈作為方法的亞洲〉（1960），《台灣社會研究季刊》第66期（2007年6月），頁231-251。

汪暉（2004）《現代中國思想的興起》，北京：生活‧讀書‧新知三聯書店。

茅盾（1989a）〈對泰戈爾的希望〉，《茅盾全集：中國文論一集》，北京：人民文學出版社，頁423-426。

——（1989b）〈泰戈爾與東方文化〉，《茅盾全集：中國文論一集》，北京：人民文學出版社，頁439-443。

孫歌（2016）《探尋歷史的「基體」：溝口雄三的中國思想史研究》，台北：人間出版社。

泰戈爾（Tagore, Rabindranath）著，董友忱譯，劉安武等主編（2000）《泰戈爾全集第十四卷：長篇小說》，石家莊：河北教育出版社。

高爾基（M. Gorky）著，瞿秋白譯（1985）〈時代的犧牲（高爾基）〉，《瞿秋白文集：文學編第一卷》，北京：人民文學出版社，頁335-343。

張歷君（2008a），〈心聲與電影：論瞿秋白早期著作中的生命哲學修辭〉，《現代中國》第11期（2008年9月），頁198-209。

——（2008b）〈歷史與劇場：論瞿秋白筆下的「滑稽劇」和「死鬼」意象〉，樊善標等編：《墨痕深處：文學、歷史、記憶論集》，香港：牛津大學出版社，2008，頁311-328。

——（2017）〈現代君主與有機知識分子：瞿秋白、葛蘭西與「領袖權」理論的形成〉，徐志偉、張永峰編：《「左翼文學」研究讀本》，桂林：廣西師範大學出版，頁403-443。

——（2020）《瞿秋白與跨文化現代性》，香港：香港中文大學出版社。

莎士比亞（Shakespeare, William）著，梁實秋譯（2001）《哈姆雷特》，北京：中國廣播電視／遠東圖書。

陳光興（2004）〈嗆聲自身：民主運動與美國帝國主義〉，《台灣社會研究季刊》第55期（2004年9月），頁243-251。

——（2006）《去帝國》，台北：行人文化實驗室。

陳光興編（2000）《發現政治社會：現代性，國家暴力與後殖民民主》，台北：巨流圖書。

溝口雄三著，林右崇譯（1999）《做為「方法」的中國》（『方法としての中國』，1989），台北：國立編譯館。

——著，龔穎譯（2011）《中國前近代思想的屈折與展開》，北京：生活・讀書・新知三聯書店。

魯迅（1934）〈罵殺與捧殺〉，《中華日報・動向》，1934年11月23日。維基文庫：https://zh.m.wikisource.org/zh-hant/骂杀与捧杀

錢理群（1993）《豐富的痛苦：堂吉訶德與哈姆雷特的東移》，長春：時代文藝出版社。

瞿秋白（1985a）《餓鄉紀程：新俄國遊記》（1922），《瞿秋白文集：文學編第一卷》，北京：人民文學出版社，頁3-110。

——（1985b）《赤都心史》（1924），《瞿秋白文集：文學編第一卷》，北京：人民文學出版社，頁113-252。

——（1985c）〈鄭譯《灰色馬》序〉（1924），《瞿秋白文集：文學編第一卷》，北京：人民文學出版社，頁255-271。

——（1985d）〈弟弟的信〉（1923），《瞿秋白文集：文學編第一卷》，北京：人民文學出版社，頁298-299。

——（1985e）〈藝術與人生〉，《瞿秋白文集：文學編第一卷》，北京：人民文學出版社，頁305-310。

——（1985f）〈過去的人：泰戈爾〉（1924年4月18日《中國青年》第27期），《瞿秋白文集：文學編第一卷》，北京：人民文學出版社，頁331-334。

——（1985g）〈時代的犧牲〉（譯自高爾基短篇故事 "Hearts and Creeds"），《瞿秋白文集：文學編第一卷》，北京：人民文學出版社，頁335-343。

——（2014）〈多餘的話〉（1935年5月23日於汀州獄中），陳鐵健編：《中國近代思想家文庫：瞿秋白卷》，北京：人民大學出版社。

外文書目

Azim, Firdous. 2010. "Getting to Know You, or the Formation of Inter-Asian Identities." *Inter-Asia Cultural Studies*, 11(2): 165-173. [https://doi.org/10.1080/14649371003633404]

Banerjee, Prathama. 2011. "The Untimely Tagore." *Seminar*, 623 (Special Issue: The Nation and Its

Poet, July 2011). [https://www.india-seminar.com/2011/623/623_prathama_banerjee.htm]

Chakrabarty, Dipesh. 2000. "Chapter 6: Nation and Imagination." In *Provincializing Europe: Postcolonial Thought and Historical Difference*. Princeton: Princeton University Press.

――. 2002. "Memories of Displacement: The Poetry and Prejudice of Dwelling." In *Habitation of Modernity: Essays in the Wake of Subaltern Studies*. Chicago: University of Chicago.

Chatterjee, Partha. 2007. *The Politics of the Governed: Reflections on Popular Politics in Most of the World*. New York: Columbia University Press.

――. 2012. *Lineages of Political Society: Studies in Postcolonial Democracy*. New York: Colombia University Press.

Chen, Kuan-Hsing. 2010. *Asia as Method: Toward De-imperialization*. Durham: Duke University Press.

Chen, Kuan-Hsing, and Chua Beng Huat. 2000. "An Introduction." *Inter-Asia Cultural Studies*, 1(1): 9-12.

Das, Sisir Kumar. 1993. "The Controversial Guest: Tagore in China." *China Report*, 29(3): 237-273. [https://doi.org/10.1177/000944559302900301]

Datta, Pradip K. 2003. *Rabindranath Tagore's* The Home and the World: *A Critical Companion*. London· Anthem.

de Man, Paul. 2006. *The Resistance to Theory*. Minneapolis: Minnesota University Press.

Editorial Statement. 2000. "Editorial Statement." *Inter-Asia Cultural Studies*, 1(1): 5-6.

Freud, Sigmund. 2001a. "Project for a Scientific Psychology (1895)." In *The Standard Edition of the Complete Psychological Works of Sigmund Freud: (1886-1899) Vol: I*. (James Strachey Trans.). London: Vintage.

――. 2001b. "Remembering, Repeating, and Working-through (Further Recommendations on the Technique of Psychoanalysis) (1914)." In *The Standard Edition of the Complete Psychological Works of Sigmund Freud: (1911-1913) Vol: XII*. (James Strachey Trans.). London: Vintage.

――. 2001c. "The Dynamics of Transference (1912)." In "Papers on Techniques" (1911-15). In *The Standard Edition of the Complete Psychological Works of Sigmund Freud: (1911-1913) Vol: XII*. (James Strachey Trans.). London: Vintage.

――. 2010. *The Interpretation of Dreams: The Complete and Definitive Text*. (James Strachey Trans.). New York: Basic Books.

Hu, Shi. 1961. "Rabindranath Tagore in China." *Taiwan Today*. Ministry of Foreign Affairs, Republic of China, 1 Aug. [https://taiwantoday.tw/news.php?post=26294&unit=20,29,35,45]

John, Mary E. 2010. "Locating Inter-Asian Dialogues." *Inter-Asia Cultural Studies*, 11(2): 194-196. [https://doi.org/10.1080/14649371003616136]

Lacan, Jacques. 1997. Jacques-Alain Miller (Ed.), *The Ethics of Psychoanalysis, 1959-1960*. (Dennis

Porter Trans.). New York: Norton.

———. 2006. "Aggressiveness in Psychoanalysis." *Ecrits* (pp. 82-101). (Bruce Fink Trans.). New York: Norton.

———. 2007. *The Other Side of Psychoanalysis*. New York: Norton.

———. 2019. *Seminar VI: Desire and Its Interpretation*. (Cormac Gallagher Trans.). Jacques Lacan in Ireland. Cormac Gallagher, n.d. [http://www.lacaninireland.com/web/wp-content/uploads/2010/06/Book-06-Desire-and-its-interpretation.pdf]

Lukács, George. 1922. "Tagore's Gandhi Novel: Review of Rabindranath Tagore: *The Home and the World*." Marxist Internet Archive, n.d. [https://www.marxists.org/archive/lukacs/works/1922/tagore.htm]

Nandy, Ashis. 2000. *The Illegitimacy of Nationalism: Rabindranath Tagore and the Politics of Self*. New Delhi: Oxford University Press.

———. 2015. *The Intimate Enemy: Loss and Recovery of Self Under Colonialism*. Delhi: Oxford University Press.

Niranjana, Tejaswini. 2000. "Alternative Frames? Questions for Comparative Research in the Third World." *Inter-Asia Cultural Studies*, 1(1): 97-108. [https://doi.org/10.1080/146493700361024]

———. 2006. *Mobilizing India: Women, Music, and Migration between India and Trinidad*. Durham: Duke University Press.

———. 2015. "Introduction." In Tejaswini Niranjana, Xiaoming Wang, and Nitya Vasudevan (Eds.), *Genealogies of the Asian Present: Situating Inter-Asia Cultural Studies* (pp. 1-11). Hyderabad: Orient Blackswan.

Spivak, Gayatri C. 1999. *A Critique of Postcolonial Reason: Toward a History of the Vanishing Present*. Cambridge: Harvard University Press.

Szondi, Peter. 1986. "The Other Arrow: On the Genesis of the Late Hymnic Style." In *On Textual Understanding and Other Essays* (pp. 23-42). Minneapolis: University of Minnesota Press.

———. 2002. *An Essay on the Tragic*. Stanford: Stanford University Press.

Tagore, Rabindranath. 2002a. "Appendix: Historicality in Literature by Rabindranath Tagore." In Ranajit Guha, *History at the Limit of World-History* (pp. 95-99). (Ranajit Guha Trans.). New York: Columbia University Press.

———. 2002b. *Talks in China: Lectures Delivered in April and May, 1924*. New Delhi: Rupa.

———. 2002c. *The Home and the World*. New Delhi: Rupa.

———. 2015. *Religion of Man: Being the Hibbert Lectures for 1930*. Kolkata: Visva-Bharati.

———. 2018. *Nationalism*. New York: Macmillan. Internet resource.

———. 2019. "Tomar Khoka Hawa." In *All about Rabindra Sangeet*. (Anjan Ganguly Trans.). Geetabitan.

com, n.d. [https://www.geetabitan.com/lyrics/T/tomar-kholaa-hawa-lagiye-lyric.html]

——. 2020. "Society and State." *Towards Universal Man* (pp. 49-66). London: Asia Publishing House, 1961. *Tagorean World*. Tagorean World, n.d. [https://doi.org/10.1017/S0035869X00120763] ／ [http://tagoreanworld.co.uk/?page_id=33]

Tan, Chung, ed. 2011. *Tagore and China*. London: Sage.

Thompson, E. P. 1991. "Introduction." In Tagore, Rabindranath, *Nationalism* (pp. 1-17). London: Papermac.

Turgenev, Ivan. 1965. "Hamlet and Don Quixote." (Moshe Spiegel Trans.). *Chicago Review*, 17(4): 92-109. [https://doi.org/10.2307/25293952]

Williams, Raymond. 1977. "Dominant, Residual, and Emergent." In *Marxism and Literature* (pp. 121-127). Oxford: Oxford University Press.

成者為妻，敗者妾妓[*]
婚姻轉型與女權演化

丁乃非 著
黃道明 譯

> 冷戰心態和一種高舉男性罪惡與女性受害的女性主義是否有所關聯？前者把所有的問題都歸咎於外部敵人，而後者也一併泯滅了女人、男人、地域、時間、文化、條件、階級及運動間的種種差異。除非我們積極留意，否則活在這種非此即彼的巨大氛圍中將為它所左右。
>
> ——亞卓安·芮曲（Adrienne Rich, 1986: 221）

> 一九九〇年代後半，自由派女性主義與婦女新知基金會裡頭的激進派女性主義有個意識形態上的分歧，而這兩派視角的差異顯見於公娼制度的廢存爭議。激進派女性主義者力陳娼妓工作權，而大部分的自由及關係性（relational）女性主義者則認定賣淫是男性對女性身體的剝削。儘管有著這些差異，她們仍一同致力於提升女性參政的領導權。
>
> ——張庭寧（Doris T. Chang, 2009: 166）

一、引言

　　本文將以一齣台灣電視連續劇的閱讀為開頭，這齣戲的主軸是嫁給同一男人的兩名寡婦及她們領養的四個小孩，其生計從市場小販到開店而漸入佳境，其中

* 本文曾部分發表於新加坡、昆山、台東、廈門、首爾、杜馬蓋地、中壢，受益於每次的對話。感謝科技部專題研究計畫（104-2410-H-008-039-）和新加坡大學亞洲研究中心（ARI）短期研究訪問（2016）。感謝《中外文學》編輯以及兩位匿名審查人的指正。感恩黃道明、王蘋、劉人鵬、白瑞梅、游靜、陳光興。

一個小孩長大還成為女律師，繼而參選從政。這群人湊合組成了一個「罔市」家庭，在台灣的壓縮發展階段及一九九〇年代到世紀之交的政經自由化下討活。這齣劇的畫外音則是個社運脈絡的索引，因它指涉了1997年台北市公娼運動，市場攤販對抗都市更新以及過去二十多年來「多元家庭」形式作為同婚辯論的一環。在本文的閱讀裡，這齣連續劇是個把婚姻－妾侍－賣淫視為連續體的思考過程，而這同時也是個被忘卻的女性主義分析思維。

　　閱讀這齣連續劇讓我重新思考世紀之交在運動論述及菁英知識分子間浮現的兩個問題——性工作權的剝削怎麼看，婚姻權排除同性戀，愛怎麼辦。以極為簡化的方式來說，這兩個問題可說是把（賣淫中的）剝削與（婚姻中的）愛對峙起來，而如我以下的論證將顯示的，這種截然的切分架空了歷史，而凝固為對反的「價值」與二元對壘的「陣營」。就本文來說，「思考『性』」與思考光譜上的婚姻形式，讓我們可以一併思考剝削與愛，而非把兩者視為互斥。我認為，這種對立，部分來自二十世紀理論、歷史及地緣政治編整失調（dis-alignments）的狀態，在一九八〇、九〇年代的美國與台灣等地這種狀態達到高峰，並頓時凝滯於「非此即彼」的強化知感（sensibility）。

　　文章開頭所引用的兩段文字相隔了二十五年，分別出自一位詩人和一位歷史學家，兩段文字各自標示也評論了上述「非此即彼」的政治和運動感知。芮曲（Adrienne Rich, 1929-2012）揭示了一種攸關歷史和敘事，把美國境內外敵人都當成代罪羔羊的分化政治「氣候」，她的提法標誌了去殖民、去冷戰作為自我轉化之必要，好拆解貫穿各種女性主義流派的二元思維模式。另方面，張庭寧（Doris T. Chang）的台灣婦運歷史敘事則採用了一種自由民主演進論的語言和語法，傾向以一種向上提升的國族形式來概括不同的立場和路線，致使這些不同的立場和路線「被」納入線性演化的進步敘事。（Chang, 2009: 155）

　　為了說明上述「非此即彼」政治和運動感知在台灣的歷史浮現，本文將重返台北公娼事件，也就是被張庭寧用來甄別激進與開明女性主義差異的符碼。1997年，在自主左翼工運團體成員的組織與協助下，近百名台北市公娼開啟了抗爭之路，隨後工運、婦運還有學院中的女性主義者及酷兒運動者也加入了抗爭結盟的連線，其中有些人是一九八〇年代「拓角度」成員。這個後解嚴時期出現的女性主義地下讀書會團體曾經選讀並相互翻譯講解若干一九七〇、八〇年代美國女性

主義經典文本。其中有四篇（兩篇為茹賓〔Gayle Rubin, 1949-〕所著，芮曲與麥金農〔Catharine A. MacKinnon, 1946-〕則各一）有助於我們理解當時芮曲（「挓角度」選讀作者之一）所反思的性冷戰邏輯。（Rubin, 1975, 1984; Rich, 1980; Mackinnon, 1982）我將在下文討論公娼抗爭觸發了傳媒報導，國際工作坊和在地論壇的舉辦，接踵而來的文化運動則在二十一世紀持續開展。這些相關活動在當時攪和出了一種既有勞動分析也講選擇權的運動策略，可能是突發事件與手段的機靈組合，致使地下左翼語言在後解嚴的反共台灣破冰而出。

　　芮曲所謂「非此即彼」的冷戰氛圍讓動態矛盾凝固對立，而張庭寧描述的政治終極目標演化則統合婦運內部差異。兩人的邏輯都彼此迴避，甚至視而不見，各自所寫地區歷史脈絡中，家內和家外有階序差異之女性化親密勞動的縱橫變續體。英美奴隸制度在（後）殖民地衍生的雙軌婚姻制（Smith, 1996），以及華人一夫一妻多妾的大小婚制，究竟如何與現代之婚姻（小）家庭（不）接軌？前者的眾多女性親密勞動角色如何（未）轉化？轉化的機制與故事怎麼說？有怎樣的迴旋力道？我把婚姻－妾侍－賣淫視為一道婚姻光譜，則在於揭示：伴隨法律改革與規範的一種單線故事如何消失了賣淫、妾侍、專偶／通姦各自糾纏的歷史物質（materialist）縱軸以及其間的關聯的變動光譜（變續體）；隨改革力度而加重的羞恥效應又如何促成也加深道德及經濟的剝削，使得沿著這道光譜推進的生活被汙名的性所滲透，而愈發困難。

　　妾侍的位置，對於揭示這道光譜的歷史移位，有著關鍵的重要性。妾侍（在此指的是一夫一妻外加一妾或多妾的華人妾侍制〔concubinage〕）在中國歷經宋、明、清體制化為一夫一妻多妾抑或一夫多妻制（chinese polygamy），直到二十世紀後半都還有「過渡」的法律明文規定讓弱勢「家戶」成員（亦即，已經從法條中消失的「妾」）得到有限的「保障」。「由於不同的地理與歷史脈絡，妾可以是二房、小三、佣人或是奴隸……有時被視為同居（cohabitation）或是形同婚姻（de facto marriage），妾侍制處於合法的婚姻與偶然的性關係兩者之間。」（Tran, 2015: 6）在台灣，作為概念、再現和日常生活，一夫一妻多妾的變異形式在八卦新聞報導中浮出檯面：某電視明星如何大享齊人之福，某政客在傳媒壓力下與大老婆離婚（他跟她都顏面掃地，但她還丟了「正妻」身分地位），狗仔隊跟蹤某企業主的眾寡婦與兒女的遺產之爭

等等。[1] 這些人物的形塑與再現在小說、短篇故事、電視劇、電影以及茶餘飯後的日常聊天中也都有跡可尋。妾侍制度雖然被廢止將近一世紀，它不但沒從世上徹底消失，反倒在「新」專偶婚姻（monogamous marriage，亦即，一夫一妻制）的中介下，以異性戀通姦罪刑化（插入性行為不檢）的負面形式在《民法》中繼續存在。[2]「國民黨的法律制定者將一夫一妻界定為在一個時間內與一人結婚，同時不承認妾侍制度構成婚姻（或是如同清代肯認的半婚姻〔semi-marriage〕）。但是，他們承認妾侍制的作法確實破壞了在公共論述中新近建立起來的一夫一妻的觀念裡，夫妻間忠貞的價值觀。他們應對之道，是將妾侍制視為通姦。」（*Ibid.*）民國時期製作的新專偶婚姻建造並中介了非典也非法的性活動與（再）生產關係，而專偶婚姻形式持續遮蔽了歷史以來就被商品化的家務與親密勞動，更暴露了它對家務等親密勞動有增無減的「外銷」，晚近新擴展的同性專偶模式也未能倖免。

　　婚家裡的專偶，指的是一種特定的愛情婚姻形式（love marriage form），亦可謂性忠誠模式。根據昆茲（Stephanie Coontz, 1944-），縱使這只是一種同居或配對的形式，可能包含了愛情或者跟愛情差不多的東西，但它後來卻以革命者的姿態代表了一種在情感依附上被視為優越且排他的（性忠誠）現代婚姻。昆茲把這「為愛結婚」激進想法的出現回溯到十八世紀歐洲與北美洲，從那時起，它伴隨國家、宗教（基督教）和貴族之間的鬥爭，在政經現代化的矩陣中推進，並擴散於世界。「約莫兩世紀前，西歐和北美發展出一整套關於婚姻與性相（sexuality）組織方式的新價值觀，其中許多價值至今仍在全球散播中。在這西方模式裡，婚姻滿足人們心理及社會需求的期待是前所未有的。」（Coontz, 2005: 13）時至二十世紀，專偶制安穩地被放到一個模範的位子上，既被性全然滲透又排他，體現了一種以個體為本位、滋生個人主義而又性別平等的婚姻形式。[3] 昆茲的論證提示了愛情婚姻的劃時代意

1　根據調查研究，「1925年之前，台北50%的婚姻是一夫多偶（polygamous）」。（Thornton and Lin, 1994: 38；引自 Chu and Yu, 2009: 2）

2　根據陳利莎（Lisa Tran, 1973-）的研究，台灣的通姦罪源自民國時期國民黨的修法，一方面重新界定一夫一妻為雙方互負「性忠誠」的新制，另一方面廢除小婚習俗與制度，同時將婚外性行為不分男女（謂之平等）一律罪刑化。

3　「與晚清對一夫一妻的理解相比，民國時期一夫一妻的概念不僅意味著婚姻，同時也意味著同一時段只與一人有性關係。」（Tran, 2015: 6）

義及對西歐北美地區以外世界的鬆動效應，她的敘事讓我們看到婚姻轉變為現代國族法制化的契約形式是如何影響了世上眾多民族，而後者的婚家與性相安排方式，其交纏的建制乃至於歷史，都有著顯著的差異。

從家務等親密勞動的角度來看，無論過去或當下，妾侍的建制化（興與廢）都為婚姻所中介，因為（也因此）這涉及了一個女人在婚姻中如何被看待，眾女人又是如何經由此番中介而漸進區分為（正）妻、妾、通姦者、娼妓。作為歷史產物，婚姻建制為生計的軌道鋪了路（眾多形式的短期或長期照顧工作），女人一生中可以、也早已在這軌道上的不同位置間移動，甚至在「愛情婚姻」到來後。婚姻作為中介因而也就如部分馬克思女性主義者所分析那般，不但是家務照護工作也是供養工作（subsistence work），其性質如資本發展過程中的（男、女）小農生計，依然在開發中地區持續進行的原始積累。兩者皆為供養自身而生產，但同時也為他人的（勞動力）再生產過程──無論是家庭成員或社群──提供了條件。[4] 合法的專偶制（一夫一妻）綁定工業化後的核心家庭，以它為槓桿來支撐居家（domesticity）私有化的全球轉化。麥茲（Maria Mies, 1931- ）曾以「家妻化」（housewifization）的概念檢視了家務勞動的全球化及徵用，顯示「家妻化」如何是供養生產工作的私有化。在此，家庭工作者（homeworker）與小農階級對齊因而汙名上身；「積極面」卻有著朝專業化與管理經營主義（現代化的品味、評量、管理）發展的傾向，因而減緩了汙名作用。上述這些分析指出，核心家庭的家妻化是私有化的生產／再生產關係與世界經濟接合（articulation）的重要時刻；家戶因而成了工廠的顛倒鏡像，家妻在此被迫挑起以往由家庭成員所共同分擔的唯一重責，而過往家務勞務的派、遣雖有階序之別，卻未必全照性別來分。在移工輸出或輸入國的城鄉從事支薪工作的家庭主婦將其身兼的「雙職」部分外包（也就是家務工作），這普遍的當代現象佐證了以上的分析；值此同時，家務勞動的「國際」分工則在某一國境內及一個攸關現代國家排序的既定國際秩序中一併達成。

在上述分析的基礎上，本文在專偶婚姻的規範場域裡提出一道女性化（而非生物生理女性）親密勞動的光譜，主張以一個長遠視角來看待民初時期妾侍制度存廢

4　經濟人類學者麥亞蘇（Claude Meillasoux, 1925-2005）早指出這是移工輸出國用隱形的方式資助移
　　工輸入國的國內經濟。（Meillassoux, 1981）

爭議如何既中介了一種演變的婚姻形式，繼而又為後者所中介催生了通姦罪刑化（詳見第六節）。這樣的提法有助於我們看見賣淫、姜侍、與專偶婚姻，及專偶婚姻作為家妻化之間的動態關聯，也讓我們看到家務的轉化是如何與全球現代化的發展進程與時並進。在這樣的視角下，人們沿著這道光譜移動，其位移關係構成了一個連續體，而不是因道德、經濟、政治上的區分而被當成停滯不變的（static）位置（如「正妻／專偶妻」、「姜／通姦者」、「娼妓／性工作者」這些相互對立的法律身分）。這些位置，以及其（不同地域、時間）看似自然的性別、種族，與階級微調時刻相互作用，一起生產製造出來一種人們（被）抵達之處（身分）。或許，變續體的構成是歷史光譜更迭變化下所產生的效果，部分彰顯的是，這些位置之關聯與意義不斷生成也不斷拆解又重組，時候到了便看似消失不見。

二、「女人在賣淫時於其中位移的連續體……」

《艋舺的女人》根據李惠娟於 1993 年獲獎劇本所改編，是齣熱門時段的國台語時代連續劇。劇本先是在 1999 年被改編成公視「人生劇展」系列迷你影集《春子與秀緞》，後來才再改拍成較長版的《艋舺的女人》，於 2014 年夏末首播，次年秋季重播。[5] 該劇所呈現的兩個寡婦是一妻一姜，兩人在同一屋簷下進行同性分工、一起扶養四個小孩（妻主內，姜在外擺豬肉攤），無論在主題（二女共持一家）或視覺呈現上（二女曖昧同框）與十多年來台灣及全球的同志婚姻權益討論相呼應。[6] 該劇雖然讓賣淫（娼）與妻、姜隔離，就各自（親密勞動之）接力和延續的雙重意義而言，卻仍把三者呈現為一個連續體上的角色；這個照顧工作的連續體可能包含了性勞動，也可能不包。

上述情境以半嬉笑的方式，將經濟、文化上居劣勢的非原生家庭嵌入台灣經濟奇蹟的神話中，而這戶兩女收養四子的家庭後來出頭天，從小攤生意做到專營加工豬肉品的小型家族企業，其中一個小孩長大後成為女律師參政，誓言捍衛她

5　《艋舺的女人》的版權在 2015 年賣給了新加坡和馬來西亞媒體。

6　根據網路作者 za9865（Joanne）：「只要春花秋月一對戲 我內心就會自動\在一起八在一起 /loop哈哈 小小的問題：戲劇宣傳語（？）一段發生在保守的年代，想愛卻又不能愛的故事 是指……？」看板：「TaiwanDrama」，標題：「〔心得〕艋舺的女人也太好看了」。（za9865，2014）

家傳統市場社群的利益。我把這樣的呈現解讀為妾侍的戲劇性轉譯，它不僅體現了台灣中小企業精神，在同性（多元）家戶（物質的再生產）與家庭（非物質的再生產）的處理上也是超前同期影視作品。在戲裡，相對於已婚的良家婦女（原配、正妻），妾和娼妓皆被賦予陽剛化的形象，而這般形象的塑造也跟金錢和市場有關。不過，妾可以領養小孩也會賺錢養家，娼妓卻只會生，生了只能送給好人（有資源的）家養。這兩個寡婦組成的家，有著顯著的勞動分工：妻善於母職哺育，專司家政（文化），而妾則精於做生意（市場）。

其次，這齣戲的妾侍刻劃，透過敘事弧（storycraft）及聚焦的切換，將同志婚姻平權重新編譯（recode）──偶然寡居的妻妾共組小家庭，誓言有情無性相守到老，讓觀眾看了直呼，再現的簡直「就是」多元成家。[7] 這切換的過程可回溯至公視「人生劇場」版中妾遭逢的情慾受挫，接著是《艋舺的女人》中兩女為餬口而湊合一塊打拼，最後則因教育機會而往上爬，完善服務家國的第二代。我依據斯匹瓦克（Gayatri C. Spivak, 1942-）的說法，透過這兩個版本的比較來解讀這個敘事能量的轉換：相隔十五年的兩個電視劇版本各自掌握了它們的時代脈搏，[8] 在《春子與秀緞》（1999）中，性壓抑／解放滑向了一種妻與妾將就湊合的「罔市」居家配對，其調性有點悲哀無奈，只得認命；然而在《艋舺的女人》（2014）中，影片主題和視覺呈現所觸及的同性親密及社會運動則以一種詼諧而又伺機的方式，將妻與妾共享的守寡狀態重新編譯，製造類酷兒效應，卻又同時好似把從公娼抗爭演變而來的性工作運動（尤其台北市政府前抗爭一幕）置換成（劇裡）小攤商對抗國家－資本再發展

7　根據網路作者za9865（Joanne）：「殊不知某天中午在健身房跑步時無聊／抬頭看了電視 正好是春花秋月在街上相擁而泣／還說我不會放過妳的／這輩子誰別想離開誰／心裡OS現在八點檔都流行多元成家嗎？」看板：「TaiwanDrama」，標題：「〔心得〕艋舺的女人也太好看了」。（za9865，2014）

8　斯匹瓦克介入一九八〇年代初英美女性主義的種族化（白人）女性主義（「簡愛」型的）主體打造之閱讀，分析這種閱讀如何重申帝國主義的知識語法，探討瑞絲（Jean Rhys, 1890-1979）的小說《夢迴藻海》（Wide Sargasso Sea, 1966）。（Spivak, 1985）後者重述英屬島嶼廢除奴隸制的（不）成功轉型，小說寫作與出版的一九六〇年代第三世界國家抵殖民的加勒比海區域和國族獨立潮，兩種時間平行，致使糾結於去殖民與後殖民之間的克里奧爾（Creole）夾縫主體，注定以來自殖民地的「好妻子」於英國放火自焚，成就《簡愛》（Jane Eyre, 1847）主角與故事的女性主義主體，牽扯出英國殖民歷史以進步法理於西印度群島與南亞印度相繼進行之原始積累暴行。

的都市開發，在視覺效果上讓二者混淆。

這兩個連續劇版本各自在所處的歷史時刻裡塑造了娼妓－妾－妻連續體，也各自解讀這連續體處於不同歷史時刻裡的可能性與不可行性。2014年版《艋舺的女人》告訴我們，在某個層次上，妾可被同化，納入家戶，若不是變成「真正」的妻，至少也可跟妻配成一對，然而娼妓就是注定沒這份福氣。這個版本透過物質與非物質再生產的職責分擔，設想了一個由娼妓、妾、妻所構成的連續體。[9] 娼妓生了小孩卻不能養，只好把他們送給無法生育、後來喪夫守寡的妻與妾收養，而這對妻妾所拉拔長大的小孩出了社會，並不是在非正式經濟（市場攤販或黑道幫派）中打拚，而是投入正規經濟（商業或官僚）。在劇集裡，那些失敗抑或使壞的，無論是娼妓母親、流氓兒子或男女賭棍，全都死去或消失不見。在劇裡，作為女英雄的妾雖然可能被誤認為娼妓，但本質上與後者完全不同，只因為妾對家戶與家庭經濟死忠。二十一世紀台灣的妾侍轉譯，丟棄或遺漏的是那些被塑造成用完即丟的生產者（如生小孩的妓女媽媽），以及非物質照護的供給者（如孝順的流氓兒子）。這些可拋棄人物標誌了此戲的想像力框架與電視媒介之雙重侷限，而牢牢在這些框架之外的還有台灣性工作者運動，她們奮力打著一場贏面很小的戰役，占著被列為古蹟的舊公娼館不走、對抗北市都更；值此同時，老年性工作者和移工性工作者也被趕去艋舺街頭站街。[10]

本文所用的「連續體」女性主義分析概念出自法律人類學家柯絲司瓦然（Prabha Kotiswaran）一篇2006年論文及她的專書《危險的性，隱形的勞動》（*Dangerous Sex, Invisible Labor: Sex Work and the Law in India*, 2011）。這套方法「熱切地聚焦於女人在賣淫時於其中位移朝向的那個連續體，一頭是婚姻，另一端則是性工作，同時也關注這兩個建制是如何強化彼此的維繫、為父權服務」（Kotiswaran, 2006: 6-14）。柯絲

---

9   福陀納絲（Leopoldina Fortunati, 1949-）指出：「晚近不同學者的著述提出了非物質勞動的概念，因而發現了涉及社會再生產的生產力……然而這個從非物質面向與個體領域發展出來的辯論，完全忽略了居家的物質勞動（打掃房子、煮飯、購物、洗衣、燙衣服），更漠視了生產個體所需要的勞動（性、懷孕、生小孩、哺乳、照顧），及非物質領域中的其他關鍵部分（情感、照護、情愛教育、社會化、溝通、資訊、娛樂、組織、規劃、統籌、物流等等）。」（Fortunati, 2007: 144）

10   2015年冬，一名中年女性工作者在一場日日春協會主辦的活動上談到了《艋舺的女人》和她的關聯，那是我頭一回在公眾場合聽聞這部連續劇。

司瓦然把這個取徑的發跡回溯到二十世紀早期的社會主義女性主義，這套思維把賣淫視為家妻連續體上的奴役，因而有待革命性的改變。柯綵司瓦然在專書裡解釋了妻與蕩婦，婚姻與賣淫之間的對立是如何支撐了公、私的劃分與界定，而這樣的對立也把早年和晚近的部分左翼女性主義理論都掃到一邊去，像是二十世紀早期蘇聯的柯倫泰（Alexandra Kollontai, 1872-1952）以及一九六〇年代以降義大利的福陀納綵著作論及的「隱晦的再生產」（the arcane of reproduction）。（Ding, 2015）在俄籍柯倫泰所處的年代裡，禁絕賣淫並不可行，因為在性非勞動，性工作與家庭主婦同屬怠工的邏輯和政治策略上會導出妻在婚姻裡頭的算計問題：算計贍養的起迄點為何？亦即，禁絕賣淫，就得直面禁絕婚姻。柯綵司瓦然則重新梳理了那條被遺忘、從柯倫泰到福陀納綵的社會主義、馬克思女性主義路線，她注意到，勞動權的語言和選擇權的語言是如何在二十世紀後半的印度與中國的草根之性工作運動中被混著用，而這兩地都有地方性或全國性社會主義治理的歷史與書寫、運動傳統。她接著解釋，對於像印度這種後殖民地區，連續體這個女性主義分析思維有著較強的解釋力，因為這些地方壓縮而又不均的發展過程，造就了正式與非正式經濟的持續交織，這種狀態斷斷續續製造了眾多無法就業的人群或是被用完即丟的男男女女，然後再（從政府社福機構的視角）把他們變成需要接受援助、救濟的，終必納入正式治理的主體。（Sanyal, 2013）在這樣的歷史進程中（的印度和中國），某些人在婚姻中的家務勞動就會和非正式性工作有所交疊。

　　柯綵司瓦然的著作不但對如何理解「性作為工作」這套語言在印度、中國的出現至關重要，對台灣和香港狀況的理解也相當關鍵。在這些地方，縱使或者正因為冷戰，自主工人運動幾乎都地下化，不過到了一九九〇年代末期，港、台重要的工運組織者都開始和由妓轉變而來的性工作者一同共事。（張育華、王芳萍、拔耐・茹妮老王〔秋月〕，2014；吳永毅，2014）我在此擴充柯綵司瓦然的連續體分析方法，將之用於華文的言說脈絡中，並在這交錯結構中納入在妓女和妻子之間或旁邊移動的妾。馬克夢（Keith McMahon, 1952-）對中國明清以來一夫一妻多妾制的先驅研究已梳理了文學及歷史文獻中的「妓女－妾－妻子」連續體，（McMahon, 1995）而過去十年來關於中國妾侍歷史的社會－文化及法律研究也相繼問世，我會在文末回到部分的文獻。在此，柯綵司瓦然和馬克夢的研究一併幫助我分析《艋舺的女人》設想的二十一世紀「娼妓／性工作者－妾／情婦－專偶制裡的妻」連續體。

中式一夫一妻多妾在法律上的終結、妾的深刻汙名、及她在漫長二十世紀裡的隱性身影，這些都構成了妾以女英雄之姿重返台灣時代劇（與妻成雙配對）的制約條件。專偶婚姻法理與社會感知的確立，或許中介了妾在二十一世紀連續劇裡的（正向）再現。她成了台灣經濟成長消退更迭中自立更生，做生意養家的女強人典範。與之形成對比的是劇中的娼妓，她們要不是自私，就是不夠格的生母（小孩送人扶養），這兩種情況都無法讓她們被任何家庭收編當**養育稱職的媽媽**。或許，二十一世紀持續進行的性工作者運動（日日春及其支持者）與這齣戲邊緣化又貶抑妓女的對應關係，猶如法律上消失一世紀的妾與劇中模範妾作為《艋舺的女人》之一種未來可能性的對應關係。已消失的妾可以用充滿想像力的方式重返再現，但妓女的形象卻必得退去或黑化成惡母，以免被看成或瞥見她們當下持續的掙扎。

三、「那剝削呢？」

以下，我將著手處理一組在1997年、2017年台北冒出來的問題。這組剝削與愛的問題算是傳聞軼事，而我將顯示這些軼事如何能連上後面（美國性冷戰）與先前（台灣妻妾的連續劇再現）提到的文本事件。這樣的閱讀將揭示偶發事件有其基礎結構，或說編織成了局部的潛在信念與實踐。這些延續性部分構成了一種評估歷史時刻及其衝擊的女性主義敘事，它先行假定了一套阻擋女人生命、讓生存愈發困難的國家／國際秩序，特別是表意鎖鍊上那些跨越符號系統改變（sign-system change）和跨越疆域分斷的生命軌跡。

第一個問題是在台灣女性主義「家變」動盪中提出來的，「家變」在此被再現為家庭破碎或分家。這個女性主義的裂解發生於1997年，當時看來似乎是女性主義者被迫與同代（或年紀稍大）妓女面對面的焦慮，大部分的婦女團體根本沒料到會有這麼一天，也沒想要跟妓女對話。這群約莫百名的妓女是公娼（公娼制度的歷史可回溯到日治時期），她們的執照在1997年突然被國家／市政府撤銷。對某些女性主義者來說，公娼執照的存在本身就令人難堪，因為那是殖民威權治理的遺留物，而這套制度讓警察得以規範又同時保障公眾性服務（public sexual service），根本就不是她們關切所在。脫隊的女性主義者、工會組織者（來自包括「女工團結生產線」、「粉領聯盟」）以及正浮出的酷兒團體都站出來聲援公娼對抗台北市政府，而

當時主政的市長陳水扁後來在二十一世紀初成了首位民選反對黨總統。

　　1997年的政策語言叫「廢娼」，與之對抗的運動則以爭「性工作權」為名義來組織動員。就口號來看，「廢娼」與「性工作權」可以說是民主化過程的「對話」，不過在台灣，這兩者既顯露而又遮蔽了以下三點：第一，女性主義力量與國族與國家打造的鏈結開始浮現，接下來二十年間，深富聯合國精神（雖然或正因曾被取消授權）的性別主流化的科層官僚以「旁若國家女性主義」的模式出檯。（Lin, 2010）第二，有一股伴隨而來的「激進文化基本教義」暗流，它跟一種不與國家結盟而邊緣化的左翼勞工分析／政治逐漸脫鉤。回顧過往，女性主義分家不過是後來一波波類此清理門戶的開端，而這也可以是種行政效益升級的模式。[11] 第三，公娼經自我轉化蛻變成工會般的運動組織分子，卻同時也變成可拋棄、難以感化的自主工人，她們在這個國家的性產業底層討活過日，和移工性工作者及流鶯形成了一種結構連結又是個體競爭的關係。在這群從公娼轉變而來的性工作運動者中，有少部分是情婦或妾，而二姨太的身分似乎是公開的秘密。[12]

　　二十年前，鑄造工運、婦連、酷兒運動結盟的過程是熱切且充滿希望的。然而這條連線裡的團體和個人，就進入專偶制（浪漫愛之陪伴式婚）與私有化核心家戶（家妻化）的條件來說，無論在文化、經濟、性／別上都非常不均，這些都迫使我們重新衡量成長於戒嚴體制及其反對陣營地下文化的那一代人所能獲取和近用的知識與運動的資源。

　　從堅決向上提升的國家發展角度來看，公娼這二十餘年來的抗爭之旅，現在看起來簡直像是在路邊開倒車。公娼在執照被撤銷的一年內蛻變成工運分子。

11　一九九〇年代是台灣女性主義政治切換頻道頻率的歷史轉型時刻，原本在地的介入提升到全國性的範圍，而原本走小眾路線的運動策略也被升級為訴諸主流民眾的政略。轉眼間，各團體中性別的激進路線（小眾、倡議、由媒體中介），漸漸由代議政治的或近似史德格（Verena Stolcke, 1938- ）所謂「文化基本教義傾向」取而代之（造家做國）。史德格界定後冷戰歐洲出現的「文化基本教義」取向，後者修辭著重公民社會與新自由主義秩序下之文明對壘，不同於卻又延續著帝國主義殖民資本主義的種族化階級排他。（Stolcke, 1995）

12　關於非正式婚姻與賣淫或其他形式的情慾化服務的交疊，可參見雷倪（Nicholas Lainez）的著作，雷倪探討越南性工作者與類家庭工作（quasi-family work）的生成脈絡，也分析寮國移民社群裡的二奶。雷倪從經濟人類學角度，挑戰家與性工作之分離，更探究家人情感關係與性工作之間的複雜糾葛。（Lainez, 2012）

縱使社運團體的轉變持續發生，過去十年來，已變成NGO的公娼館及其周邊卻被劃入都更計畫，房地產商和市府官員則忙著一旁協商。極為諷刺的是，公娼為了存活、爭性工作權而進行長期抗爭，然而這一路下來公娼館被北市當局列為古蹟，反倒讓屋主與建商從古蹟的轉移與重建中抽取龐大利益。（張榮哲，2018）如今這棟樓身價不斐，「日日春協會」這樣一個小NGO和疾病纏身的前公娼阿姨根本住不起。另方面，即便有越來越多的研究顯示，新自由主義模式的後殖民國家政策，法理女性主義與NGO協同治理對底層性工作者及其社群和生態影響的傷害肯定是多過於援助，全球媒體在處理女性主義與性工作上的兩極化卻是火上加油。（Kotiswaran, 2011）

　　1997年冬，一位進步知識分子以控訴性的語調向「性工作權」派拋出的問題是：「好，那（賣淫對女人的）剝削呢？」這問題的背後是：「性工作權」如何處理剝削？埋藏於這個問題之內的，首先是支薪工作作為資本對勞動的系統性剝削及其隱匿性，其次是家戶與婚家中更為隱性的無償和分派工作，也就是福陀納絲所稱的「隱晦的再生產」（Fortunati, 1995）（或者說，接受有償工作裡的剝削，而無償家務工作則被理想化為愛，抑或在愛裡頭被理想化）。在那些還在發展主義邏輯下，正抵達和就位中的地區如台灣，家務照護工作的外包逐漸成為常態，而這可能包含脅迫下或偷偷或順便，偶不經意進行的性服務或情慾化服務。另方面，觸法風險讓性工作變得更不牢靠，而未達陣之專偶婚姻中介加重的羞恥作用也讓這工作在經濟，情感和肢體上──各式樣的性方面──更容易受到剝削。

　　在台北，前公娼以及性工作運動者「霸占」著公娼館歷史建築不走，在政府許可下從事親密再生產服務文化教育工作，最後終於被驅離。台北城夢想著加入未來，然而這未來其實是英美語系世界「共同文化」的當下，亦即，是個以文化理想（或謂文化基本教義）為依歸的既有國族國際秩序。（Stolcke, 1981; 1995）在此秩序下，剝削作為分析思維在冷戰以來的後解嚴台灣已擴展至性領域，其被重新編寫的程度甚至已蓋過經濟，而這作用是把公娼還有其他難以教化的人都視為救助對象，將之「安置」於一個旋轉門框內受限的地區（從過時的人變成可拋棄的階級族類）。

四、「每個人的愛都是平等的」[13]

二〇一〇年代，台北一群酷兒組成了一個叫「不家庭」的團體，辦寫作工作坊，後來在《苦勞網》發表題為「想像不家庭」的系列文章，其中部分作者回溯並梳理了二十世紀早期華文及英美語系裡關於「毀家廢婚」的無政府主義以及馬克思女性主義論述。（王顥中等，《苦勞網》，2013-2016；洪凌、王顥中，2019）這也是台灣同志運動邁入第二十個年頭的時刻，同運開始有自己的全國、國際性議程，而年年舉辦的盛大同志驕傲遊行吸引了亞洲地區眾多同志前來朝聖。此外，同運也跟女性主義律師合作推動同性婚姻立法，其中一位立委尤美女（1955-）是一九九〇年代的婦運老將，她曾參與的戰役包括了反職場性騷擾、民法修法、反家庭暴力及通姦除罪化。在此刻，尤美女被公認是同志婚姻或婚姻平權法案的主要推手，台灣在同婚議題上則被媒體塑造成已抵達、進入已開發國家的佼佼者。

根據劉奕德（Petrus Liu）所論證的兩個中國，這是酷兒人權論述在中華民國台灣的重要時刻，用以區別中華人民共和國。亦即，在英美語系媒體的提法中，酷兒自由人權被建構成中華人民共和國的限制與外在；中華民國在台灣因而與這個英美語系世界相毗鄰，在邊疆內緣又即將成為伸張同志人權的模範國家。（Liu, 2011）在這有故事要說、或說有成果可示範的基礎上（要整個世界向英美語系的「自由民主」榜樣看齊），如白瑞梅（Amie Elizabeth Parry, 1964-）所指出的，台灣成為獨一無二、堪稱典範的國家。（Parry, 2016）同性婚姻是婚姻平權及核心家庭愛情的（新）符號，它繞過並且置換了失敗的異性戀婚姻改革；對於婚家持續的「危機」，像是橫跨東北亞的晚婚，不婚以及少子化等普遍趨勢，或也轉移了話題。[14]（Raymo et al, 2015; Jones, 2010; Fortunati, 1995）

在這個環節上，有人向批判婚家的台灣小團體「不家庭」提出問題：不要婚姻，那愛，怎麼辦？或許問題彰顯了：專偶婚姻作為專一、性別平等「愛」的革命

13　引文出自蔡英文總統臉書於2019年5月17日發布的15秒競選影片，網址：https://www.facebook.com/tsaiingwen/posts/10155830051866065/

14　福陀納綈評論這趨勢在二十世紀後半於歐洲相對後發之義大利及東亞等地的作用，她把此趨勢讀作一種再生產罷工的形式，以抗議國家支持失靈及家務勞動安排持續欠缺改變。（Fortunati, 1995）

性的符號甚至信仰，是否其實「革命尚未完成」？（Coontz, 2005: 274）

　　專偶婚姻作為核心家庭的霸權形式體現了現代國家，尤其是二十世紀那些在菁英領導下進行壓縮工業化發展的地區，像是亞洲的部分地方。我們可在符號學的框架裡，把它視為持續發生的全球符號系統改變；它不可逆轉、斷斷續續、時而暴烈。儘管已歷經一世紀的法律、社會變革，有些地方專偶制還是尚未全面普及。在這種情況下，專偶婚姻就成了帶有督促意味的意符，僅限用於指明那些合格的伴侶，而這明示義（denotation）同時被轉成為意涵上不存任何灰色地帶的明亮符號（就算是不斷更換伴侶的「專偶」也還是不合格），或者說，它所有曖昧不明的影射意涵一概被淘空。（Barthes, 1972[1957]）[15] 在這脈絡中，羅蘭·巴特（Roland Barthes, 1915-1980）對於現代神話的符號學分析理論很有幫助，他認為二十世紀中葉的法國傳媒與文化文本在幫戰後法國社會製造迷思（myth），一方面否認其帝國殖民過去卻又同時不斷召喚這段過去、使其以簡易的版本復活。巴特所談的迷思是種效應，它架空或風乾了物質過程與歷史細節，以便促成第二層秩序意義的運作（這是後設語言）；在此，一個作為價值與指標的新意指（例如賣淫作為文化遺產、同性婚姻作為新式性別平等）透過置換與嫁接，淘空了先前符號意指的生成脈絡（故而公娼的廢娼抗爭脈絡被剔除、團隊被汙衊，同志婚姻既沒了辯論也沒有拉拉雜雜的實踐）。這效果或迷思看起來就像個嶄新的符號，散發著光環般的新常識。公娼抗爭是被保存了下來但卻同時被紀念性的新建大樓所遮蓋。如今，公娼「只關乎」文化遺產（文化的再生產），同性婚姻「只關乎」新的性別平等婚姻（國家的再生產）。（Duggan, 2003; Chambers, 2017）

　　這就是轉變成霸占古蹟者的公娼在被納入歷史文物保存政策時何以遭到抹除，而這與台灣媒體上的同婚辯論有著平行的關聯。同婚辯論過程中，正反兩方多同樣假設婚姻制度之好，一方好在過去，另一方好在未來。這與「不家庭」重視親密關係的組織方式，生存資源掌握與分配以及制度存廢之可能條件等問題，難以開啟對話。而婚外性行為的公共化（公娼制度），既屬於過去警察國家的剝削亦即保護，也正嘗試成為社會福利的新環節（丹麥模式），與「不家庭」小團體同樣

15　感謝張馨文和黃詠光的提醒。巴特的「神話」與李維史陀（Levi-Strauss, 1829-1902）的「神話」（"The Structural Study of Myth," 1955）如何以語言學為方法，以歷史為依歸，可參見愛森斯坦（Hester Eisenstein, 1940-）的著作。（Edelstein, 2004）

碰觸到婚姻作為制度（壟斷合法之性服務）。公娼及其支持者在此文化遺產保存方案中變得無關緊要（此方案不僅直接從她們的性工作上獲利，在喻意層次上也是如此），而在同一時間框架裡，婦運老將律師在媒體的故事中化為同志婚姻平權旗手，台灣的性別平等進步，就這樣被放入了全球「歷史終結」（The End of History）（引自福山〔Francis Fukuyama, 1952-〕）於「完善自由市場之民族國家國際序列」敘事及時間軸。（Fukuyama, 1989）

　　這個敘事及時間軸有其重要效應。2016年10月底，已成為民進黨立委的尤美女律師第二度提出了同性婚姻草案，因有十五位立委連署而達提案門檻。在2017年出版的一篇尤美女專訪中，從事同運的年輕訪談人請尤美女談談台灣同婚初步勝利時刻來到之前的過往歷史（1997年公娼抗爭爆發，婦女新知家變，尤美女當時是婦女新知董事）。尤在訪談裡的答覆是，改變固然無可避免，但也無法催促或防範在先，以此隱約替新知1997年的躊躇及公娼性工作權引發的內部鬥爭做了辯護。此外，她也透過「人權排隊」這樣的提法，來解釋當年男女同志在婦女運動中的（不）可見度。在這人權演進邏輯中，每項人權輪番等待援助：

> 站在今日的關口，尤美女回望婦女新知草創初期，如此評價**當時正起步的婦運與等待萌芽的同運**：「婦女運動本身，連婦女權益都還很低落的情況下，當然是以婦女的權益為主。人權的發展史上，也是先有白人的人權、再到女人的人權，再到黑人的人權、身障、原住民、兒童一個一個開展，現在同志人權大家比較接受，現在各國也開始承認，聯合國也簽署相關公約，可以說整個人權發展的過程，就是慢慢演進而來的。」（何欣潔，2017；黑體強調為本文筆者所加）

尤點到但沒有明講的是，1997年是婦女運動及初生同運向全國議程邁進的關鍵年。她所提出的人權演化進程時間表以及排隊階序（依種族化、異性戀化、健全身體的高下劃分等級），似乎都在替婦女新知的理性決策做事後辯護，包括：時間無法配合、缺乏資源處理相關議題，像是愛滋防治、公娼、同性戀權益，這些都是

新知董事會當年決定要排隊才會輪到的事。[16] 無論是這篇訪談本身、尤的排隊等待改變說，亦或台灣同婚立法的英美語系再現，完全沒有提及當時引領風潮的公娼及聲援她們的女工運動組織者。

　　讓我在此提出兩個相關論點來檢視上述訪談中的人權演進範式。首先，這個範式出自一套透過法律改革來改變民族國家現狀的語法與信念，它流行於二十世紀後半出現的新興國家，而改變現狀則多是以英、美兩國的經驗為指南，即便或甚至與實際正在發生或已發生的在地狀況無太大關聯。這是後殖民、後冷戰情感結構的一部分，因為第二代菁英對她們的國家處境多半有份深刻的責任感。傑夫・班雅明（Geoffrey Benjamin, 1940-）闡述了這套情感結構是如何發源於他所稱的二階國家：這類二十世紀獨立的國家大多是從同一個模子發想出來的，無論其政治傾向或轉變為何，重點是其行為作法皆受制於既定國際法的規範。而這份後／抵殖民情境生成的國家榮辱責任感，以及個人之於國家轉變的關係與連結，雖然不為肉眼所見卻充斥於政策與知識的形構。（Benjamin, 2015[1985]）在尤美女的發言裡，我們瞥見了二階國家的菁英欲望及內心糾結。她的遣詞標誌了「創造個人歷史」的決心，然而卻也同時表明，歷史如何早已發生（「歷史終結」），或無法照自己的定義、站在自己所處的位置來創造，也就是，二階（想要成為）國家的位置。這種無奈又積極的心情透過「歷史浪潮」而被呈現，也像是人要是碰上了大勢就去駕馭它、順勢而為，省些與它對沖的力氣。這個把歷史視為海洋波濤力道以及現成的國際秩序，把進步與其對立面都給自然化了，使之成為文明或倒退野蠻的符號（糾纏不清的歷史遺緒）。結果是，言說與行動者隱匿了自身參與國家打造，捲入內部衝突的蹤跡，以及遊走跨國NGO串聯的身影。

　　我的第二點是，尤美女的演進範式與美國女性主義法學家麥金農在〈女性主

16　訪談之部分原文如下：「這樣人權演進的史觀，未必能獲得所有人的認同，台灣由婦運開展同運之路，不但遭逢保守勢力的反對，就連婦運團體內部也不是永遠風平浪靜。1997年，婦女新知秘書長倪家珍、辦公室主任王蘋因內部對當時『愛滋防治與安全性行為、同性戀、公娼工作權』的看法不同，退出組織，王蘋後另創立性別人權協會，持續推動性別人權工作。而尤美女在雙方爭執爆發時，以董事長名義發出『警告前婦女新知工作人員王蘋、倪家珍』公開信函。雙方當年以公開文件多次激烈爭執，被稱為婦女新知『家變』，成為一九九○年代蓬勃發展的婦女與性別運動裡，一個令眾人難忘的時代註腳。」（何欣潔，2017）

義、馬克思主義、方法與國家：一個理論的議程〉（"Feminism, Marxism, Method, and
the State: An Agenda for Theory," 1982）文中一個岔出正文的論點彼此相呼應，這篇刊於
女性主義期刊《符號：文化與社會中的女性期刊》（Signs: Journal of Women in Culture and
Society）的論文在發表後曾激起不小的漣漪。（MacKinnon, 1982）為了論證這點，我在
下個章節會先繞個路，我將以提要的方式回顧美國女性主義一九八〇年代的性戰
役（sex wars），將之化約成四個文本交互作用及其海外輸出下所構成的迷思：它們
彼此間有著不對等的對話關係，繼而穿越太平洋抵達冷戰分斷地區，而這海外旅
程造成了一種去種族化的望遠鏡凝視。故事是這樣的：若我們從一個非全然屬於
英美語系地域的遠方來看的話，一個美國內部的運動、知識界事件及一組（非常）
局部性的文本，是如何在一個聲稱後冷戰的時期裡被賦予了過大的國／際（inter-
national）意義及重要性。不過，邊陲地區讀者在被這些文章激勵之餘（包括三十年
前的我）所共享的實際情況是：作為分析思維，這些文本被用來處理的經驗和生命
都遠遠超出了文本所預設的對象（讀者群），而後解嚴地下讀書會的覺醒女青年則
是這些文本的中介者，她／我們往往剝離了這些文本生成的物質歷史脈絡，同時
也以孤立的方式看待這些文本彼此間的關係，而這樣的中介卻也有著偌大的反差
效果。

五、性冷戰：四種美國女性主義文本，1975-1984

在《冷戰在亞洲》（The Cold War in Asia, 2010）這本選輯的第一章裡，華勒斯坦
（Immanuel Wallerstein, 1930-2019）提出以敘事來重新思考冷戰，「這是為了扼要說明我
們該如何理解約莫從1945至1991年這段時期的地緣政治現實」。（Wallerstein, 2010:
15）他接著點明了貫穿這套寫實敘事的預設：「這段時間所有重大事件的發生都是
由美國或蘇聯所啟動的。」（Ibid., p. 17）

華勒斯坦這篇詮釋性論文把這套敘事視為幻想，而且是失效的（Ibid.），原因是
至少有三套另類敘事的出現挑戰了兩極分化的世界，並且創立了以下三個建制（雖
然為期甚短）：（1）1955年萬隆會議（Bandung Conference）後產生的「不結盟」（non-
aligned）國家；（2）由古巴召集的亞洲、非洲、拉丁美洲三大洲結構，這涵蓋了大部
分的第三世界國家；（3）由中國所提出的第三個敘事把美國與蘇聯以外的地區歸於

同一邊。（*Ibid.*, pp. 17-18）華勒斯坦注意到，一九六〇、七〇年代以降只有第二個另類敘事（也就是南、北之分）還在，而對他來說，這是個比較精確的框架，因它仍在既有運動及知識建制中運作。同時，他也強調冷戰敘事的失效，因為：第一，「現實」後來的發展並沒照著兩極化世界的主流敘事來走，即以美國為首的模範與極權共產主義的對峙（後者被視為危害市場與自由，或說危害自由市場）。冷戰據說在1991年左右結束，華勒斯坦認為歐洲的情況大致如此，亞洲則不然，因為共產主義國家依然掌權並掌控著經濟政策走向。第二個相關論點是，冷戰在亞洲並不「冷」，或說亞洲冷戰穿插了像是國共內戰、韓戰的「熱戰」與越戰，而這些地緣上的分斷在東亞有著深遠的後衝力，造就了例如上世紀與美國反共陣線結盟的南韓、台灣、新加坡等「不開明」國家。我認為，從邊陲的視角來看，華勒斯坦聲稱這個兩極切分敘事失效的說法有待商榷，因為在這些邊陲地方，情愫與知識形構在不等程度上已凝結於也構成（我們大可稱之為）冷戰「現實效應」。

我對上述台灣上世紀之交事件的解讀和華勒斯坦的論點之間有著張力存在。他認為冷戰兩極對峙的主導敘事站不住腳、不真實，或許從來沒真實過，然而主流冷戰敘事對地緣政治世界的兩極分化確實發揮著作用力。包括美國在內的一階國家至少從二十世紀中葉起就被視為二階國家的模範，成了二階國家參與國際家庭事務的首要對話對象。國家間存有文化差異的說法其實遮蔽了國家內部展現於文化與政經形式之間的不均勞動分工管理，同時也對二階國家的國／際上表現方式，諸如自主性、異議或可協商的否決權施加了壓力。[17]

在美國性戰役故事的某一版本中，這場一九七〇到八〇年代發生的爭戰在紐約哥倫比亞大學伯納女子學院（Barnard College）召開的一場會議（1984）達到了高峰，這場會議也成了把早年眾多社運團體切分為二的代稱：女性解放、黑人及有色人種女性主義、性解放、男女同志運動等被劃分為重疊然而卻又對峙的陣營，一邊是反色情、反性、反社會主義女性主義，另一邊則是對性持友善正面態度、反言論分級檢查、性解放及一九九〇年代的酷兒女性主義。在這個故事版本中，反色情女性主義陣營雖然在美國境內的文化與學術辯論中敗陣，卻在政治法律改革方

---

17   傑夫・班雅明的主要論點之一，民族國家形式及其內嵌的國際序列（模範）之隱形化，體現於不同學科領域以工業化資本主義的現代化發展邏輯為前提與目標，其中又以二階國家的社會學為最。（Benjamin, 2015[1985]）

面大有斬獲（尤其在聯合國層級與美國海外），進而影響了加拿大、瑞典、非洲乃至晚近南亞及東亞的結構性法律改革（麥金農於2014年造訪台灣時就曾一度讚揚台灣的性騷擾法律改革做得比美國好）。可以說，美國境內「失效」的性冷戰自一九九〇年代以降逐漸在全球布局上翻身，尤其拜NGO運作之賜，在亞洲以及歐洲後社會主義國家中取得了空前優勢。（Ho, 2010, 2014a, 2014b; Ghodsee, 2010; Suchland, 2015）這項女性主義工程得以「達陣」，部分原因可歸於歐洲冷戰終結以及市民社會與反人口販運方案合作下促成的新興經濟體系。[18]

　　我接下來要處理的這組美國女性主義文本，其學術全球化有著意外的效應，它固化了其實仍在進行中的動態交流，其中許多的想法都源於小團體或運動（類似今日數位世界的群眾集資概念），論文雖然是單一作者，論戰對話卻鑲嵌於多層的脈絡中。以下的閱讀將透過四篇文章的相互對話來標誌它們互文的差別，看待它們如何帶著轉移的目標及不等的厲害關係，輪番對話中相互代言也批評叫陣。我不會進入這些交流細節的美國歷史在地脈絡，這方面已有許多批判性的文獻重估所謂美國第二波女性主義運動及其歷史作用。我採取的視角發自於二階／發展中地區的教學接收觀點。1990年初的我當時是「拙角度」成員（後解嚴年代各式各樣的小團體紛紛成立），由於年紀稍長，就在「拙角度」裡擔任部分導讀、轉譯的工作，那時我們猛K的東西就包括了那四篇論文中的其中兩篇。（Chang, 2009: 132-138）現在回看，我花了近二十年的時間才開始將那些凝結成台灣在地女性主義迷思的文本層層剝開，才得以讀到其去種族化的意涵：亦即，這個女性主義迷思不但照舊把美國種族資本主義視為理所當然（如同斯匹瓦克在〈三個女人文本〉〔 "Three Women's Texts and a Critique of Imperialism," 1985〕所提出的批判，它與大英帝國主義有種連續性但又有所差別，銜接的是戰後以美國為首的後冷戰秩序及其敘事），也再度隱蔽了關鍵的「美國語法」（American Grammar）（引自斯皮勒斯〔Hortense Spillers, 1942-〕）中的奴役文化前廳（包含家奴的妾侍勞動），當時的原始積累何以成為奠定至今種

18　這些女性主義反人口販運方案所涉及的經濟與政治問題必須放在冷戰迷思所勸阻（若非阻絕的話）的社會主義或馬克思主義框架中來解釋。這樣的探問取徑必然包含了晚近學者對女性主義如何與新自由主義模式管理共治的內部批判，也側重女性主義分析思維的新轉向，即一方面把經濟問題重新置於政治議程中檢視，另方面則審視再生產作為全球主體重構及政經重組的一環。（Barlow, 2000, 2001a, 2001b; Eisenstein, 2009）

族化的經濟與政治家庭、家園秩序（就羅馬意義上來說）的基石。（Spillers, 1987; Spillers, et al., 2007）[19]

茹賓的〈交易女人：性的「政治經濟」札記〉（"The Traffic in Women: Notes on the 'Political Economy' of Sex," 1975）在美國等地被列為婦女研究的必讀文本，而該文出版四十週年（2015）的紀念場合也標誌了它對美國運動和學院建制的意義。在方法上它提出了一套政治分析，企圖在思想、抗爭、實踐的困境裡尋找答案，也就是我們對女人如何被壓迫的理解終將決定我們採取什麼樣的抗爭策略、決定誰或什麼是首要敵人。這篇文章紀念也彙整了一九六〇、七〇年代以來的集體批判思想及運動能量，其論戰性質的文體劍指婦女運動中的特定部分，做出了以下的定論：父權制度（過於籠統）與男人（過於特殊）並非主要的鎖定對象，但是必得用一個仍有待分析研究的「性／別系統」（sex-gender system）來加以取代，而這對英美世界以外的其他地區來說更是如此。茹賓的方法部分採取了恩格斯對十九世紀家庭與私有財產的歷史物質批判敘事，然後她延續了恩格斯（Friedrich Engels, 1820-1895）與馬克思（Karl Marx, 1818-1883）批判閱讀十九世紀人類學知識（摩根〔Lewis Henry Morgan, 1818-1881〕）的精神來逆讀李維史陀（Levi-Strauss, 1829-1902）及弗洛伊德（Sigmund Freud, 1856-1939），並且用這樣的逆讀來填補恩格斯所處歷史時刻與茹賓自己所處歷史時刻之間的空隙。若說摩根的人類學對自身的歷史物質分析取徑潛力沒有自知之明，李維史陀及弗洛伊德則未能完就他們字裡行間潛藏的女性主義者批判。文末，茹賓對「性／別系統」的分析思維提出了展望，期盼這套結合女性主義和歷史物質分析的取徑可以在世界他處運用；她指出，這些地方在援用李維史陀及弗洛伊德時得更審慎才行，正因他們的理論在歷史眼界與知識資源上都有其侷限性。

茹賓於是以「性／別系統」替換了父權制度與男人，這套體系之分析彰顯婚姻（作為交易女人的普同形式）如何在結構上強加了性／別的二元侷限。相較之下，寫於十九世紀後期的恩格斯則主張把跟財產配置的婚姻視為連續體，因它終將一併增生通姦與賣淫，特別在工業資本主義情境下。在論文的後半部分，茹賓把重點轉移到（核心）家庭的心靈與心理生產上，而這套機制依然在二十世紀驅動著作

---

19   斯皮勒斯之於美國研究，與斯匹瓦克介入英美文學女性主義異曲同工，提醒著所謂進步思潮在學院建制化與典律建構的同時，去歷史的（去）政治傾向。

為主要交易女人形式的異性戀婚姻，同時也把所有不合格的女性特質（及陽剛特質）從帶有光環的家庭驅逐出去。茹賓分析所暗指的，是核心家庭作為異性戀化的體制，而和恩格斯與弗洛伊德的論點相異的則是，對家庭的不滿也有其異議的生產性質，因而孕育了生活經驗及理論上的革命與反叛。

茹賓反對把父權制度及男人當成運動分析思維和標的：後者把結構性的改變誤判為不是太寬廣就是太狹隘，父權制度沒有轉圜的空間，男人或雄性人類也因而個別／個人化了。此外，儘管它矢言把婚家內外所有女人團結起來（那些有條件進入婚家，因而有資格生育的女人，以及「被」失婚的潛在革命與反叛者），就效果而言，這篇論文則確認了一種貫穿二十世紀優生邏輯、潛在強化種族區分以及階級階序的生物本質主義（biologism）。[20] 芮曲的名作〈強迫異性戀與女同性戀存在〉（"Compulsory Heterosexuality and Lesbian Existence," 1980）也呼籲要團結史上以及世上所有女人，不過她則是重申父權制度到處的共通壓迫性質（這點似乎在反擊茹賓），因而更強調異性戀作為父權－婚家－社會的強制性。其中，女同性戀被政治化想像為主要的抵抗位置，而不單是甚至不全然攸關性欲望及性實踐。

方法上，芮曲的〈強迫異性戀與女同性戀存在〉審視了世界文學及社會學研究，以顯示長久以來世上女人到處被徵召（這是茹賓的用詞）進入異性戀家庭並為父權服務，這過程讓女人充當母親、姊妹、朋友、愛人的用處得以反覆出現，也得以遺忘（如果不是背叛原初依附的話）。此文旨在顯示並召喚或「帶出」一個有政治性格的女同性戀連續體（一種女人認同女人的愛以及忠誠），而芮曲堅信，這連續體從來就存在於父權制度中，因此必得把它整個從內到外翻轉過來才行。為了要聯合所有女人抵抗父權，芮曲的文章對所有女人（中的認同、愛、忠於女人者）喊話，要她們加入這種姊妹情誼或成為女人認同女人運動的前鋒。在此文的對話與分析思維中，女人認同的說法把一種女人之間的愛視為優先，其基礎是父權宰制下女人共通的壓迫經驗（大多與性有關），而這連帶的作用則淡化了性在欲望

20　關於女性主義中的生物本質主義，參見史德格的〈女性勞工：社會不平等的自然化和婦女的從屬地位〉（"Women's Labours: The Naturalization of Social Inequality and Women's Subordination," 1981）一文；關於生物本質主義及其優生傾向與新（歐洲）文化基本教義派的接合，參見史德格的〈談論文化〉（"Talking Culture: New Boundaries, New Rhetorics of Exclusion in Europe," 1995）一文以及註11。

及關係中的重要性。這篇文章的生理本質論被一種精緻的女同志女性主義政治決心所貫穿與強化，而論者已指出，這種分析上的位移——從女同性戀個人擴及社群的欲望與性，到女同性戀作為女性主義政治前鋒——邊緣化了美國在地歷史與日常中艱辛的同性關係，像是二十世紀工業化都會區發展出來的Ｔ－婆社群及關係。它強硬的生理本質論同時也預示了和非二元性別族群，包括Ｔ－婆社群，跨性者與跨性別人群，往後在政治上的結盟困難（若非拒絕想像其可能性的話）。過往歷史及當代的Ｔ－婆關係「被」讀成種種政治或心理形式的自恨：女人的共（內）敵往往體現於凝滯的陽剛，其倒退式的男人認同與先進女人認同形成了陰柔二元對立的對抗關係。

　　在我的閱讀中，在向全天下古今所有女人昭告的言說模式上，這兩篇論文不經意地局部構成了冷戰現實效應。兩篇皆寫成於美國國內運動及社群辯論的高峰，而在女性主義及同志研究在美國學院開始建制化的時刻，兩者都踩著較為社群而非學院的立場，從而做出了有效的介入。然而，這源於美國內部的論戰卻意外在全球文化中獲取了相當程度的重要性，甚至或尤其在那些不全然說英語的地方和學院（拜地緣政治之賜）。

　　芮曲深具召喚性的分析思維之所以有力，正肇因於文中所使用的冷戰語言：雙重思想與認知扭曲。對她而言，男人認同會導向雙重思想，而這個詞是歐威爾（George Orwell, 1903-1950）在小說《一九八四》（*Nineteen Eighty-Four*, 1949）鑄造出來的，用以描繪社會主義變成法西斯惡夢：

> 值得進一步探索的是，許多女人都有雙重思想（doublethink），也沒有女人可以從中全身而退：無論女女關係、女性支持網絡、女性及女性主義價值體系有多被看重、多被珍視，男性可信度與優勢地位的教化與灌輸仍然讓女性深陷於思想突觸（synapses in thought）、否認自身感受、一廂情願（wishful thinking），在性和智識方面一片迷惘。（Rich, 1980: 646）

女人認同女人即女性即女性主義，在政治和倫理上都有別於有男性認同的情感與實踐。對男性認同的日常姑息就是不同形式和不同程度上的自我背叛；母親、妻子、妓女、名妓、「性解放」女人依序一字排開，成了政治女同性戀連續體的負面

妥協式形構：

> 這雙重生活（double-life）——對包庇男性利益、特權建制的明顯姑息——
> 已然是女性經驗的特色：這在做母親的經驗中也在包含求偶儀式的各式
> 異性戀行為中，像是十九世紀的人妻佯裝無性（asexuality）、妓女假裝高
> 潮、名妓，以及二十世紀的性解放女。（*Ibid.*, p. 654）

反共句法在此被部署或置換了一個於一九八〇年代美國境內開戰的前線，其
對抗的是文明世界的最後野蠻遺跡（在這裡被濃縮為父權的指稱）。[21] 在效果上，
這就是麥金農延續芮曲的文章之處。在〈女性主義、馬克思主義、方法與國家〉
（1982）這篇文章的結尾，麥金農在一處岔開正文的字句中指出，女性主義（而非馬
克思主義）是身處此一歷史時刻的唯一方法；透過意識提升，「女性主義將徹底翻
轉政治」。她總結說，文章寫成的一九八〇年代是個（世界性）的歷史時刻，這是
因為「已發展資本國家工人的失敗肇因於無法在社會主義意義上從事組織動員，
而〔社會主義國家的〕左翼革命之所以潰敗乃因它不在女性主義的意義上解放女人」
（MacKinnon, 1982: 544）。在此，麥金農預先搬演了福山「歷史終結」的說法，也就
是，西方世界進步已在社會主義陣營崩解下達到高峰，伴隨歷史終結到來的無聊
感正等著那些住在啟蒙、已教化地區的人們，而對西方以外的「剩餘」地方，歷史
則意味著加速改變或急待救援。

不過麥金農跟福山有個重要的差別，那就是她提到的那兩個潰敗：西方沒能

21　「對許多在這個時期長大的我們而言，冷戰反共構成了我們文化生活、理解世界的類宗教道德核
　　心，冷戰論述一直是整體美國政治文化的根本要素，因為它所呈現的意象及意義是我們所持最
　　為普遍的全球視角。」（Pietz, 1989: 133）匹茲（William Pietz, 1951- ）在此的陳述出自於他對戰後
　　美國、歐洲作家（其反社會主義立場從右派到左派皆有）的分析與回應，以揭示斷續卻又累進的
　　意識形態效果。在匹茲的閱讀中，這些作者所使用的語言將被殖民的原始又野蠻投射到法西斯
　　極權及其國族主義國家或人民之上。結果是（這也是厲害關係所在），這樣說法拯救了西方文明
　　及其核心價值：法西斯極權主義從未發生於歐洲，因為全都是東方或他方原始主義的錯，就是
　　因為與化外之民和地方的不幸接觸，原始主義才會挾（無辜或中性）現代科技進入歐洲。匹茲的
　　說法對當下的「原始、野蠻」——病毒、移民與難民「危機」深具洞見，也呼應了史德格對新「西
　　方」文化基本教義派的分析。（Stolcke, 1995）

解放自己的工人、社會主義國家沒能解放自己的女人，兩者合起來就是，鐵幕內外的左翼運動都敗下陣來，因此亟需一個把性視為階級，把暴力視為剝削的革命性女性主義政治。在此，女性主義的分析思維從一種視角及日常經驗竄起：相對於男人與男性，女性以及女人的性都是被宰制且無力的，故而有了女人「墊底」的觀點：「這種共通性說穿了就是，即便有真實的改變，被操就是墊底」(*Ibid.*, p. 523)，「女人的政治經驗，她被當成性客體的生活經驗，都造就了自身援用那個現實的方法，即女性主義方法」(*Ibid.*, p. 535)。女性主義的方法就是意識提升與覺醒；個人即政治不僅有直白的意涵，也有著形構上的意涵，性因而被界定成最為個人、也最受到侵害的私密物。這確保了女人經驗的共通性——性作為階級，被操的女人作為墊底社會階層——也奠定了強硬派女性主義政治的基礎與疆界。

　　麥金農這篇文章在邏輯、政治上可以讀成是一派女性主義的（女性）性政治的綜論，而這條路線在茹賓的〈交易女人〉(1975)中就已浮現（女人是婚姻交換的客體而非主體），進而在芮曲的〈強迫異性戀與女同性戀存在〉(1980)中得到擴增（父權異性戀徵召女人及未必跟性有牽扯的女同性戀存在作為政治抵抗）。就在這節骨眼上，茹賓以〈思考性〉("Thinking Sex," 1984)再度加入了戰局。在我的閱讀裡，此文做出的介入主要有二：(1)它重探了〈交易女人〉後半部論及的美國二十世紀核心家庭及其二元性別化之再生產，並把這個故事給複雜、多元化；(2)把受制於性別基礎結構的性（麥金農）從中解救出來，而這回，茹賓倚重的是傅柯（Michel Foucault, 1926-1984），她回溯了座落於不同現代論述場域中的性恐慌、性思維阻礙、城市與人口之間的各種大小性戰役、嚴酷的性法律及二十世紀美國的性分層化。茹賓把工業化過程中從親屬關係脫離的現代「性」體系做了一番歷史化的梳理，這過程危機所引發一波波的性恐慌則導致了越來越嚴厲的性立法。因此，茹賓不但分析了性思維模式（性的負面性、性的小題大作、性階序、忌性的骨牌效應論）及其在「思考『性』」上所導致的混淆，同時也指認了宗教、心理學、女性主義、社會主義等論述對性思維與性實踐做出的價值判斷傾向。茹賓反對激進女性主義把性別與性混為一談，以性別範疇來統攝「性」（此乃階序的含括邏輯），主張在思想與實踐上把性視為相對獨立的場域，並以承接歷史性的性族裔為基礎（像是後工業化的「少數」社群及運動），從而邁向一種以多元的性倫理為實質內涵的民主道德。

茹賓的論述分析思維部分源於批判模式的在地化轉移（二十世紀美國），其反映的是對歷史及地緣政治的新察覺，不過它也回應了茹賓自己在〈交易女人〉文末呼籲要有更多各地的歷史、政治、經濟面向開展的性論述研究。茹賓把性和性別的戰線區隔開來，進而把女性主義和美國左翼視為有礙「思考『性』」的成見來加以批判，她的分析不但點出進步政治何以不願從事打破性迷思的思想探索，也意外彰顯了美國一九八〇年代婦女研究及女性主義的學科建制化是如何對同志／酷兒研究的理論化起了深具生產性的作用。最後，她在文章結尾暗批麥金農誇大的範式轉移時，力陳了理論多元主義的必要性，因為「這種以女性主義取代馬克思主義並欲對社會理論蓋棺論定的作法是錯誤的」（Rubin, 1984: 32; 2011: 180）。

我對這四篇文章的簡化閱讀意在強調它們如何交疊（它們除了彼此對話也以各自所處的時空為說話對象），而它們發表的期間正是冷戰趨於緩和的年代。我把這視為一種跡象：每一篇都與美國一九七〇、八〇年代新社會運動的批判思維有著部分的結合，而這體現於理論化、運動策略、干預介入、開闢論戰的全方位展開。同時，我也想要指出，若我們去追溯一下這四篇文章後來在相關領域及建制裡是如何被納入典律，被批判與擴充的話，那麼每篇文章也可視為各自結合而衍生出的次級符號系統，匯聚成（後）冷戰「全球化」之英美語系女性主義言說一隅。芮曲的〈強迫異性戀與女同性戀存在〉和茹賓的〈交易女人〉是婦女研究或婦女研究歷史課表上的長青樹，麥金農則公認是已然全球化的法理女性主義主要理論家，而她的論述也引發了美國在地與國際的強烈批判。（Halley, 2006; Kotiswaran, 2011）茹賓的〈思考性〉標誌了酷兒研究的開啟，而與後者相關聯的同志研究則是共享了〈交易女人〉中的女性主義（值得注意的是，「交易」所明示的是婚姻而非賣淫系統，而茹賓向恩格斯致敬所沿用的批評方法，已被人們忘卻了二十多年）。在美國的酷兒後殖民以及有色人種女性主義領域裡，〈思考性〉也曾被批判，而此一反對陣營的思想及實踐至少可以回溯到一九六〇年代。到了一九八〇年代中期，激進女性主義的開山大將芮曲也做出了深刻的自我批判：

> 冷戰心態和一種高舉男性罪惡與女性受害的女性主義是否有所關聯？前者把所有的問題都歸咎於外部敵人，而後者也一併泯滅了女人、男人、地域、時間、文化、條件、階級及運動間的種種差異。除非我們

積極留意，否則活在這種非此即彼的巨大氛圍中將為它所左右。（Rich, 1986[1984]: 221）

女性主義者的非此即彼與敵我，全天下生理女人中的演進前鋒與「內敵」（母親、妻子、娼妓、名妓、「性解放」女人），這些敵對關係的構成與劃分多多少少都有著婚姻建制的中介。 而四篇各自彰顯專偶婚姻與現代小家庭作為典範女性化（異性戀女性）以及不典範女、男性化的制度化——婚家即便脫離了前現代的親屬制（宗法），男女有別之身心養成機制反倒更細微深入，因而才有茹賓強調的不合格與脫逃之同性戀女男，芮曲想像的女女跨越婚姻之前衛合作與對立，以及麥金農設定的無論婚姻內外都墊底為工具化的女性之性。而恩格斯容易被忘掉的洞見之一，就是布爾喬亞伴陪式婚姻中的不平等財產及繼承法律，其延續性一直到十九世紀末（還有二十世紀）都還確保著女人與男人在婚姻建制中，經由婚姻建制而「被」自我工具化。他的論點幫助我們理解持續推動離婚法鬆綁所引發的爭議到底為何，因為修法行動挑戰了，卻無法解決，號稱平等的專偶制所掩蓋的制度性經濟、政治不平等。此外，女性主義的文學與歷史研究也分析了基督教專偶制的種族與階級向度，是如何與英美語系帝國主義的文明教化任務共構。

到了本世紀之交，美國女性主義的一九七〇、八〇年代「典律」已在全球擴散，美國境外的大學課堂和工作坊也因而沿襲了帶有生物種族印記的帝國感覺結構及其冷戰知識形構。美國及他處的女性主義歷史學者，社會學者與文化研究者已就女性主義作為現代化公民教育學的傳導做出了批判與省思。巴洛（Tani Barlow）就注意到，新自由主義年代裡的全球女性主義，其落實於美國及海外的教案，不但重蹈了帝國主義的定律，也為新自由主義服務。（Barlow, 2000; 2001a; 2001b）艾森斯坦（Hesther Eisenstein, 1940-）也異口同聲指出，美國城市中的開明女性主義課程和教材，讓少數族裔和新移民女性更能適應並加入美國社會日益尖銳兩極的種族化的階級競爭。（Eisenstein, 2009）米山（Lisa Yoneyama, 1959-）則進一步分析了國際及美國媒體中的冷戰女性主義修辭是如何替二十一世紀的戰爭衝突開脫。（Yoneyama, 2005: 899-900）

六、妾侍？妾侍制？抑或婚權下放[22]

　　麥金農跳開正文論及女性主義歷史重要性的那段話——女性主義一鼓作氣取代馬克思主義，為有待完善的美國與（西方）世界（約莫1982年起）提供終極改變的社會理論——跟尤美女2017年的評論（她視1997年為台灣婦運起飛，同運萌芽的歷史時刻）有著平行的關係。兩者所講的女性主義故事都與歷史有關，因而也就涉及了女性主義史觀。讓我在此以尤美女的女性主義史觀所清空的（公）娼與妾歷史連續體來為本文做結，除了指出尤的故事是如何讓那些被視為跨越符號體系改變，在表意鍊中跨越分斷的女人生命更加艱難，另外也探究尤美女訪談中兩道關於妾的蹤跡。

> 　　因為我們發現說，光是婚姻平權，要過都已經很困難了，何況後面那兩個。結果你也看到，大家在擋的就是多元成家嘛。大家就把它一直汙名化，扯來扯去扯不清，一直到今天都是，我是覺得這個策略⋯⋯唉⋯⋯（何欣潔，2017）

> 　　「當年修《民法》跟今天同運一樣，不斷受到抹黑，今天抹黑同志的話語，當時也一樣抹黑女性主義者。女性主義就是性解放、性解放就是開放性、開放性就是性氾濫、性氾濫就是一杯水主義、一杯水主義就是人盡可夫，就是一直劃等號過去啊。今天也一樣啊，同志婚姻就可以多P、多P就可以人獸交、人獸交就可以亂倫，講的內容都一樣。」原本語速平緩的尤美女，突然以飛快的速度劈哩啪啦地念過所有性解放的「帽子」，顯然嫻熟已極。（同前引）

22　昆茲在其書的最後章節提出：「推倒區分婚姻與非婚姻之間的圍牆，被一些法律史學家與社會學家描繪成婚姻的去機構化或是去合法化，甚至是法文的去婚姻。我很欣賞歷史學家柯特〔Nancy Cott, 1945- 〕的觀察，就是此刻更近似歐美的立法者當初廢除他們的國家宗教。一旦廢止，國家不再具有一整套法規對特定人士（群）賦予特殊權利與特權，卻在同時拒絕把同樣的權利賦予他者／群。」（Coontz, 2005: 280）

尤使用的句法的預設是，女性主義者大多不是，或者根本就不是這些損人毀譽的「帽子」。這種混淆能避免最好，不過播下此因並從中得利的正是那些本來就搞不清上述差別的人（以基督教為首的護家宗教團體聯盟）。尤最後只好放棄了直接導致這場泥巴戰的不幸策略，也就是，以「多元成家」為名包裝的三個法案。三案中居首位的是尤本人推崇的婚姻平權法案，再來是伴侶法，最後一個是尤認為引起混淆的多元成家法案，不過她也有可能指的是三個綁在一起造成的效果。

　　從法律史研究的角度來看，第三個法案的前身可回溯至民初時期的法律改革：國民黨對妾侍制的含蓄處置就是在《民法》中剔除對妾的所有（其他）指稱，而這在效果上就是妾侍制先前作為法律建制的地位遭到廢除。「民國初期的法學者繼續將男人與其妾的關係視為一種非正式但絕非合法的婚姻。〔……〕當民法中有關妾侍制的詞彙條文全部去除，這個非正式卻不合法的空間就消失了。妾侍制法律上不再存在，於是先前為妾者，再不能被定義為妻；國民黨的法律沒有保留介於妻與妾之間法律範疇（an intermediate legal category）的空間或可能。」（Tran, 2009: 103）這段歷史與當前台灣法律改革的延續性有其重要性，然而卻被忽視或被遺忘。絕大部分闡述這套法案的已出版文字沒直接提及這點，雖然法案起草者很清楚它的歷史淵源，也明白這法案的便利性，因為只需更動少許既有《民法》親屬編條文便能將「酷兒家戶」合法化。（Ibid., p. 51）簡單來說，第三案允許非婚與非血緣關係者成為家戶而非親屬成員、享有相關保障，不需結婚或親屬關係，也不用成雙配對。它轉化了（長達一世紀建造的一夫一妻專偶之）婚家，也喚出了家戶形式的多重性及其附加的責任與義務，兩人或多人可以在沒有血緣牽絆下彼此承諾一同過活，其關係很根本地反映在經濟層面的互惠：相互管理家戶以及物質資源，且沒有性特權或繼承權從中作梗。此外，家庭成員的生活與去留機會平等也讓戶長變得多餘，因此這法案可說是將既有戶口登記制的親權本位予以酷兒化。效果上，婚權被下放。

　　中國歷史學者余華林把妾侍界定為座落於階序化的跨代家戶、且為大清帝國法律所認可的地位。過往法律僅限高層相關家戶納妾，不過到了清代（1640年以降），規定鬆綁，有財力的平民也開始納妾。（余華林，2009：301-307）民初的一連串法律改革導致了妾侍制度在法律形式上的消除，在此轉型時刻的《民法》，確立

了妾得以「家屬」（非親屬）身分獲取一定的法律保障。[23] 這個民國時期條款一直到一九八〇年代台灣才告廢止，也證實了在這種家戶安排下過活的女人汙名處境，而這依然可以在企業主及政治統治階級之再現中看到（例如媒體以煽情報導渲染戶長死後的遺產之爭），市井小民案例也所在多有（計程車司機、小生意人、演藝圈），成為媒體消遣的對象，不過大眾小說、電視連續劇（《艋舺的女人》）、電影（《相愛相親》〔張艾嘉導演，游曉穎編劇，2017〕）則有較為複雜的呈現。

席爾・蓋茲（Hill Gates, 1942-）及其他人類學者所稱，在中國特定地區實踐的「小婚」形式並不僅限於女人，像是那些沒財力娶妻的男子就入贅成為妻家的養子（也是「家屬」）。（Gates, 1996）[24] 二十世紀初的革命年代，在一波波婚家改革聲浪中，新式法律及文化語言成了檢驗地域性小婚形式與關係的標竿。法律歷史學者陳利莎（Lisa Tran, 1937-）回溯了國民黨如何策動妾侍制的法律形式廢除，而非實質的廢除。（Tran, 2009）此後，妾侍制度與妾雖然從一套現代化的法律上消失，然而通姦的罪刑化卻持續從女人擴展至男人，而這都是為了確立符合現代國家標準的專偶制。這顯示，國民黨早期的修法在用字上為妻（原配）的社會、道德優勢撐腰，一方面有條件地把少數妾同化為妻，另方面則以通姦罪刑化來保護妻（與夫妻之家）、好防範妾的威脅。民國時期通姦罪刑化之禁妾殘餘，至今仍運作於台灣，少數人們依然把它視為對妨害家庭的懲罰與保障。[25]

在這樣曲折的歷史場域中，賣淫和婚姻並非對反；它們是恩格斯與茹賓所理論化的（進入全球民族國家序列的）結構性連續體，然而這連續體卻經年不見於主

---

23 「『稱家者，謂以永久共同生活為目的而同居之親屬團體。』（《民法》第1122條）最高法院在1932年的判決中澄清，離開家戶的親屬成員，雖失去家屬身分，仍保有親屬之身分。大理院長〔……〕稱此群體為『正家屬』，相對而言沒有親屬身分的家人，稱之為『準家屬』。後者屬於新範疇的家戶成員，完全根據同居與否來規範：『雖非親屬，而以永久共同生活為目的同居一家者，視為家屬。』（《民法》第1123-3條）」（Tran, 2009: 51-52）。

24 「這個〔準家屬〕範疇包括女婿、跟隨母親再婚帶來的小孩、童養媳、以及妾。」（Tran, 2009: 54-n10）

25 顧德曼（Bryna Goodman）的〈共和時代反妾運動家以及一份虛構的妾侍宣言〉（"Anti-Concubinage Activists in the Republican Era, and a Fictional Concubine Manifesto"）發於「AAS-in-Asia Conference」（Kyoto, 24-27 June 2016）；這篇論文分析當時多數婦女團體的廢妾立場以及反廢妾的少數論述。（Goodman, 2016）這或間接支撐了專偶婚法理上的妻是原配位置與想像之轉化。

流女性主義故事，一直到最近才得到關注。妾侍既連結又拆開賣淫和婚姻（作為歷史建制和文化想像），挑戰之餘卻又很實在地為這連續體上的兩端在情感勞動及實踐（包含性服務）上搭起了橋梁。貫穿賣淫、通姦以及專偶婚姻的結構性延續向來是部分社會主義，馬克思主義以及酷兒和後殖民物質女性主義的分析思維基石，從恩格斯到茹賓，以及福陀納絲與柯絲司瓦然。（Engels, 1972; Rubin, 1975; Fortunati, 1995[1981]; Kotiswaran, 2011）在工業化與帝國主義的高峰時期，恩格斯注意到婚姻如何以私有財產和繼承為基礎，和通姦、賣淫同在一個連續體上；婚姻衍生了通姦和賣淫，反之也是。在二十世紀前的華文言說脈絡中，娼妓、妾與正妻不但是顯著的地位以及階序化的生計，看似競相互斥，也替複雜的生命鋪成軌道，因為賣淫可以轉進成為妾侍，以「從良」這種非正式方式進入家戶，甚至變成妻子，從而在父系家庭及（科層）朝貢體系中獲取正當性。然而無論殖民或國族主義的法律改革都有個傾向，那就是不把女人沿著歷史脈絡裡的賣淫－妾侍連續體往上爬的願念抱負當一回事，甚至直接抹除了她們的能動性。

在第三節中我曾提到了一位以前可能近似妾的公娼，她早年生命軌道上可能「被賣」，或說她從青春期開始就自己開啟了一段養家的歷程。二房、情婦、做小的或細姨、第三者，這些「帽子」都是扔向這些位置的貶抑詞。然而，正如社會歷史學家與人類學家所發現的，這位公娼的生命軌跡及其敘事是（戰後發展中地區如台灣的）正式與非正式婚姻制度之間移動的一種過程：一邊是非正式經濟模式，另一邊是（從屬於／準）正式婚姻經濟。令人深思的是，她生命歷程的這個位移面向，到頭來卻比她做公娼更為「隱蔽」，甚至在（進步）社運圈中更難以言明，而這汙名作用的加乘，正來自本文所解讀的那種充滿善意的，帶著原配影子的專偶之「妻」為隱形座標的女性主義故事敘事。

台灣政府廢除公娼的舉動部分是關於國家廢除被等同於剝削的商業情色交易。一方面，賣淫被非法化，而另方面，婚家中的性服務私有化管理卻透過法律的保障與規範而再度確立。同性婚姻權利因而可視為再生產私有化的普同化，不過這在性別（同性）、階級（有足夠經濟與心理資源可以撐起專偶的合格私人領域）以及公民權（種族）的維度上都是有條件的。愛與苛待抑或愛及其濫用都是私領域的語言，伴隨而來的是居家生產力能量（正向與否）的神祕化。

賣淫－妾侍－專偶／通姦中介了經濟與政治強行改變的歷史進程，女性主義

故事要是遺忘了這（連）變續體的歷史，到頭來可能會幫倒忙。相較之下，「家戶成員」或非親屬之家人這個過時法律的殘餘以「多元成家」重新出檯，還有由姜領銜充當雙戶長的連續劇複雜再現，這些都讓我們得以重新想像婚姻光譜，對其與時俱進的社會轉化之可能下放（消弭符號價差）燃起希望。

引用書目

中文書目

za9865(Joanne)（2014）〈〔心得〕艋舺的女人也太好看了〉，「批踢踢實業坊」[Ptt.cc]，看板 TaiwanDrama *Kanban taiwandrama*，2014年8月24日。

王顥中等（2013-2016）「想像不家庭」，苦勞網公共論壇，「苦勞網」。[https://www.coolloud.org.tw/tag/想像不家庭]

何欣潔（2017）〈專訪立委尤美女：同志平權運動是乘著時代潮流推進〉，「端傳媒」（端傳媒科技香港有限公司）2017年1月6日。

余華林（2009）《女性的「重塑」：民國城市婦女婚姻問題研究》，北京：商務印書館。

吳永毅（2014）《左工二流誌：組織生活的出櫃書寫》，台北：台灣社會研究雜誌社。

李惠娟（1999）《春子與秀緞》，公視「人生劇展」台語劇，1995年拍攝，1999年播出，劇情改編自1993年行政院新聞局優良電影劇本〈艋舺的女人〉，引自「維基百科：自由的百科全書」，維基媒體基金會，2019年3月23日。

——（2014）《艋舺的女人》，台灣八點檔時代劇，劇情改編自行政院新聞局1993年優良電影劇本〈艋舺的女人〉，引自「維基百科：自由的百科全書」，維基媒體基金會，2020年5月27日。

洪凌、王顥中（2019）《想像不家庭：邁向一個批判的異托邦》，台北：蓋亞。

張育華、王芳萍、拔耐‧茹妮老王（秋月）（2014）《伏流潛行：女性社運工作者練功手記》，台北：財團法人導航基金會。

張榮哲（2018）《文萌樓的鬼：都市性產業空間，從主流社會的它者到打造激進政治的原點》，國立臺灣大學建築與城鄉研究所博士論文。

外文書目

Barlow, Tani. 2000. "International Feminism of the Future." *Feminisms at a Millenium*. Spec. issue of *Signs: Journal of Women in Culture and Society*, 25(4): 1099-1105. [https://doi.org/10.1086/495527]

———. 2001a. "Degree Zero of History." *Comparative Literature*, 53(4): 404-425. [https://doi. org/10.1215/-53-4-404]

———. 2001b. "One Single Catastrophe." *Radical History Review*, 79: 77-80. [https://doi. org/10.1215/01636545-2001-79-77]

Barthes, Roland. 1972[1957]. *Mythologies*. (Annette Lavers Trans.). New York: The Noonday Press, Farrar, Straus and Giroux.

Benjamin, Geoffrey. 2015[1985]. "The Unseen Presence: A Theory of the Nation-State and Its Mystifications." 1985. Working Paper Series of the Department of Sociology, National University of Singapore. *Inter-Asia Cultural Studies*, 16(4): 548-585. [https://doi.org/10.1080/14649373.20 15.1103071]

Chambers, Clare. 2017. *Against Marriage: An Egalitarian Defense of the Marriage-Free State*. Oxford, Oxford University Press.

Chang, Doris T. 2009. *Women's Movement in Twentieth-Century Taiwan*. Urbana: University of Illinois Press.

Coontz, Stephanie. 2005. *Marriage, A History: From Obedience to Intimacy or How Love Conquered Marriage*. New York: Viking Penguin.

Ding, Naifei. 2015. "In the Eye of International Feminism: Cold Sex Wars in Taiwan." Review of Women's Studies Special Issue. *Economic and Political Weekly*, 50(17): 56-62. [https://sex.ncu. edu.tw/members/Ding/pdf/In%20the%20Eye%20of%20International%20Feminism%20 Cold%20Sex%20Wars%20in%20Taiwan.pdf]

Duggan, Lisa. 2003. *The Twilight of Equality? Neoliberalism, Cultural Politics, and the Attack on Democracy*. Boston, Beacon.

Edelstein, Dan. 2004. "Between Myth and History: Michelet, Lévi-Strauss, Barthes, and the Structural Analysis of Myth." *Clio: A Journal of Literature, History, and the Philosophy of History*, 32(4): 1-18.

Eisenstein, Hester. 2009. *Feminism Seduced: How Global Elites Use Women's Labor and Ideas to Exploit the World*. New York: Routledge.

Engels, Frederick. 1972. *The Origin of the Family, Private Property and the State*. Introduction and notes by Eleanor Burke Leacock. New York, International Publishers.

Fortunati, Leopoldina. 1995[1981]. *The Arcane of Reproduction: Housework, Prostitution, Labor and Capital*. (Hilary Creek Trans.). Brooklyn: Autonomedia.

———. 2007. "Immaterial Labor and Its Machinization." *Ephemera*, 7(1): 139-157. [http://www. ephemerajournal.org/sites/default/files/7-1fortunati.pdf]

Fukuyama, Francis. 1989. "The End of History?" *The National Interest*, 16 (Summer 1989): 3-18.

Gates, Hill. 1996. *China's Motor: A Thousand Years of Petty Capitalism*. Ithaca: Cornell University Press.

Ghodsee, Kirsten. 2004. "Feminism-by-Design: Emerging Capitalisms, Cultural Feminism and Women's Nongovernmental Organizations in Post-Socialist Eastern Europe." *Signs: Journal of Women in Culture and Society*, 29(3): 727-753. [https://doi. org/10.1086/380631]

——. 2010. "Revisiting the United Nations Decade for Women: Brief Reflections on Feminism, Capitalism and Cold War Politics in the Early Years of the International Women's Movement." *Women's Studies International Forum,* 33(1) , January-February 2010: 3-12. [https://scholar. harvard.edu/files/kristenghodsee/files/un_decade_reflections.pdf]

Goodman, Bryna. 2016. "Anti-Concubinage Activists in the Republican Era, and a Fictional Concubine Manifesto." Paper presented at the AAS-in-Asia Conference, Kyoto, 24-27 June, *Asia in Motion: Horizons of Hope*.

Halley, Janet. 2006. *Split Decisions: How and Why to Take a Break from Feminism*. Princeton: Princeton University.

Ho, Josephine. 2010. "Queer Existence Under Global Governance: A Taiwan Exemplar." *Positions: East Asia Cultures Critique*, 18(2): 537-554. [https://doi.org/10.1215/10679847- 2010-013]

——. 2014a. "Gender Governance through Law: Populist Moralism in Aspiring Democracies/ Economies." Paper delivered at the *"Left in the Dark?': Postcolonial Conversations on Law, Neoliberalism and Queer-Feminist Futures"* Conference, New Delhi, India, 17-18 Oct., Jindal Global Law School, O.P. Jindal Global University.

——. 2014b. "The Perils of Sexuality Research in Aspiring Democracies." *Sexualities*, 17(5/6): 677-680. [https://doi.org/10.1177/1363460714531276]

Jones, Gavin W. 2010. "Changing Marriage Patterns in Asia." *Asia Research Institute Working Paper* No. 131, NUS, January 15.

Kotiswaran, Prabha. 2006. "Wives and Whores: Revisiting Feminist Theorizing on Sex Work." *SSRN*, 12 June. 2006. [https://doi.org/10.2139/ ssrn.1845738]

——. 2011. *Dangerous Sex Invisible Labor: Sex Work and the Law in India*. Princeton: Princeton University Press.

Lainez, Nicolas. 2012. "Commodified Sexuality and Mother Daughter Power: Dynamics in the Mekong Delta." *Journal of Vietnamese Studies*, 7(1): 149-180.

Lin, Fang-mei. 2010. "The Marginal, the Paragovernmental, and the Parasites: Revisiting the Dualistic Debates of Rights to Sex Work in Taipei." In Ann Heylen and Scott Sommers (Eds.), *Becoming Taiwan: From Colonialism to Democracy* (pp. 101-116). Harrassowitz: Wiesbaden.

Liu, Petrus. 2011. "Queer Human Rights in and against China: Liberalism, Marxism, and the Figuration of the Human." *Social Text*, 30(1): 71-90. [https:// doi.org/10.1215/01642472-

1468326]

MacKinnon, Catharine A. 1982. "Feminism, Marxism, Method, and the State: An Agenda for Theory." *Feminist Theory*. Spec. issue of *Signs*, 7(3): 515-544. [https://doi. org/10.1086/493898]

McMahon, Keith. 1995. *Misers, Shrews, and Polygamists: Sexuality and Male/Female Relations in Eighteenth-century Chinese Fiction*. Durham: Duke University Press.

——. 2009. *Polygamy and Sublime Passion: Sexuality in China on the Verge of Modernity*. Honolulu: University of Hawaii Press.

Meillassoux, Claude. 1981. *Maidens, Meal and Money: Capitalism and the Domestic Community*. Cambridge: Cambridge University Press.

Parry, Amie Elizabeth. 2016. "Exemplary Affect: Corruption and Transparency in Popular Cultures." *The Wenshan Review of Literature and Culture*, 9(2): 39-71. [https://doi.org/10.30395/ WSR.201606_9(2).0002]

Pietz, William. 1988. "The 'Post-Colonialism' of Cold War Discourse." *Social Text*, 19/20: 55-75. [https://doi.org/10.2307/466178]

——. 1989. "Totalitarianism and the Lessons of History: Reply to Stephanson." *Social Text*, 22: 130-140. [https://doi.org/10.2307/466525]

Raymo, J. M., H. Park, Y. Xie, and W. J. J. Yeung. 2015. "Marriage and Family in East Asia: Continuity and Change." *Annual Review of Sociology*, 41: 471-492. [https://doi.org/10.1146/ annurev-soc-073014-112428]

Rich, Adrienne. 1980. "Compulsory Heterosexuality and Lesbian Existence." *Women: Sex and Sexuality*. Spec. issue of *Signs*, 5(4): 631-660.

——. 1986. "Notes Toward a Politics of Location."(1984) *Blood, Bread and Poetry: Selected Prose 1979-1985* (pp. 210-231). New York: Norton.

Rubin, Gayle. 1975. "The Traffic in Women: Notes on the 'Political Economy' of Sex." In Rayna R. Reiter (Ed.), *Toward an Anthropology of Women* (pp. 157-210). New York: Monthly Review Press.

——. 1984. "Thinking Sex: Notes for a Radical Theory of the Politics of Sexuality." In Carole Vance (Ed.), *Pleasure and Danger*. New York: Routledge & Kegan Paul. Also in *Deviations: A Gayle Rubin Reader* (pp. 137-181). Durham: Duke University Press, 2011.

Sanyal, Kalyan. 2013. *Rethinking Capitalist Development: Primitive Accumulation, Governmentality and Post-Colonial Capitalism*. New Delhi: Routledge.

Smith, Raymond T. 1996. "Hierarchy and the Dual Marriage System in West Indian Society." *The Matrifocal Family: Power, Pluralism and Politics* (pp. 59-80). New York: Routledge.

Spillers, Hortense. 1987. "Mama's Baby, Papa's Maybe: An American Grammar Book." *Diacritics*, 17(2): 64-81. Also in *Black, White, and in Color: Essays on American Literature and Culture* (pp.

203-229). Chicago: University of Chicago Press, 2003. [https://doi.org/10.2307/ 464747]

Spillers, Hortense J., et al. 2007. "'Whatcha Gonna Do?' — Revisiting 'Mama's Baby, Papa's Maybe: An American Grammar Book': A Conversation with Hortense Spillers, Saidiya Hartman, Farah Jasmine Griffin, Shelly Eversley, and Jennifer L. Morgan." *Women's Studies Quarterly*, 35(1/2): 299-309.

Spivak, Gayatri Chakravorty. 1985. "Three Women's Texts and a Critique of Imperialism." *"Race," Writing, and Difference*. Spec. issue of *Critical Inquiry*, 12(1): 243-261. [https://doi. org/10.1086/448328]

Stolcke, Verena. 1981. "Women's Labours: The Naturalization of Social Inequality and Women's Subordination." In Kate Young, Carol Wolkowitz, and Roslyn McCullagh (Eds.), *Of Marriage and the Market: Women's Subordination Internationally and Its Lessons* (pp. 159-177). New York: Routledge.

——. 1995. "Talking Culture: New Boundaries, New Rhetorics of Exclusion in Europe." *Ethnographic Authority and Cultural Explanation*. Spec. issue of *Current Anthropology*, 36(1): 1-24. [https://doi. org/10.1086/204339]

Suchland, Jennifer. 2015. *Economies of Violence: Transnational Feminism, Postsocialism, and the Politics of Sex Trafficking*. Durham: Duke University Press.

Thornton, Arland, and Lin Hui-Sheng. 1994. *Social Change and the Family in Taiwan*. Chicago: University of Chicago Press. Quoted in C. Y. Cyrus Chu and Ruoh-Rong Yu. 2009. *Understanding Chinese Families: A Comparative Study of Taiwan and Southeast China*. Oxford: Oxford University Press.

Tran, Lisa. 2009. "The Concubine in Republican China: Social Perception and Legal Construction." *Etudes Chinoises*, 28: 119-150. [https://doi.org/10.3406/etchi.2009.928]

——. 2015. *Concubines in Court: Marriage and Monogamy in Twentieth-Century China*. Lanham: Rowman & Littlefield.

Wallerstein, Immanuel. 2010. "What Cold War in Asia? An Interpretative Essay," In Zheng Yangwen, Hong Liu, and Michael Szonyi (Eds.), *The Cold War in Asia: The Battle for Hearts and Minds* (pp.15-24). Leiden: Brill.

Yoneyama, Lisa. 2005. "Liberation under Siege: US Military Occupation and Japanese Women's Enfranchisement." *American Quarterly*, 57(3): 885-910. [https://doi.org/10.1353/aq.2005.0056]

第二部分

無待而獨？

在空白與（種族）階序之間

何謂台灣的「主體性／subjectivity」？ [*]

一個在亞洲「之間」的方法論的實踐

張馨文

一、前言：何謂主體性？

「主體性」是形構台灣當代政治論述與實踐的關鍵詞，這個概念在一九九〇年代跨領域地全面流行起來，堪稱時代現象。雖說「主體性」是「subjectivity」的中文翻譯，但其本土意義早已與「subjectivity」相去甚遠。在台灣，「主體性」是人們所欲求的「政治價值」，總與「有沒有」與「如何能有」的問題脫不了鉤，「何謂主體性」的理論問題時常同時與工人／農人／女人／性工作者的主體性在哪裡及「如何尊重」主體性的問題一起出現。2006年《思想》雜誌重新出刊，與台灣哲學學會合作以「主體性」為題公開徵文，刊登於該雜誌再刊首期末頁的徵文啟事，將「主體性」稱為當代「困境」，寫道：

> 知識界在討論政治和文化問題時，頻繁地使用**主體性**這個概念，但很少人曾經對這個概念進行明確的、系統的釐清，和界說。與其說這是因為大家都知道這個概念的所指為何，不如說這是因為大家意識到，這個概念抗拒簡單的分析，所以不願輕易出手。在多數的論述脈絡裡，**主體性**通常被當作一種價值：建立自身的主體性（不論這裡的自身指的是個人、文化社群或政治社會）和尊重他者的主體性，似乎是各種行動和實踐必須預設的重要理由。但主體性的構成條件和存在條件，卻往往也隱晦不明，以至於我們難以掌握許多主體性命題的真假值、不確定如何驗證這

[*] 本文為我在印度班加羅爾文化與社會研究中心（Centre for the Study of Culture and Society）完成的博士論文之部分研究成果，感謝丁乃非、王智明、丘延亮、黃道明、沈昌鎮、陳晉煦、黃詠光、吳欣隆對初稿的閱讀與建議，感謝《台灣社會研究季刊》兩位匿名評審的修訂意見。

些命題成立與否，因而無法評估支撐這些行動和實踐的論證是否妥當。
（《思想》編委會，2006：313）

徵文由吳豐維的〈何謂主體性？──一個實踐哲學的考察〉一文獲選，該文是第一篇將「主體性」視為當代現象加以分析的論文。該文指出，主體性在台灣成為流行詞語是一九九○年代才出現的趨勢，促成此趨勢的原因是後現代、女性主義、後結構主義等後學的引介，以及台灣意識的興起。（吳豐維，2007：64）吳豐維認為主體性在當時堪稱是「跨越學院與民間、學術與政治的全面流行」，亦認為，主體性在日常用語中具有維根斯坦（Ludwig Wittgenstein, 1889-1951）所說的「歧義性」，與其當作一個概念，不如當作「概念家族」（family of concepts）。以概念家族的方式理解，主體性可視為「同一性、獨立性、自律性、主觀性等概念的重疊與混用」。（同前引，頁66）為釐清主體性的概念，吳豐維將作為時代現象的主體性與作為哲學概念的主體性區別開來，並將哲學問題分為兩類：「主體性的構成與實踐」與「主體性作為價值」。其中較為棘手的則是「主體性作為價值」的問題，這可謂台灣現象，吳豐維從現象中察覺，當人們將主體性當作價值來談論與倡議時，談的不外乎自由與正義兩種價值。

　　這場徵文所代表的時代意義，相當於1784年11月伊曼努爾・康德（Immanuel Kant, 1724-1804）所回應的《柏林月刊》（Berlinische Monatschrift）的期刊徵文，當時的題目是：「何謂啟蒙？」（“Was ist Aufklärung?,” 1963）。米歇爾・傅科（Michel Foucault, 1926-1984）在他生命的尾聲完成同名文章〈何謂啟蒙？〉（“What is Enlightenment?,” 1984）一文，探討「現代性」的問題，他認為康德當年回應「何謂啟蒙？」的短文嘗試回答現代哲學無法回答卻又揮之不去的問題，也是第一次哲學家將哲學聯繫上身處的當代，並從當代的內部進行探討知識的社會條件。1994年印度後殖民政治學家帕沙・查特吉（Partha Chatterjee, 1947- ）於一場紀念會上發表〈以兩種語言談談我們的現代性〉（“Talking About Our Modernity in Two Languages”）演講，提及康德與傅科這兩篇文章。「我們的」暗指了「有」、「沒有」、「誰的」與「是什麼」的問題，挑戰了啟蒙的普世價值。查特吉從後殖民的角度，追問構成現代性的權力問題：「取得話語機會的差異、專家專門化的權威、以及透過知識的工具性使用而行使的權力。」（查特吉著，張馨文、黃詠光譯，2012：105）西方的啟蒙的現代性給了殖民者統

治他人的理由，而在「我們的現代性」中，現代性並不帶來自由，被殖民者總被一種昨是今非之感籠罩，對過往的依戀發展出一種找尋「我們的」的「民族的現代性」（national modern）的欲望。從康德、傅科到查特吉，從「何謂啟蒙？」、「何謂現代性？」到「何謂『我們的現代性』？」的探詢，今日關於台灣的「何謂主體性？」事實上是『『我們的』啟蒙」的問題，也必須在歷史、語言與權力的跨越學科領域的交界上尋找答案。

　　本文的目的有二，一是提出探討「何謂主體性？」的方法論與研究方法。本文的「方法論」是亞際文化研究運動重要倡議者、印度後殖民女性主義學者寧蒂珠（Tejaswini Niranjana, 1958-）所提出的「在亞洲『之間』的方法論」（Inter-Asia Methodology）。「在亞洲『之間』的方法論」是對後殖民理論因批評西方而無法跳脫西方的盲點所做的修正，也是對陳光興（1957-）「亞洲作為方法」（Asia as Method）的調整。（Niranjana, 2015: 5）依照此方法論中「對概念『使勁』」（"pressing" the concept）的原則，我透過批判日本後殖民理論家酒井直樹（Naoki Sakai, 1946-）對「主体性」的批判（Sakai, 1997），並參考後現代馬克思主義者拉克勞（Ernesto Laclau, 1935-2014）與穆芙（Chantal Mouffe, 1943-）的「文化霸權」論（Laclau and Mouffe, 1985），以及印度政治學者阿吉特‧喬杜里（Ajit Chaudhuri）提出的「文化霸權是菁英之夢」（Chaudhuri, 1988），發展適用於台灣的研究方法──將「譯者之言」視為「他者」的後殖民研究方法，我稱之「控白概念」研究法。第二，運用「控白概念」研究方法，分析一九九○年代的主體性的現象。我以1992至1996年在《中外文學》上一系列關於台灣與主體性的辯論為分析的對象，示範「主體性」如何在這個特定具權威性的學術場域中，成為將「台灣」政治化的關鍵概念。本文以為：在非西方社會，西方哲學概念透過翻譯進入在地語言，而翻譯帶來的意義落差成為兵家爭奪之地，使其得以在關鍵歷史時刻，躍升為「文化霸權」（hegemony），其中菁英的知識實踐──衝突與辯論──有構成性的影響力。本文以翻譯的政治與菁英譯者階級的衝突作為切入點來回答「何謂主體性？」的問題，將主體性的概念視為菁英譯者階級的發明，意義混淆不明並非「民間」「誤用」的結果，而與譯者的欲望有關，換言之，歧義性是譯者階級在衝突與對立中創造與維持的。

二、從「『亞洲』作為方法」到「在亞洲『之間』的方法論」

　　受到陳光興「亞洲作為方法」的啟發，本論文的研究問題與方法是我在印度班加羅爾文化與社會研究中心（Centre for the Study of Culture and Society, CSCS）求學期間逐步發展而成。「亞洲作為方法」在台灣的提出，是受到亞際文化研究（Inter-Asia Cultural Studies, IACS）運動所影響，陳光興借用日本思想家竹內好（1910-1977）於1961年演講的主題〈作為方法的亞洲〉（方法としてのアジア，英譯："Asia as Method"），於2005年在《台灣社會研究季刊》發表〈「亞洲」做為方法〉一文，介紹亞際文化研究運動的緣起與發展，同時也是「『亞洲』作為方法」在台灣的第一次示範性演練。（陳光興，2005）此次演練由「三組對話」構成：首先，與後殖民論述對話，陳光興認為後殖民中「偏執於批判西方」的問題或可透過轉向亞洲而找到出路；其次，透過對照查特吉「政治社會」（political society）的概念，重新解讀台灣民主化的挫折，並重新發現「民間」（min-jian）的概念；第三，對照日本漢學家溝口雄三（1932-2010）的《作為方法的中國》（『方法としての中國』，1989）所提出的「基體論」，陳光興為「亞洲作為方法」做初步的定位。陳光興的定位是：

> 相較於「作為方法的中國」，由於脈絡的轉換，「亞洲作為方法」的不同之處在於後者所選擇強調重點的不同：（一）它的對話對象是在地的（以台灣為出發點的），但是不是被鎖在單一民族國家的內部，所以同時也是跨界的、亞洲的（Inter-Asia Cultural Studies: Movement project）甚至是跨洲的；（二）它在基體論的層次上承認西方已經內在於「我們」／亞洲，但是因為在本體上必然是多元異質的，各自有其特殊性，所以在心情上不再急於論證「我們的」特殊性；（三）在向亞洲轉移的過程中，它企圖打開東北亞為中心對於亞洲的想像，期待更為多元異質的視角可以逐漸浮現；（四）它更清楚地提出，在現代性的體現中，思想（就像價值觀）只是歷史實踐的一種，它不具有分析上的特權與優先性，對於各個基體的掌握必須能夠在多層次上進行分析才能展開；（五）它最核心的目的在於主體性的多元轉化，通過新的亞洲／第三世界想像，更多的參考點和對照框架能夠進入我們的視野，使得主體性的構造更為多元複雜。（同前引，頁200-201）

　　寧蒂珠肯定陳光興「亞洲作為方法」在IACS運動中所扮演的「路標」（signpost）的角色。（Niranjana, 2015: 5）然而，她建議將「方法」（method）與「方法論」（methodology）作進一步的區分，將意義較為曖昧不定的「亞洲作為方法」改稱為「在亞洲『之間』的方法論」。她指出，「方法論」是「一套根本的原則與實踐」，「在後冷戰、後殖民的時期，這套方法論可協助我們在如何架構新的研究這樣的問題上尋找解答」。換言之，方法論並非是回答研究問題的工具，而是新的研究問題得以形成的指導方針，在研究問題提出之後，方法論亦引導研究者依照問題的性質，發展出較為明確的研究方法，研究方法可以是「歷史文本分析或民族誌研究等，或是不同研究方法的結合」。將方法論與方法區別開來，有助於研究者正視「亞洲作為方法」中「方法」依然闕如的事實，進而發展切合需要的研究方法。

　　「Inter-Asia」通常譯為「亞際」，然而為了避免落入以民族國家為基本想像單位的「國際」比較視角，我傾向譯為「在亞洲『之間』」。「在亞洲『之間』」呼應了「Inter-Asia」原文裡的文法尷尬，「之間」二字破壞單數亞洲的整體性，且不以複數的亞洲諸「國」為單位，一方面修正了「亞洲作為方法」字面上隱含的亞洲主義，二方面維持文化研究挑戰既定藩籬（學科分野、地域分界、理論與實踐的二分，及學術與政治的分別）的「之間」的實踐特質。

　　我認為，除了區分方法論與方法，寧蒂珠「在亞洲『之間』的方法論」對「亞洲作為方法」做了以下兩點修正：

　　第一，從「將『思想』歷史化」轉化到「對概念『使勁』」。陳光興的批判著眼於較為廣泛的「思想」，他認為「思想（就像價值觀）只是歷史實踐的一種，它不具有分析上的特權與優先性，對於各個基體的掌握必須能夠在多層次上進行分析才能展開」。（陳光興，2005：200）寧蒂珠的方法論則聚焦於較為具體的「概念」（concepts），她提出**「對概念『使勁』」的原則**，說道：

　　　　在亞洲「之間」的方法論〔……〕的核心原則包含了我所稱之的，對概念「使勁」（相互檢視彼此的概念——例如帕沙・查特吉的政治社會與陳光興的民間），透過深度的歷史過程分析，揭示他們之間的連結，以及這些概念如何同時意味著亞洲不同的地方，種種關於亞洲的當下知識系譜的產造（the production of genealogies of the Asian present）。（Niranjana, 2015: 6）

同樣對理論的普世性持有批判態度，同樣重視思想的歷史構成，陳光興的「思想」是主觀的，由主體性所構成，因此他說思想「就像價值觀」，「只是歷史實踐的一種」。在寧蒂珠的架構裡，思想構成的原件是「概念」，「概念」因而是研究者應著力之處。

第二，從「主體性」的多元轉化到「概念框架」（conceptual frame-works）的配裝。寧蒂珠對「亞洲作為方法」所做的另一調整，是偏離陳光興的「主體性」中心的思維模式。我以為這些微的「偏離」並非刻意，而是歷史經驗與知識感知的差異使她對陳光興的「亞洲作為方法」有不同的解讀。當陳光興指出「亞洲作為方法」的任務是「承認西方已經內在於『我們』／亞洲」之內」，並認為「它最核心的目的在於主體性的多元轉化」即「通過新的亞洲／第三世界想像〔……〕使得主體性的構造更為多元複雜」（陳光興，2005：200），寧蒂珠所提出的「在亞洲『之間』的方法論」則著眼於「概念框架」。寧蒂珠認為新的方法論可使「向來以『西方』為主要參考點的規範性的架構顯得清晰可見」（Niranjana, 2015: 7）：使隱而不顯的規範性框架浮上檯面，是發展新的概念框架的根本前提與要件。她指出傳統區域研究中的亞洲研究是冷戰的產物，「今日所裝配的新的概念框架必須要質問冷戰的知識生產結構」，並且，她說：

> 我們之所以裝配新的框架，並不是因為我們自身所處的特定地方，也不是因為我們擁有一國局內人的特定經驗。我們之所以試圖建構一組適切的概念框架，是為了用以理解我們的亞洲的當下（our Asian present）。因此，這個框架的裝配需要我們的細心、手藝與專注，並且也有必要大膽不怕羞地大量向四處借用資源。（Ibid.）

我要點出的是，陳光興的「西方」是自我想像（即主體性）的一部分，而寧蒂珠的西方則是一套規範思維模式的概念框架，這微小的「差異」使得研究工作與主體性的問題產生距離，知識與政治「之間」的連接單位，從涉及自我認同與價值觀的「主體性」偏離開來，在寧蒂珠那兒，成為決定思維模式的「概念框架」。

事實上，陳光興的「主體性」是一個很台灣的概念。在「主體性」的問題上遭逢

溝通困難是我在印度班加羅爾文化與社會研究中心研讀博士初期的文化震撼。[1] 這使我開始反思文化研究在印度與文化研究在台灣的差異。大體而言，在印度，殖民經驗使得「文化」成為自我想像與認同的關鍵概念，寧蒂珠指出：「十九世紀之後，我們開始為文化的概念注入不同的意義。它成了一個處所，那兒有獨一無二地屬於我們自己的一切。」（Niranjana, 2010: 231）因此，文化研究在印度是對「文化」的批判，「文化」指的正是這個殖民與反殖民的構造物。相較於印度，文化研究在台灣的概念框架是「主體性」，在反威權的一九九〇年代，「文化」代表的傳統與權威時常是人們所欲棄絕的；相較而言，「主體」乘載著寧蒂珠所言「獨一無二地屬於我們自己的一切」的意義。而值得注意的是，不同於「文化」是對過去的想像，「我們的」「主體性」指向未來，是探問當下尋找未來的方式。在台灣，當研究者主張某個議題是「主體性」的問題時，意味著研究者所面對的是一組與自身相關的社會、政治、歷史與文化相互糾結的當代問題，改革不能只透過社會與政治的分析，必須同時是對自我的質問。文化研究在台灣可以稱是「主體性」跨領域的實踐與探索。台灣與印度的參照使我開始將「主體性」視為屬於台灣歷史經驗的關鍵「概念框架」，並著手將印度的後殖民批判進行必要的調整以適用於我們的脈絡。[2]

1　帶著參與樂生運動的經驗到印度求學，我一開始打算研究底層主體的主體性問題，溝通障礙包括：和指導老師討論時，他總覺得我所關心的「主體性」問題其實是「citizenship」的問題，而我對「citizenship」概念感到極端陌生。修寧蒂珠的課時，她建議我：若對主體性問題感興趣，可以看些精神分析的東西。當時的我覺得主體性是政治實踐的問題，不知跟精神分析的關聯在哪。

2　底層研究（Subaltern Studies）的創始者歷史學者拉納吉特・古哈（Ranajit Guha, 1923- ）認為，底層研究的後殖民取向是一九七〇年代的「時代的孩子」。（Guha and Chatterjee, 2010）一九七〇年代是動盪與幻滅的時期：1967 年西孟加拉省納薩爾巴里（Naxalbari）地區發生農民起義，激起加爾各答城市大規模社會運動，起義蔓延至全印各地，國家以武力鎮壓，首相英迪拉・甘地（Indira Gandhi, 1917-1984）於 1975 年宣布戒嚴，憲法停擺長達二十一個月（1975 年 6 月至 1977 年 3 月）。古哈說底層研究小組的後殖民視角孕生於幻滅的歷史下新舊世代的相遇：參與建國獨立運動的一代，如古哈本人，曾為新國家的烏托邦理想投注青春，在獨立後驚覺一切承諾落空深感背叛；而獨立後出生的「午夜之子」一代（如帕沙・查特吉等），不對民族國家抱有期待，他們了解民族國家無法為年輕人確保未來，面對的是前景無望之感。由兩代人所組成的研究小組在一九八〇年代發展出「後殖民」的探問，他們將當代的問題追溯至殖民時期，將殖民主義視為歷史構成性的力量，亦是當代問題的起源，他們追問：「被殖民的過去以及我們對民族主義的投身，其中究竟是什麼因素使我們落入今日的困局——為何今日民族國家日益惡化且看似無解？」（Ibid., p. 321）思考台灣的當代困局，我同意陳光興所言，我們無法跳過冷戰的歷史，去殖民必

我以為，在台灣的脈絡中，與印度的後殖民理論中的「文化」概念有著相似自我指涉（self-referencing）功能並且對我們的當代有歷史構成意義的概念是「主體性」。我因此尋找適當的資源，以發展主體性批判的研究方法。「控白概念」研究法即是我對日本後殖民理論家酒井直樹的主體批判進行批判而發展出的研究方法。

（一）對概念使勁：酒井直樹的後殖民主體理論及我的批評

日本後殖民理論家酒井直樹在一九九〇年代提出翻譯的現代性與主體性的命題（Sakai, 1992; 1997），他指出，在日本，「主体」（shutai）的概念是國族菁英翻譯的發明，譯者動員了文化差異論，將國族的欲望注入翻譯工作，賦予主體的概念獨特的東方性，其結果是「主体」（shutai）本身成為無法翻譯的詞彙（the untranslatable），再也無法與西方任何理論相合。而這個代表東方文化的主體的概念，在日本現代性的構成以及軍國主義的興起中，扮演最為關鍵的角色。

酒井直樹從最早的著作（1992）起即致力於探討日本現代哲學中「『subjects』的經濟」（the economy of the "subjects"）。現代日文中，共有五個詞彙分別在不同的脈絡下用來翻譯「subject」：「shugo」是指文法中「主格」的概念；「shinmin」指的是帝王的「臣民」；「shudai」指的是「主題」；「shukan」是認識與觀看的視角，即「主觀」；而最重要的是「shutai」，「主体」，這是一個在西方的語言中沒有的、關於行動的概念，常指「發起或主導行動的身體」。（Sakai, 1997: 119）雖然，中文大抵也沿用現代日文這種以多元詞彙翻譯單一詞彙的方式，但「主体」是現代日本哲學的發明這事實，很少為中文知識界所知。

酒井直樹論道，在日本的近代思想史中，二十世紀的日本現代思想家致力於區辨「主觀」與「主体」的差異，「主体」的概念承載了超克西方哲學的主客體二元論與行動思考二分的身心二元論的東方性：「主觀」指的是純粹與客體分離的思與觀，與行動無涉；而「主体」則是「思考行動」（thinking act）的主體，亦即，思即是行的行動主體。（Ibid., p. 80）酒井直樹認為，建構日本現代思想中的「主體論」最重要的知識分子，是一位人類學者、也是一位深受海德格（Martin Heidegger, 1889-1976）

須同時是去帝國與去冷戰。（陳光興，2005）

著作所啟發的哲學家──和辻哲郎（Watsuji Tetsuro, 1889-1960）。與許多二十世紀初的東方哲學家相似，和辻哲郎對於西方的個人主義在東方的適用性高度懷疑，他認為，在東方，「主體」是「人間」（ningen）的存有，必然存於人之間。酒井直樹簡述和辻哲郎的觀點：「將人類視作個體的組成，是種誤導〔……〕因為人間中的『間』字展現了其根本的空間性〔……〕即是社會性〔……〕這是在世存有（being-in-the-world）的根本模式。」（Ibid., p. 85）「人間」不是形而上的存在，而是社會實踐的空間。從「人間」這個文化概念出發，酒井直樹認為和辻哲郎的觀點是認為，就人的存在而言，「『the subject』必須一定要是『主體』，而不能是主觀，因為主觀只關聯到自身，缺少了與其他『主體』間具備共同體性質的時刻」（Ibid., p. 83）；相反地，「主體」則從一開始就「認識到與他人之間的社會關係性，這層認識在本質上是實踐性的，是先於理論的」。（Ibid., p. 85）換言之，「人類存在的方式本身創造共同體的生活，這樣的生活的基礎是〔人與他者的〕相互理解，並且先於意識」。（Ibid., p. 83）也就是說，「人間」是一個關乎做人的概念，人因理解他人、採取行動、維繫與創造共同體、在「做」中為人、為「subject」，因此，和辻哲郎認為，唯有「主體」這個詞，而非「主觀」，適合用於表示東方這種帶有共同體與實踐本質的「subject」。然而，這樣一個立意良善的理論概念，卻在後來成為國家主義軍國主義與入侵中國的概念基礎。

酒井直樹指出，和辻哲郎將人間的存有定義為「主體」，並強調主體必然不是個人的而是整體的，這樣一個具共同體與實踐性的整體，在和辻哲郎的哲學推論中，最終成了「國家」。這樣的哲學發展使得日本的現代主體論最終只承認那些「屬於國家的人」。而在這樣的推論下，中國人被當作從未成功「棄絕無政府（anarchistic）文化」而「無能建立具同質性的民族共同體」的一盤散沙，也就是沒有國家的人，他們沒有主體與主體性。（Ibid., p. 135）這也給了日本侵略中國的理由。很弔詭地，和辻哲郎強調人在社會之中、人在關係之間與人在實踐中為人的具有「之間」的社會性的主體觀，最後落入反社會的極權國家主義。

作為後殖民理論家的酒井直樹，力圖透過「解構」提出另一種面對自身歷史經驗的後殖民主體觀。他認為，是想像的單一共同體使極權主義萌芽滋長，和辻哲郎的主體論中強調社會的「間」性、超克理論與實踐二元論的「體」性依然是理論上重要的貢獻。

　　酒井直樹將日本的「前現代」當作重新理論化主體的資源。他指出，前現代時期的日本是個多語言的社會，「識字」在當時指的不是能說國語，而是能使用兩種以上的語言，能在社群之間成為溝通的橋梁。他進一步指出，日本、甚至亞洲與國際（international），都應當視為是多語性（heterolinguality）的處所，多語的場域才是行動「主體」存在的條件，「主體」即是透過將言說、思考、創造與行動合一的翻譯實踐而存在的「發起或主導行動的身體」。

　　酒井直樹透過「譯者」這個形象，解構主體與單語共同體的關聯。換言之，主體不存在於單語共同體之內，而是只存在於多語言「之間」。然而，作為譯者的主體並不存在於話語之中，譯者既不是句子中的「我」，也不是句子中的「你」，譯者其實不是一個人，而僅僅是一個功能，譯者雖是說話者，本身卻不占據句子的「主格」（subject）。因此，酒井直樹把「主體即譯者」定義為「發言的身體」（the body of enunciation），這樣的理論工作是去殖民的也是解構的。

　　將譯者視為真正的主體，可以避免將單語共同體視為主體的唯一想像，另一方面，「主體即譯者」的視角更揭示了所有的共同體本身都是多語性的這個事實，因而達到同時解構主體與單語共同體的任務。

　　酒井直樹的主體論，受到拉岡（Jacques Lacan, 1901-1981）的語言與分裂主體的啟發。我將引用一段他的話，這段話中表現了他對分裂主體的閱讀，但我的閱讀與他有異，其間細微的落差，是我對酒井直樹主體論批評的起點：

> 思量譯者的角色位置，引導我們至深具啟發的關於主體性的問題意識。譯者的內在分裂，某種程度反映了發話人（或收話人，甚至收話人與發話人的自身內部的分裂）與譯者之間的分裂，這個分裂示範了主體的構成。**也就是說，譯者的內部分裂與**〔拉岡所說的〕**破裂之我**（fractured I）**相一致：**「我說」（I speak）的時間性，必然使得說話的我與句中的我之間產生無法彌補的距離，這樣的分裂也是說的主體（the subject of enunciation）與話的主體（the subject of the enunciated）之間的分裂。（Ibid., p. 13，黑體強調為本文筆者所加）

主體即譯者，酒井直樹將譯者的內部分裂類比成拉岡的分裂主體，並認為譯者的

內部分裂，同時反映了譯者與發話者之間、發話者與受話者之間、發話者與受話者內部的分裂。我以為，這一連串類比與等同（所有的分裂皆可視為分裂主體的類比），使得拉岡主體論中一個至關重要的角色消失了，即是拉岡所說的大寫「他者」（the Other）。

拉岡認為，主體是「話語的效果」，而「他者」是使說話與溝通發生的必要條件（the condition of speech）。（Lacan, 2006）事實上，話語必然產生於關係之中，「話」永遠是在「他者」的位置上說的，「他者」是說話的先決條件，人在說話中成為主體（the subject），但同時失落了存有（being）。「他者」的概念，很容易讓人誤解為結構主義者所言的「語言系統」，誤以為語言的主體是被語言系統所建構。我以為，酒井直樹對譯者性質的描述，恰恰為我們示範了「何謂他者」。

對拉岡而言，大寫「他者」是在關係中存在的語言，用「譯者之言」來理解頗為恰當。若以娃娃與母親或母語的關係來理解：嬰孩學說話，即是學習媽媽所翻譯的自己。孩子哭，媽媽說：「喝奶」，孩子學會了說：「喝奶」，在學習語言中成為主體，這個主體被譯者中介與阻斷，「喝奶」的能指（signifier）取代了哭泣，卻無法傳達當初哭泣時真正想表達的東西。這是一個過於簡化的例子，因為對拉岡而言，主體學習他者的語言並非純粹出於生理需求，主體語言結構的核心是「欲望」，即「他者的欲望」，語言構成的核心是個疑問：「你究竟想要（我的）什麼？」人在關係中尋找答案，在過程中成為主體。[3] 主體的誕生即是主體在關係中學會說話、也同時失去原初自我的過程。

以殖民主義為例，殖民者將殖民地的種種翻譯成「文化」，被殖民者透過譯者之言，學會透過文化的概念理解自身，並將原先與「文化」無涉的世界觀取而代之，因此雙語的國族菁英（菁英譯者階級）在其中扮演最關鍵的角色。對國族菁英而言，「文化」並非既存的一切，而是其所欲求足以代表民族獨特價值的東西。在日本的近代史的例子上，「主體」的概念是譯者的發明，在理論化的過程中，納入

3　主體化的過程還包括規範對欲望進行限制，拉岡稱之為「以父之名」（the-Name-of-the-Father）。然而，值得注意的是，若以雙親與孩子的關係為例，規範並非直接加諸於孩子身上，規範首先是限制媽媽的行為，當孩子察覺來自媽媽的愛是有條件時，即帶著「你要的是什麼？」的疑問探索世界並學習語言。即便如此的說明也依然過度簡化，但由於本文只想要指出「大寫他者」的角色，就暫時借用簡化的觀點。

了文化差異論，並且取代了與文化差異論毫無關聯的「人間」世界觀。也因此，我認為，是「譯者之言＝他者」導致主體分裂。

我在酒井直樹的後殖民批判中看見了東亞現代性的徵兆：對「主體」概念的執著，使他在閱讀與應用拉岡主體論時，看不見大寫的「他者」（the Other）[4]，而使「他者」與「主體」相疊合，主體的解構計畫因而只進行了一半。當他批評日本國族主義者為了消滅想像的他者（the other）（中國）而發動侵略戰爭時，他不自覺地，在提出新的理論視角時，取消了大寫他者的位置，因而提供了一個在理論上更為以主體為中心的主體觀。換言之，酒井直樹依舊延續了日本的國族菁英的欲望：成為「主體」。他的解構計畫落在拉岡所說的想像層（the imaginary）：為「主體」填充更適切的新的實踐想像──以譯者的形象取代共同體想像。這使得，雖然想像的共同體「主體」被取代了，作為符號層次上（the symbolic）的「主體」卻更加專一，更加屹立不搖。

「主體」是東亞後殖民理論的「盲點」，就主體批評主體的困境，必須透過在理論上重新引入與主體相對的大寫「他者」的角色位置才能有所突破。下一節我將從譯者之言即他者的角度，提出解構主體的後殖民研究方法論。

（二）研究方法的配裝：「控白概念」研究法

翻譯的概念通常是既有詞彙的挪用、變造、重組或發明。「主體性」在一九九〇年代以前就存在，亦為知識菁英的語言，其意思接近於主權。舉例而言，畢生投入鄉村重建運動的儒家學者梁漱溟（1893-1988）在1950年的〈中國建國之路（論中國共產黨並檢討我自己）〉一文中提到，中國從辛亥革命後一直處在分裂狀態，主要的原因是「缺乏主體」；在他的用法中，「主體」指的是武力的掌握者與運用者。（梁漱溟，2005：324-325）又例如，同樣在一九五〇年代，儒家學者徐復觀（1904-1982）論〈中國的治道〉時，提到中國的政治思想中存在「雙重主體性」的矛盾，一是民與天下，一是君；當他說：「政治的理念，民才是主體，而政治的現實，則君

4　拉岡將他者分成兩種──「the other」與「the Other」：前者的存在決定自我的形象（ego），在此，自我透過全面統御他者來獲得整體感，因而對無法掌控的他者進行否定與排除；而後者的存在決定的是語言主體。

又是主體。這種二重的主體性，便是無可調和對立」時，主體指的是權力的本源即「權原」。（徐復觀，1985：101-126）無論是武力的擁有者或是權力的本源，「主體」的用法都接近西方「主權」的概念，與英文具有臣屬意涵的「the subject」意義恰好相反。當既有詞彙經譯者挪用或變造，成為「翻譯詞」再次推出時，不懂外語的在地讀者時常經驗到怪異：熟悉的文字，代表著陌生的意義。詞語因而不再能透過常識來理解，「在地讀者＝主體」必須仰賴「譯者之言＝他者」的語言，學習將新詞與經驗產生關聯。換言之，雖然從（殖民者的）鳥瞰視角觀之，翻譯看起來是將詞語從一地輸出到另一地，但從在地主體的經驗看來，翻譯卻更像是將既有的語言世界鑽一個洞。

後殖民的知識計畫，必須要將這個確實有在地主體的構成效果的意義黑洞納入分析，納入分析的第一步是「使其可見」，因此，我將以符號「／」來代表。以「主體性」為例，我將以「主體性／subjectivity」來表示，「／」即是能指與所指間的意義落差，也是「譯者之言＝他者」未明言的欲望，我認為意義真正產生之處不是「主體性」三個字、也不完全是「subjectivity」，時常是意義的落差「／」讓「主體性」成為我們當代社會與政治實踐的價值。

我將此稱之為「控白概念」；[5] 選擇使用「控」白而不是「空」白，是為了強調「／」的政治性與敵對性。敵對（antagonism）在文化霸權的形成上至關重要。後現代馬克思主義者拉克勞與穆芙在他們的重要著作《文化霸權和社會主義的戰略》（*Hegemony and Socialist Strategy*, 1985）中對「敵對」有詳細的討論。受到拉岡主體理論啟發，拉克勞與穆芙認為社會與主體一般，都由語言論述所構成，然而儘管社會與主體在語言符號的論述領域中相互構成，論述領域並非既存的整體，他們用拉岡的「節點」（nodal point）來解釋構成主體與社會的論述領域：發出的聲音（能指：signifier）與概念意義（所指：signified）原來毫無關聯，是言說行動構成的「節點」將兩者拉在一起，意義因此在行動中暫時固定下來。他們重新閱讀葛蘭西（Antonio

---

5　在我的博士論文中，我用的名詞是「barred concept」，將「／」稱為bar，強調這類概念的主體效果。（Chang, 2017）說話之人在使用譯者創造的翻譯概念表達自己時，相當於拉岡所說的「被罷的主體」（barred subject），被罷的主體在偵測他者的欲望中學習語言，當主體學會以他者之言來指稱自己時，主體也失落了自己的存有。在這篇論文中我決定將原有的「barred concept」翻譯為「控白概念」，強調的是概念形成過程中譯者菁英階級之間的敵對與鬥爭。

Gramsci, 1891-1937）的文化霸權（hegemony）的概念，認為文化霸權是暫時固定下來的論述結構，爭奪文化霸權的鬥爭則是對暫時固定的意義系統進行擾亂與重構。拉克勞與穆芙認為「敵對」在文化霸權鬥爭中是關鍵的，敵對是一種衝突模式，但文化霸權層次上的敵對是一種特別的衝突關係，有別於矛盾（contradiction）與對立（opposition），他們說：

> 矛盾（contradiction）之所以成立，是因為A是個完全的A，因此與非A之間形成矛盾，使得它們兩個之間存在不可能。同樣地，在真正的對立狀態（opposition）中，A也完全是A，因此與B的關係是客觀決定的。然而，關於敵對（antagonism），我們面對的則是另一種情形：大寫「他者」的出現，使我無法完全是我自己，我與他者的關係並非來自於各自完全的整體性，反而是來自於彼此構成的不可能性。（Laclau and Mouffe, 1985: 124-125）

他們以「兩台相撞的車不具有任何敵對性」（*Ibid.*, p. 123）的比喻，來說明具有文化霸權效果的敵對關係必須有「不全」（not-whole）的特性；換言之，敵對的界線與意義是浮動的，或說，因為敵對使得意義系統與認同失去完整性。他們認為這樣的敵對關係是在大寫「他者」即「浮動能指」（floating signifier）或「空洞能指」（empty signifier）上所形成。

　　拉克勞與穆芙所提出的後現代社會主義策略高度抽象，若用「主體性」來理解，卻可感同身受。在台灣，「主體性」的提出向來是主體受到威脅的時刻，即是感覺到自己受到壓迫而有所「不全」的當下，因此，提出主體性的訴求時已進入敵對狀態。然而「主體性」的意義是浮動的，主體性的歧義性易使被指控的對方陷入困惑，不知確切所求究竟為何。在一九八〇與九〇年代，性別運動、勞工運動、原住民運動、學生運動等種種社會運動透過主體性這個概念形成跨越既有秩序與藩籬的串聯／發言（articulation），[6] 對抗一切形式的壓迫，這些鬥爭之所以得以形成新的文化霸權，並不是因為它們集中對抗國民黨的這個具體的黨機器，而是因為

6　「articulation」有表達清晰的意思，在拉克勞與穆芙的理論架構裡「articulation」指的是不同的行動主體形成新的聯合，由於鬥爭發生在論述領域，新的聯合與新的政治語言互為因果，因此我用串聯／發言來表達。

主體性的鬥爭顛覆並重構了人與他人、人與家庭、人與社會、人與國家的關係。在當時，主體性是「浮動能指」，有文化霸權的領導性。

　　然而，在方法上，我決定將「浮動能指」改成「控白概念」，將主體性這個「浮動能指」稱之為「控白概念」「主體性／subjectivity」，如此一來，更加著重菁英的角色與翻譯的語言效果，較適用於我們後殖民的情境。這點考量是受到印度政治學者阿吉特·喬杜里的啟發。

　　阿吉特·喬杜里在1988年發表的一篇文章中批評葛蘭西的文化霸權論以及以葛蘭西為理論基礎的底層研究（Subaltern Studies，又譯從屬者研究）小組。在定義上，文化霸權指的是不透過武力取得的政治領導權，阿吉特·喬杜里論道：底層研究小組的「底層」（the subaltern）一詞來自於葛蘭西，他們認為菁英透過兩種方式來取得文化霸權，一是菁英對底層階級的「說服」（persuasion），二是底層階級以自身利益出發與菁英進行「共謀」（collaboration）。然而阿吉特·喬杜里認為底層研究小組的看法脫離現實，他提出另外兩種文化霸權形成的機制：「替換」（displacement）與「凝縮」（condensation）；他在文章中指出：「文化霸權就像夢，是一種經過替換與凝縮的表達，體現的是菁英的夢。」（Chaudhuri, 1988: 19）換言之，文化霸權的形成過程裡，底層階級沒有被說服，也沒有透過共謀而獲取利益，事實上，底層階級受制於菁英階級的語言遊戲，這種文化霸權是「被替換的文化霸權」（displaced hegemony）。阿吉特·喬杜里認為對菁英之夢進行症候式的閱讀（symptomatic reading）是知識分子的任務，如此一來才可使菁英位置現形，形成反文化霸權（counter-hegemony）。[7] 確實，當拉克勞與穆芙認為文化霸權是多元行動主體的串聯／發言，他們並未突顯菁英階級在語言替換與凝縮上的角色，這種「被替換的文化霸權」使串聯／發言壓抑了行動主體的真正所求。阿吉特·喬杜里的提醒使我在研究方法上強調譯者菁英階級的功能，將「主體性／subjectivity」視為菁英之夢。

　　「控白概念」與「浮動能指」有以下兩點差異：

　　（1）菁英譯者階級的政治角色：「控白概念」同樣是扮演大寫「他者」的功能，但不同於「浮動能指」，「控白概念」是翻譯概念即「譯者之言」。在非西方

7　這篇文章激起底層研究小組成員帕沙·查特吉的反擊，兩者之間的辯論代表印度後結構馬克思主義者中的衝突與分裂──阿圖塞（Louis Althusser, 1918-1990）主義與葛蘭西主義的分歧──但這不在本文討論的範圍之內。

社會中，政治與社會變革通常透過概念的翻譯來推動。翻譯概念的引介時常擾亂既定的社會秩序與論述結構，在政治上具有論述領導地位的菁英，大多是熟悉西方語言的「菁英譯者階級」。帶有使命感的「菁英譯者階級」在選擇翻譯詞時多考量在地民情與政治需求，賦予新概念社會與政治改革的任務，這使得翻譯與受翻譯概念之間存在的意義落差不只是來自於不同語言系統的差異，更時常是譯者的刻意發明。「控白概念」強調譯者菁英階級在文化霸權上的角色，政治欲望藏在翻譯的落差裡，「控白」也是譯者階級鬥爭的所在之處。

（2）西方的規範性：「控白概念」與「浮動能指」相似，是將多元政治訴求構聯起來的節點。然而與「浮動能指」不同，由翻譯概念所構成的「控白概念」其「所指」（signified）位置並非空白，占據所指位置的是欲望指向的想像的西方；儘管「控白概念」的意義浮動，「西方」卻早已存於概念之中，是「控白概念」取得文化霸權不可或缺的要素。我認為這點西方因素在後殖民的情境裡至關重要，在「控白概念」成為文化霸權的過程中，西方並不直接具有支配性，主體性的意義並不由西方理論中的「subjectivity」所直接提供，而是透過譯者中介、阻斷與再造。

將「控白概念」「主體性／subjectivity」視為譯者之言放置在大寫「他者」的位置，也就是將原先以為內在於我的（主體性）當作外在於我（他者），這種內外顛倒的作法雖然會使人感覺怪異與錯亂，卻可以協助像我這樣透過翻譯學習理論的在地實踐者，重新反思理論語言在自己身上所產生的效果。「控白概念」這個方法提供一種從「效果」的角度反思自我，並從「自我作為一種效果」的角度重新反省理論與實踐的可能與限制。[8] 畢竟我們實際上就是深受「譯者之言」所影響的「第二、三代」。

8　我們可以用「控白概念」的方法研究其他重要的翻譯概念，例如「民間社會／ civilsociety」與「國家認同／ national identity」。

三、台灣的「主體性／subjectivity」的形成

　　「台灣」本是一地理名詞，在一九八、九〇年代間，快速政治化而成為一種「國家認同」，與菁英階級的統獨爭議有關。人們大多同意，「中華民國」的第一次「統獨」爭議發生在海外一九七〇年代美國保釣運動期間，當反帝的愛國運動逐漸地走向支持兩岸統一的方向，「台灣人」與「台獨」現身反對，使許多留學生認識到本省人與外省人的差異。當時留美的左翼菁英（不一定是外省人）大多把台獨視為「漢奸」與「美日走狗」；較為友善的說法則是「台灣問題是一種感情問題」，而予以同理。第二次的統獨之爭，發生在本島。1983年〈龍的傳人〉主唱侯德建（1956-）投奔大陸，《前進週刊》第11期（1984年6月11日）刊登了楊祖珺（1955-）的〈巨龍、巨龍、你瞎了眼〉，第12期（1984年6月18日）緊接著的是陳映真（1937-2016）的〈向著更廣闊的歷史視野〉一文；陳映真的文章中對台灣意識的批評，引爆了後來施敏輝（本名：陳芳明，1947-）所謂的黨外的「台灣意識論戰」（施敏輝〔陳芳明〕，1988）。這場針對台灣意識的存在性、正當性與進步性的論戰中，「台灣意識」並沒有取得絕對優勢，主要原因在於，「意識」並非情感，論辯的雙方必須提供具體與客觀的歷史或經驗證據，因而誰也無法真正占上風。1987年8月23至24日《聯合報》文化基金會與中國論壇社舉辦「『中國結』與『台灣結』研討會」，共有三十三位學者參與，論文與回應文於同年10月刊登在《中國論壇》第289期。以「結」稱之，有「情懷」與「情結」兩種意思（陳其南，1987：22），無論是「中國結」還是「台灣結」皆指超出理性、糾結難解的情感，兩者相抗，台灣並不具有較高的政治價值。一直到一九九〇年代台灣與「主體性／subjectivity」構聯起來，「台灣」才真正透過「主體性／subjectivity」這個「控白概念」，超越主觀的「情感」、「意識」、「認同」、「情結」，成為獨一無二的政治價值，在論述上取得領導優勢。

　　由台灣大學外文系主辦的期刊──《中外文學》不僅為中文世界引介了大量西方理論，更是台灣文學與文化研究發展的重鎮。而在1992至1996年之間刊登於《中外文學》期刊上一場關於台灣與主體性的辯論，成為了當代主體性論述的關鍵角力場，透過這場辯論，我們可以一窺「主體性／subjectivity」在某一特定學術社群中成為政治價值的歷史過程。我將這串辯論區分為三個階段：（1）1992年邱貴芬（1957-）與廖朝陽關於後殖民論述的辯論；（2）1995年陳昭瑛（1957-）對台灣本土

化運動的批評所引發陳芳明、張慶忠與廖朝陽等人的反擊；以及（3）1995年末至1996年末廖咸浩（1955-）加入後所引發廖朝陽與廖咸浩的「空白主體」雙廖辯論。這一系列陣營內與陣營間（事實上，陣營區分在當時並不明確）的多方衝突，使台灣與「主體性／subjectivity」構聯起來，成為關鍵的核心概念，一步步將「中國」特殊化主觀化為一種「感情」，此時，情感的主觀性（subjectivity）已不再屬於「主體性／subjectivity」的範疇，「台灣即主體性／subjectivity」成為情感認同之上、歷史經驗之外的政治價值。

（一）「後殖民論述」與「主體性／subjectivity」

邱貴芬的〈「發現臺灣」：建構臺灣後殖民論述〉（1992a）是第一篇從後殖民的角度論述台灣文化與文學典律的文章，主要的論點有三：第一，從後殖民的觀點將「台灣」去本質化，認為壓迫的歷史使得台灣文化「自古以來」具有「跨文化」的「雜燴特性」，所謂「『無史』是所有被殖民社會的歷史」（邱貴芬，1992a：152）；第二，邱貴芬將國民黨的統治定義為「殖民壓迫」，並且認定語言是殖民壓迫的所在：「殖民壓迫最大的特色。即是將語言書寫化為文化意識鬥爭的戰場〔……〕打壓被殖民者的語言文化」（同前引，頁154）；第三，她認為當前的要務即是對「國語的權威性」進行「抵中心」（de-centering）與「抵殖民」（de-colonization）（同前引，頁156）——邱貴芬並以王禎和的《玫瑰玫瑰我愛你》（1984）中以國語再現日本語、英語、台灣國語的「語言雜燴」示範抵殖民的可能。

由於「主體性／subjectivity」為中心的思考模式已決定了我們閱讀的視角，若不警覺很難發現，在邱貴芬的文章中，「主體性」雖出現過一次，但並非核心概念。邱貴芬著眼的是「後殖民論述」與文學「典律」的重建，而不是「主體性」。[9] 究

9　邱貴芬論道：「本文以後殖民論述抵中心（de-centering）觀點出發，一方面抵制殖民文化透過強勢政治運作，在台灣建立的文學典律，另一方面亦拒絕激進倡導抵殖民（de-colonization）文化運動者所謂的『回歸殖民前文化語言』的論調。」（邱貴芬，1992a：151）「抵中心」是「後殖民論述」的原動力，邱貴芬認為：「以『抵中心』出發的後殖民論述因而視論述架構之重整為當務之急〔……〕在策略上，後殖民論述更替、並重新定位語言（re-placing langauge）。主要步驟有二：第一、抵制殖民者語言本位論調；第二、進行語言文化整合，建構足以表達本身被殖民經驗的語

其實，是廖朝陽的回應文〈評邱貴芬〈「發現臺灣」：建構臺灣後殖民論述〉〉（1992a）
將討論的主軸轉向「主體性」，換言之，廖朝陽用主體性一詞翻譯了邱貴芬的論
點，並且以這個概念批評邱貴芬文章中的「矛盾」。（廖朝陽，1992a）他說：

> 這裡〔邱貴芬〕的意思顯然是說〔……〕弱勢文化必須不斷的抵抗，「才有奪
> 回主體位置，脫離弱勢邊緣命運的可能」〔……〕但是在另一方面，相對於
> 這個抗爭模式，論文對於後現代主義的解釋卻偏向妥協與調和，作者認
> 為：「後現代文化〔……〕以文化異質為貴」〔……〕一方面要「奪回主體位
> 置」，一方面要取消文化對立「以文化異質為貴」；矛盾顯然是存在的。
> （同前引，頁43-44）

廖朝陽認為邱貴芬論點中的「抵殖民」的觀點非常曖昧，本身有「抗爭還是調和」、
「奪回主體」還是「取消主體性」的內在矛盾。而廖朝陽本身的立場傾向抵抗，反對
強調多元實則向權力妥協的立場，他說：

> 〔邱貴芬的〕論文採取後結構派的講法，認為後現代就是反中心、反主體
> 性，代表一種解放的力量；其實有很多理論家對後現代採取批判的態度
> 〔……〕在這個階段，西方文化捨棄「不人道」的武力侵略，以另一種方式
> 重溫宰制異文化的舊夢；而取消主體性，以文化異質（也就是邊緣位置）
> 為貴，都是跨國文化解除內部與外部抵抗的手段。（同前引，頁44）

　　廖朝陽犀利的言詞，是邱貴芬意料之外的。邱貴芬以〈「咱攏是臺灣人」：答廖
朝陽有關臺灣後殖民論述的問題〉（1992b）一文回應。回應文中，她拒絕落入二選
一的圈套，引述了多位後殖民理論家與女性主義者的觀點來支持自己的立場。（邱
貴芬，1992b）邱貴芬推想廖朝陽的砲火與當時國民黨的本土化轉向有關，在當時，
政權並不穩固的國民黨，正開始台灣化：蔣經國（1910-1988）說「我也是台灣人」，

言。」（同前引，頁155）文章結論：「被殖民經驗既是台灣歷史過程，與其懷抱回歸史前淨土的
烏托邦幻想，繼續彼此的仇視鬥爭，不如思考如何把歷史裡多元衝突對立的複數轉化成文化上
的積極意義，而進行後殖民文化整合的第一步：典律的反省與重建。」（同前引，頁163）

章孝嚴（1942-）辯論聯合國問題時使用台灣國語「喫緊弄破碗」贏得滿堂彩，與1991年國民黨打「台語牌」贏得選舉等。邱貴芬在文末說道：「閱讀廖朝陽的評論，想起宋楚瑜說的『咱攏是台灣人』。」（同前引，頁39）從後殖民的角度來說，這究竟是好事還是壞事？邱貴芬持正面態度：「有人會認為這是居心叵測的政治懷柔手段，但是從積極層面而言，這未嘗不是徵兆，顯示官方承認本土文化的正當性，承認互異但不互斥的後殖民文化心態已逐漸發芽？」（同前引頁）邱貴芬更進一步說：

> 如果我沒有誤讀的話，廖教授對台灣文化的關懷不下於我，我們該是同志而非敵人，當前思考重點及策略運用似乎該著重如何轉化台灣後殖民論述在目前台灣外文系論述的弱勢邊緣位置，宋楚瑜說：「咱攏是台灣人」。果然，「本是同根生，相煎何太急」？更何況廖教授閱讀我論文所提出的問題，固然是值得討論的問題，卻未必是我辯證過程的問題！（同前引，頁39-40）

顯然邱貴芬也發現了廖朝陽的「主體性／subjectivity」與她所關切的議題──如何使台大外文系更重視台灣後殖民論述──未必相同。邱貴芬依然秉持著在外文系中推廣台灣的「後殖民論述」的議程，並不落入那一種多元、抗爭還是調和，以及是否取消「主體性／subjectivity」的提問中。邱認為文學有其自主的任務，因而對當下的「政治」現實──外省菁英使用台灣國語以維繫權力的現象──保持著有距離的樂觀。而廖朝陽則以〈是四不像，還是虎豹獅象？──再與邱貴芬談臺灣文化〉（1992b）一文回應，以台灣國語的方式書寫，挑釁意味十足。對廖朝陽來說，國民黨的統治與西方的殖民主義有其不同的特性，甚至更加粗暴惡劣，因此，雜燴、調和與妥協只是恰好符合「中國的大民族主義」（廖朝陽，1992b：52）的權力運作邏輯而已。因此，他認為邱貴芬還是應該要好好思索「主體性與異質性安怎界定的問題」。（同前引，頁48）

（二）情感的中國與主體性的台灣

雖然邱貴芬與廖朝陽的辯論在「主體性／subjectivity」的問題上沒有共識，然

而，在語言象徵秩序的效果上，他們一同將國民黨與殖民主義劃上等號，也讓爭取民主的鬥爭，轉型為反殖民文化與反中國民族主義的鬥爭。

陳昭瑛在1995年2月於《中外文學》發表的〈論臺灣的本土化運動：一個文化史的考察〉也引起了一直持續到1996年的辯論。(陳昭瑛，1995a)本文為台灣本土化運動重新定位分期：「反日1895-」、「反西化1949-」與「反中國1983-」；其中，「反中國」的時期起始於1983年侯德健前往大陸引發的台灣意識論戰，論戰中「台灣意識」表現出清楚的反中國的台獨立場。她以黑格爾(G. W. F. Hegel, 1770-1831)的歷史辯證觀點將現階段「反中國」的「台獨意識」視為「台灣意識的異化」，並認為重新與中國意識合一才是「異化的克服」。

我的分析著重她對「主體性」的批評，與其引發的一連串效應。陳昭瑛對「台灣主體性」的批評可以歸納為以下幾點：

首先，她認為，「台灣主體性」是一九九〇年代的新論述，替代了「台灣意識」。她說：「到了九〇年代，『台灣意識』已成了不夠清晰的概念，而幾乎完全被『台灣主體性』取代。」(同前引，頁29)

第二，她點出「主體性」的意義不完全來自於內部，而更由外部符號的結構形式所賦予。她論道：

> 「台灣主體性」的理論基礎是六組對立概念，和建立於這六組概念之上的兩組等同概念。六組對立概念是「中國／台灣」二元對立，「中心／邊陲」二元對立，「統治者／人民」二元對立，「外來／本土」二元對立，「不獨立（歸屬）／獨立」二元對立，「非主體性（被殖民）／主體性」二元對立，而兩組等同概念第一組是「中國＝中心＝統治者＝外來＝不獨立＝非主體性（後兩項指涉強調中國因素）」，第二組是「台灣＝邊陲＝人民＝本土＝獨立＝主體性」。並且在這兩組等同概念中，不假思索地以第二組為含有絕對的正面價值，而第一組則為負面價值，又由於這兩組等同概念是建立在前六組對立概念上，因此為了追求第二組等同概念，就必須與第一組等同概念對立。(同前引，頁31-32)

第三，「主體性」的概念使文學與政權、文化與政治相互替換，而這個論述的

主要推動者是陳芳明。陳昭瑛說：

> 在論台灣文學的主體性時，陳芳明把中國方面的影響和日本、西洋方面
> 的影響等量齊觀，忽略了三百多年來台灣人（暫不論原住民）都是寫中國
> 字、讀中國書〔……〕為何要反中國（文學）？因為只要中國（文學）一日成
> 為中心，台灣（文學）便成為邊陲（文學），而邊陲（文學）的地位將使台灣
> （文學）永遠無法建立主體性。在上面這段論述中，加不加「文學」讀起來
> 都一樣順暢。（同前引，頁22-23）

　　第四，據此，她分析「主體性」的概念本身代表的就是自我成為宰制者的權力
的欲望。她說：「獨派一直有身在『邊陲』的極度焦慮，亟欲擺脫『邊陲』地位，而
自成『中心』〔……〕如此則所謂追求主體性也者，只不過是追求成為宰制者的中心
地位罷了。」（同前引，頁33）

　　陳芳明的〈殖民歷史與台灣文學研究：讀陳昭瑛〈論台灣的本土化運動〉〉
（1995）一文對陳昭瑛的回應則著重於「主體性／subjectivity」。第一，他批評陳昭瑛
所分析的台灣文學中的中國意識，只是字面上的「中國」與「祖國」，忽略了這些字
詞在內容上有台灣意識的成分，因而認為她的中國意識缺乏「主體內容」；[10] 第二，
陳芳明認為陳昭瑛不懂「主體性」的真義，他說：「假使陳昭瑛稍有涉獵女性主義的
話，就會知道恢復主體的意思，乃是在於宰制者與被宰制者之間恢復平等、對等
的地位。」（陳芳明，1995：118）

　　陳芳明的回應，示範了控白概念「主體性／subjectivity」的效果來自於代表意
義落差的「／」。首先，「假使陳昭瑛稍有涉獵女性主義的話」顯示了，主體性的真
正意義並不在字面上也不在文句脈絡中，而是在「西方」的女性主義理論之中，藉
此，陳芳明認定陳昭瑛的無知，毋需在這個主題上多做說明。第二，當他提到「主
體內容」時，指的是在文本脈絡意義之「外」（或之下、之內）的意義（在此則是台
灣意識）。控白概念的「／」相當有效地協助陳芳明在論戰中占上風，協助他進一

10　陳芳明說：「她的考察策略是，凡是台灣作家提到『中國』或『祖國』之處，都一律是為中國意
　　識。具體言之，如果這些事實可以成立的話，則所謂的中國意識反而是依賴台灣意識來定義
　　的。因為在她的通篇文字裡，中國並沒有真正的主體內容。」（陳芳明，1995：113）

步詮釋陳昭瑛的權力欲望：「陳昭瑛的思考裡，非常擔心中國失去宰制者的中心地位。」（同前引，頁118）

　　廖朝陽的回應文〈中國人的悲情：回應陳昭瑛並論文化建構與民族認同〉（1995a）更近一步地發揮了控白概念「主體性／subjectivity」的政治效果。廖朝陽的分析透過「已說」分析「未說」，這種以精神分析理論為基礎的批評，使字面「之外」的情感與欲望成為真正的對象。（廖朝陽，1995a）

　　廖朝陽認為字面之外的情感，易形成非理性的「絕對道德命令」，「中國性」即是這種不明言的道德壓迫。他的分析特別針對陳昭瑛文章中的兩句話，其一是：「如果中國成為一個真正的民主國家〔……〕則台灣成為中國的一部分又有何不可？」（陳昭瑛，1995a：35），其二則是：「主體性與獨立之間『沒有必然關係』。」（同前引頁）他認為看似開放的語句的真正作用其實是毫無選擇的「必然」（廖朝陽，1995a：109），也就是說，陳昭瑛真正的意思是，主體性與獨立「必然沒有」關聯，而如果中國成為一個民主國家則台灣「必然」是中國的一部分。廖朝陽將這兩句話的解讀為「不可討論、不可選擇的抽象命令」（同前引，頁110），認為這些命令來自於中國式的悲情，即中國不容分割的「民族大義」。他重視的問題是：如何在理論層次上開闢出路，「如何建構主體性才不會使主體實質化，使主體的內容變成絕對道德命令的問題」（同前引，頁118）。他引用齊澤克（Slavoj Žižek, 1949-）的心理分析的觀點，提出的「空白主體」的方案：

> 空白主體也可以視為一種存在的單位或形式，是客觀物質條件下，生命面向經驗流動，相對於經驗內容所形成的空間層次。也就是說，這裡的空白並不排除內容，反而是一種接納、改變內容，對內容賦予意義的空間。正因為本身沒有內容，所以空白必須靠內容來完成本身容納、創造的本質；也就是說，主體必須不斷透過移入內容來建立或印證本身移除內容的可能。這就是它的絕對性所在。用移入的事實來建立移除的可能，這已經是一種無理可講也無從否定的現實逸出點，一種正反相生，虛實重疊的極限狀態，必須劃入心理分析的真實層（Real；見Zizek, 1989：169-73）。所以主體的空白也就相當於心理分析所講的「欠缺」（lack）。（同前引，頁119）

廖朝陽的「主體性／subjectivity」是具有絕對價值的倫理概念，其價值來自於「空白」。「台灣」之所以「就是主體性」，不是因為來自歷史或文化經驗中的獨特民族性，而是因為台灣人「有意願」「移出」內部的中國性，而「只留下一片空白」。廖朝陽說：

> 陳昭瑛認為，台灣主體不能排除本身所含的中國性：「若要排除一切外來性，則荷蘭性、日本性、美國性也得一一排除，則『台灣性』還剩下什麼？」〔……〕如果本文的看法可以成立，那麼這個問題的正解恰恰是：「台灣性」不但不必剩下什麼，而且還要進一步在這個絕對主體的層次排除所有剩餘，只留下一片空白〔……〕只有接受一個可以移出的層次，只有讓主體變成一無所有，才能保存主體進入現實發展的所有可能……也才能確保主體不會因為自體絕對化而走向壓制對體（other）的極端。（同前引，頁120-121）

> 如果「中國和主體性對立」是現階段的事實，那正是因為中國文化總是不能擺脫本身的悲情，總是要透過掩飾空白來固定本身的內容。如果現階段的中國文化與台灣文化形成對立，那正是因為台灣文化已經要走向移出自己的層次，中國文化卻不能捨棄占有自己的要求。（同前引，頁121）

廖朝陽所言的「現階段」存在的對立並不是中國文化與台灣文化，而是「中國文化和主體性」；「主體性／subjectivity」的定義就是陳昭瑛的欲望與情感使她欠缺的：將中國文化移出的意願。當廖朝陽用「主體性／subjectivity」來理論化「台灣」時，真正發揮政治效果的是「／」區分敵友的政治效果，「／」指向對手的情感。「主體性／subjectivity」的定義是否定性的；換言之，「主體性／subjectivity」與種種使人無法支持「台灣即主體性」的情感與欲望「敵對」。

陳昭瑛以〈追尋「台灣人」的定義：敬答廖朝陽、張國慶兩位先生〉（1995b）一文回應，她敬稱廖朝陽為「廖師」，並因廖文「可能是嘗試以解構主義來建構台獨理論的第一篇文章」而受寵若驚。（陳昭瑛，1995b）陳昭瑛的回應恐怕更加證成了她自己與「主體性／subjectivity」的敵對關係。她祭出了自己的「身分」與「情感」，說自

己是一位「耽美於台灣古典文化而不能自拔的本省人」（同前引，頁137），也是一位「吟詠梁啟超贈林獻堂等人詩句〔……〕就會熱淚盈眶的台灣人」（同前引，頁136），而問道：「一個浸淫於台灣歷史文化中的台灣人，和一個只知有『此時此地』，甚至連『此時此地』，連『台灣』和『人』的意涵都要抽離的『台灣人』的『空白主體』之間，有對話空間嗎？」（同前引，頁137）確實，這個對立是絕對的。她在文中提起了呂秀蓮（1944- ）明快的台灣人定義：「支持台灣獨立的人才是台灣人。」（同前引頁）認為使她失去台灣人資格的並不是所謂的「認同台灣」與「愛台灣」，而是台獨的政治立場。然而，政治與學術有別，使她在學術場域中感到「無端喪失了做台灣人的資格」（同前引頁）的，其實是一套新興的符號秩序，在這套新的秩序裡，「台灣人」的定義是否定性的：那些聽到台灣獨立就感到受傷的人，「不是」台灣人；感情受傷越深，就越加是替「台灣主體性／ subjectivity」的意義定錨的對立面。

（三）台灣「主體性／ subjectivity 主義」的完成：消失的民族與失控的能指

　　但廖朝陽的論點並不代表整個獨派，邱貴芬亦為文〈是後殖民，不是後現代：再談台灣身分／認同政治〉（1995a）反對。（邱貴芬，1995a）然而，使控白概念取得文化霸權地位的，並非集體的同意，而是「不全」的敵對狀態。

　　應《中外文學》主編邀請，廖咸浩的回應文於1995年9月刊出，廖朝陽與廖咸浩的辯論一直持續到1996年10月。同任教於台大外文系，廖朝陽與廖咸浩皆是文化研究與精神分析理論重要的譯者。然而，共享的知識並未使溝通順暢。使辯論持續下去的，反而是一連串被誤讀的感受。這是場失敗的溝通，但卻也是台灣「主體性／ subjectivity」後殖民論述成功的戰役。控白概念「主體性／ subjectivity」使廖朝陽游刃有餘，立於不敗。然而，困住廖咸浩的並不是「台灣」對想像的他者（the imaginary other）的排除，而是語言象徵秩序（the symbolic）的重組所導致的失控的「言外之意」的解讀。今日觀之，倘若廖咸浩不是「主體性／ subjectivity」邏輯的局內人，不將「主體性／ subjectivity」視為可欲的「政治價值」，與主體性脫鉤的「subjectivity」或有機會協助他分析象徵符號層的重組對「subject」形構的影響。然而廖咸浩作為歷史的行動者，在抵抗中，一同成了這股歷史驅力的內部，甚至可說是一同完成了新的霸權。

　　台灣即「主體性／subjectivity」是場不帶血的革命，這場革命發生在象徵符號層，因而使得廖咸浩連想要代言的受害者是誰都無法明說。我的分析焦點不在於雙方的主論點，而是辯論岔出、溝通失敗之處。我將示範：當「主體性／subjectivity」占據了象徵系統的核心位置，「姦／奸」的想像使溝通失控，背後則是被提前取消的「民族」與「中國人」。

1.「主體性／subjectivity」為中心的象徵符號系統

　　由於廖朝陽將「中國人的悲情」視為「空白主體」的對立面，廖咸浩的第一篇回應文〈超越國族：為什麼要談認同？〉（1995a）談的即是「尊重別人的感情」。他重新闡述陳昭瑛的民族主義為「文化聯邦主義」（廖咸浩，1995a：64），從多元文化主義的立場角度予以支持。「大家還要生活在一起」的呼籲貫穿廖咸浩的文章，這也是他反對獨派將國民黨視為「殖民者」的主要理由：「國民黨統治台灣的施政不當，卻不能以純粹的反殖民方式對待，因為，大家還要生活在一起。」（同前引，頁68）此外，他也注意到，單一「主體」的國族主義使新的國族對他者的感情毫不留情，他說：「當我們把國家當成『一個』主體時，它的主體性就彷彿只能有『一個』，如此當然無法跳脫出典型的國族主義式的國家觀。」（同前引，頁71）他認為把國家當成一個主體的國族主義將內部少數族群視為破壞整體的替罪羔羊，而「外省人」則是主體性的替罪羊。

　　廖朝陽在〈關於台灣的族群問題：回應廖咸浩〉（1995b）將自己定位為理論工作者即「理論工」，文章一開頭，他論道：「我比較關心的是主體問題，同時我認為族群問題在討論台灣統獨爭議或文化主體性的時候不是頂重要的面向。」（廖朝陽，1995b：117）「主體問題」或「文化主體性」的意義來自於「／」，由譯者所控制，在此，「主體性／subjectivity」有定義問題、重整議程的效果。當廖朝陽認為這樣的「理論」的工作有助於「從情緒的陷溺裡『跳出來』」（同前引頁），「主體性／subjectivity」不僅率先擱置了廖咸浩所關心的「族群」（即「外省人」），更一併將「感情」也排除在外。新的論述領域在辯論還未真正開始前就已設定好了。

　　由於主體問題並不關心族群問題，廖朝陽說：「當我提到『中國人』、『台灣人』的時候，我指的是『民族』而不是『族群』。」（同前引頁）然而他強調「民族不是國

家」，民族也並非僅僅是一種文化認同。廖朝陽的主體問題中的「民族」的定義值得細究，他說：

> 廖咸浩似乎認為民族與「國族」沒什麼差別，所以在國家之下就是族群與個人，沒有其他中間形式〔……〕就事實來說，世界上至少有四種沒有國家的民族，並且並不是每一種都有意願獨立建國（Estruch 1991; 138f）；民族不等於國家，這早已是研究者的常識了。民族與族群有何不同？這種問題當然沒有絕對標準，但是我個人還是比較傾向用公共性與排他性的角度來界定。比如說，日裔美國人在日常生活中也許或多或少保存了對母國文化的認同，但是如果這樣的認同只侷限於個人生活的層次，不能對公共領域產生結構性的影響，形成公共性、排他性的安排（例如自己的教育體制），這群人也沒有這樣做的意願或要求，那麼他們就是族群而不是民族。（同前引，頁117-118）

既非國家又不僅僅只是文化認同的「民族」指的是什麼，如何在理論上成立？廖朝陽的民族即是「主體性／subjectivity」，而「主體性／subjectivity」指的是「公共性與排他性」，也就是公開的政治敵對狀態，我將稱其為「主體性民族」。他認為就主體問題而言，除了主體性民族，其他都「不是頂重要的問題」。他也依照新的定義，替廖咸浩「翻譯」了他的關懷，將廖咸浩所關心的受壓迫的族群「外省人」翻譯為具有清楚的「公共性與排他性」的主體性民族「統派」。他認為如果台灣內部確實有廖咸浩認為猶太人的問題，那必然是超越情感與族群的主體性民族間的政治衝突：

> 對民族與族群不做區分，使廖咸浩的立場呈現許多矛盾。比如說，他很擔心獨派的主張會在台灣內部造成多數迫害少數的結果，這是把**統派（至少是外省人當中的統派）**當成一個民族（「台灣的猶太人」），要求的是具有相當排他性的內部自主權〔……〕但有些說法又顯示，他仍然相信統派在台灣是，或應是，或希望成為，跨族群而且可以被主導公共決策的多數：例如他以接近自我批判的姿態說，族群差異不應被本質化（民族化）；例如他認為一般「庶民」不會受「少數人」煽惑，甚至說（台灣）分裂

「非多數人所願見」〔……〕。（同前引，頁118；黑體強調為本文筆者所加）

廖朝陽的「翻譯」在廖咸浩看來是不可思議的誤解，甚至是政治構陷。然而，廖朝陽的目的並不是要說廖咸浩是統派，而是要點明廖咸浩論點的內在矛盾：究竟廖咸浩所反對的台獨分子是多數還是少數？又，他所代言的一群受害者是多數還是少數？

這種無法分辨自己究竟屬於多數還是少數是非常「真實」的感受，畢竟，「台灣人」與「中國人」的能指在當時的台灣確實指著重疊的一群人。廖朝陽的主體性民族是一種主觀的、政治的民族，邊界隨民心變動，可能是多數，也可能是少數。值得一提的是，這樣的混淆感也導致了廖咸浩的口誤。廖咸浩在回應文〈那麼，請愛你的敵人：與廖朝陽談「情」說「愛」〉（1995b）中，當廖咸浩想要抱怨「外省人」被「統派」的標籤給取代了，他所下的標題不是「從外省到統派的跳躍」，而是與實際發生正好顛倒的「從統派到外省的跳躍」。（廖咸浩，1995b：94）這樣的顛倒反映了當時主觀經驗的現實：在想像上我方有時是多數有時是少數，「統派」與「外省」的能指亦不時地跳躍、替換，分不清究竟是統派被當成了外省人，還是外省人被當成了統派。

「統派」在廖朝陽的用法中，是邏輯上與「獨派」相對的概念，「中國統一」並沒有「親共」的意思。然而，在這場論辯中，只有廖朝陽能自由地進行純粹的邏輯演練，廖咸浩在廖朝陽的文句中感受到的是檢查、監控與構陷的目光。

在當時，獨派迅速崛起對社會產生極大的衝擊，廖咸浩想要為感到受壓迫者代言，卻無法真正指明受害者是誰。「別人的感情」中的「別人」不是客觀定義的群體，而是既親密又主觀的公共。可以是拌嘴的情侶對自己的稱呼，也可以是一種公共，「別人」的意思可以是「我」或「包括我的一群人」，或者是「你我之外的大家」。因此，廖咸浩以「別人」來稱感到台獨論述具有壓迫性的群眾，針對的是廖朝陽主觀感受中的他者，是對方的「別人」，而廖咸浩自己的位置則相當曖昧。受害者在想像層次上存於對方的眼中（「對方」的「別人」），這樣的目光彷彿來自於背面，每當廖咸浩轉身要正面迎擊，目光就消失了。他要如何證明壓迫確實存在？

確實，廖咸浩想要表達的正是「別人」在每日生活中經驗到的「芒刺在背」的感受，這樣的感覺像是有人在你背後指著你罵「姦賊」。我將在下一段點出，強姦、

漢奸與台奸的隱喻與「後殖民」、「女性主義」的能指之間的動態關係，使辯論不停地歧出，也驅使辯論陷入越說越不明、越辯越不清的僵局。

2. 姦與奸的政治想像

「強姦」的隱喻首次出現在廖咸浩為陳昭瑛辯護的〈超越國族：為什麼要談認同？〉（1995a）一文，起因是廖朝陽在〈中國人的悲情：回應陳昭應並論文化建構與民族認同〉（1995a）中使用了「能指的替換」來示範陳昭瑛的大中國沙文主義，廖朝陽引發爭端的段落是：

> 我們還可以從另一個角度來說明〔陳昭瑛〕這裡的「有何不可」是一個絕對道德命令：如果我們把這裡的中國改成任何其他國家，會有什麼結果？「如果菲律賓成為一個真正民主的國家〔……〕〔台灣成為菲律賓的一部分又有何不可？〕」**如果你敢這樣如果，妳的下場絕對會比「不願居於中國之下，但卻高興居於日本之下」的高伊哥更慘。這就是民族大義，就是絕對道德命令。**（廖朝陽，1995a：109-110；黑體強調為本文筆者所加）

當廖朝陽用詭辯法證明陳昭瑛「一個中國」的民族大義，「更慘」的推測激怒了廖咸浩，他用「後殖民」的立場來反駁：

> 〔廖朝陽〕此話不知根據何在？因為，陳昭瑛已經明講，高伊哥等人阿諛殖民主子，涉及現代化的迷思（28）〔按：陳昭瑛，1995a：28〕，（意指高王等人等於硬是把台灣做了下列的比喻：一個女人遭人強姦了，但因為這個強姦犯是個帥哥兼小開，就覺得其實還好，甚至慶幸從此自己變成了真正的女人）。那麼陳昭瑛似乎沒有什麼理由對「落後」的菲律賓如此感冒？〔……〕反倒是廖朝陽認為菲律賓是比日本爛的國家，且斷定別人也應作此想，會不會是反映了某種潛意識？（廖咸浩，1995a：67）

在精神分析理論的指引下，辯論進入關於「潛意識」貓捉老鼠的遊戲。而廖朝

陽在〈關於台灣的族群問題：回應廖咸浩〉（1995b）一文中，將廖咸浩對自己潛意識的解讀，「再解讀」成統派對被姦過的「漢奸」的潛意識焦慮：

> 我說過如果有人主張台灣成為菲律賓一部分，會比高伊哥死得更慘。廖
> 咸浩猜想這是因為我認為菲律賓比「日本爛」。其實這兩例是一是（親）
> 日，一是（投）菲〔……〕廖咸浩顯然不認為這是很重要的差別〔……〕**也就
> 是說他認為漢奸就是漢奸，並沒有漢奸與漢奸加三級的差別〔……〕我個
> 人認為主體內容化正是醞釀族群、民族偏見的溫床。**（廖朝陽，1995b：
> 121；黑體強調為本文筆者所加）

> 廖咸浩的解讀顯示他〔……〕以為被殖民者一旦失節，殖民文化也會魔功
> 纏身，永不消散。這就是台灣被殖民的歷史為什麼常會引起統派的極度
> 焦慮〔……〕作為一個男人，我也要呼籲：既然大家認為強姦不好，所有
> 男人（不分族群）都該真正的接納受害者，不要老是在想：加害者夠不夠
> 力？受害者有沒有暗爽？（同前引，頁122-123）

廖咸浩在〈那麼，請愛你的敵人：與廖朝陽談「情」說「愛」〉（1995b）一文中以女性主義的立場擺脫大男人主義的指控，他呼籲「尊重倒貼、反對強姦」。（廖咸浩，1995b：101）而廖朝陽使用的「漢奸」一詞也幫了廖咸浩找到命名目光的方式，他在同文中，以一整段「『別人』的感情必是（台）奸（之）情」作為小標，說明了「別人」究竟是誰。他說道「別人的感情」不是「族群感情」，而是「中華民國式的認同」（同前引，頁96）：

> 至於廖朝陽質疑對中華民國的依戀或中華民國的感情，是否只是（我）一
> 己的感情，我想〔……〕是不是我的情感並不重要；我所謂的別人既然指
> 的是「不支持某特定種形式的獨派」的台灣人民，其人數龐大還需要說明
> 嗎？（同前引，頁97）

在此作用的是另一個控白概念：「認同／identity」。英文中「identity」是關於「who I

am」的概念，而「認同」在這段文中則是關於「how I feel」的「感情」問題，兩者之間的或然關係，透過翻譯的「／」變成了必然關係。然而，兩者的根本的差異不會因翻譯的作用而消失，於是「／」持續地以斷裂式的連結與連結式的斷裂的方式作用著。受到新興符號結構的影響，廖咸浩將不一定涉及感情的「支持」問題與已經等同於感情的「認同」相互疊合，「支持」、「感情」、「identity」幾個完全不同層次的概念透過「認同／identity」成為可以相互替代的能指。

象徵系統的重構是壓迫感的主因，廖咸浩內在於「支持」、「感情」與「認同／identity」的跳躍與替代的象徵秩序，使他感到壓迫的是另一套能指替換的機制：

> 我所謂的感情問題，並不是認同現在「中國」的問題，甚至不是保留未來與「中國」統一的問題。容我再次重複，我所關心的是，島內人民會不會自亂陣腳、仇恨相向。也就是說，不要把對中華文化有感情，解釋作對中共有感情；請不要把對中華民國四個字有依戀，解釋作不能認同台灣。（同前引頁）

> 「別人」對中華（文化）和中華民國的情感，有什麼好怕的呢？因為怕這些人會成為台奸，會出賣台灣〔……〕這就是齊切克所謂的精神病癥（symptom）了。因為急獨派與以前的國民黨、現在的中共一樣，有一種關於「社會」（Society）的幻覺（fantasy）。（同前引，頁98）

> 在廖朝陽的筆下，我已變成了統派，也就是台灣人民的公敵─賣台分子〔……〕我既是「統派」，就很可能「賣台」。（同前引，頁103）

事實上陳昭瑛與廖咸浩都嘗試點出能指替換、意義挪移的問題。陳昭瑛指出的是兩組對立：「中國＝中心＝統治者＝外來＝不獨立＝非主體性」與「台灣＝邊陲＝人民＝本土＝獨立＝主體性」；而廖咸浩指出認同的問題：「不認同急獨＝不認同獨立＝不認同台灣＝認同中國＝認同中共＝敵人」。（廖咸浩，1995a：71）從陳昭瑛到廖咸浩，我們看見論辯的主軸逐漸從「歷史與政治」轉向「認同與情感」。由於能指的「跳躍」本身並非來自邏輯推論，時常更像是無中生有，廖咸浩因此想要將

之歸因成隱藏在台獨分子心中的「血統主義」。廖咸浩在〈本來無民族，何處找敵人？——勉廖朝陽「不懼和解、無需民族」〉（1996a）一文中說：

> 在台灣如果出現其他少數族群〔外省人〕的「民族主義」，為什麼就一定「自動」變成統派？〔……〕唯一的解釋就是，我的「血統」使我在他的眼中只能變成「外省統派」代言人。（廖咸浩，1996a：150）

廖咸浩忽略了象徵層次的秩序重組對「subjectivity」的影響。文章標題的中「無民族」與「找敵人」觸及了真正的問題癥結：以「主體性／subjectivity」為中心的新興象徵秩序，輔以由主觀性（subjectivity）決定的「認同＝情感＝政治支持」以及「奸」的政治想像，使得作為民族被理論化為「本來就沒有」，將自己變成「對方的別人」，成了受他人所控的失控的能指。

3. 消失的「identity」、民族與中國人

　　辯論之初語意不清的代名詞「別人」，以及表述對象清晰範圍卻又過度狹窄的「外省人」，使廖咸浩屢次遭受廖朝陽嘲諷式的逼問：究竟是誰？是多數，還是少數？廖朝陽甚至將「外省人」改成「統派」，引起廖咸浩的憤怒與不安。廖咸浩堅持「以國內族群為異的對象，而加以排斥」（廖咸浩，1995a：64）的「血統主義」是獨派的潛規則；「從統派到外省的跳躍」來自獨派的「心理」：「民族主義獨派的『圍城心理』容易把所有**非急獨派**打成**統派**，但其『血統主義』又很篤定的把統派的範圍縮小成『**外省人**』。」（廖咸浩，1995b：95；黑體強調為本文筆者所加）

　　然而，廖朝陽認為血統主義與台灣的猶太人並不存在，廖朝陽在後期的回應文〈閱讀對方〉（1996）中解釋：「我把台灣猶太人解釋成『統派（至少是外省人當中的統派）』，的確不符合廖咸浩原文的『外省人』。我必須認錯：這是因為我當時的想法太純潔，根本容不下台灣有人會因為血緣而受迫害這樣的想像或事實，所以我努力修正廖咸浩可能挑起族群仇恨的說法。」（廖朝陽，1996：137）這樣的說明使廖咸浩在〈狐狸與白狼：空白與血緣的迷思〉（1996b）一文中驚歎：「我對廖不食人間煙火的純潔感到佩服，但也不免心驚：在這樣的情況下高唱民族主義，也未免

太純潔天真了一點。」（廖咸浩，1996b：155）「這種對主體（性）的看法不但天真╱純潔過了頭，而且難免霸道──我可以空白，你為什麼不能？一定是不愛台灣！」（同前引，頁157）

回顧雙廖辯論，廖咸浩確實輕忽了一個政治現實：獨派並不是「一個」。當政治的獨派大喊「中國豬滾出去」，學術界中最激進的獨派則是純潔的理論工；獨派不是「一個主體」，煽動情緒（內容）的與追求形式（空白）是兩個群體。形式與內容的完全分離恐怕才是獨派在政治上快速獲取權力、同時又在理論上無往不利的關鍵。點出廖朝陽的天真（naive）並不天真（innocent），恐怕是辯論有所交集的真正起點。然而，可惜的是，就在廖咸浩終於發現令人「心驚」且相當「霸道」的「天真╱純潔」時，他已決定停止繼續這場辯論，「隨廖『簽出為良』」。（同前引，頁155）

回顧這場辯論，使廖咸浩在辯論上屢占下風的主因是理論工的天真與象徵秩序的重組所造成的無法言喻的壓迫與排除。

從「別人」到「外省人」，到「外省人」被改成「統派」，一路被追打的廖咸浩，在〈那麼，請愛你的敵人〉一文中終於清楚表明，「別人」主要指的是「認同中華民國、不分漢人原住民、本省外省、占總人數60%以上的台灣住民」。（廖咸浩，1995b：94）

儘管廖咸浩強調的「認同」是一種感情，他基本上也同意「認同╱identity」是人與符號的關係，文化認同時常只是「符號上的認同」。（同前引，頁104）廖咸浩說：「文化認同也不一定是遠景式的統派〔……〕所以基本上只是符號上的認同：對中華文化保有敬意，對中華民國的國號懷有感情」（同前引頁）；換言之，「別人的感情」指的正是對「中華民國四個字有依戀」。（同前引，頁97）

然而，正當廖咸浩終於被逼著用拗口的「有著中華民國式的認同的人」一詞來指稱那群受壓迫的人，並提出嚴正的抗議：「不要把對中華文化有感情，解釋作對中共有感情；請不要把對中華民國四個字有依戀，解釋作不能認同台灣」（同前引頁），我不得不感到納悶，難道下面這樣說不更能直接代表「別人」的心聲嗎：不要把對「中國」有感情，解釋作對中共有感情；請不要把對「中國人」三個字有依戀，解釋作不能認同台灣。

「別人的感情」的用法是估算誤讀的風險後的權宜之計，然而就在廖咸浩被逼著說出「中華民國」四個字的時候，一個更為清楚的事實反而顯現了出來：「中國

人」三個字徹底消失了。從辯論最開始，廖咸浩就避而不用「中國人」三個字，而也是因為「中國人」的缺席，使得廖咸浩的符號系統進入「別人」、「外省人」、「統派」、「有著中華民國式的認同的人」的能指的替換與挪移。事實上，「外省人」只是國民黨統治的人口分類，並不是認同的符號，外省人自己並不喜歡被當作「外」來者。事實上，多數「外省人」有著「中國人」的認同是事實，但是「我是中國人」卻也不一定完全等於「我是中華民國人」，至少這等號並不適用於抱持左翼理想的「統派」。

我們可以理解，迴避「中國人」三個字並非廖咸浩所願，一九九〇年代的民主化運動、快速崛起的獨派、李登輝（1923-2020）的民粹主義與兩岸關係緊張，使得「中國人」幾乎成了敵國人，再也無法如同A＝A這般單純僅僅是具內在同一性的「中國人＝中國人」。「中國人」如同失去所指的能指，「我是中國人」再也無法只是一個單純的答案，而變成一個無從回答起的問題「我＝中國人＝？」：你說你是中國人，你的「中國人」指的是什麼？哪一種中國人？哪一個國的中國人？

「你是什麼中國人？」這個問題之所以無從回答起，是因為它本來「並不是一個問題」，當本來作為「答案」的陳述，一夕間淪為有待回答的「問題」，這「問題」就勢必在回答中失去「這本來並不是一個需要回答的問題」這個「答案」。在新的秩序中，「中國人」成了「一國之民」（the subject of the state），要不屬於中華民國，要不中華人民共和國。我將這個轉變稱為「去民族化」。

與「去民族化」同時發生的是「人的國家化」或可稱「國民化」（subjectification），在此「subject」指的是從屬於國家政權的人民。必須強調的是，將四海皆兄弟的「中國人」變成擺盪在兩個中國之間的一國之民，並非中國內戰與分裂的產物；在當時，海峽兩岸皆毫無疑問地稱各地的中國人為中國人。將中國人「問題化」、「去民族化」與「國家化或國民化」的，是台灣本土後殖民論述所帶來的象徵符號的變革，或說是台灣主體性／subjectivity的功勞。

邱貴芬1995年於《中外文學》發表〈國家認同與文化認同不可混為一談〉時，她呼籲：在討論政治認同時，「有一個極簡單卻重要的認知〔……〕『中國人』就是中華人民共和國的人」（邱貴芬，1995b：125），不可繼續將如在美國的中國人也當作中國人。換言之，「我是中國人」必須清楚地指稱認同中華人民共和國的人。在文化認同與國家認同之間，邱貴芬將「民族認同」給排除了，邱貴芬的呼籲意味著後殖

民的台灣民族主義發展需要這樣的象徵符號上的新秩序，也意味著，在新的秩序尚未成形時，「中國人＝中國人」仍阻礙著「台灣主體性／subjectivity」的霸權。

從「中國人＝中國人」，到中國人能指的挪移與替換「中國人＝？」，到今日「中國人＝中華人民共和國的人民」，這樣的歷史變革起始於一九八〇年代。這是將「中國人」問題化、去民族化與國家化或「主體化」的運動歷程，也同時是「台灣＝主體性／subjectivity」取得文化霸權的歷史進程。事實上，這兩股歷程是一體的兩面。**因此，從效果而論，由後殖民論述所支撐的台獨論述，嚴格來說並不是「民族」主義，而是眼中無「民族」，所見皆「國家」的「主體性／subjectivity」主義。**

然而，值得注意的是，與廖朝陽針鋒相對的廖咸浩在這個過程中並不是消極被動的一方，相反地，他也是積極的構成者。在論述上，廖咸浩透過批評與辯論一同「促成」了新的「台灣主體性／subjectivity」霸權。

首先，廖咸浩主動將「認同問題」等同於「感情問題」，從辯論初始就以「尊重別人的感情」設定議題，並且，使「支持」、「感情」與「認同／identity」三個不同層次的概念成為可以相互替代的能指。

第二，當「多數人」依然認同著「中國人」這個符號時，廖咸浩將自己放置在中立且言必稱「別人」的曖昧位置，並且替「別人」率先迴避了易引發對方誤會的「中國人」三字，先以「外省人」、後以「認同中華民國的人」來命名。熱心的廖朝陽也同樣避用「中國人」，改以「統派」取而代之。

第三，受到後結構與後殖民理論的啟發，廖咸浩與廖朝陽一樣反對具本質主義的民族觀，並且比廖朝陽更堅決地反對血統主義，將由出生決定的民族身分的血統主義等同於法西斯主義。廖咸浩更堅持將「nationalism」翻譯成「國族主義」，認為「本來無民族」，先有「國家」才有「民族」：

> 民族主義在國家沒建成前是為建國，建成後是為了保國或擴國，基本上都與「國」分不開〔……〕一個國家只能有一個民族，否則就是「奸」──的邏輯，如何能讓台灣成為廖朝陽心目中的「多民族國家」〔……〕這就是我稱"nationalism"為「國族主義」的原因。（廖咸浩，1996a：146）

從論述的效果的角度視之，廖咸浩的論點弔詭地與台獨所欲的「去民族化」與「國

家化」的「主體性／subjectivity主義」相合致。

　　第四，廖咸浩雖然強調「別人的感情」，他本身與廖朝陽一樣不與「我們」共享主觀的情感，而也是客觀的「理論工」。當廖朝陽點出「中國人」對「漢奸」的焦慮不安時，廖咸浩並未討論是否真存在這樣的情感，或這類情感如何「尊重」，而是如廖朝陽一般站上單純的「尊重倒貼、反對強姦」的空白立場。

　　最後，儘管廖咸浩是在當時最有條件在理論上反駁廖朝陽的人，他卻不曾批評過廖朝陽以「主體性／subjectivity」定位辯論的主軸的用法。他與廖朝陽共享著「控白概念」賦予「譯者」的特權，行使著譯者所專屬的「霸道」：控白概念賦予譯者一種獨特的論說位置，使「譯者之言＝他者」得以在歷史現實之外與常識世界之上，形成一套有別於常識世界的、常民僅能半知半解的新興符號系統，而這個系統儘管與常民脫節，甚至是反常識的（如「空白主體」與「本來無民族」），卻得以在政治上奪取文化霸權。常識世界中的「中國人＝中國人」就是在「譯者之言＝他者」的鬥爭中被取消了。

四、結論

　　台灣解嚴後的「主體性／subjectivity」現象是廣泛而多元的，《中外文學》上的辯論，是一九九〇年代的主體性現象的一個切面。但主體性的影響甚廣，在不同場域中表現各有不同。美術界中，亦有「主體性」的辯論。一九九〇年代初期《雄獅美術》月刊上倪再沁（1955-2015）的〈西方美術・台灣製造：台灣現代美術的批判〉一文引發了從1991年4月至1993年2月關於台灣美術的辯論，辯論初期，主體性並非核心的概念；但到了後期，特別是在陳傳興（1952-）的〈「現代」匱乏的圖說與意識形態：八〇年代台灣之「前」後現代美術狀況〉一文於1992年9月加入之後，主體性成為論辯的焦點，其重要性逐漸凌駕於「本土化」、「台灣意識」、「台灣文化」等概念之上，然而其意義卻更加眾說紛紜且晦澀抽象。[11] 值得注意的是「主

11　相關辯論可參考葉玉靜所編著的《台灣美術中的台灣意識：前九〇年代「台灣美術」論戰選集》（1994）。該辯論由倪再沁的〈西方美術・台灣製造：台灣現代美術的批判〉（1991）一文引起，該文對當代藝術作品欠缺本土精神的「橫的移植」作品一一點名批判，引發藝術家的反彈。辯論初期，焦點多圍繞在何謂「台灣觀點」、「本土文化與台灣文化的關聯」、「本土意識」與「台灣意

體性／subjectivity」在這個場域中的出場，是挑戰形成中的本土主義。此概念的核心性與歧義性亦反映在台北市立美術館 1996 年的雙年展，當年的主題即是「台灣藝術主體性」（The Quest For Identity）。值得注意的是，雙年展文章中主體性的英譯是「identity」，反映了英文譯者（而非作者）察覺到將「主體性」譯成「subjectivity」的尷尬。而當主體性翻譯成「identity」時，也使「主體」的英譯陷入不穩定，而在「subject」與「individual」之間擺盪。[12] 中英譯文的落差反應了中文「主體性」的不可翻譯性（untranslatability），然而由於英譯只是附屬，英譯本身並不傷及中文世界裡主體性作為「subjectivity」的翻譯的功能。然而，與北美館的雙年展不同，外文系與《中外文學》是翻譯的權威機構，《中外文學》上的「主體性」即是「subjectivity」，在這個專業領域裡，「主體性」不會被翻譯成「identity」。

　　在社會運動的場域裡，主體性的政治價值則可以從陳信行所描繪的野百合學運一窺究竟。在「苦勞網」上刊登的〈我的野百合〉（2004 年 4 月 17 日）中，陳信行描

識」。辯論的內容大抵不脫鄉土文學論戰中鄉土、本土與現代的框架。主體性與主體意識在文章中大多是較為隨性的使用，也並非核心的概念。陳傳興的文章〈「現代」匱乏的圖說與意識形態：八〇年代台灣之「前」後現代美術狀況〉（1992）是個關鍵的轉折，該文首先界定辯論的核心在於「（1）創作者的主體性問題；（2）美術與本土意識、台灣意識的糾纏葛藤」。（陳傳興，1992：238）陳批評美術界對「主體」、「主體性」、「主體意識」的錯誤認識，認為多數人所說的主體「是社會性的『群我』」，而這個普遍錯誤使得「『主體性』的問題在當前台灣美術界幾乎是快要和『台灣（主體）意識』成為同義語而致糾纏不清」。（同前引，頁239）陳認為這樣的概念混淆也帶來藝術評論的「泛政治化」的問題。關於主體性的概念，陳傳興說道：「西方從笛卡爾將『主體』引入哲學思想之後，『主體』的問題是建立標定『現代』的符號。」（同前引，頁238）換言之，主體性即現代性，當兩者關係確立，主體性與本土性的預設關係被切斷，也使得強調本土的批評與對西方現代性欲拒還迎的曖昧關係浮上檯面。該文有重整概念與重新定義問題的意圖，不僅使論辯「熱度回昇、頻率加速」（葉玉靜，1994：17），更改變了辯論的焦點。「何謂主體性」自此成了既困擾人又無法迴避的關鍵問題。

12　我相信，當作者在書寫時，主體性是「subjectivity」的中文翻譯，只是當主體性要再翻譯回英文時，譯者遭遇到翻譯的困難，因而決定由「identity」來替代。如策展人之一蔡宏明〈記憶的補綴‧斷裂的修復〉（1996）一文，中文摘要中「由『主體』產生的『主體意識』便是『主體性』」（蔡宏明，1996：15）的譯文是「The consciousness of an individual subject therefore constitute 'identity'」（同前引，頁18）；另外一句：「我們可以定義『主體性』為：『主體』與現實世界所建立起來的意義系統」（同前引，頁15）則譯為「We can define 'identity' in the following way: The 'individual subject' exists in a changing world....」。（同前引，頁18）

述了1990年的學運中的「主體性」迷狂，他提到：

> 一九八〇年代的學生運動各派系最喜歡的一個字眼就是「主體性」。學校老師教官校園特務把學生當小孩管是侵犯了我們的「主體性」；聯盟運動的場子中我們派系的聲音被壓下來、旗號不夠鮮明、訴求被忽略也是侵犯了我們的「主體性」；學運社團裡的學長壓學弟妹更是嚴重的侵犯「主體性」，這個字眼似乎是從「自我」被不斷壓抑的戒嚴時代解放出來的台灣知識分子的時代精神〔……〕我的「廣場總指揮」職務留給我最深刻的記憶〔……〕是永不止息的發交各校討論、選舉校際代表、決策小組、以及決策被群眾推翻後的領導班子總辭重選、直接表決。如果說台灣民主化經驗的核心是對投票的崇拜，十四年前三月的那幾天我們在廣場上把它推到了極致的地步而產生出某種荒謬的美感。何時要進、何時要退、要不要接受這個或那個提議〔……〕在這些戰術問題上，大概大部分參與者的「主體性」都受到了空前絕後的尊重吧。（陳信行，2004）

在當時，民主的實踐就是主體性的實踐——反過來說也成立：唯有尊重主體性的實踐，才稱得上是民主的實踐。陳信行在文中也描述了遭到收割與背叛的屈辱感，他說：「在那年3月21日的收場時，我和許多人共同感受到的，不是欣喜，而是一種深沉而屈辱的無力感，我自己要過了幾年之後才逐漸理解那時候的感覺是什麼。」宛若從那時起，不再「為人作嫁」，才是主體性真正的定義。而後，我自己參與樂生運動的期間，與政黨保持距離已成了運動主體性重要的指標。

　　另一方面，也能從吳永毅（1956-）的博士論文《運動在他方：一個基進知識分子的工運自傳》（2010）一窺當年青年工運分子關乎「主體性」的算計邏輯。在他當年的私人筆記中，我們讀到零散的紀錄：「有關出版刊物〔……〕合併或寄生〔……〕大部分的人都反對，工聯幹部怕失去主體性」（吳永毅，2010：183）、「〔新知〕走在女線〔隊伍〕後面／ but新知主體性太強」（同前引，頁189），以及，「〔如果新知和女線有〕搶奪主體性〔的問題〕，應該兩個組織去談」（同前引，頁223）。「主體性」不是個人的、而是集體的，不是先有的，而是在關係中相互拮抗、競相爭奪的。在這裡，「主體性」並不是民主的理想，而是政治與權力的現實。

　　1979年出生的我，1997年進入大學時是個醫學院藥學系的學生，受到主體性的啟蒙，2004年投入樂生保留運動。在我的心目中，主體性的解放是跨領域、多層面的——既關乎日常，也關乎知識、更重要的是集體反抗的行動。然而，卻也總讓人覺得求而不得——在集體中不能失去自我，若沒把握集體的精神就等於不懂主體性的精義。

　　本文透過一九九〇年代刊登於《中外文學》的辯論文章，分析「主體性／subjectivity」在特定學術場域裡的形成過程，雖無法反映主體性現象的全貌，卻也能示範在特定時空下譯者權力的行使方式。從《中外文學》的例子中我們看到，在該場域中建構出來的「主體性／subjectivity主義」有以下特色：（1）解構性：「主體性／subjectivity主義」所追求的是一種不以客觀條件為基礎的共同體，這種共同體是以解構地域、人種、歷史與民族等客觀事實為前提的共同體；（2）形式的純粹性：「主體性／subjectivity主義」不僅解構共同體構成的客觀條件，也同時排除主觀的經驗與情感，因而具有形式上的純粹性，而這種純粹性具體表現在政治的敵對性（antagonism）上；（3）政治敵對性：敵對的「對象」是純粹的——即一切的「反主體性／subjectivity」，因此從特定人群、文化、到語言系統本身都可以是敵對的對象，然而無論用以指稱對象如何變動，該對象都是極權與壓迫的象徵；（4）國家性：「主體性／subjectivity主義」特別關注「國家」權力與暴力的問題，「主體性／subjectivity主義」的實踐將人轉化為屬於國家、關注國家以及反對國家暴力的主體（subject），在《中外文學》的例子中則是取消了不一定關乎國家的「中國人」。

　　有朋友問我，點出「主體性是『譯者之言＝他者』」以及「主體性是也不是『subjectivity』」是不是一種虛無？我所追求的是否是一種更忠於西方的、更為純淨的翻譯？我的政治是否是種去政治？我是否想要揚棄政治行動的主體性？這一連串的質疑也是我不停問自己的。作為「文化研究在台灣」的第二或第三代研究者，在經驗上，我們確實經歷「主體性／subjectivity」的歧義性與敵對性所帶來的困境，在這樣的論述結構裡，主體性是求之不得的也是難以思量的，本文的目的在於點出使人困頓的語言結構與歷史過程，想告訴我們這一代人，如果「主體性／subjectivity」讓人感覺就是我們所要的，那是因為裡頭有個「／」，而若在實踐過程中遭遇困頓，別以為問題的解答在西方理論裡。

　　「Subjectivity」是從精神分析發展出來的概念，十九世紀末佛洛伊德（Sigmund

Freud, 1856-1939）開創的精神分析並非一個純學術領域，它更接近於馬克思主義，既是一種理論，也是一種實踐，本身也是一場運動。精神分析被當成批判理論是台灣「主體性／subjectivity」實踐的關鍵理論資源（在雙廖辯論中尤為明顯），恐怕也是因為「主體性／subjectivity」是一個學術介入政治的實踐，與精神分析中實踐與理論結合的特性相互呼應。「主體性／subjectivity」正如阿吉特・喬杜里所言是「菁英之夢」，文化霸權的成形是透過替換與凝縮的機制。這篇論文著重於讓菁英（或「第一代」研究者）的位置與角色成為可見。對「菁英之夢」的解析工作依然是未竟之功，我們尚不能知道「主體性／subjectivity」的論述替換掉我（們）所欲求的什麼。我以為，我們需要一種能探詢「欲望」真相的實踐，至於精神分析室裡的兩人對話是否能夠提供解答，追求真相的工作該在什麼樣的場域中實踐，我尚沒有答案。

參考書目

中文書目

中國論壇社編（1987）《中國論壇》第289期（1987年10月）。

竹內好（1961）〈作為方法的亞洲〉（方法としてのアジア），收於竹內好（1993[1966]）《日本與亞細亞》（『日本とアジア』），東京：筑摩書房，頁442-470。中譯：胡冬竹譯，〈作為方法的亞洲〉，《台灣社會研究季刊》第66期（2007年6月），頁231-251。

吳永毅（2010）《運動在他方：一個基進知識分子的工運自傳》，香港理工大學應用社會科學系博士論文。後改寫為專著：吳永毅（2014）《左工二流誌：組織生活的出櫃書寫》，台北：台灣社會研究季刊。

吳豐維（2007）〈何謂主體性？一個實踐哲學的考察〉，《思想》第4期（2007年3月），頁63-78。

邱貴芬（1992a）〈「發現臺灣」：建構臺灣後殖民論述〉，《中外文學》第21卷第2期（1992年7月），頁151-167。

——（1992b）〈「咱攏是臺灣人」：答廖朝陽有關臺灣後殖民論述的問題〉，《中外文學》第21卷第3期（1992年8月），頁29-46。

——（1995a）〈是後殖民，不是後現代：再談台灣身分／認同政治〉，《中外文學》第23卷第11期（1995年4月），頁141-147。

——（1995b）〈國家認同與文化認同不可混為一談〉，《中外文學》第24卷第5期（1995年10

月），頁125-127。

《思想》編委會（2006）〈台灣哲學會／《思想》年度徵文啟事〉，《思想》第1期（2006年4月），
　　頁313-314。

查特吉（Chatterjee, Partha）著，張馨文、黃詠光譯（2012）〈以兩種語言談談我們的現代性〉
　　（"Talking About Our Modernity in Two Languages"），《人間思想》第2期（2012年冬季號），
　　頁92-115。

倪再沁（1991）〈西方美術‧台灣製造：台灣現代美術的批判〉，《雄獅美術》第242期（1991年4
　　月號），頁114-133。後收於葉玉靜編（1994）《台灣美術中的台灣意識：前九〇年代「台灣
　　美術」論戰選集》，台北：雄獅美術，頁37-87。

徐復觀（1985）〈中國的治道〉，《新版學術與政治之間》，台北：台灣學生書局，頁101-126。

梁漱溟（2005）〈中國建國之路（論中國共產黨並檢討我自己）〉，《梁漱溟全集第3卷》，濟南：
　　山東人民出版社，頁317-414。

陳光興（2005）〈「亞洲」做為方法〉，《台灣社會研究季刊》第57期（2005年3月），頁139-218。

陳其南（1987）〈本土意識、民族國家與民主政體〉，《中國論壇》第289期（1987年10月），頁
　　22-31。

陳芳明（署名施敏輝）編（1988）《台灣意識論戰選集》，台北：前衛。

──（1995）〈殖民歷史與台灣文學研究：讀陳昭瑛〈論台灣的本土化運動〉〉，《中外文學》第23
　　卷第12期（1995年5月），頁110-119。

陳信行（2004）〈我的野百合（二）〉，「苦勞網」，2004年4月17日，http://www.coolloud.org.tw/
　　node/61514

陳映真（1984）〈向著更廣闊的歷史視野〉，《前進週刊》第12期（1984年6月18日），頁12-15。
　　後收於陳芳明（署名施敏輝）編（1988）《台灣意識論戰選集》，台北：前衛，頁31-37。

陳昭瑛（1995a）〈論臺灣的本土化運動：一個文化史的考察〉，《中外文學》第23卷第9期（1995
　　年2月），頁6-43。

──（1995b）〈追尋「台灣人」的定義：敬答廖朝陽、張國慶兩位先生〉，《中外文學》第23卷第
　　11期（1995年4月），頁136-140。

陳傳興（1992）〈「現代」匱乏的圖說與意識形態：八〇年代台灣之「前」後現代美術狀況〉，《雄
　　獅美術》第259期（1992年9月號），頁16-25。後收於葉玉靜編（1994）《台灣美術中的台
　　灣意識：前九〇年代「台灣美術」論戰選集》，台北：雄獅美術，頁238-254。

楊祖珺（1984）〈巨龍、巨龍，你瞎了眼〉，《前進週刊》第11期（1984年6月11日），頁16-18。

葉玉靜編著（1994）《台灣美術中的台灣意識：前九〇年代「台灣美術」論戰選集》，台北：雄獅
　　美術。

廖咸浩（1995a）〈超越國族：為什麼要談認同？〉，《中外文學》第24卷第4期（1995年9月），
　　頁61-76。

——（1995b）〈那麼，請愛你的敵人：與廖朝陽談「情」說「愛」〉，《中外文學》第24卷第7期（1995年12月），頁89-108。

——（1996a）〈本來無民族，何處找敵人？——勉廖朝陽「不懼和解、無需民族」〉，《中外文學》第24卷第12期（1996年5月），頁143-155。

——（1996b）〈狐狸與白狼：空白與血緣的迷思〉，《中外文學》第25卷第5期（1996年10月），頁154-157。

廖朝陽（1992a）〈評邱貴芬〈「發現臺灣」：建構臺灣後殖民論述〉〉，《中外文學》第21卷第3期（1992年8月），頁43-46。

——（1992b）〈是四不像，還是虎豹獅象？——再與邱貴芬談臺灣文化〉，《中外文學》第21卷第3期（1992年8月），頁48-58。

——（1995a）〈中國人的悲情：回應陳昭瑛並論文化建構與民族認同〉，《中外文學》第23卷第10期（1992年8月），頁102-126。

——（1995b）〈關於台灣的族群問題：回應廖咸浩〉，《中外文學》第24卷第5期（1995年10月），頁117-124。

——（1996）〈閱讀對方〉，《中外文學》第25卷第1期（1996年6月），頁136-139。

蔡宏明（1996）〈記憶的補綴・斷裂的修復〉，台北市立美術館編：《1996雙年展：台灣藝術主體性》，台北：台北市立美術館，頁15-33。

外文書目

Chang, Hsing-Wen. 2017. *Democracy and Zhu-ti-xing (Subjectivity): Investigating the Interface Between Politics and the Aporia of Becoming Oneself in Taiwan*. (Unpublished doctoral dissertation). Centre for the Study of Culture and Society, Bangalore, India.

Chaudhuri, Ajit. 1988. "From Hegemony to Counter-Hegemony: A Journey in a Non-Imaginary Unreal Space." *Economic and Political Weekly*, 23(5): 19-23.

Foucault, Michel. 1984. "What is Enlightenment?" In Paul Rainbow (Ed.), *The Foucault Reader* (pp. 32-50). New York: Pantheon.

Guha, Ranajit and Partha Chatterjee. 2010. *The Small Voice of History: Collected Essays*. Ranikhet: Permanent Black.

Kant, Immanuel. 1963. "Answering the Question: What is Enlightenment?" In Lewis White Beck (Ed.), *On History* (pp. 1-10). Indianapolis: Bobbs-Merrill.

Lacan, Jacques. 2006. *Écrits: The First Complete Edition in English*. (Bruce Fink Trans.). New York: Norton.

Laclau, Ernesto and Chantal Mouffe. 1985. *Hegemony and Socialist Strategy: Towards a Radical Democratic Politics*. London: Verso.

Niranjana. Tejaswini. 2010. "Why Culture Matters: Rethinking the Language of Feminist Politics." *Inter-Asia Cultural Studies*, 11(2): 229-235.

———. 2015. "Introduction." In Tejaswini Niranjana and Xiaomaing Wang (Eds.), *Genealogies of the Asian Present: Situating Inter-Asia Cultural Studies* (pp. 1-11). Delhi: Orient BlackSwan.

Sakai, Naoki. 1992. *Voices of the Past: Status of Language in Eighteenth-Century Japanese Discourse*. Ithaca: Cornell University Press.

———. 1997. *Translation and Subjectivity: On Japan and Cultural Nationalism*. Minneapolis: University of Minnesota Press.

等待醫治的斷指[*]

冷戰自由人文主義的國／種族殘缺敘事

林建廷

　　本文乃延續我個人針對殖民現代性這個不算「新」的命題，一個持續性的歷史與政治思考。當中藏著諸多我個人以及大多數後發社會依然持續面對的各式新舊問題，包括各種新興的歷史主體構成、全球資本主義與世界秩序的重整、國家與社會形式的轉變與危機、權力治理與新殖民關係的延伸等。於當下這個右翼民粹國族主義運動再度萌發，以及後冷戰社會主義消解後，以民族國家為首的自由民主運動重整的歷史時刻，文章嘗試思索跨太平洋區域的日本殖民與美國冷戰歷史交錯下的醫療科學發展與人文主義的想像，如何影響台灣等諸多後殖民國家的現代化發展道路與知識情感結構。其中特別關注醫療現代化進程與科學人文主義的知識理論，如何於二戰與冷戰的各式歷史耦合中不斷重新刻劃人、人性、人權、人文主義等等各種有關於什麼是「人」的想像，以及歷史過程中轉動各式權力差異的知識生產，如何構築了當下「進步」社會的民主操作。

　　美國對華醫療促進會（American Bureau for Medical Advancement in China，簡稱ABMAC）現任的副主席──美國歷史學家瓦特（John Watt），在2008年出版的一篇論文中，特別針對台灣的健康照護與醫療發展進行評論，文中他將台灣譽為第三世界後進國家的醫療「發展模範」（development model）。作者透過線性歷史的方式描繪台灣醫療的進步，除了肯定台灣的醫療現代化發展之外，瓦特更強調台灣現代化過程中不可或缺的國際醫療援助，包括像是世界衛生組織（World Health Organization，簡稱WHO）、全球衛生理事會（Global Health Council）、國際紅十字會

---

*　本文為科技部計畫「冷戰生命政治與跨亞際移工敘事」（MOST 105-2410-H-008-045）之部分研究成果。特別感謝兩位匿名審查人相當具有介入性與生產性的寶貴意見。也要謝謝2016年共組台社年會論壇以及論文寫作期間的夥伴：游靜、黃道明、宋玉雯、丁乃非、白瑞梅、劉人鵬。另外，呂季儒、莊益明、何冠儀等人協助資料處理與文句校正，在此一併致謝。同時謝謝台社編輯的細心協助與校訂。

（International Committee of the Red Cross，簡稱ICRC）、以及美國疾病控制與預防中心（U.S. Centers for Disease Control and Prevention，簡稱CDC）等。強調台灣發展模式得以被其他醫療發展落後的國家借鏡的同時，瓦特特別感傷地提及非洲大陸的公共衛生與醫療貧瘠並說道：「當我們耳聞非洲大陸的小孩，因感染瘧疾而死的比例高出其他疾病許多（一天超過兩千人的比例），我們不禁惋惜，為何這些小孩沒能有幸出生在台灣。」（Watt, 2008: 566）我們並不陌生於瓦特這類關於醫療現代化的全球發展敘事，但卻值得進一步追問的是，台灣醫療現代化的國家發展進程與美國冷戰歷史的親密性；另一方面則是，這樣的歷史知識生產是如何彰顯後冷戰自由人文主義的情感構成與知識效應：以美國現代性作為全球發展的準則，並將第三世界國家放入發展比較的現代化模式之中。以台灣作為可應用的（applicable）後殖民晚進發展國家的醫療現代化典範，強化的是冷戰以來一直不斷被應用的現代化發展理論比較公式；而此種現代性話語，同時也是台灣與美國冷戰關係中對於科學與醫療發展的主流表述，一面打造台灣醫療現代化的國家工程，同時複述美國冷戰援助下台灣醫療現代性的歷史記憶。

　　此種突顯自由人文主義情感的後冷戰歷史書寫，相當程度地遮掩美國介入亞洲冷戰地緣政治的權力關係，並與美國內部一直以來主流的國族歷史記憶與情感遙相呼應。在美國國際開發總署（United States Agency for International Development，簡稱USAID）的網站上，有一段引自時任總統甘迺迪（John F. Kennedy, 1917-1963）的文字，記載著關於美國外交援助政策執行的自我期許與國家目標，當中特別強調美國對於發展落後的國家，有著在經濟、國家及政治等三方面所應承擔的責任：資本主義經濟富有、國家自主發展及民主自由體制。從冷戰至今，這類「使命論」的自我期許與民主修辭，充分表達了美國自十九世紀以來的例外優越主義（American exceptionalism），尤其當美國將軍事部署與政治意圖轉譯為捍衛「自由」與不可逃避的自我「責任」，此時冷戰自由主義的構成，便與經濟發展、民主法政與主權國家等概念緊密扣連。以冷戰台灣與美國的歷史連構來看，一九五〇、六〇年代也是台灣加速邁向美國軍事化資本主義陣營的發展進程，並與科學專業知識建構並進。此一時期台灣的醫療現代化具體轉變之中，包括以美國為依準的醫療護理人員的專業化與建制（張淑卿，2010：130）、美援體制下的台灣家庭計畫與生育及人口控制（郭文華，1998：60）、台灣與美國醫療專業人員的跨國流動與醫療移民（許

宏彬，2013：56），以及剷除台灣「密醫」而進行的醫師法的修法運動（Lin, 2015: 229-232），同時也包括台灣美援時期中等教育的科學知識生產等（傅麗玉，2006：449-451）。一九六〇年代以降，台灣朝著西方為首的科學進步論述，積極推進工業化、都市化、以及醫療現代化，成為後冷戰時期用來記憶與感知美國冷戰現代性的物質性基礎，也是台灣在情感與知識上引以為傲的進步想像：依著（美國）西方科學理性的標準，慢慢建構出一套以律法為依據、理性科學為基礎、專業化建制與自由民主為價值原則的台灣醫療現代性。這些決定性的冷戰記憶與論述經常與台灣民主化的社會想像與操作密不可分，尤其是透過人道主義、自由與科學等話語，構築出台灣醫學現代性的政治力量與國家動員，包括醫療發展的經濟理性思維、醫療民主化與人權、科學進步與專業主義以及相關學科的知識建制與發展等，上述所列同時也是後殖民國家醫療現代化建構的政治經濟學核心。

　　本文將透過討論吳念真（1952-）的《太平天國》（*Buddha Bless America*, 1996）的電影敘事，試圖與上述這些核心議題與現象進行分析性對話，目的不在提供一個詮釋的框架與解答，而是呈現一個我暫且稱之為冷戰生命政治的問題意識；亦即，藉由分析電影敘事中關於美國在亞洲的軍事布局，以及故事主人翁對於美國現代醫學與科技的想像，詰問台灣醫療現代化過程中軍事帝國主義的文化重構，並進一步探討冷戰軍事主義的權力運作邏輯，以及後冷戰文化批判當中的人文主義想像，如何挪用並置換了殘疾與種族的議題，而這個置換的過程又如何是台灣與美國現代性權力共構一個種族化的展現。透過批判性地檢視這樣種族化的文化位移，將是理解美國跨太平洋新殖民權力關係部署與後殖民亞洲國家的國族主義發展一個重要的視角，關於這一點，我在文章後頭會有較為詳盡的探討與分析。首先說明《太平天國》這個文本在本文論述脈絡中的位置，以及我的閱讀方法：我主要將電影的敘事與其生產脈絡，理解為後冷戰知識論述的文化與政治構成的一部分，藉此思考冷戰軍事主義與科學人文主義，如何鑲嵌於跨太平洋台灣與美國現代性的權力共構關係之中，以及此類歷史論述中所依附的美國新殖民主義運作邏輯。換言之，文章重點不是關於吳念真導演及其電影的專門研究，也不特別以台灣電影研究的方法論進行分析。若就電影本身的生產脈絡而言，台灣社會在一九九〇年代末已經普遍進入所謂後威權或者後冷戰的民主政治想像，關於台灣民主化的集體社會心理，也因為當時首次的民選總統來到一個歷史高峰。政治想

像連動下的台灣電影，也有別於過去的文化與社會再現，如電影研究學者李振亞指出，台灣新電影運動於此歷史社會氛圍下，已經走往新的議題探討，吳念真偏偏選擇一九六○年代的美國軍事主義作為題材，相當程度地脫離了當下的社會脈絡，尤其當時冷戰已經結束，進入了全球資本主義急速都市化與工業化的年代，而李也認為吳念真將美國當成帝國來嘲諷，對於當下社會的理解是文化的失焦。（李振亞，1996：126-127）正如李的觀察指出，一九九○年代的台灣電影文化生產，轉往關注所謂的國際資本主義全球化下衍生的社會病態，這樣的歷史觀察以及電影相關的文化評論，突顯了一九九○年代以後的知識生產所採取的歷史分期原則（historical periodization），傾向將冷戰以歷史斷代的方式來劃定社會演變的進程，例如新自由主義的政治經濟變革或政治意識形態的終結等。對本文來說，不論是電影本身對於冷戰歷史的回望，或者評論者對於這個回望的批評本身，都是冷戰歷史與文化結構的情感延伸與重生，如鬼魅般回過頭來逼迫我們直視的冷戰問題與政治（無）意識。

超克冷戰的科學人文主義想像與亞洲地緣政治

　　下面我將吳念真電影文本《太平天國》中關於一九六○年代冷戰台灣的再探，視為冷戰歷史敘事的一環，一併回顧國際科學人文主義的冷戰系譜，希望與文本敘事的歷史提問進行交叉閱讀，試圖深化電影中對於冷戰科學現代性與軍事主義的問題意識詰問，同時藉由閱讀電影中呈現的人文想像，來重新問題化科學人文主義的歷史延續與斷裂，或能為當下全球醫療人道主義的濫觴提供一些反思的歷史線索。科學人文主義（scientific humanism）或稱新人文主義（new humanism）於二十世紀初期以來至戰後的歷史發展，是理解科學研究的知識建制與人文主義思潮，乃至冷戰地緣政治的重要系譜之一。從二戰至冷戰，可以說是推動科學人文主義發展的關鍵時期，尤其因為戰爭引起的全球政治與經濟局勢動盪，以及軍事主義擴張所引發的人性危機，促使科學家進一步思考科學研究與人類歷史發展的關係為何，希望利用科學研究來打破國家疆界與政治意識形態的分野，並共同推進人類文明的進步，以達到世界的和平。科學人文主義的核心思想之一，是將科學研究的歷史發展視為人類整體文明的進步史，也就是說，全體人類的文明經驗與文

化活動是內在於科學研究的發展，因而建制化的科學史研究同時也是世俗化的人文主義追求。此一政治哲學也在兩次大戰期間，歐洲出現社會與經濟危機時，獲得廣泛的支持，例如，一九二○年代末期歐洲出現的政治危機中，馬克思主義學派對於科學作為提昇國家生產力的政治經濟學說法，獲得某些左派科學家的認同，而這其實是延續馬克思主義學派對於科學作為推進人類歷史進步，並強調科學解決社會危機的一個重要功能。（Aronova, 2012: 32-33）

　　科學人文主義重視科學研究與人文主義結合的世俗化追求，成為戰後聯合國教科文組織（United Nations Educational, Scientific, and Cultural Organization，簡稱UNESCO）的重要知識與哲學基礎。而李約瑟（Joseph Needham, 1900-1995）和赫胥黎（Julian Huxley, 1887-1975）兩位英國科學家作為背後的主力推手，共同參與並推行教科文組織的跨國科學計畫。這兩位科學人文主義者，雖然有各自的研究興趣與投注，但對於科學人文主義的核心價值與國際原則是相通的，主要在於他們都強調將科學史研究帶入跨國的視野，以期打造科學為基礎的國際主義，解決國族主義之間的政治疆界以及國家冷戰意識形態的對立。其中李約瑟特別強調各個不同發展地區的比較歷史研究與跨國的科學合作模式，並大力促成戰後的國際科學合作組織各地辦公室的設立。赫胥黎期許以科學來連結世界各地並促進彼此歷史發展的理解，加上他對中國科學與歷史的研究與關注，所以特別提出打破獨厚西方科學史的全球觀點，他認為被西方科學觀貶抑的中國哲學與科學發展，應該被當成科學史研究的重要一環，更應納入理解人類文明的世界史觀當中。同樣指出科學研究史觀的跨國視野，赫胥黎則認為所有的知識系統都不可能脫離人類價值的框架，就連科學知識也必須能夠真正推進人類文明進步的核心價值。因此，他提出多元一體（the unity in diversity）的科學進化論觀點（evolutionary humanism），主張以自由、人文主義、世俗的現代世界觀來解決文化相對主義的差異性，以此來統合生物科學的不同學派以及冷戰分隔的政治體系。一九四○至五○年代的冷戰高峰，從二戰結束以來面對亞洲各地的獨立運動，更使得亞洲成為冷戰的熱點，聯合國教科文組織也在這樣的歷史背景下，推出「人類科學與文化發展史」的跨國書寫計畫（History of the Scientific and Cultural Development of Mankind），主要的核心目標即是以多元一體的哲學理念為原則，希望以科學人文主義的文明世界觀，超越東西的文化差異與衝突。儘管它是以超越冷戰政治的意識形態分野為目標，但當時科學人文主義計畫

實際操作過程，牽涉的幾個關鍵爭議與分歧，如今看來依然緊密扣合現下世界衝突的核心，包括基督教世界與伊斯蘭教的宗教衝突與政治分歧、阿拉伯國家對於以色列立國的抗議、資本主義與社會主義制度下的「自由」想像與爭辯、西方「民主」對於共產社會的「極權」主義描述、以及蘇俄對於科學發展的貢獻等。（*Ibid.*, pp. 39-73）

　　龐大而複雜的科學人文主義歷史，並非本文篇幅可以涵蓋，我的重點在於透過冷戰科學人文主義的系譜回溯，試圖勾勒自由人文主義的論述競逐，如何逐漸構築冷戰科學現代性的知識生產與政治角力的歷史核心。英美冷戰語境中的自由民主與資本主義的發展邏輯結合，認為減少國家規範的自由市場，才能符合科學現代性對於文明進步的知識追求，而國家對於經濟市場的政治性干預，則被視為違反自由主義的價值；然而蘇聯與東歐等社會主義國家，則認為由國家介入經濟調節，以確保人民福祉與社會平等，才能真正達到自由解放與實現人類進步發展的核心價值。當時科學人文主義者是以科學研究的跨國計畫，企圖超越或嫁接資本主義自由民主派與社會主義進步左派兩者的冷戰分斷，此一科學研究計畫，看似調和差異的人文普世傾向，其實正說明了科學人文主義的冷戰政治性矛盾。矛盾在於此種美蘇冷戰對峙的科學人文主義想像，很大程度地略過美國於亞太地區的戰爭與權力部署所牽動的地緣政治，尤其此一關鍵環節牽動著親美反共的資本主義科學現代化發展與自由人文想像，並影響東亞的後殖民國家對於科學理性的追求；此類挪用馬克思左翼進步的比較史觀（comparative historical study），假設了文明的線性進步，以及均質的國家發展，更為第三世界等相對貧窮的地區劃定現代化藍圖與規則。此外，科學人文主義的世界觀，其實是接續西方啟蒙現代性的大業，雖然企圖打破歐美大陸的疆界，並參照中國的科學史發展，但是人文主義的核心進步想像，依然未能跳脫西方人類中心的普世設定。也因此以科學進步的人文價值試圖超脫（transcend）人種與族裔的差異區分，僅僅將種族視為表達差異的身分政治類別，進而期待科學發展來跨越種族化差異的世界進步史觀，正是一種去歷史、去政治的西方現代性知識產物，而本文透過電影，進行亞洲人文地緣政治的敘事分析，希望進一步釐清的，正是這樣一種冷戰現代性當中複雜的（去）種族化歷史。

　　將《太平天國》的敘事解讀為針對台灣與美國冷戰關係的一個歷史提問，此

一提問本身亦是上述冷戰現代性系譜的一環，得以讓我們重新問題化科學人文主義的冷戰知識生產。該電影的文化生產本身既是關於後冷戰的知識詰問，而由外部的歷史條件、知識與情感結構相互組成文本內部的冷戰歷史再現，也重新生產了冷戰的意涵。電影拍攝是在一九九〇年代，而故事背景設定在一九六〇年代的台灣農村，描述當時因台灣與美國進行聯合軍事演習的緣故，必須徵用農地、房舍、學校，以利美國大兵進行軍事操演，而後引起村子內部各種權力關係的拉扯，以及當中夾雜諸多台灣與美國的彼此想像與歷史視差。透過描繪美軍在台灣的出現，電影帶出了其中權力部署的多重歷史關係，這些權力的複雜性圍繞著國族、語言、身體、種族、科學與技術等相互滲透的面向，提醒著美國在亞太地區的冷戰歷史形構。電影採取明確的嘲諷立場來貫穿敘事，呈現美國軍隊的到來是如何地攪擾台灣內部的社會關係與家庭關係，其中不對等的權力分布與競爭，具體地表現在美國大兵與村民之間對於土地徵收的對立、孩童互相競逐美軍特區的福利，以及村民自圓其說以偷竊當作軍事賠償等。故事基本上在這樣的背景設定上推進導演對於美國嘲諷與批判的政治意圖，一個主要的發展軸線圍繞在主角阿盛身上：他是村子裡唯一識字的類知識分子角色，對於美國科技與文明充滿崇拜，而阿盛這種關於美國進步現代性的想像，大部分來自他閱讀的《世界日報》，所以一得知美國軍隊將入駐台灣，他立刻興奮地告訴弟弟阿憲，並滿懷期待美國的醫學技術可以治好弟弟的手。觀眾可以從電影敘事中得知，阿憲是因為在日本工廠發生意外而斷去幾根手指頭，而後阿憲則將手指頭保存在薑罐裡頭，相信這麼做可以防止它們腐壞。出於幫助弟弟的私利以及對於美國醫療現代性的著迷，阿盛挪用自身的文化資本扮演語言與階級中介的角色，幫忙國民政府與美軍，說服村民同意農地與學校徵用的軍事目的。在美軍進駐消息傳開之前，阿盛早已經灌輸弟弟有關於美國現代科技的進步，可以幫忙治好他殘缺的手，為了把握這難逢的機會，阿憲曾兩次試圖接觸美軍並提出他的醫療需求，卻都遭到誤解而不果：第一次是阿盛與姪兒一同跑到美軍聚集的酒吧門口等待美軍的出現。此時鏡頭呈現一位美國白人大兵跟著一位亞裔酒吧女步出門外，阿憲與姪兒興奮地迎面而上，將拇指薑罐放到美國大兵眼前，想像斷指本身應可以跨越語言與文化的藩籬，傳遞等待醫治的訊息，沒想到美國大兵面露驚嚇，完全無法直視（這樣的殘缺），恐懼之情馬上轉移成指認他們為乞討，塞了錢之後快速離去，一旁酒吧女且

幫忙喊價加碼（more）。預設第一次是因知識匱乏產生的誤會，第二次阿盛決定自己領著弟弟深入美軍駐紮的營區，並明確鎖定美國軍醫為目標，然一番折騰與語言誤譯後，依舊被當成乞丐給用錢打發，阿盛自覺深受恥辱。

　　將電影讀作回應冷戰主流敘事的批判性知識生產的一部分，我首先處理敘事中帶出的一個重要的冷戰問題意識，關於軍事化的冷戰地緣政治與家務勞動分工。正如影片的敘事構成，聯合軍事演習需要仰賴房屋與農地的徵收，導致整個村落家庭（households）被強迫遷移，小學也因而停課，讓全村落的人得以暫時落腳。片中暗示某種美國軍事主義與家務勞動分工的內在關聯，由每個家庭的太太們集體勞動分工負責全村落的伙食烹飪，丈夫們則潛入軍營偷竊美國軍用品以提昇家庭的物質生活，小孩以勞力換取美國特權，藉由替美國大兵按摩以求進入美國軍營特區，並獲取相關福利等。家務內外的勞動分工對應著同樣圍繞美國軍事化空間的遷移與勞動經驗，美國軍隊的跨太平洋移動以及連帶的軍事操演與娛樂休閒活動，牽動台灣當地的性產業、基礎建設與勞動狀況，建築工人以及酒吧女成為這一處休閒娛樂產業構成主要的物質與情感勞動基礎：由工人負責建造美軍酒吧，並且由台灣各處引進吧女來提供性娛樂服務。

　　電影的再現中存在一個諷刺性的轉折：主角阿盛原本堅持不願加入偷竊的行列，卻因此被妻子責備，認定這是作為一家之主的失職，對於家庭毫無「貢獻」；負氣之下，阿盛決定證明自己男主人的價值，並決心幹一票大的，以發揮自我生產的最大價值。於是和弟弟兩人潛入軍營，偷走當中體積最大的兩個物件，拖回村民暫居的學校空間打開後，卻意外發現裡頭躺著兩具美國大兵的屍體，一個黑人、一個白人，彷彿象徵著美國多元文化主義，而原本預期的最「大」貢獻，卻意外成為家庭與社群中最可怕的惡夢。對村民而言，死屍不但不具任何使用價值與交換價值，「死人」在中國傳統社會中更是一大禁忌，象徵厄運降臨。透過這樣的敘事安排，一個明顯的政治諷刺在於呈現美國的物質主義如何牽動台灣內部的自我利益，當地村民通過自我利益的追求而集體轉換成偷竊者的角色（purloiner），互相競逐以爭取美國最大的好處，電影或導演可以說是占據一個人文主義的位置，對這樣一種美國效應進行批判。這個人文主義的批判位置一開始是透過阿盛的角色來進行的：面對美國利益／權力時，阿盛努力維持自身的道德管理，拒絕成為集體道德敗壞的一分子。但隨著故事敘事繼續往前推移時，我們可以清楚看到人

文主義批判位置是如何透過家務內外的勞動分工來完成，正如故事安排，阿盛最後的妥協讓步是來自於社群與家庭內部的壓力，而這個壓力本身卻也同時被美國利益所驅動。由於阿盛被指責為失能的一家（國）之主，未能替家庭與國家社群「偷取」應得的（美國）利益，後續意外地將無用的屍體帶入家／國，人文主義的情感與想像正是鑲嵌在故事安排的這樣一種反高潮的落差之中，或者說是美國軍事主義過程中不可能均等的家／國務勞動分工，成為導致最後價值與利益的區分與落差。

　　縱然整個勞動過程在電影的敘事再現中被刻意淡化，以利導演突顯其諷刺性的政治與電影效果，然而內在於電影並支撐起這一整組批判敘事邏輯的，正是這個被遮掩不見卻相互協調一致的勞動分工與價值（再）生產。男人、女人、成年、孩童、家內家外、彼此協調以達到各式對應的軍事化勞動分工，不論是翻譯工程的知識分工、家務安排的空間調動、或性／別化的服務勞動，都是不均質卻互相構成的。電影中關於這些分工的再現，並不是特別有意識地提供一種左派的勞動視野，至少在電影的整體鋪排與敘事結構上來說不是；然而電影的敘事安排卻正建立在這樣隱而未顯的勞動分工上頭，既暗示對於美國軍事主義的批判，不能與國際冷戰下的軍事地緣政治與家庭內外的勞動分工切割，也同時暴露自我內在批判的盲點。

　　阿盛與整個村裡在這個勞動體系中的歧異，正是透過一個國家原型的人文主義主體位置與冷戰地緣政治標示出來。導演首先透過將阿盛描繪成國家主權的展現，一部分指向某種不願屈服於外侮強權欺壓的國族性格與主權力量，再者是呈現國家主體性如何在多重權力的競逐中掙扎折衝。從電影的敘事中，我們確實看到阿盛作為社群裡唯一一個「知識分子」的矛盾掙扎，但不敵「家庭責任」的壓力，最終仍屈從於他原本所抗拒的集體「偷竊」的道德墮落中。惟此處看似最終仍不敵外在結構更大的權勢而不得不喪失的國格，透過導演反高潮（anti-climax）的情節安排，讓這場國族主義之爭有了新的轉圜空間；亦即，透過故事最後安排，導演刻意呈現阿盛的「偷竊」是一場「失敗」的錯偷屍體的鬧劇，反而讓電影內在的人文主義與國家敘事更趨於協調一致，將當中原本有關家國一體的生產勞動與人文主義式的國家價值區分開來。因著國家原型的人文主義位置，阿盛理所當然拒絕加入「偷竊」的行為，因為「偷竊」在道德知識上是國家主體的墮落。但值得注意的是，

「偷竊」於電影中作為一個國家的政治寓言，實則與家內家外的勞動分工脫離不了
關係，因此「偷竊」本身不只是「家庭關係」的責任延伸，也不可能僅止於此，更需
要被理解為家／國調動的「集體勞動」過程，而偏偏這樣一個勞動經驗，經常被國
家的政治語言遮掩。對於阿盛承擔「偷竊」任務的一個解讀方式之一，可以與傳統
「家庭關係」中家父制的責任想像有關，我們也可以合理地推測這個閱讀視角，很
可能也是電影敘事埋伏的眼界之一：透過安排阿盛面對妻子的指責，不得不承擔
起「家庭責任」，於是乎我們可以感受到電影中安排的「家庭關係」與國族主義的歧
異，即「家」與「國」的責任衝突（一個好丈夫與一個良善公民難以兩全的矛盾）。

　　我在這裡則希望提出另一種閱讀方式，透過這個閱讀，我想說明從電影生產
的後冷戰脈絡（1996），乃至於電影敘述中有關一九六〇年代台灣的歷史脈絡來
看，正是一整個冷戰效應的延續，讓文化生產本身乃至於歷史的回溯，都依然與
冷戰自由主義互相糾纏，以致加深家與國之間錯綜複雜關係的斷裂。阿盛確實是
因為「妻子」責備加入偷竊，但導演最後仍安排這個偷竊成為一個「失敗」的行動，
因為偷來了兩大無用的「禍害」，而這樣一個失敗的行動是有意義的：一來是肯認
了阿盛，即使無奈，仍對家庭妻兒盡責；二來是翻轉了看似「失格」的國家主體位
置，重新確立阿盛所代表的國家人文主義知識原型，亦即，這個「失敗」正好替阿
盛可能被解讀為失格的國族解套。透過這個讀法，我想指的是家國一體的勞動
位置，如何經由冷戰人文主義的價值區分強化家與國的不同與當中的勞動階序再
確立。阿盛的「失敗」不但沒有貶低他承擔一家之主的責任，更因為這個失敗的行
動，讓他免於淪為敗壞的國家道德主體，因為這個偷竊並未替家庭帶來「私利」，
反而印證阿盛作為唯一「清醒」的國家人文知識分子的「公共性」位置；而這個公
私領域的區分與內在的勞動與知識分工，再次強化家與國、公與私的分化，從而
製造並強化當中勞動價值的高低，也再一次鞏固並遮蔽私領域的勞動如何應該撐
起公領域國家的「民主化」過程。阿盛太太、小孩、酒吧女、建造工人、村裡老人
的勞動於是都在這樣一種國家政治語言與文化生產的國族寓言中，再次被用來支
撐起人文主義式的國族敘事安排，卻也再次切割家－國的勞動分工體系與價值區
分，以自由人文主義的原則邏輯，將阿盛的「知識」位置架高於「看不見」的其他勞
動形式與道德敗壞低落的價值差異（太太、村民等偷竊行為）等。

　　這個失敗的意義於是呼應人文主義的修辭，而不至於將阿盛完全讀成一個失

敗的個體，或者真正敗壞的國家主權，就這個意義上來說，阿盛與妻子關於集體勞動／偷竊（collective laboring / stealing）一事的爭執，也可以證論為冷戰人文論述的競逐：關於人性的價值以及勞動形式的界定與區分，是透過差異性的人文主義價值生產，使得人的主體位置與國家律法分類下的文明化公民趨於一致。於此前提下，鑲嵌於電影敘事中這般文明道德化的國族人格打造，巧妙地讓軍事化的家／國勞動體系隱身於人文主義的敘事邏輯中，因而貶抑化某些無法符合人文主義道德原則的勞動再生產形式與價值，並使得那些不在國家文明化歷史進程中的人性化經歷與主體全都變得面目模糊。馬克思女性主義學者塔迪亞（Neferti Xina M. Tadiar, 1964- ）就曾針對這類國家主權法治打造下的人文自由主體位置進行評論，她認為當代自由主義裡這種主流的人性化表述與國家法治化過程，是將政治權利的人性形式常態化，也同時合理化各種因著這樣主流人性化操作而在每日物質社會中延伸的暴力。（Tadiar, 2012）丁乃非（1960- ）針對婢－妾－妻的全球連續體的研究，也試圖指認冷戰歷史轉折中家－國的性與勞動階序，如何為民族國家現代化想像的女性主義知識效應所滲透，不均質地阻斷且切割歷史發展中交錯的主體經驗，而這種分隔化的歷史與知識且一再透過身分、位階、階級、性別等類別化的身分重新包裝，成為國家歷史再造不斷複製的冷戰殖民經驗。（Ding, 2002; 2015）電影中的政治諷刺寓言其實也隱含這類人文主義的想像，透過這個閱讀，我試圖去指認這種人文主義的侷限：因其以國家－文明－道德階序，作為人性化過程與勞動條件的價值區分，很容易讓複雜的勞動歷史條件隱身，並為現代國家自由解放的冷戰邏輯背書——尤其是透過經濟發展、共同安全防禦、以及個人自由為前提的人文想像，正是維繫冷戰現代性權力治理的邏輯。

殘缺的國族想像與醫療人文主義的種族置換

　　上述的分析所指認的是在美國人道主義操作中，其內在的冷戰軍事邏輯，其中一個核心的關鍵在於帝國現代性的打造。其打造本身除了透過家／國的軍事化勞動與分工協調，並且在納入帝國軍事主義體系之時，可看出當中的勞動分工與價值生產是以種族化的國家現代性分類方式劃出階序差異。以下的分析，我將進一步追問，上述這種家務勞動分工的生命治理，如何與種族化的國家殘缺想像互

相牽連，而這種國族失能的冷戰敘事，又如何被拼湊到後殖民亞洲國家的發展圖像上，尤其是後冷戰自由範疇下的國家發展、主權與獨立的想像，如何不斷與美國軍事帝國主義的權力關係相互構成。從電影的敘事中，我們清楚看到主人翁對於美國醫學現代性的高度崇拜，主角阿盛深信美國（大兵）的到來，將等同於現代科技與進步的來臨，並將美國現代性視之為弟弟的救贖機會，深切地期待美國（大兵）得以醫治弟弟的手指。這樣的期待不只是因為他對於美國科學與技術的崇拜，更是一種內在於科技進步的醫學人文情感結構與意識形態，其預設的內在邏輯是科學進步與人類文明的一致性，這種普世化的價值設定也造就了電影情節發展的轉折效應。因為當阿盛跟弟弟對於醫療的需求被視為是第三世界乞丐的騙錢把戲，電影於是可以依著觀眾的邏輯與情緒反差帶出反諷的批判效果。這樣的電影構成也提醒著我們，如何複雜地看待醫學與政治意義上的冷戰人文主義想像。就此，一個核心關鍵問題便是：普世的人文主義價值如何透過醫療化的（medicalized）國族身體來想像與支撐，而這樣一種階序化的國族醫療身體打造又是如何圍繞著種族、國家發展與階級等差異來進行。

　　從電影如何再現美軍對待國族化的台灣殘缺身體，足以看見內在於人文普世價值與國族差異想像之間的矛盾。以阿憲為例，他的斷指除了被解讀為落後亞洲國家慣有的詐欺手段（斷）之外，失能本身也成了第一世界用來評斷後進國家發展的指標，一連串國家道德經濟的想像錯置，使得阿憲無法完整地成為醫療人文主義下應（可）被救治的主體。相反地，薑罐中的手指被誤認為是乞丐詐騙的道具，說明的恰是冷戰科學知識體系的區分，如何侷限人文主義的實踐與想像。亦即，將斷指泡在薑罐裡的「民間知識」或「民俗療法」，對於美國科學心智來說，只能被病態化地理解為後殖民文化國族主義的本質，而薑罐裝斷指正好成為科學實證主義的關鍵證據。此種關於他者的文化想像與現代化的分類方法，對於美國慈善人道主義的對應與實踐有決定性的影響。例如，美國大兵不但無法直視薑罐裡的斷指，其中顯露的恐懼與厭惡，也只能被轉化成如慈善事業般的同情施捨，他們非但無法也不願針對阿憲的手進行任何醫學診治，反而隨著翻譯中介者刻意的誤導，讓阿憲與阿盛兩人順理成章地被當成台灣鄉間的坑人乞丐。面對突如其來的索求，美國大兵企圖用美元打發他們眼中這一齣鬧劇，只是此時美元／援不但成為美國用來遮掩自身無法面對的恐懼，更以此施捨的行為作為對外確立自我人道

主義的立場。面對如此巨大的落差對待，阿盛斷然拒絕美元／援，力抗（殖民）恥辱，以維繫自身最後一絲個人與國家的尊嚴，卻也再次使得美國軍官一頭霧水。在一連串對於醫療現代性的期待與失落的情緒反差中，電影敘事下的台灣殘缺身體，一再被美國科學人文主義化約成次等國族與人種，而這般面對現代性歷史發展階段的視差（parallax），反映的正是批判左翼學者威廉斯（Randall Williams）所指出的，現代性普世宣稱裡關於「殖民與資本主義的人性區分」，惟透過這樣的區別，得以讓新殖民主義與帝國主義不斷介入現代國家的發展，以利延續殖民階序的權力複製。（Williams, 2010: xxiv）

　　從另一個視角來看，美國自詡的慈善人文主義，則在電影中正好召喚一種戲劇化、包裹在台灣國族主義的自傲與屈辱之中的情緒反應。就此意義來說，電影中尋求醫療救助的殘缺身體，可被讀成一則象徵美國與台灣冷戰結盟的國族寓言，敘說的是冷戰自由主義概念下的民主政治、國家主權與人文精神的索求與渴望。電影中刻意指出，阿憲的斷指意外是發生於日本在台經營的工廠，當中清楚隱含關於日本殖民暴力的歷史指涉，此處的斷指可被理解為殖民暴力的內在曖昧性：當被殖民者面對前殖民母國及其延伸的共犯結構所帶來的暴力時，一如斷指的比喻，往往無法清楚「指」認暴力的來源與形式。畢竟暴力的產生，往往透過各種相互牽連的結構性力量，而被遺留下來的殘缺身體，則成為每日活生生見證暴力的存在，但也如同不斷上訴的主體，持續地尋求殖民暴力的平反與歷史正義。然而這般持續殘缺的台灣主體性，除了指涉日本殖民遺緒的延續性效應之外，鑲嵌在電影敘事中對於殖民主義的批判，同時也導引出文本中關於美國冷戰帝國主義影響下的台灣後殖民國族史觀：因日本殖民暴力而毀損的國族身體，如何期待從美國冷戰的醫療現代性與自由人文主義中得到復原。這樣一種國家現代化的歷史敘事，是由美國與東亞聯盟的冷戰地緣政治想像所支撐，尤其以美國的民主化與經濟援助作為現代化發展的集體（無）意識，其實在台灣並不陌生。

　　此處，《太平天國》看似提供一個批判這樣一種冷戰情感結構的國族視角，因為導演透過刻意編排的諷刺性敘事，並利用殘疾作為透明化的工具，來突顯台灣國族主義的脆弱（vulnerability）。利用殘缺的身體，作為國族寓言的形象化再現，特別容易達成視覺與情感上的同步效果，並牽引國族認同。電影中關於殘疾的敘事安排與視覺再現，讓我們看見日本殖民主義與美國冷戰政治在台灣歷史中的交

疊，也使得文本本身的批判性政治得以同步發展，順利地讓台灣歷史主體性的問題成為焦點。又或可說，殘疾於此歷史和文本脈絡中，乃是內在於台灣國族情感結構下，因遲來的現代性而產生的失能感受，是一種尚未達成完整國家主體性的敏弱傷感；而在這樣一種現代民族國家發展意義下的脆弱主體性，正好也讓電影中對於美國人文主義與醫療現代性的批判語言得以連貫起來。

　　然而透過本文的討論，我希望特別指出的是，即使電影本身採取自由人文主義的批判性語言，足以讓我們思考後殖民亞洲國家間持續的抗爭狀態；只是很遺憾地，此一抗爭力量，經常也因為自由主義的話語而互相抵消。其一，透過殘缺的國家身體，來打造對於美國帝國主義的文化批判，就電影文本的敘事結構而言，預設的是台灣國族主義的健全想像，而這種支撐國家主權的健全主義意識形態，非但無法消解殖民暴力的內在權力運作邏輯，更可能促長經由殖民主義與軍事主義相互交織下的陽剛國族蘊含及其延伸的性別常態化政治。再者，電影打造的諷刺敘事中所挾帶的批判力道，還尚未真正問題化自由主義的話語；原因在於，文本提出的批判性論述，其實是將種族與殘疾所牽涉的歷史動態過程給本質化與工具化，進而召喚出台灣國族主義式的情感樣態與主體性，並透過一連串關於種族與殘疾的置換，推進國族分類下的現代性發展模式，特別值得強調的是，這樣一種種族化的論述置換，其實本身就是去種族（disavowal of race）的政治操作。

　　就電影文本的呈現方式與批判視角而言，兩次阿憲尋求美國醫療協助的關鍵場景，都是透過白種人軍官的種族化身分，來突顯美國進步的科學現代性，而如此的冷戰敘事觀點以及電影所處的批判位置，之所以能夠同時成立，其仰賴的正是構築美國現代性的白人種族優越主義（white supremacy）：一方面從文化的生產機制推進醫療現代性的種族主義權力邏輯；另一方面透過電影呈現的歷史敘事，將種族化的現代性意涵，置換成國族分類下有關經濟、科學與醫學的發展差異，並將種族與這些結構性的差異脫勾。因此，阿盛與弟弟對於醫療現代化的訴求，每每只能被當成第三世界落後發展下貧窮的常態問題，又或者這樣殘缺的身體，只是電影用來論述國家現代化發展的指標，同時也是電影美學與政治意圖所需的種族化輔具，更加諷刺的是，整個歷史敘事的推進卻是以去種族的方式來完成。需要進一步釐清的是，此處所指的白人優越主義不應被簡化為單一的「白人」個體，或關乎「白人」個別的再現與否，而是一系列以白人優越至上的意識形態所支撐起

的結構性制度與權力機制部署，於是乎，電影敘事中所牽動的其實是一系列種族化的文化機制、歷史再現與知識生產的權力動態過程，而非侷限於個人或作品再現的單一意義。

　　前述論及的種族與殘缺的置換，首先是關於國族想像的美國醫療科學，將現代性與種族優越主義作連結，接著是透過殘缺的黃種人（台灣）身體，將其當作第三世界因遲來的現代性，所造成的歷史落後而產生的國族類別；這兩者都以國族主義分類的方式將種族當成不證自明的存在，持續地將種族化的歷史與發展主義的國家敘事脫勾。劉人鵬於最近發表的一篇文章中，重新閱讀魯迅（1881-1936）的經典作品〈狂人日記〉（1918），當中她援引海澀愛（Heather Love）「再現的勞務」（labor of representation）這一概念，闡述文學現代性如何透過「瘋子」來批判傳統道德價值，重新想像一個常態化的現代世界，進而鞏固了對於身心障礙的汙名與暴力的現實效應。（劉人鵬，2016：46-49）劉文中所論證的殘障視野，對於本文的閱讀具有重要的提示效果，因為殘障在《太平天國》這部電影的構成中，也承擔了一種正典化人文主義與國族主義的再現勞務，擔負的不只是國族主義框架下的自由民主想像，同時是種族化的自由主義之歷史遺忘。

　　不加思索地將殘疾與國家發展預設成內在連貫的失能論述，乃是無視於具有差異性的現代化權力如何沿著種族的資本主義分化而運作，此種西方主流的失能論述觀點，已經受到越來越多後殖民研究學者的置疑。例如金恩容（Eunjung Kim）就指出，將殘疾的議題與國家發展視為是內在一致的問題，很容易複製並鞏固不同國家與社會之間既有的權力階序。（Kim, E., 2011: 95）再者，將殘疾當作一個可透過生物醫學技術與經濟發展解決的「問題」，只是進而合理化對於失能者汙名與歧視的社會運作機制，因為殘疾被理所當然地認為是需要且能夠被解決的個別（人種、群體、社會、國家）問題。這類失能的修辭與國家發展主義的解決方案，不但進一步地幫助維穩全球政治經濟調節下，一再複製的不均等資本主義發展，並且將後進發展國家與生命狀態，綁進種族化資本主義的「負債／虧欠」奴役狀態。這也是為什麼瑪莉亞・伯格（Maria Berghs）特別指出，當今許多的研究，在新自由主義脈絡下討論有關失能的議題時，依然未脫離進步史觀的目的論影響。這些關於援助與治理的論述，不論是強調經濟資源的挹注抑或生物科技發展的介入，又或者以新自由主義的價值與規範，加諸於相對第一世界的南營發展中國家（Global

South)的作法，他們所採取的知識框架，在本質上依然是植基於優生學的殖民與種族論述。（Berghs, 2014: 28）

　　若把電影中對於同樣是「美國」大兵的黑人敘事與再現，放入這個種族化失能論述的脈絡中一起討論，將促使我們更進一步地問題化，冷戰自由人文主義裡有關種族主義與國族政治之間複雜的關係。相對於以美國白人（whiteness）作為現代性的符徵，非裔美國士兵在電影中的再現，則是被以嘲諷的方式連結至軍事化的恐怖製造，也幾乎等同於人文主義的悖論。相關的電影場景之一是，阿婆與村民前往抗議美國軍事演習所造成的農地破壞，其中一幕特別刻劃一位黑人士兵與村中孩童相遇可能引發的軍事衝突場面，只是電影巧妙地將這一場對峙可能引爆的衝突，轉換成逗趣的種族玩笑，讓觀眾看見深受驚嚇的小孩，害怕（尿褲子）的原因被扣連到黑人士兵的族裔身分，而非軍事暴力本身。因此，原本應是關於軍事主義的恐怖暴力，很快速地被用黑人身體當成載體的種族恐慌給置換，而這樣種族化的恐怖，在村民另類的知識系統裡，則被當成邪靈附身（俗稱的「中驚」），需要收驚除魔，才能將這名小孩從驚嚇的失神狀態給拯救回來。就這樣一個文本的敘事構成來看，電影是透過白人的再現來中介美國冷戰科學與人文主義的現代化知識型，而黑人則化身為「怪物變態性」（perverse monstrosity）以成就文本批判敘事的知識構成；亦即，種族化的黑人身體非但無法與美國科學現代性相提並論，成為解決失能問題的可行方案，更是導致諸多現代知識體系與醫療操作無法辨認的精神障礙（中驚）。因此，電影中關於黑人士兵的呈現，正好填補了白人優越主義在文本敘事構成上，種族置換的一體兩面，既是不可或缺但卻又難以辨識的歷史黑影。

　　文章此處強調的重點，並不僅針對這樣的再現進行意識形態批判，而主要是逐步分析討論（work through）醫療化和軍事化，是如何圍繞著現代性的種族區別與分類方法運行，以及國家權力的運作方式如何有效地透過種族化的失能狀態，進行高低位階的排列。種族化的失能置換，使得文本中的批判語言，無法完整地問題化自由主義的論述，如剛才所討論的例子，原本有機會可以真正檢視種族化的軍事暴力，此一構成冷戰新殖民主義的核心，卻很可惜地被種族戲謔的玩笑話給置換，而讓美國冷戰軍事主義及其延伸的種族暴力，隱身成為打造台灣國族悲情與嘲諷文化敘事的框架，而未能進入歷史批判敘事的核心。電影中藉由這樣種族化的失能安排，來呈現國族想像下對於進步與落後的歷史發展區分，一方面遮蔽

殖民歷史過程中一再重複製造的種族階序；另一方面，當這樣的失能敘事，被置入國族主義的醫療現代性與資本主義發展方式來呈現，美國在亞洲的軍事化影響則會淡入成為現代性的背景，且重新以醫療人道主義或經濟發展主義此類正面歡慶的語言出現。失能的意義則成為資本主義意義下國家發展的指標，並同時是需要透過現代科學進行復原與重建的醫療類別，如此一來，其實是無意識地再次複製台灣國族主義發展，不斷抗拒又持續內化的美國殖民性，而當中可能產生的新殖民歷史暴力，很容易被自由人文主義的科學現代性給吸納與遮蔽。

　　這個我稱之為「種族化的國家失能敘事」，即是文章所論述的冷戰自由人文主義的殖民無意識。透過討論《太平天國》如何以種族置換的國族主義展開對美國冷戰帝國主義的批判，我希望同時指出，這樣一種後冷戰的文化生產本身，正好構成台灣與美國之間新殖民關係的歷史環節，從而延續種族化的跨太平洋冷戰知識效應。這個冷戰知識型（episteme），就本文討論的脈絡來說，指向兩個透過電影文本的分析而互相牽連的自由人文主義系譜：一則是文章一開頭便討論的「科學人文主義」的進步史觀與科學現代性的普世價值，包括從兩次大戰到冷戰，以科學理性的發展，企圖跨越國族疆界的利益衝突與冷戰意識形態對峙，追求整體人類文明的歷史進步與和平；二則是以美國為首的冷戰現代性競逐，以及跨太平洋的新殖民主義之歷史延伸，是如何透過種族化的自由主義治理邏輯，向追求獨立與反殖民的「第三世界」國際主義運動，展示美國式民主革命方案。誠如越來越多批判性的冷戰研究指出，美國境內的平權運動與當時冷戰的外交政治息息相關，例如透過廢除種族隔離政策、廢除國家起源為原則的移民人數限制法案、擴充少數族裔的政治參與權等，標榜美國作為一個民主多元且種族包容的國家，以利美國在現代性話語與政治競逐中，取得國際優勢地位。（Dudziak, 2000; Klein, 2003; Westad, 2007）其中，亞裔美國研究學者羅伯特‧李（Robert Lee）在分析美國模範少數族裔（model minority）的迷思時，就非常精確地指出，從二戰至冷戰期間，美國族裔自由主義（ethnic liberalism）的歷史敘事生產，乃經由提倡族裔平等，進行政治性的種族差異管理，並以族裔同化（ethnic assimilation）的現代化理論修辭，打造美國多元文化主義的樣板形象。利用突顯可同化的少數族裔模範，得以享受平等公民權以及向上流動的個人機會，藉此區隔那些「無法同化」的社會群體（例如黑人、共產主義、同性戀等），並合理化國家暴力壓制社會運動所提出的結構性變革。以當時的

美國為例，社會正經歷新一波工業化與現代化的國家變遷，其中包括美日同盟的環太平洋福特工業主義發展，以及更大的亞洲市場與勞動力開拓、社會科學提出現代化理論的知識框架、女人重新回歸家庭的異性戀核心價值再造等。（Lee, 1999: 145-179）

　　透過上述這些批判性的研究可以發現，就二戰過渡至戰後的這一段跨國歷史發展過程裡，美國逐漸於經濟市場的全球性擴張中占據主導的地位。更重要的是，此一全球資本主義的發展態勢，可說是同時鑲嵌於美國冷戰自由主義的論述生產之中，此二者交錯而成的歷史敘事與政治經濟體，既仰賴又同時鞏固了種族化的全球勞動結構。這樣一種種族化的國家現代化歷史發展，用後殖民馬克思主義學者羅賓遜（Cedric Robinson, 1940-2016）的話來說，其實就是「種族資本主義」（racial capitalism）。他認為全球資本主義的現代性發展，是藉由過去種族主義的殖民歷史，對原物料以及勞動力的掠奪與汲取，而進行原始資本的積累。如此的殖民－資本結構並未因過去殖民歷史的結束而中斷，反而持續性地影響現代民族國家的工業化發展，並形成新的世界秩序。（Robinson, 2000: 9-28）奠基於此一後殖民觀點的冷戰文化研究學者，梅拉梅德（Jodi Melamed）則進一步指出，美國戰後經濟與政治的自由主義發展，著實仰賴差異性的多元文化再現策略，並替全球資本主義的文化收編背書，而植基於此種自由發展的歷史文化條件，仍是種族化的美國白人優越主義。只不過此種優越性是以個人化的種族差異論述方式，來掩飾人類文明價值區分與種族化階序的內在結構性暴力，並且是「根據特定的物質條件以及地緣政治的狀況，構成人類價值與否的差異性關係，狀似一個理性而無法避免的常態系統對人進行差異性地分類」。（Melamed, 2011: 2）

　　電影中關於台灣與美國之間的冷戰國族政治再現，可以說既中介又鑲嵌於上述的這兩個知識系譜，文本敘事一方面嘲諷國家現代化發展的科學理性論述，詰問醫學與科技現代化發展中的美國冷戰軍事主義邏輯；一方面陷入種族化的冷戰自由人文主義的知識結構當中。藉由前述這樣一個種族資本主義的冷戰現代性脈絡，有助於釐清電影裡頭各種關於黑人士兵、白人醫官或亞裔「台灣」主角們的各種族裔再現，如何支撐並消聲於去種族的現代化歷史敘事當中。不論是阿盛以及阿盛弟弟與醫官的相遇、酒吧女與士兵的邂逅、阿婆與軍人和坦克的對峙、孩童與黑人的互沖「中驚」等等，每一回人物故事的衝撞，背後隱身的文化批判都是架

構在國族主義式的「台」「美」歷史敘事之下，對於「強國」（美國）的批判以及「弱肉」（受傷的台灣主體）的同情。一再地或無意識地肯認了國族主義的自由敘事語言，反而將批判語言的政治潛力收編於國家現代性的知識體系當中：一來將嘲諷式的批判政治建構於種族、語言、性別、身體以及文化差異的再現上，達成電影敘事上欲意突顯的，台灣與美國在冷戰國族發展上的不對等，使得差異的呈現本身變成只是國族身分政治的延伸，而強化了以現代民族國家為身分認同的政治主體與人民自由解放的主權基礎，與此同時反而削弱了原本可能對於美國冷戰帝國主義的結構性分析與批判，例如，種族主義、殖民主義、資本主義等。

　　舉例來說，文本利用種族化的黑人恐慌來堆疊冷戰的國族敘事，藉以引導觀者的情感認同，從而製造受傷的台灣主體（受驚的孩童），便是通過上述那樣一個國族全稱的美國帝國主義操作邏輯，以現代民族「國家」的發展類別來想像與中介「台灣」和「美國」的歷史與權力關係。此處所說的種族或種族化的意義，並不在於文化生產本身是否呈現「其他種族」的差異（例如，「台灣」電影中是否有關於黑人或白人的再現），也因此分析《太平天國》中關於黑人士兵的再現，必須同時考慮的是美國軍事主義中種族化的殖民結構，更必須理解「台灣」和「美國」的冷戰關係中早已與這個種族化的政經結構密不可分。這樣一個種族化的發展不是以白人或黑人的單一個體來區分種族差異，也不僅止於針對個人化的種族刻板印象（stereotype）來進行批判，而必須歷史性地分析整體結構的殖民剝削暴力、權力分配機制、資源發展的差異、國家律法上的管理等。單純從電影的呈現來說，黑人與白人士兵雖然都是「美國」對於第三世界的軍事主義侵略的「象徵」，然而電影敘事刻意「玩弄」黑人種族笑話的鏡頭，對照美國白人醫生，說明的是導演如何再次利用去歷史化的「種族」的笑語，來進行台灣「國族」的國家主體身分的確立。這個種族化的玩笑敘事本身突顯的是台灣主體位置的確認（台灣面對美國的欺壓），但對於美國軍事主義擴張的種族化歷史則完全沒有反省的機會（兵軍的身分），而這些種族化的軍事主義歷史包括：太平洋戰爭爆發時美國帝國對於日裔美國人的囚禁、以及日本帝國針對殖民地台灣與韓國進行的種族化士兵調動、乃至於二戰與冷戰時美國招募黑人，進入軍隊作為族裔多元文化主義的表徵的結構性暴力等。因此，《太平天國》再現的差異政治，並不能真正問題化跨太平洋的冷戰知識狀態，因為當這樣的種族差異文化，被當成身分政治的國族類別，而成為內在於電影敘事的冷戰無

意識，這樣一種知識論述的操作，不但抹除了上述所說的全球資本主義的歷史發展過程中，不斷複製的種族主義與殖民主義的暴力，也鞏固了電影亟欲批判的美國帝國主義，並成了維穩美日跨太平洋權力宰制關係中的結構性關鍵知識形構的一環。

未完成的「冷戰」問題意識清理

誠如文章開頭所說，關於《太平天國》這部電影的討論，我主要將該電影敘事視為冷戰情感與歷史結構的一部分，試圖指認幾個重要的關於冷戰生命政治的問題意識。藉由探討軍事帝國主義與醫療現代性這樣一組相關聯的冷戰問題意識，本論文希望打開與當下關於生命政治、冷戰研究、族裔研究、失能研究以及科學與醫學人文研究的有機對話。美國的亞美研究與族裔研究領域學者，已經有越來越多從軍事主義的面向討論美國新殖民主義在亞洲的延續，例如裘蒂·金（Jodi Kim）從亞美文化生產，分析美國冷戰的帝國暴力性，並批判美國多元文化主義的冷戰知識生產；（Kim, 2010）或者咪咪·阮（Mimi Thi Nguyen, 1974-）的研究指出，美國帝國權力的構成就是以「自由的禮物」為名對於當代政治生命的治理，透過自由解放重新安置權力以及暴力的置換。（Nguyen, 2012）對於這樣一種自由人文主義的冷戰論述提出批判性的置疑，顏勒·埃斯皮里圖（Yen Le Espiritu, 1963-）重新思考「難民」論述作為美國軍事解放與暴力共生關係的政治批判。（Espiritu, 2014）我的文章則透過《太平天國》的電影敘事，以及相關的歷史論述分析，試圖辨識台灣冷戰歷史情境中關於醫療化與軍事化的雙重結構，如何鑲嵌於美國冷戰地緣政治的權力部署，而持續形塑種族化的勞動與家庭分工，並透過醫療化的人文主義，重新置換了資本主義的種族階序與國族身體想像；文章透過這樣的討論，也試圖重新思考跨國勞動分布與冷戰歷史結構之間，經常未被看見的關聯性。

本文處理的另外一個面向的問題意識，則是關於構成後殖民發展敘事的自由人文主義與科學進步想像中複雜的種族與國家之間的關聯。舉例來說，台灣當下對於生物醫學發展的追求，乃至於醫學人文主義的想像，都很難脫離冷戰情感結構中複雜的殖民意識或無意識，透過這個電影的討論，我希望打開一點空間，思索軍事主義如何既促成也構築了後殖民國家的民主化發展，尤其是當我們追隨

西方概念下的權利、自由主義與人文主義之時。當台灣後威權的公民社會，努力追求民主化的國家解放時，很容易進入國族主義的框架，而失去對於帝國主義的批判，尤其去威權的醫療現代化過程，很可能再一次自我軍事化，並以生命政治的治理的方式自我打造，許多後殖民亞洲地區都可以窺見這樣一種冷戰的遺跡：台灣、韓國、菲律賓等。當在追尋以醫療科學與生物科技為重點的進步現代性史觀以及其相關的社會實踐時，很容易將各式生命、勞動、能動性、健康等等綁入新自由主義的管理當中。如同電影所呈現，藉由追趕美國醫學與科學的進步，來幫助殘缺的國族身體可以復原，其實展現的是台灣國家主體性內部一種既脆弱受傷又受庇佑的自我矛盾狀態。這樣一種矛盾的情感，可被視為是後殖民國家試圖從過去苦難的歷史解脫，追求自由與常規化（normalization）的一種心理型態，而這樣的情感狀態，相當於白瑞梅（Amie Elizabeth Parry, 1964-）所論證的「範式情感」（exemplary affect），是一種存在東亞發展型國家內部的矛盾情感結構，將民主等同於（冷戰）自由主義而受制於現代論述中的權利、財產與個人主義。（Parry, 2016: 47-48）

　　文化研究學者陳光興（1957-）可以說是最早指出，上述這樣一個關於亞洲（去）冷戰的知識狀態──也就是處於後殖民歷史情境下的批判知識分子，該如何面對冷戰情感結構中的帝國殖民性。（Chen, 2010）延續此一批判知識解殖計畫的思考，本文希望帶出另一個與此緊密牽連，卻鮮少在台灣的脈絡中被觸及的，關於跨太平洋冷戰的種族化自由主義與科學現代性的歷史形構。在面對跨太平洋亞洲的冷戰歷史脈絡時，麗莎・約納馬（Lisa Yoneyama, 1959-）特別提醒研究者應該小心，不要落入簡化的地緣政治與區域比較研究的國家知識框架，而複製了以二戰為區分的冷戰知識型：一則強化了美國介入亞洲的解放敘事，從而形塑美國在亞洲的「自由」戰爭記憶；再則以此戰爭歷史分斷作為冷戰知識的基礎，進而分隔化美國冷戰在亞洲與日本殖民主義之間的歷史與權力關係。（Yoneyama, 2016: 17-25）對照美國與日本於二戰期間分別針對日裔美國人與韓國殖民子民的軍事動員，藤谷藤隆（Takashi Fujitani, 1953-）的突破性研究，更是清楚地指出美國與日本帝國主義於二戰期間的種族化治理邏輯與國族化軍事動員之間的關聯性。（Fujitani, 2011）該研究的突破之處，在於挑戰當下以國家發展為歷史分斷的共時性研究，並指向重新思考多重殖民主義的歷史系譜。文章中我所分析的「軍事化的保佑」（militarized blessing），也企圖帶出這樣的多重殖民權力交疊的知識與歷史視野，從科學人文主

義的視角切入，我希望更進一步指認跨太平洋冷戰自由人文主義中軍事主義邏輯
與醫療現代性之間的關係，去重新思考台灣與美國現代性之間的後殖民狀態與種
族關係，尤其是種族如何被國族化的殘缺身體所置換，以此突顯台灣主體性。這
樣的種族置換，使得我們面對台灣在打造醫療現代化的民主進程時，無法進行冷
戰種族主義與帝國主義的去殖民與去帝國的反省與批判，因為正是透過這些種族
化的置換，使得我們在進步歷史道路邁進時，將種種新殖民關係給正常化了。不
僅失能被合理化地用來表述受傷的國族主義，種族也被包裹進互相比較的現代化
歷史國家框架中。這一連串的置換，種族被視為與國家發展主體性或主權無關，
將政治經濟結構下的科學進步發展與種族化的歷史條件脫勾，無視現代性的歷史
發展正是透過這些種族化的結構而生。這種現代的自由人文主義，正如駱里山
（Lisa Lowe, 1955-）指出的，是一種形式主義的表現，在一個渴望自由的體制中，透
過肯認以及遺忘的經濟交換來轉譯世界，區分種族、民族國家，並在地緣政治的
地圖上劃出南北東西，或用現代化的論述論證發展的階段。（Lowe, 2015: 39）受惠於
上述包括駱在內等多位重要學者的批判研究，本文的討論希望打開的，也同樣不
受制於文本的單一性，而是一個介入性的知識與政治探索，以便延續這些重要研
究打開的知識批判向度。

參考書目

中文書目

吳念真（1996）《太平天國》（電影），台北：冠鈞。

李振亞（1996）〈太平‧天國‧桃花源？〉，《影響》第78期（1996年10月），頁126-129。

張淑卿（2010）〈美式護理在台灣：國際援助與大學護理教育的開端〉，《近代中國婦女史研究》
　　第18期（2010年12月），頁125-173。

許宏彬（2013）〈年輕醫師的徬徨與抉擇：從《青杏》看一九五〇及一九六〇年代臺灣醫學教
　　育、醫師出路及外流問題〉，《興大歷史學報》第27期（2013年12月），頁53-82。

郭文華（1998）〈美援下的衛生政策：一九六〇年代臺灣家庭計畫的探討〉，《台灣社會研究季
　　刊》第32期（1998年12月），頁39-82。

傅麗玉（2006）〈美援時期台灣中等科學教育計畫之形成與實施年表（1951-1965）〉，《科學教育

學刊》第14卷第4期（2006年8月），頁447-465。

劉人鵬（2016）〈重讀〈狂人日記〉與「狂人」：殘障政治視野的提問〉，《中外文學》第45卷第2
　　期（2016年6月），頁13-54。

外文書目

Aronova, Elena. 2012. *Studies of Science before "Science Studies": Cold War and the Politics of Science in the U. S., U. K., and U. S. S. R., 1950s-1970s.* Dissertation, University of California, San Diego.

Berghs, Maria. 2014. "The New Humanitarianism: Neoliberalism, Poverty and the Creation of Disability." In Michael Gill and Cathy J. Schlund-Vials. (Eds.), *Disability, Human Rights and the Limits of Humanitarianism* (pp. 27-43). Abingdon: Routledge.

Chen, Kuan-Hsing. 2010. *Asia as Method: Toward Deimperialization.* Durham: Duke University Press.

Ding, Naifei Fifi. 2002. "Feminist Knots: Sex and Domestic Work in the Shadow of the Bondmaid-concubine." *Inter-Asia Cultural Studies*, 3(3): 449-467.

——. 2015. "In the Eye of International Feminism: Cold Sex Wars in Taiwan." *Review of Women's Studies*, 50(17): 56-62.

Dudziak, Mary L. 2000. *Cold War Civil Rights: Race and Image of American Democracy.* Princeton, NJ: Princeton University Press.

Espiritu, Yen Le. 2014. *Body Counts: The Vietnam War and Militarized Refugees.* Berkeley: University of California Press.

Fujitani, Takashi. 2011. *Race for Empire: Korean as Japanese and Japanese as Americans during World War II.* Berkeley: University of California Press.

Kim, Eunjung. 2011. "Heaven for Disabled People: Nationalism and International Human Rights Imagery." *Disability and Society*, 26(1): 93-106.

Kim, Jodi. 2010. *Ends of Empire: Asian American Critique and the Cold War.* Minneapolis: University of Minnesota Press.

Klein, Christina. 2003. *Cold War Orientalism: Asia in the Middlebrow Imagination, 1945-1961.* Berkeley: University of California Press.

Lee, Robert G. 1999. *Orientals: Asian Americans in Popular Culture.* Philadelphia: Temple University Press.

Lin, Chien-Ting. 2015. "Governing Secrecy in Medical Modernity: Knowledge Power and the Miyi Outlaws." *Inter-Asia Cultural Studies*, 16(2): 227-243.

Lowe, Lisa. 2015. *The Intimacies of Four Continents.* Durham: Duke University Press.

Melamed, Jodi. 2011. *Represent and Destroy: Rationalizing Violence in the New Racial Capitalism.* Minneapolis: University of Minnesota Press.

Nguyen, Mimi Thi. 2012. *The Gift of Freedom: War, Debt, and Other Refugee Passages*. Durham: Duke University Press.

Parry, Amie Elizabeth. 2016. "Exemplary Affect: Corruption and Transparency in Popular Cultures." *Wenshan Review of Literature and Culture*, 9(2): 39-71.

Robinson, Cedric. 2000. *Black Marxism: The Making of the Black Radical Tradition*. Chapel Hill: The University of North Carolina Press.

Tadiar, Neferti X. M. 2012. "Life-Times of Becoming Human." *Occasion: Interdisciplinary Studies in the Humanities*, 3. [http://arcade.stanford.edu/occasion/life-times-becoming-human]

USAID. "USAID history." [https://www.usaid.gov/who-we-are/usaid-history]

Watt, John R. 2008. "Advances in Health Care in Taiwan: Lessons for Developing Countries." *Kaohsiung Journal of Medical Sciences*, 24(11): 563-567.

Westad, Odd Arne. 2007. *The Global Cold War: Third World Interventions and the Making of Our Times*. Cambridge: Cambridge University Press.

Williams, Randall. 2010. *The Divided World: Human Rights and Its Violence*. Minneapolis: University of Minnesota Press.

Yoneyama, Lisa. 2016. *Cold War Ruins: Transpacific Critique of American Justice and Japanese War Crimes*. Durham: Duke University Press.

妖嬈若是[*]

當代中國大陸「妖」的山寨性／別模組化展現

林純德

一、站街夜玫瑰：進入當代中國大陸「妖」的田野[1]

2011年6月22日下午，在「瀋陽中國愛的援助」工作組人員的引薦下，我終於見到傳說中的「午夜胖女孩」——玫瑰（化名）。[2] 當時玫瑰一身英挺平頭男裝樣，一米八、104公斤的胖熊身材，[3] 我內心止不住驚歎：「好大的一朵玫瑰啊！」玫瑰在工作組的中介下代表東北地區「跨性別」性工作者剛出席完一場在北京召開的愛滋防治國際會議。在這個「高大上」的場合裡，他大聲疾呼：「請給我們妖、TS一

---

* 本文的部分研究資料引用自科技部研究計畫案「中國大陸東北地區的底層『妖』社群之探究」（107-2410-H-034-030-MY2）的部分研究成果，特此感謝科技部的補助獎勵。作者由衷感謝67位受訪者、相關工作組人員及中央大學性／別研究室，若無其鼎力相助，本文絕無完成之可能。對於《中外文學》匿名審查人及編委會的不吝指正，謹致上最大的謝忱。

1 本文採取結合深度訪談及參與觀察的民族誌研究方法。自2011至2019年間，我在「瀋陽中國愛的援助」工作組負責人馬鐵成及辦公室主任劉言、「上海性工作者和男男性接觸人群中心」負責人鄭煌、「深圳夕顏信息諮詢中心」負責人Leo、小林、「長春常春藤」工作組負責人宮義寶、「北京同行」工作組負責人郭子陽、「成都同樂」工作組跨性別項目負責人楊斗、「陝西同康」工作組負責人安然等人協助下，於瀋陽、上海、深圳、長春、北京、成都、西安、東莞等八個城市進行一系列的田野調查，並深度訪談67位「妖」（受訪者的簡介請見附錄），本文即是上述田野調查的部分成果呈現。文中所引用妖受訪者的口述內容，除了少數幾則較為簡短的是出自田野筆記或QQ（騰訊）、微信（WeChat）等通訊軟體線上的對話外，其餘皆是引自（線下面對面）深度訪談的錄音內容。

2 基於保護隱私，本文的所有妖受訪者均以「化名」稱之。其化名乃由受訪者自行構思或與他們共同討論後擬定。某種程度上，這些化名乃貼近、呼應受訪者在賣淫勞動時所展現的山寨模組化性／別。

3 「熊」（bear）此一性／別身分認同概念源自西方同志社群，原本指涉「多毛胖壯的男同志」。但後來因著種族、膚色、地域、階級等差異，關於「熊」的定義已再現為多重權力爭戰的場域。（林純德，2009）

個發展的空間，別總抓我們！」[4]

　　玫瑰在會議中用來指涉自我的「妖」一詞在當代中國大陸性工作及性／別少數群體的語境下乃交織著「性」、「性別」、「身體」、「職業勞動」等面向上的意含。簡言之，它意指從事「賣淫」並因著此一職業勞動而進行「女性裝扮」及／或「做胸」（隆胸）的「生理男性」。[5]「妖」是由「人妖」一詞演變而來。「人妖」原為「不喜妖」的客人在發現所嫖的對象竟是「男兒身」時所投擲的辱罵用語，而後逐漸被妖群體以去掉「人」字而單稱「妖」的方式奪回自我命名。換言之，相較於「人妖」，「妖」在某種程度上已降低其汙名感。然而，就某些不畏性／別羞恥的妖們而言，「人妖」一詞亦為其日常的自我稱謂。[6]

　　再者，玫瑰上述另一個用來指涉自我的詞彙「TS」其實就是英文「transsexual」的縮寫。這個英文詞彙在中國大陸流布的過程中，因緣際會下被一群來自農村、低學歷、不諳英文的妖們在QQ等網路空間裡針對已被跨性別概念中介者所「構連」（articulate）的意含加以「誤／歪讀」，並「重新構連」（rearticulate）為用來指涉一群已做胸的「妖」；至於未做胸的「妖」則被貶稱為「CD」（cross-dresser）。這顯然與西方、台港各地跨性別社群慣用法不同，因為「TS」一詞在上述地區就是專指「變性者」。但在我訪談過的TS妖當中，大多數並未有明顯的變性念頭。

　　玫瑰始終整不明白「跨性別是啥玩意？」他只知道自己就是個賣淫的妖或是網路上姐妹所說的「TS」。即便與會人士均以「跨性別」指涉他，但他在會議中仍自稱「妖」、「TS」。強勢的西方「跨性別」概念似乎難以在他身上施展效力。

　　頭一回上北京，玫瑰可沒閒著。在會議舉行的前一晚便直奔男同桑拿（三溫暖）開眼界。[7]他用東北人慣有的熱情腔調，喜孜孜地細數著：

> 操三個，三個都是我喜歡的類型，瘦小的，完了，活還挺好的……我在

4　北京初遇玫瑰後不久，我便前往瀋陽與他進行首次深度訪談。訪談過程中，我特地請他詳細重述當日所言。此處及接續的口述引文便是出自當日深度訪談的錄音內容。

5　需強調的是，這僅是一個善巧施設的說明，絕非本質化的定義。

6　在我的妖受訪者當中，大多數（包含許多已做胸者）在賣淫勞動之餘就是男裝或偏中性打扮。

7　在本文中，「同志」（tongzhi）一詞（及其簡稱「同」）乃具有雙重相關意含。在某些語境下專指「同性戀」；但在另一些脈絡下則指涉「性／別少數群體」。

那〔男同桑拿〕我也不能母，我得裝爺們，我上那我也不能做零，做零我得
收費，對不？……看不著〔胸〕啊！我用手巾，浴池不是有手巾嗎……我
就這樣搭著，屋裡頭那麼黑……我操他時候，他要摸我呃，沒用，他手
一往上來，我一隻手就給他擋著……完了，早上八點多，媽呀！我去洗
澡又遇到一個小伙，在浴池要給我裹……又裹出來一次……一共射了四
次，媽呀！這走路都打偏了，不行了！[8]

　　我雖自認在性事上見識廣闊，但聽到玫瑰上述豐功偉業的當下也不免又驚又
疑：「傳說中的東北美豔胖妖怎麼化身為熊圈威猛一哥？」

　　我當時之所以會有如此反應，某種程度上也說明，在相對較受全球性／別整
編秩序影響並自詡在多元性平教育上取得顯著成果的當代台灣社會，男同性戀與
男跨女跨性別之間的主體疆界已然分明。雙方各有各的社交空間及運動進程，尤
其已進行隆胸手術的跨性別者更不可能前往男同三溫暖去扮演「一號」的角色。因
此，若參照上述玫瑰的故事，對於台灣本地已趨分明的男同性戀與男跨女跨性別
之間的主體疆界，或可產生某種啟發、攪擾作用。但另一方面，如甯應斌（1954-）
所指出的，在中國男色的傳統裡，「男色與妖沒有清楚界限，不像同性戀與跨性
別的區分」。（甯應斌，2018：187）因此，來自中國大陸東北農村、較不受西方現代
性／別文明影響的玫瑰，其上述情慾實踐似乎也在某種程度上呼應甯應斌的觀點。

　　當天晚上，我們約好一同前往北京小姐與妖的站街勝地──「C橋」。悄悄
現身酒店大廳的玫瑰一身黑色薄紗低胸過膝洋裝，一頭過肩烏黑長直髮，黑色網
狀絲襪配搭一雙紅色高跟鞋，火紅性感雙唇落在那張圓滾雪滑的臉上顯得格外動
人。「你好！我是玫瑰！」他嬌嗔地想給我們一個驚喜，我則望著他那迷人丰采讚
歎著：「這才是鼎鼎有名的瀋陽胖美妖啊！」

　　北京初遇後不久，我便造訪玫瑰位於瀋陽的住家及SM工作室。比鄰的兩間屋
位於一棟高二十層、每層有三十間屋的老舊回遷戶大樓。這棟大樓雖在公共安全
上令人堪憂，但在防範、干擾警察上門搜查上卻起了相當大作用。電梯緩緩升上

8　「呃」是東北方言，意指「胸部」、「乳房」。「裹」則有「吸」、「含」的意思，而後更衍生為「口交」
　之意。

十二樓，電梯門一開，眼前竟是一排破舊不堪的「籠屋」。我向右走過了十幾戶人家後，終於來到玫瑰租賃的公寓屋。一進門後，果真如工作組人員所言：「敗絮其外，金玉其中」，兩房一廳一衛的公寓屋給玫瑰打理得既高雅又舒適。

玫瑰的屋子裡還住著一位二十出頭、個子瘦小的男孩，玫瑰管他叫「小奴」。這位來自內蒙古的男孩是位喜歡當「奴」的「妖客」，[9] 原是玫瑰的熟客，但自從丟了工作後，玫瑰便收容他，每晚就睡在客廳那張沙發椅上。每當玫瑰在家接客賣淫時，小奴就下樓把風。偶爾客人要求「雙飛」時，[10] 也會拉著小奴一起幹活，亦即，先讓小奴為客人提供「口活」服務，[11] 自己再接續與客人進行「大活」。[12] 玫瑰與小奴互動時，仍不掩其「妖主」姿態，一有過錯或違逆己意，便大聲喝斥。小奴的眼神則對這位「妖主」充滿敬畏與孺慕之情。玫瑰上北京開會三天期間，「他〔小奴〕可想我了，飯也吃不下，覺也睡不著，給我〔玫瑰〕打電話時還哭著要我快點回來」。

玫瑰當天讓我欣賞他的各式性感內衣褲及假髮裝扮，甚至在我面前既「袒胸露奶」，下半身也只穿件「褲衩」（內褲）。他在住家公寓隔壁也租了一間套房，專作 SM（sadomasochism）調教使用，裡頭擺設各式各樣道具。玫瑰直說當 SM 女王最好掙錢，「光打人罵人就有錢掙，也不見得要和客人做愛」。他後來更一度把老家農村

9　「妖客」意指以「妖」作為性慾求及性交易對象的男性嫖客。「妖客」一詞是由妖群體所創發，用來與那些不知妖的生理性別事實（亦即將妖們視為「真女」）的直男客進行區隔。

10　「雙飛」是當代中國大陸性工作產業用語，意指兩位工作者共同服務一位嫖客。若是一位「女性性工作者」（俗稱「小姐」或「雞婆」）和一位妖性工作者或「男性男裝性工作者」（俗稱「MB」或「小弟」）的組合則稱為「龍鳳飛」。妖與小姐／雞婆在進行雙飛組合時，若其所服務對象為「直男嫖客」（誤認妖為真女），則這樣的組合又被視為一種山寨版的「雙鳳飛」。至於上述玫瑰與男裝小奴共同服務妖客的雙飛組合則較為罕見，可謂一種更為另類的「雙龍飛」。

11　「口活」意指「口交」。

12　在「妖」的賣淫勞動裡，「大活」即是「肛交」、「鼠蹊部夾交」或「用手掌心假裝陰道的插入」，後兩者又俗稱「假做」。「假做」是因為在短時間內需要承接大量「直男客」而被妖們發想出來的因應之道，否則肛門恐無法承受這龐大的工作量而「爆菊」。妖受訪者們還表示，手掌心肌肉肥厚柔軟的姐妹其實更適合用假做，這是因為抽插時的感受會較接近陰道性交。但如果遇到比較老練的直男客，可能第一時間就容易被識破。他們往往會嘀咕：「給我操的是啥玩意啊？這不是逼吧？」此時妖們就需立即靈活地轉為「肛交」，以降低客人的質疑。正因為雙手也是妖賣淫勞動的重要部位，因此，對於東北地區妖們而言，如何在嚴寒的戶外站街時仍保持雙手的溫度，便顯得格外重要。「護手寶」便是最常被他們用來暖手的工具。

的表妹也找來瀋陽當SM女王，兄妹倆一起賣淫幹活掙錢。

在玫瑰用來睡覺兼賣淫的臥房裡，在不斷響起的QQ號與手機通知鈴聲中，我與他進行第一次深度訪談。[13] 從學生時期「處〔相處交往〕過十幾個女孩」的高瘦帥「直男」時期說起，到如何進入男同圈子並當起「MB」，[14] 再轉型做「女裝賣淫」，最後磨掉喉結、隆起胸部，徹底成了「妖」，並發展出SM女王的專業調教技藝。

每日中午起床後，玫瑰便上網「勾客」，「真女」與「妖」的QQ號分別用來勾引「直男客」和「妖客」。他還將夜晚分為上半夜與下半夜。上半夜以樸素的真女裝扮，上B公園接直男客幹活，口活三、四十元，大活六、七十元，速戰速決，以量取勝，生意好時曾一晚在公園接上十來個客人。11點回家沖個涼，補點妝，吃些夜消後，再換件風騷妖豔的衣裳，準備下半夜上「J賓館」附近（簡稱J地）站街。J地的客人與網路上的類似，客源相當多元，除了直男客、妖客外，說不準還有玩SM的。玫瑰說，網路與J地的客人檔次較高，收費自然也得跟著拉高，隨便一個活都不會低於兩、三百。當然，他的客人都是喜歡肉肉胖胖的，生意之所以好，也是因為瀋陽的「胖妖」僅此一家，別無分號。[15]

玫瑰來自吉林的貧窮農村，四歲那年，離異的父母將他交由年邁的奶奶撫養。小學畢業後曾短暫在家務農，但由於農活越來越少，淪為農村剩餘勞動人口的他便前往瀋陽打工掙錢以貼補家用。他曾在寒冬裡挨家挨戶敲門推銷洗髮水，也曾在大熱天的市場裡叫賣蔬果，流落城市底層，遍嘗人情冷暖。但此刻的他挺知足的，因為自從當妖賣淫後，他說：「最起碼我還能玩到直男，我還能掙到錢。」

玫瑰有著典型東北人性格中的素樸、果敢與豪爽的特質，相較之下，初入妖田野的我則顯得矜持含蓄，總是放不下文人學者的身段。我尤需坦承的是，當時的我自詡為酷兒學者，倚仗著對西方性／別理論之熟稔而異常自豪，並將中國大陸視為性／別及其相關研究不夠文明進步之蠻荒地域，我也就這般自以為義地扮

13　每次訪談時間約1至1.5個小時，並致贈每位受訪者每次訪談酬謝金兩百元人民幣（文中所出現的金錢數額均以「人民幣」為單位）。

14　「MB」即「Money Boy」的縮寫，又稱「小弟」，意指以男裝樣貌從事性工作的男孩。

15　玫瑰為瀋陽較早期的一批賣淫妖，他剛出道時，整個瀋陽的胖妖就僅他一位。但到了近期，光是L公園裡的胖妖就至少有五位，其中包括我的受訪者滿姨、文文、棉兒。

演起西方性／別知識的地緣「中介」角色。但弔詭的是，正當面對玫瑰及其他妖們的多姿多彩、真切實感的賣淫人生敘事時，我腦子裡那些取經自西方學界關乎性／性別／身體的理論架構、概念論述漸顯得寒傖簡陋、捉襟見肘。除了我的提問格外地簡化好笑外，我的回應更始終趕不及妖們的實踐步伐。在北京、瀋陽、長春、西安是如此，在上海、深圳、東莞、成都亦復是。

　　玫瑰是我進入當代中國大陸妖田野後首位結識的妖，一如其他廣大的妖們，他那從西方現代性／別身分認同政治的視角看來恐顯光怪陸離的生命敘事卻是十分鮮明而深刻地呈現、啟發如下的問題：二十一世紀初急速後工業化的中國大陸都會城市的邊緣社區與公園，縱向承接的是社會主義工業化廢墟與農村剩餘勞動人口，橫向遭遇的又是全球性／別符號系統轉碼中介的進逼，在此脈絡下，妖們如何／為何形塑靈巧多變的山寨性／別模組化展現？並將其作為諸多繁複的賣淫勞動及相關生活型態的「策略／手段」？這些靈巧多變的山寨性／別模組化展現能否透過西方「跨性別」概念來加以界定、詮釋？其對「普世化的性／性別／身體的知識範疇與主體疆界」、「被中介的西方現代性／別身分認同政治」及「流傳已久的在地禮教綱常」將產生何種惑亂效應？妖們的「經濟底層弱勢」及「性／別桀驁不馴」如何交織成我所謂的「爛逼實踐」、「爛逼性」？「爛逼實踐」、「爛逼性」對於與妖群體緊密交涉的（男）同性戀及跨性別（女人）群體及其運動進程將產生何種衝擊？這些便構成本文的主要問題意識。

二、「敗俗」的「妖」及其「爛逼」實踐：中國「妖」的脈絡化 [16]

　　雖早在周朝春秋戰國時代，中國社會上自君王、下至鄉里少年已出現妖冶若女子之現象，如《荀子・非相》所言，「今世俗之亂君，鄉曲之儇子，莫不美麗姚冶，奇衣婦飾，血氣態度，擬於女子」。（荀子，1988：96）然而，關於男扮女娼妓的文獻記載恐怕一直要到唐朝韓愈（768-824）的〈辭唱歌〉中才見其端倪：「豈有長直夫，喉中聲雌雌。君心豈無恥？君豈是女兒？」（韓愈，1994：521）在韓愈看來，

16　此標題中的「敗俗」二字刻意挪用十六世紀末前來中國傳教、深受儒家思想影響的天主教耶穌會傳教士利瑪竇的話語（利瑪竇著，劉俊餘、王玉川譯，1986：72），藉以反諷其道德主義式的「恐妖」思維。

這些男扮女娼妓紊亂男女之別，以男兒之身操女子之賤業，徹底失卻了羞恥之心。

宋朝雖是理學／禮教盛行，朱熹（1130-1200）的「聖賢千言萬語，只是教人明天理，滅人欲」（朱熹，1986：207）之說蔚為風範，但反諷的是，性產業卻大行其道，而在此產業中撐起一片天的便是扮女裝賣淫的男娼，這也讓一些衛道之士心生怨懟。周密（1232-1298）的《癸辛雜識》便抨擊當時的男色／男扮女賣淫盛況：

> 聞東都盛時，無賴男子亦用此以圖衣食。政和中，始立法告捕，男子為娼者，杖一百，〔告者〕賞錢五十貫。吳俗此風尤盛，新門外乃其巢穴。皆傅脂粉，盛裝飾，善針指，呼謂亦如婦人，以之求食。其為首者，號「師巫行頭」。凡官呼有不男之訟，則呼使驗之。敗壞風俗，莫甚於此！然未見有舉舊條以禁止之者，豈以其言之醜故耶？（周密，2012：59）

北宋徽宗政和年間（1111-1118），汴梁城內湧現無數「舉體自貨」的男娼。這些周密口中的「無賴男子」因敗壞風俗，迫使當權者不得不立法告捕。但男娼之風並未因此而消止，到了南宋時期，臨安城的新門外甚至成了「男色紅燈區」。賣淫男子個個以女裝現世，以女性稱謂掛牌，類似當今「媽咪」的管理者當時則被稱為「師巫行頭」。年輕男子從娼者眾，各地嫖客趨之若鶩，南宋男色／男扮女賣淫產業可謂聲勢浩大，連當權者都放任為之，不再援引北宋舊法告捕。

論及男色／男扮女賣淫盛況，兩宋時期是如此，明清兩朝更是不遑多讓。在《明清社會性愛風氣》一書中，吳存存（1962-）指出，由於政策上的禁慾與社會風氣上的縱慾兩者並行不悖，使明清時期的性愛觀顯得極其繁複多變。（吳存存，2000：1）然而，從歷史上某時期繁複多變的社會性愛觀此一前提，並無法推演出該時期男色／男扮女娼妓業的繁榮興盛的結論。對此，劉達臨援引明朝文人謝肇淛（1567-1624）所著的《五雜組》一書所載：「衣冠格於文罔，龍陽之禁，寬於狹邪，士庶困於阿堵，斷袖之費，殺於纏頭，河東之吼，每末減於敝軒，桑中之遇，亦難諧於倚玉，此男寵之所以日盛也」（謝肇淛，1971：605-606），歸結出三項原因：「一是嫖男人和當時的法律沒有牴觸；二是嫖妓女要花較多的錢，並非一般儒生所能承擔；三是男人之間的親密行為，妻子往往不加追究，有時也無權過問。」（劉達臨，

1995：954）[17] 換言之，上述各式社會文化因素交織激盪下促成明清兩朝鼎盛的男色／男扮女賣淫之風。

　　值得一提的是，此一男色／男扮女賣淫「殊勝」也震懾了十六世紀末前來中國傳教的天主教耶穌會傳教士「利瑪竇」（Matteo Ricci, 1552-1610）。男色／男扮女賣淫者更成了他口中的「人妖」。[18] 他於明朝萬曆年間向羅馬耶穌會及西方世界報導當時於北京煙花柳巷裡所目睹的人妖賣淫現象時，作了如此描述：「在盛行此種敗俗的城市，例如在北京，就有幾條大街，滿是打扮如妓娼的人妖；也有購買這些人妖，教他們演奏樂器、唱歌跳舞；他們穿上華麗的衣服，也像女人一樣塗脂抹粉，引誘人幹那可恥的勾當。」（利瑪竇著，劉俊餘、王玉川譯，1986：72）站在十六、十七世紀西方天主教道德主義的立場，利瑪竇嚴詞批判他眼中的中國人妖為「敗俗」、「可恥」，實不足為奇。但我比較關注的是，他上述的報導因再現了晚明北京人妖賣淫的榮景與專業，反倒成了重要的史料。

　　宋明清時期男色／男扮女賣淫景況是極其興盛（劉達臨，1995；小明雄，1997；姚偉明，2011；Hinsch, 1990），但到了清末民初卻已然式微。劉達臨（1932-）認為這與西方帝國主義勢力入侵有關：「帝國主義者蹂躪中國、壓榨中國，並要以西方的習俗、觀念來『改造』中國。他們譏笑中國人的『野蠻』與『文化低落』，公開的男性同性戀就是一個『毫無道德』的佐證。他們要玩女人而不要玩男人，於是妓女之業大開，而男風日益消亡。」（劉達臨，1995：1147）

　　利瑪竇當年口中「敗俗」的人妖及其「可恥」的勾當到了二〇〇〇年代後的中國又有新的樣貌。當代中國大陸「妖」當然有其在地歷史演化的軌轍，與前人賣淫歷史的軌轍並非連貫、一元、線性的。當代華人「妖權」實踐者／運動者姚偉明在〈走在賣淫的路上：從宋明清的男性／跨性別性工作者說起〉一文中便提醒我們對於「妖」的文化現象進行「系譜學式」探究的重要性。（姚偉明，2011）畢竟，當代中國大陸「妖」概念及其指涉的演化直接關聯到中國城鄉二元體制下的經濟變革、整型科技（尤其是隆胸手術）的發展、荷爾蒙／激素的方便取得、性產業模式的多元

17　根據吳存存的考證，明成祖永樂年間「開始了中國歷史上首次的對官員挾妓宿娼的嚴格禁令」。（吳存存，2000：2）

18　根據何志宏的研究，明朝成化十三年（1477）的史料便以「人妖」一辭指涉「男裝女」者。（何志宏，2002：107）

分殊、性／別少數群體的意識覺醒與彼此間的互動激盪，及亞際（尤其是中泰之間）性／別少數文化匯流混雜等多元繁複的因素。

羅芙（Lisa Rofel, 1953-）在《欲望中國：新自由主義、性慾特質與公眾文化的試驗》（*Desiring China: Experiments in Neoliberalism, Sexuality, and Public Culture*）一書中指出，後社會主義的一九九〇年代中期，中國大陸沿海主要城市裡有越來越多以年輕一輩為主的民眾自稱為「gay」（Rofel, 2007: 86），而後當「同志」（tongzhi）一詞在華人地區漸趨時興，她／他們也援引用來指涉自身的「性」身分認同。（*Ibid.*, pp. 102-103）值得留意的是，此一時期也正是中國大陸於改革開放後積極引入外資以發展沿海主要城市基礎建設之際。大量民眾從內陸的農村不斷湧進這些城市謀職，其中也包含為數不少的同志。

隨著中國大陸經濟起飛，即便在政府部門時而嚴打色情之下，性產業依舊蓬勃發展（潘綏銘，2006：151-152），其型式樣態也趨向多元。除了主流男女的性服務外，男男及妖的性服務產業實力也不容小覷。江紹祺（Travis Kong）的研究發現，以服務男同／雙性戀者為主的城市男男性產業吸引不少來自農村及／或貧窮家庭的年輕男性的投入，因而造就了一種名為「MB」的新興都會主體。（Kong, 2011: 174-193）但值得關注的是，這群男性從業人員當中不少是異性戀或雙性戀者。（富曉星，2012：200-202）某種程度及面向上，這似乎是因為「陽剛爺們」始終位居當代中國大陸男同情慾配置的主流位置，而異性戀與雙性戀男性又被認為在性別氣質上比男同性戀來得陽剛。在此一脈絡下，越來越多從事性工作產業的「娘同志」發現隨著年齡的增長，自身的清秀陰柔特質更加不具優勢或吸引力時，便紛紛由「MB」轉型為「妖」。然而，這並不意味著，所有「妖」都是由「娘同志」轉型而成；事實上，仍有一定比例的「妖」在不同脈絡下具有不同程度關乎「變性女人」的鬆散、流動的認同。後者當中，有些往往未經歷「MB」的階段，而直接以「妖」的身分賣淫。

當代中國大陸「妖」的性／別展現當然也受到泰國性／別少數文化的影響。根據已退役（不再從事賣淫）、訪談時在長春經營一家男同夜店的受訪者薔薇的說法，自一九九〇年代末至二〇〇〇年代初，海南三亞的秀場開始自泰國引進「人妖秀」後，東北的一群「母逼」就立即效法，[19]「所以中國真正本土的妖是從咱東北瀋

19　「母逼」為當代中國大陸性／別少數群體的用語，相當於台灣男同社群所慣用的「C貨」一詞。（林

陽開始的，這可能同東北人的性格有關唄！只要覺得有利可圖，就毫不猶豫，說幹就幹。但後來廣西和四川的妖也追上來了，可能同這兩地男孩的骨架和長相有關！比較適合扮妖」。上述泰國「人妖」的主要特徵在於藉由整型手術而隆起的胸部，這在相當程度上也型塑當代中國大陸主流社會及性／別少數群體關於「妖／人妖」的想像。[20]

「妖」不是一般的性／別少數，其在「性」、「性別」、「身體」、「職業勞動」等面向上所交織的極度汙名，已使其被賤斥在性／別階序的最底層。另一方面，妖又以「罔兩」（劉人鵬、丁乃非，1998）之姿既依存也置疑（男）同性戀群體及跨性別（女人）群體。如此一來，像妖這樣一個極度不潔、淫亂的性／別群體的浮現，若置放在倡導LGBT（Lesbian, Gay, Bisexual, Transgender）維權的當代中國大陸同運脈絡下，又將產生什麼樣的衝擊、惑亂效應？同志作為性／別少數在當代全球性／別運動的氛圍裡益發容易獲得一些正當性的支援，但當代中國大陸妖群體興起的年代也正是在地同運蓬勃發展之際，而後者在接合國際同運時的轉折發展，反而為妖群體創造了另一種不利的環境。

中國大陸各地的男同工作組起初是以「防艾」（愛滋防治）的名義，在國外防艾組織的資金奧援下發展開來。[21] 然而，成立於1999年、原從一個名為「愛情白皮書」男同網站發展而成的「愛白文化教育中心」則非以防艾為其運作主軸，而是帶有知識和維權的色彩。[22] 同運在中國大陸的現起很快就引起國際關注，在旅美華人同志星星（Damien Lu）的襄助下，愛白文化教育中心逐漸發展為全國性同志組織，鑲嵌著以「美國價值」為主體的全球化色彩而邁向「主流化」。為了使中國大陸同運汲取美國主流同運的運動歷史、策略與議程等經驗，愛白文化教育中心自2008年起在星星的規劃下設立「中國同志社群領導力培養專案」，每年挑選數名同

純德，2013）

20　此一想像也相當程度上使得那些不願或暫時無法「做胸」的妖們感受到主體性的匱乏（「我覺得我好像不夠妖」）及／或工作上的劣勢（「嫖客一見到我奶小就掉頭走人」）。

21　例如旨在對抗愛滋病、肺結核及瘧疾的「全球基金」（The Global Fund）便曾是最大的資金贊助方。

22　該組織工作專注於：「同志資訊、文化、教育和法律四個工作方向，透過創造和推廣有價值的知識產品，進而達到對社會產生影響的目標。同時亦為中國的其他同志運動組織提供資料、技術、能力建設等服務。」（愛白文化教育中心，2016）

運分子前往「洛杉磯同志中心」（Los Angeles LGBT Center）進行為期四週左右的培訓，期許中國大陸同運能因此更加貼近美國主流同運。

　　在主導中國大陸同運思想方向上，愛白文化教育中心甚至以「同運龍頭」之姿，接續發表〈什麼是「酷兒理論」？它與同志運動有什麼關係？〉（星星，2011）、〈愛白關於中國大陸地區同妻／同夫問題的立場文件〉（愛白文化教育中心，2011a）及〈愛白關於確立科學理念和科學普及在工作中重要性的立場文件〉（愛白文化教育中心，2011b）。[23] 此一主流化立場也引發長期因資源分配不均而遭到邊緣化、「不被看見」（invisible）的女同／拉拉團體的強烈不滿。除了女同網友「美少女戰士拉拉」於「微博」上掀起「酷兒論」vs.「先天論」的論戰外，「華人拉拉聯盟」也發出正式聲明，既抨擊中國大陸同運的男同性戀中心主義及性別視角的匱乏，更企圖對抗愛白文化教育中心的主流化立場。（華人拉拉聯盟，2011；陳亞亞，2014）

　　上述的爭論也突顯中國大陸（男）同運在二〇一〇年代因為國際組織與中國的關係變革而形成的一個重大轉向。長期來挹注大量資金以扶持各地防艾男同工作組的「全球基金」（The Global Fund）決定自2011年起「將中國和其他幾個二十國集團國家列為不再適格申請現有項目第二階段資金的國家之列。中國也決定放棄全球基金提供的轉型基金」。（黃嚴忠、賈平，2014：2）多數男同工作組因此被迫停止運作，其餘則轉向與國內疾控部門合作或是爭取國外其他項目資金。過去以「防艾」為主軸的運動勢力逐漸式微，取而代之的是積極引進西方同運理念，爭取與國際同運接軌，愛白文化教育中心在其中的領導位置也更加鮮明。另一條運動軸線則是由阿強同志等人所創立、發跡於廣州的「中國同性戀親友會」所推動，由同性戀者的父母（特別是母親）扮演運動核心要角，透過大眾媒介「公開地對自己的同性戀子女表達支持，並積極地參與到為整個同性戀社群爭取平等權利的公益行動之中」。（魏偉，2015：168）

　　第二條運動軸線在當代中國大陸同運脈絡裡的快速發展特別有意思。魏偉（1974-）的觀察指出，中國同性戀親友會以圍繞家庭開展工作作為主要運動策略，其之所以能在中國大陸取得重大成果，「還得益於『家』在中國社會中有著特殊的

23　星星在〈什麼是「酷兒理論」？它與同志運動有什麼關係？〉一文中嚴詞批判酷兒理論，認為它對中國大陸同運發展存在著危險性。（星星，2011）

合法性」。（魏偉，2015：192）然而，將中產階級、受過良好教育、能言善道的同性戀者的媽媽們推向同運前線的運動策略所可能引發的主要爭議之一，便是如郭玉潔、魏偉等人所指出的「同性戀正典化／正統性」（homonormativity）。（郭玉潔，2013；魏偉，2015：195-196）郭玉潔（1978-）在一篇分析由范坡坡（1985-）所執導的中國同性戀親友會宣傳紀錄片《彩虹伴我心》（2012）的文章中便提到：「媽媽們對於『同志孩兒』們都有很多期待，比如『出櫃』、『陽光健康』、『良好的自我認同』、『不要亂搞』（一對一的穩定關係），『同性婚姻可以解決所有問題』，等等。這些在同運中很有爭議的題目，同性戀親友會的媽媽們口徑統一，異常篤定。」（郭玉潔，2013）郭玉潔置疑的是，此一在同志群體內部逐漸產生強大規訓效應的「認同、出櫃、同性婚」的所謂「同性戀正典化三部曲」論述將迫使群體內部的邊緣異端們如何自處？

　　二〇一〇年代的中國大陸同運在相當程度上乃於「建立中國家庭主義特色的同性戀正典化」及「和以西方為中心的全球 LGBT 運動接軌」這兩大軸線下展開。此一時期也正是我進入中國大陸「妖」田野之時，因此對於這個轉變有著深刻的體會。即便妖以「罔兩」之姿既依存也置疑（男）同性戀群體及跨性別（女人）群體，我發現，在北京、上海、深圳等一線城市、甚至某些二線城市裡，這個邊緣中的邊緣群體已開始被工作組灌輸西方「跨性別」主體及性別少數公民維權意識，並授以西方跨性別的話語，期許他們所服務的妖們能貼合西方跨性別主體性，以利工作組爭取國際跨性別項目資金。有趣的是，在過去「防艾」作為運動主軸的時期，這些妖們是被統括為「男男賣淫」的高危險群，因而受到工作組的關注；如今則被重新塑造為「跨性別」群體，代表 LGBT 中的「T」，也因為這個定位而引來標榜不涉入「賣淫」的一線城市跨性別組織的不滿，抨擊妖們並非全時女裝、三觀不正、傷風敗俗，豈能代表中國跨性別群體！[24]

　　這些來自一線城市、積極中介西方跨性別話語以期在中國大陸建構不涉及賣淫的跨性別主體性的組織，一旦與來自二、三線城市、相對較不受西方跨性別知識啟蒙、關注底層賣淫妖的工作組正面交鋒，立刻出現了一些特殊的爭戰效應。

　　「瀋陽中國愛的援助」從國際組織申請到跨性別項目時，就被要求由一位符合

24　「三觀」意指「世界觀」、「價值觀」及「人生觀」。

「西方（正典）跨性別意象」（如全時女裝的跨性別女人）來擔任負責人，但該工作組主要服務的所謂「跨性別」群體就是一群在 L 公園站街賣淫的妖，[25]而大多數公園妖姐妹們既不隆胸也沒服用激素，白天就是男裝打扮，休閒時也會前去男同浴池及麻將館尋歡作樂，這當然不符合西方（正典）跨性別女人意象。於是，權宜之下，工作組找上已隆胸且全時女裝、雖不在公園站街（主要靠網路賣淫）但和公園妖姐妹有點情誼的小雙來擔任該工作組的跨性別項目負責人。[26]

因為職務上的關係，在一些國內及國際會議場合上，向來公開承認自己是「妖」、「在賣淫」、「是個爛逼」的小雙有許多機會和一些標榜不涉及賣淫並戮力和西方跨性別知識、運動及文化接軌的一線城市跨性別組織的負責人、倡議人士互動頻仍。由於彼此對於「跨性別」的認知與價值差異過大，經常在會議中就「撕起逼來」。[27]小雙說：

> 比如說，像每次開會，她們都會問，「你們工作組服務的群體是什麼樣的呀？」我都會說，「在公園站街賣淫的妖啊！」……她們一聽就感覺不可思議，不用激素，然後你又白天是男的，晚上才能變成女的……我說，「這個就是妳們無知，只能說妳們接受能力差，了解的太少，妳們眼中只有西方高大上的跨性別白蓮花那樣似的」……她們也回我啊！說「我們工作組就是那樣，我們就是女人，怎麼怎麼樣」。我說，「妳是女人？那妳怎麼還能坐在這裡呢？我們都是有雞巴的，我們不承認我們是女人，在我們東北我們就管我們自己叫妖」。[28]

25　關於瀋陽 L 公園的妖群體，我將於下文詳述。

26　有趣的是，原先抗拒站街的小雙在接下這個項目負責人職務一段時期後，自 2019 年 6 月起，每每在下班後便前往 L 公園兼差站街賣淫。

27　「撕逼」意指相互攻擊、爭吵。

28　不只東北妖們不承認自己是女人，庫立克（Don Kulick, 1960- ）在《扮裝：巴西跨性別性工作者群體中的性、性別與文化》（*Travesti: Sex, Gender and Culture among Brazilian Transgendered Prostitutes*）一書中也指出，巴西薩爾瓦多（Salvador）市的一群從事性工作的「travesti」也不認同自己為女人。某種程度上，這可能是因為當地的文化脈絡下，當一個生理男性宣稱自己為女人時將被認定為精神錯亂者。（Kulick, 1998: 191）

在面對正典跨性別說法和對性工作的不豫時，小雙毫無保留的自在和理所當然在我所接觸的東北妖群體裡是常見的態度，也很貼近我曾經探究過的「C／娘」的「酷異性」與「基進性」。（林純德，2013）近年來，我在瀋陽、深圳、東莞、上海等地透過一些關注 MB 及跨性別女性性工作者（妖）權益的工作組人員的引薦，認識許多性／別桀驁不馴的經濟底層妖姐妹。在數次深度對話及實地觀察其生活與工作環境後，我驚覺並深刻體會到，當代中國大陸（尤其是東北）的妖群體，除了挑戰、擾亂我既有的西方「跨性別」視角、思維外，更體現出一種我稱之為「爛逼實踐」、「爛逼性」的特質。事實上，「爛逼」一詞不僅為東北妖群體所擁抱，甚至也逐漸成為東北及其他地區的性／別少數群體組織用來對抗一線城市 LGBT 團體「高大上」政治路線的一種自我立場標示。例如，我認識的一位東北爛逼實踐者在一個全國性的跨性別微信群組裡被北京的群主禁止談論妖站街賣淫議題並被訓斥應該修正自己的三觀時，他便是如此回應：「不改！我們東北就是爛逼風格！」

爛逼的「逼」是從陰性的性器「屄」演變而來，它當然不是生理女性專屬，因為有相當多的大陸男男情慾實踐者也會以「屄／逼」來指涉自身的「肛門」。逼還有「逼迫」的衍生意含，意指在受逼迫的經濟底層困境中仍然只求「爛」，不男不女，既淫且亂，並持續向下探底，不上升，抗主流，拒翻轉。因此，妖的「爛逼實踐」、「爛逼性」便是交織著「經濟底層弱勢」及「性／別桀驁不馴」等邊緣屬性。

在我的體認裡，爛逼比較不是一種用來指涉主體或群體的「名詞」；反之，它始終是在不同且變動的脈絡下關涉著某種運動政略、價值取捨、生活型態的「動詞」、「形容詞」或「副詞」。爛逼指涉一種不能／不願隨順由西方所帶動的全球性／別文明化與進步性的在地反抗政略，它抗拒性／別身分認同政治，難以在「本質論」vs.「建構論」的二元認識論框架下來理解，反而比較貼近「山寨性／別模組論」，[29] 並難以和中國同性戀親友會所倡導、逐漸僵固化並產生強大規訓效應的「認同、出櫃、同性婚」的所謂「同性戀正典化三部曲」合拍共鳴。如果說被中介而來且建立在「排他」基礎之上的西方現代性／別身分認同政治總是要求我們清楚說明自己是什麼樣的性／別，並據此要求我們只能展現什麼樣的性／別，而不能有其他的性／別展現；爛逼政略則是強調每個人可以有許多性／別實踐但不需要去回

29　關於「山寨性／別模組論」，我將於下文詳述。

答自己究竟是什麼性／別身分認同。

在態度上，爛逼是一種「不識性／別羞恥」的學舌撒潑。它的不斷向下探底、持續接納住被高大上的性／別政權所棄離的性／別罔兩的底層爛實踐，反而映照出當前自詡進步文明的主流（化）LBGT及女權主義政略的侷限。[30]

三、從「跨性別」轉向「山寨性／別模組化」：「妖」作為一種「假名」

過去學界及NGOs一貫透過西方的「跨性別」（transgender）概念來界定、詮釋當代中國大陸「妖」的主體性及其性／別展現。（北京愛知行研究所，2009；姚偉明，2011；馬鐵成，2011；亞洲促進會，2015；Cai et al., 2016）「跨性別」此一概念或許能產生某種（有限度的）認識論及運動集結上的效應，但我希望提醒，將跨性別概念直接援用在界定、詮釋當代中國大陸「妖」的主體性及其性／別展現上，恐將衍生一些盲點與限制。（林純德，2017）

首先，「跨性別」不論是就其英文原意或中文譯意都強調「性別」的面向，如史崔克（Susan Stryker, 1961-）在〈去從屬的知識：跨性別研究導讀〉（"(De)Subjugated Knowledge: An Introduction to Transgender Studies"）一文中指出，「跨性別」乃是一種「新型態的性別化主體」。（Stryker, 2006: 2）但此一強調「性別」面向的概念，是否真能貼近當代中國大陸妖們的「性」與「性別」緊密交織的繁複主體狀態呢？這確實有待商榷。

其次，在全球性別、LGBT認同政治操作下，跨性別的概念逐漸鑲嵌著一種從性別一端跨越到另一端的主體打造單向線性軌轍。在我的妖受訪者當中，即便有少數幾位似乎貼近上述跨性別主體意含，但絕大多數的主體性及其性／別展現則是靈活地接合、運作不同脈絡下的微妙動能，既不具本質意含，其展現軌轍更是多重交織、迴盪搖擺。（林純德，2017）

再者，西方跨性別有其戮力與同性戀區隔而形塑自身主體性的歷史。威鐸（Stephen Whittle, 1955-）在〈性別幹砸或幹砸性別：對於性別混搭理論的當前文化貢獻〉（"Gender Fucking or Fucking Gender? Current Cultural Contributions to Theories of Gender

---

30　關於「爛逼」的在地脈絡為何？它能否／如何與西方的「酷兒」形成既雜糅又參照的關係？我將另文進行深入的解析。

Blending"）一文中甚至認為，西方跨性別的生命史被隱沒在同性戀的歷史中，跨性別的主體性需從廣大同性戀的歷史敘事中被獨立彰顯出來，並突顯兩者間的實質差異。在此一西方跨性別論述之下，同性戀與跨性別是兩個截然不同且相互排他的概念，「同性戀與跨性別就是兩種截然不同的群體，絕不能被混淆為同一個群體」。（Whittle, 1996: 202）然而，正如甯應斌所指出，在中國男色的傳統裡，男色與妖之間並不存在著如同西方現代同性戀與跨性別之間截然分明的主體界限。（甯應斌，2018：187）因此，輕率地將西方跨性別概念橫向移植並用以指涉當代中國大陸妖，這也是令人置疑的。

舉例來說，如果「妖們」既接「直男客」也接「妖客」，有時還得應妖客的要求與「小姐／雞婆」做愛，或是化身為「SM媽媽」，甚至也會恢復「男兒身」前去男同桑拿尋歡作樂或是回過頭去接一些過去當「MB」時的男同熟客，並在和嫖客、混混打架或與員警抗爭時展現出「爺們」特質，而他們同時又可能是異性戀婚家關係下的「丈夫」及／或「父親」時，那麼，被中介的西方跨性別一詞能否充分指涉妖們以其靈巧多變的性／別展現作為「策略／手段」的諸多繁複的賣淫勞動及生活型態？

從上述這些例子來思考，本文將從「跨性別」一詞轉向由何春蕤所提出、甚具啟發性也十足接地氣的「山寨性／別模組化」概念，為探究當代中國大陸「妖」的性／別展現提供嶄新的視角。何春蕤（1951-）在〈山寨性／別：模組化與當代性／別生產〉一文中重新描繪「山寨」此一概念如何在代工架構內藉著資本主義生產模式的模組化趨勢，把「仿冒抄襲」轉化為超越原件的「創新」與「特色」：

> 在一般認知裡，「山寨」就等於仿冒、抄襲、假貨、劣質〔……〕然而第三世界這個低廉的生產模式在全球化的代工場域中〔……〕透過高度關注小眾消費者的差異需求來開發產品，山寨手機因此出現了不少獨步世界的工藝創新和外觀創新，很多奇怪的技術和設計被組合在一起，形成山寨手機獨樹一幟的鮮活形貌。（何春蕤，2009）

在我的觀察裡，經常被視為「假貨」的妖們在性／別展現上的多樣與越界，非常適合與「山寨」概念翻轉「真－假」優劣邏輯的活力並列參照。何春蕤援引哈洛葳（Donna Haraway, 1944-）的「賽博」（cyborg）隱喻（Haraway, 1991: 149-181），強調「『山寨』

也提供了想像的可能，提示了各種靈活多樣的恣意組合」。（何春蕤，2009）例如，「娘」不見得要侷限於固定的身分認同或氣質表現，而可以用模組化方式發揮其反抗常規、壯大邊緣的效應：

> 「娘」不必是主體的天生氣質，也不必然屬於特定主體人口群，而可以是一個具有多種介面、接合運作不同場景的性／別模組，可以被主體操作以達成各種效應：勾引、調情、嘲諷、挑釁、抵抗、自豪、結伴……「娘」模組（或是其他模組）的關鍵，不在於模組有什麼固定的公式和內容，不在於它有怎樣的本質，而在於它操作起來（亦即，當它以其介面與當下的現場脈絡互動起來）能在脈絡中產生怎樣的效應。這種酷兒策略把原來被本質化的東西轉化成模組，以靈活操作脈絡中微妙的各種動力，反而可能因此壯大邊緣主體的力量和空間。（同前引）

「山寨性／別模組化」的概念比正典性／別體制更能描繪、詮釋我所探究的邊緣群體。因為「妖」不必然是個體的天生氣質，也不必然屬於某特定群體，而是多重繁複的性／別模組之一，被個體靈活操作以達成交織著性、性別、身體及職業勞動等多重繁複面向的效應，這也解釋了妖們所展現出來的各種差異狀態與實踐。當我們使用「妖」一詞來指涉某一個體或群體時，說的比較是某種脈絡化的特質展現，而非某種去脈絡的本質彰顯，更不是某種單一僵固的身分認同的體現。

「山寨性／別模組化」的概念並不意味著，我們身上擁有如同山寨手機相關的具體模組裝備，以致連結到這個模組，我就變成「爺們」了，或置入那個模組，我便幻化成「妖」了；反之，它就如同哈洛蕤的「賽博」概念一般，可作為一個「隱喻」，它本身雖未必是現實的，卻有能力來描繪、詮釋現實。（Haraway, 1991: 150；何春蕤，2009）

在「山寨性／別模組化」的概念之下，「妖」的性／別展現總是靈活地接合、運作不同脈絡下的微妙動能。然而，這並不意味著，此一概念主張某種可以自絕於社會文化結構影響力的「超級能動性」；反之，每一個具體脈絡當下的山寨性／別模組化展現都是權力爭戰的場域，涉入其中的除了社會文化規範、無意識的影響力、互動者（嫖客）的性／別特質與慾求、性／別化的物質條件、個體的反思能動

性等外，甚至還含括康奈爾（R. W. Connell, 1944- ）所提出的「身體反思實踐」（body-reflexive practices）。（Connell, 1995: 59-64）

康奈爾在《陽剛氣質》（*Masculinities*）一書中反對西方社會科學界長期來受到笛卡爾（René Descartes, 1596-1650）身心二元論的影響，只將身體視為符號象徵與權力的「客體」（objects）而非「參與者」（participants）。他從受訪者麥爾迪斯（Don Meredith）因為無意間被女伴的手指插入肛門而產生巨大的快感進而嘗試從直男轉變為男同的生命經驗中獲得啟發，提出他所謂「身體反思實踐」概念，主張身體的（性）感受與行動會被交織進入社會行動當中（*Ibid.*, pp. 59-60）；身體既是實踐的客體也是能動者，而此一實踐本身也會型塑為結構，並在此結構中，身體方為我們所感知與定義。（*Ibid.*, p. 61）

如前所述，我從當代中國大陸妖們身上體察出一種「爛逼性」的特質，而此一特質在他們進行山寨性／別模組化展現時更為彰顯。「爛逼」指涉一種不能／不願隨順由西方所帶動的全球性／別文明化與進步性的在地反抗政略，它抗拒性／別身分認同政治，而與妖的山寨性／別模組化展現之間存在著交互動能關係。這是因為在當代中國大陸同運亟欲與全球LGBT運動接軌的脈絡下，上述的文明化與進步性往往體現為各式「高大上」的性／別身分認同的整編力道，既壓縮、僵固化群體內部的性／別實踐與展現空間，更賤斥不合時宜的性／別壞分子。相對地，「爛逼」則因交織著「經濟底層弱勢」及「性／別桀驁不馴」等邊緣屬性，進而使妖們磨礪出一種不識性／別羞恥的頑強無畏姿態，持續向下探底且不斷地拓展出得以違逆性／別文明化與進步性的底層爛實踐空間，讓妖們更能勇猛精進地進行多樣越界並翻轉「真－假」優劣邏輯的山寨性／別模組化展現。

如果說諸多妖個體及妖群體所展現的諸多性／別現象背後，其實並不存在一個恆常不變的「妖之所以為妖」的「本質」或佛教哲學所謂的「自性」（svabhāva），這種去本質化的理解方式其實頗相近於西元二至三世紀印度佛教中觀學派大師龍樹（Nāgārjuna, 150-250）於《中論》（*Mūlamadhyamakakārikā*）一書中所提出的「假名」（prajñapti）概念。[31]

31　「自性」的梵文為「svabhāva」，其原意為「存在的自身條件或狀態」。（Williams, 1988: 1276）另關於「假名」一詞，龍樹在《中論》〈觀四諦品第二十四〉中提到：「眾因緣生法，我說即是空，亦為是假名，亦是中道義。未曾有一法，不從因緣生，是故一切法，無不是空者。」（龍樹著，鳩摩羅

「假名」的梵文為「prajñapti」，其原意為教學、指導、約定、同意等（Williams,
1988: 659），而後在印度佛教的演進過程中被構連為「虛假地施設名目來表示的東
西，其本身只是因緣和合，並無自體、自性」。（吳汝鈞，1992：416）中觀學派從「緣
起性空」的論點主張一切存在都是因緣而生起，所以都是沒有恆常不變的自性，這
正是「空」（śūnyatā）此一概念所指涉的狀態。但緣起的一切存在作為現象畢竟不是
虛無的，因此善巧施設「假名」來指涉之，這也正呼應了當代佛學泰斗印順（1906-
2005）所提出的「性空唯名論」。（印順，1993：119）

在本文的脈絡下，妖作為一種被重新構連的「假名」，既尋求超克西方本質主
義式的認識論框架，更冀望擺脫僵固性的身分認同政治的桎梏。另一方面，也正
因為妖的現象背後不存在著「原真恆常」的「本質」或「自性」，故能開展出靈活多
樣的山寨性／別模組化空間。再者，一群個體因著相似、相關的性／別模組化的
操作、展現，因緣際會下暫時地成就了個個「妖群體」。「妖群體」既是因著諸多繁
複條件、因素的聚合及交互爭戰下生起，自然也是不具有「原真恆常」的「本質」或
「自性」，其僅僅也是一個「假名」。

在接續的章節裡，我將就長期來於田野中所獲得的研究資料進行分析闡述，
並聚焦於妖們的山寨性／別模組化展現，及其衍生的性／別惑亂效應。

四、成了「妖」：山寨性／別模組化展現

為數不少的當代中國大陸妖是從MB轉型而來，反映的是歲月和耗損所留下的
人生代價。此一轉型往往源自於對賣淫勞動市場現實面的深切體悟，如市場競爭
激烈、外貌氣質優勢不再、嫖客大量流失及體力不堪負荷等。[32] 長期在上海賣淫
的小玉深刻地指出由紅極一時的MB決定轉型為妖的心路歷程、箇中原委：

> 因為當你考慮你賣同性戀的圈，什麼東西都有鼎盛時期和衰退時期。在

什譯，1983：33）

32　長期在深圳賣淫的小喬在訪談時也指出，如果一位MB原本就是或原本不是但積極打造成「肌肉
　　型」及／或「爺們型」，那麼，即使隨著年紀的增長，他仍可能具備男男賣淫市場的競爭優勢，而
　　較沒有轉型或退役的壓力。

我〔從北京〕來上海的鼎盛時期就是SARS（Severe Acute Respiratory Syndrome）非典之後，一直到07年、08年之間……我是佼佼者……但到後來賣的人太多，整個廣告都滿了，並且有人兩百三百的叫賣，尤其同性戀很難伺候……我一個姐妹……05、06年我回北京看他的時候，他已經女裝了……他的電話從早到晚不停地響……其實我跟你講，化妝的妖姐妹裡……有一大部分的人確實是因為他同性戀賣不動……沒辦法，只好化女妝。

　　「妖」與「MB」畢竟是兩大項不同的性／別模組，因此，化起女妝成了賣淫的妖，意味著賣淫的姿態、形式與客群在相當程度上都將隨之轉變。過去接的是男同／雙性戀的客人，如今則需以「直男客」與「妖客」為主，而前者更是吸引許多「母逼」投入或轉型為妖的兩大主要誘因之一。多數受訪者都表示，成為賣淫的妖，除了可以「掙錢」外，便是為了「玩直男」。然而，「賣淫的妖」與「直男嫖客」在當代中國大陸性工作產業裡，兩者之間似乎存在著若干矛盾對反關係。於是，除了選擇「做胸」外，妖們還需藉由一連串細緻的「女性化」操練，如裝扮技巧、說話聲調、走路儀態等，以及靈活的因應策略，如夾藏陽具、反駁質疑、速戰速決等，藉由上述種種的模組化技藝，妖們得以隱匿自身的生理男性事實，忽悠、矇騙這些「直男嫖客」，[33] 讓他們以為這些妖們就是「真女」、「小姐」、「雞婆」。

　　然而，有時即便再怎麼技藝高超、殫精竭慮，難免也有被識破的時候。尤其對於沒做胸的妖而言，當你「上面不許摸，下面不准碰」、「胸怎麼看起來這麼小」時，直男客們更易起疑，甚至連妖客們也會偏好做了胸的妖。[34] 既站街也在網路上「勾客」的玫瑰就是因為一天內接連被四個直男客嫌「胸小」而「拒嫖」後，一氣之

33　「忽悠」為東北方言，意指「唬弄」、「唬嚨」。

34　許多妖們都藉由隆胸手術來擁有一對「奶子」，但仍有一些妖想藉由服用「女性激素」使自己的胸部變大。後者除了可能導致脾氣暴躁、發胖、性慾降低等後遺症外，成效也較不顯著。例如，在北京賣淫的白娜告訴我，他在服用激素一段時間後便發現自己的「乳量比較大一點，像女孩，胸可能就是比正常〔男〕人大一點點而已」。同樣沒做胸的菲菲在訪談時也指出，做胸的姐妹在公園賣淫「打野戰」時往往不戴胸罩，直接讓客人伸手進去摸，生意也因此大好。相較之下，他就常常被客人抱怨『服務不好，碰一下都不給碰。』這個還是有點吃虧的，有胸還是好應付多了」。也因為沒做胸，他容易被直男客懷疑：「你是不是男的？你是人妖嗎？」

下隔天就做了胸：

> 現在網路聊天室裡妖太多了，都是妖！要是人家〔直男〕想跟你做，就問一下，「你是人妖啊？還是女的？」……我那天十二點化的妝，到下午四點，來了五個客人，走了四個。進屋就說，「你是男的吧？」這樣似的。「我看你啞大嗎？」因為我叫性感大胸，完了人家看胸……那一晚上我一咬牙，我就給朋友打電話，我說，「我做胸吧！」……第二天一早就做了。

做胸後的玫瑰顯得自信許多，[35] 除了大大降低「直男客」對其性別質疑外，更能獲得一群喜歡「女乳」與「陽具」在生理男性身體上「並置」的妖客們的青睞。後者除了是姐妹轉介、站街偶遇外，最主要的接觸管道便是網路。而也正是在此一賣淫場域裡，已做胸的妖的性／別展現被歸為「TS」模組；沒做胸的妖則屬於「CD」模組。兩者之間存在著階序關係，前者高，後者低；此種階序關係也往往反映在嫖資差異上，仍然是前者高，後者低。

「妖客」一詞是賣淫妖姐妹的善巧施設，用來指涉一群「喜妖」的客人，以便能與「直男客」進行區隔。需留意的是，「妖客」不是一種身分認同，他們在網路上會傾向以「ZN」（直男的拼音「Zhi Nan」的縮寫）自稱。因此，「妖客」如同「妖」一樣都不具本質意含，「妖客」其實也只是個「假名」。

雖然妖們在與妖客進行性交易過程中，可以盡情展露自身的「妖化」身體，無需隱匿陽具，但相對於直男客，妖客的性需求卻更為多元，也較難應付。除了要求妖們「當一」、「雙飛」或「多P」外，不少妖客們是喜歡「SM」。在我訪談過的妖當中，思瑤、美麗、棠棠、牡丹、苗苗、瑪莉、叮噹表明不接SM的活，鶯鶯、春榮、兔兒則自認沒有接SM活的天賦與資本，其餘的妖們幾乎都有過SM的賣淫經

---

35 另一位做胸後自信心大增的案例便是長期在深圳賣淫的靈靈。原本對自己心儀類型的直男只敢意淫而不敢採取行動，但自從做了胸賣淫後，他變得既自信又大膽：「現在我走在大街上，我都追得人家，不是看到屁股翹的、很壯的肌肉猛男嗎？長得又高又帥又壯，我就追著人家……我就說我喜歡他，抱著他，不讓他走。我說，『你很帥，喜歡你，去不去玩啊？』……有一次，在大街上，因為經常會看到過路好帥的，我好喜歡，就追著他不放的，就把他嚇得什麼的，我也沒想到我那時候怎麼那麼瘋！」

驗。一般而言，四大類型嫖客的服務費用收取高低順序分別為：「SM妖客」、「SM直男客」、「一般妖客」及「一般直男客」。仍需強調的是，上述嫖客類型既非僵固性的，更不具身分認同上的本質意含。

即便每個城市的妖賣淫市場大都會根據賣淫途徑（站街、酒吧蹲點、網路等）、賣淫場所（樹叢、暗巷、妖的住家、賓館酒店等）、服務的內容（手淫、口交、肛交或鼠蹊部夾交、SM等）形成某種行情價格規範，但妖們的實際嫖資收取仍會受到其他因素的影響，諸如嫖客的外型（喜歡的、沒什麼感覺、很難接受等）、嫖客的性向（直男、喜妖、喜SM等）、嫖客的職業（農民工、工廠仔、學生、白領、富商等）、妖本身的條件（年齡、化妝後的長相、身材骨架、女性氣質、做胸與否、陽具大小及勃起硬度、能否扮演插入者、女王氣勢、有無模特兒或演藝人員的身分加持等）、淫嫖的人數組合（一對一、雙飛、多P等）、有無使用助性藥物（冰毒、K粉、Rush、偉哥等）、市場的競爭性（賣淫區塊內的同行人數多寡）、嫖客砍價與加價（給小費）的能力等。我所獲悉妖們的單次服務實際嫖資收取（除了白嫖以外）從5塊錢到8,000元不等。當然，妖們在實際嫖資收取上的差異性是既型塑著我所謂「妖的階序」，同時也受此一階序的影響。

大多數受訪的妖們都是個體戶，招攬生意的方式主要是靠站街、酒吧蹲點和網路等，但也有一些妖們在某段賣淫職涯是以「真女」的性／別模組化展現，或是混在「雞婆巷」上班（如珊珊、菲菲、金蓮、施施等），[36] 或是寄身於「摸吧」謀生（如百合、薩麗、大咪、小雙等）。[37]

36　「雞婆巷」是指由「經營者」（俗稱「雞頭」）在暗巷裡提供多個簡陋小房間給雞婆們接客賣淫。至於雞頭與雞婆們如何拆帳？以東莞的雞婆巷為例，有些雞頭是按次收費，如每次嫖資50元，雞頭便收取10元。有些雞頭則是採「包夜」的方式，如每個工作夜收取200元。有些雞頭會提供紙巾、床單及安全套（保險套），有些雞頭則不提供。早些年在深圳站街、後來轉到東莞雞婆巷上班的菲菲告訴我，東莞幾個名下有「妖」假扮真女賣淫的雞頭一開始對於妖們非常排斥，甚至認為妖們是故意來鬧事。但在幾名打頭陣的妖姐妹創下優異的業績之後，雞頭們便對妖們刮目相看。只不過，為了怕「雞婆巷」淪為「人妖巷」，還是會對妖的人數進行控管。

37　「摸吧」又稱為「黑舞廳」。男客付10塊錢入場後，若有看中意的小姐，便可再付10塊錢讓小姐伴舞一曲，而就在這首舞曲時間內，男客可對小姐上下其手，任意撫摸，故稱之為「摸吧」。雙方也可以在舞曲結束後，再前往附設的暗房裡進行性交易。由於在「摸吧」裡需讓男客上下其手，任意撫摸，所以前來掙錢的妖姐妹大都是做了胸的TS，或是長期服用激素後胸部些微隆起

　　堅持只做個體戶並在賣淫職涯後期逐漸將重心轉移到SM的玫瑰有個響叮噹的名號——「瀋陽玫瑰女王」。他將他的「奴妖客們」依照不同的服務內容、收費從低到高而分為五大類別：一是「腳奴」，舔腳與絲襪，收費300元；二是「狗奴」，學狗、栓狗鍊，收費500元；三是「刑奴」，手銬、腳鐐、捆綁，收費600元；四是「全奴」，除了屎尿外全都能接受，收費1,000元；五是「廁奴」，「黃金」（屎）與「聖水」（尿），收費1,500元。因應上述五大類別，「妖主」也得分別展現不同的、繁複的、靈活的、細緻的性／別模組。

　　奴妖客們在性交易過程中不見得都需要「1069」（肛交與口交）、「打飛機」（手淫）等性愛服務，因此，妖們在服務過程中所展現的「主人」、「女王」氣勢便顯得格外重要，因為這正是得以滿足奴妖客們的慾求的關鍵所在。玫瑰便是「個中翹楚」：

> 進屋了，就要他跪下，「賤奴！」這樣喀喳一個嘴巴子、兩個嘴巴了上去。「向女王匯報你想做什麼項目？」其實他打電話都已經問完了，都談完價錢，價錢都談完了……完了，錢就奉獻給女王，我上去又一個嘴巴子，「你給我叫什麼？叫女王，不對！叫什麼？你再想想！給我叫啥？叫媽媽！」喀喳又一個嘴巴子。「不對！叫媽也不對！那叫啥？叫奶奶！叫奶奶也不對！叫姑奶奶！」他就叫，「姑奶奶好！」其實就是找碴，你知道嗎？他們就是，做SM的人不外就是高地位、高檔次，都是有錢的，身分都不一般的，都是這樣的人做，所以他就想在這種場合找到刺激。[38]

的CD。

38　正如一位審查人所指出，本文中述及「妖客」的部分全都是「妖們」的訪談再現。至於妖客們如何述說自己，這將是個極具原創性的研究，因為截至目前，全球人文社會學界都還未對此一議題進行探究。關於「妖客」的民族誌研究也一直是我進行中的「當代中國大陸妖群體」整個系列研究計畫下所規劃的一個重要項目。但我必須坦承的是，過去數年來在接觸「妖客」此一群體上遭逢極大的困難，主因在於這個群體成員於日常生活中的主要性／別模組化展現就是「直男」，一旦離開與妖們賣淫嫖娼的互動場域後便立即轉換為「正典常規異性戀性／別模組」。由於「妖客性／別模組」與「正典常規異性戀性／別模組」之間存在著巨大落差，進而使他們產生偌大的羞恥感，此一羞恥感大大降低他們參與研究計畫的意願。因此，如何克服「妖客」們上述羞恥感而使其萌生參與研究計畫的意願，將是研究者的艱鉅挑戰。

　　如同玫瑰一般，大多數有過 SM 賣淫經驗的受訪者均宣稱，在 SM 賣淫過程中，只願當調教的「主人」、「女王」、「媽媽」，不願當被調教的「奴」。[39] 他們的說法不外乎本身並非好此道人士，當個調教的「主」還行，至於當個「挨打」、「討罵」、「受虐」的「奴」，這就超越他們的職業容忍底線。然而，在與妖客們進行 SM 性交易的協商過程中，難免會出現偶發狀況，使得某些只願「當主」的妖們卻有了「當奴」的性／別模組化經驗。四位妖受訪者便在訪談過程中透露自身的偶發性「奴」經驗。長期在瀋陽賣淫的娜天雞也堅持只當「主」，但他曾在妖姐妹引介下，有過一次「奴」的經驗。他強調，那次事前都已溝通好，只當個「陪跪」的奴，既不挨打也不受虐。光是陪跪聽著妖客主人斥罵，十分鐘不到便輕鬆掙到 400 塊錢。再者，在廣東深圳、廣西柳州兩地輪替賣淫的丹妮則曾在半推半就下讓某位妖客綑綁半响，而為了這一綁，單單只是滿足一下「當主」的欲望，對方甘願付出 8,000 元的嫖資。[40]

　　最為有趣也饒富政治性意味的「妖奴」故事當屬珊珊與菲菲在深圳與同一名妖客的 SM 性交易互動。[41] 這名妖客是位喜好角色扮演的主人，他所要求的 SM 性交易互動則需在一種高度戲劇化的「國共內戰」歷史背景下展開。珊珊再現他與該名妖客的互動：

> 他叫我扮演那個劉胡蘭（笑），就是中國一個女英雄，就是那種很不怕死的共產黨啊……他就也不跟你做什麼的，不做愛，不做什麼的。他就先發一個台詞給你，然後你就在那裡背那個台詞，就像演電視劇那樣的嘛！然後他門一進來，他就演叛徒嘛！演那種國民黨的壞人！進來他就用那個假槍對著你，他說，「快交出共產黨地下黨的組織在哪裡？」然後

39　在瀋陽賣淫的寒寒是所有妖受訪者當中唯一表明只願當奴而不願當主的。這是因為他在當妖賣淫之前，就已在男同 SM 群體內長期進行奴實踐。但他強調，一旦當奴賣淫時，只能男裝打扮，他無法接受自己女裝當奴。

40　這也是所有妖受訪者單次收取的嫖資金額中最高者。

41　珊珊與菲菲受訪時在東莞從事性工作，但他們過去曾長時期在深圳賣淫。珊珊是雲南傣族；菲菲則是廣東瑤族。兩位的少數民族身分也讓他們的處境更為邊緣化，甚至在一群深圳的漢族妖姐妹眼裡，兩位都是「事多」的麻煩人物。

你就甩一下頭髮嘛！兩手假裝這樣綁著嘛！然後甩一下頭髮說，「共產黨是不怕死的，竹簽子是竹子做的，共產黨的意志是鋼鐵做的」，然後就那樣說那些話喔！然後說，「共產黨萬歲！要殺要剮隨你便！」然後他說，「哦！可以了！」然後給錢就走了。我就覺得很搞笑，還有這樣的人啊！

　　歷史上的劉胡蘭生於1932年的山西省文水縣雲周西村（解放後更名為劉胡蘭村）。13歲時（1945）便參加中共文水縣委舉辦的婦女幹部訓練班，隔年被批准為候補黨員。1947年，劉胡蘭遭到當時山西省國民政府主席閻錫山的軍隊所逮捕，因拒絕投降，被鍘死刀下。劉胡蘭的英勇事蹟不僅出現在教科書裡，更一再改編為舞台劇、電視劇與電影。然而，劉胡蘭臨死前備受凌虐的情節竟被該名妖客「歪搞」為SM性幻想題材，特別是那把對著珊珊的「假槍」其實是具有「陽具」的隱喻，因為在菲菲與他的另一次發生於深圳R公園的劉胡蘭角色扮演的性交易過程裡，對方便毫不含蓄地拿出「假陽具」頂住他的腰。

　　上述故事最啟人疑竇之處恐怕在於，如果深圳同樣站街的「小姐／雞婆」人數是「妖」數倍之多，何以該名自稱是「直男」、拒絕與妖們進行直接肉體接觸的妖客卻總刻意找「妖」來扮演劉胡蘭此一生理女性角色？珊珊與菲菲也不禁思考過這個問題。根據他們的說法而歸結出一個可能論點便是，站街的小姐／雞婆年齡不僅偏大，在不同程度上更難脫「正典良婦」心態。[42] 因此，對於涉及諸如SM這類在主流眼中被歸為「變態」的性交易，往往敬謝不敏，尤其這類恐有「褻瀆民族女英雄」之嫌的SM性交易，更是避之唯恐不及。相形之下，妖們的「經濟底層弱勢」及「性／別桀驁不馴」交織而成的「爛逼性」使得他們較能擺脫這類「羞恥」、「禁忌」而勇於承接。於是，因著獨特性癖而承受偌大性羞恥感的一群妖客在偶然機緣下與妖們相遇，便能互動式地協商出彼此靈活多變的性／別模組化展現。然而，一旦離開此一賣淫嫖娼的場域，妖客們也就立即轉為諸如「直男」、「丈夫」、「父親」等其他性／別模組化展現了。

---

42 此一「正典良婦」心態意指，她們雖受迫下海賣淫，但仍自視為「心理正常」的婦女，諸如SM這類「非常規」的性愛模式都不為其所接受。在西安賣淫的百合便強調：「妖什麼都敢做，真女人可能這個不要，那個不做」。需留意的是，這類正典良婦心態不僅在不同程度上體現於站街的「小姐／雞婆」人群，甚至我的某些妖受訪者也有類似心態。

　　成了「妖」，除了殫精竭慮地打造、協商「妖」的性／性別／身體外，如何時時處處因應、滿足、斡旋各式各樣「直男客」與「妖客」的繁複多元的慾求，更是妖們的山寨性／別模組化的職業勞動之最高精神所在。

　　即便大多數「妖客」所意識到及對外宣稱的性／別身分認同均為「直男」，但就他們所慾求對象的性徵組構而言，西方現代性／別身分認同政治的「中介者」會傾向將他們視為一種本質上迥異於異性戀、同性戀及雙性戀的一種新型態的性／別身分認同。[43] 在這樣的語境下，一位「真實的」直男為了與妖客有本質上的區別，就不會／該對妖產生情慾。但實情果真如此嗎？在瀋陽賣淫同時也身兼「瀋陽中國愛的援助」跨性別項目負責人的小雙告訴我，經常在該城市 L 公園找站街小姐玩的直男嫖客們大都知道，他們找的其實是妖。只要妖們別故意「露包」（露出陽具），他們也能睜隻眼閉隻眼：

> 那些直男客人也大概都了解怎麼回事了，多數人的想法也都想得開了。我只是出來發洩一下，我也不是找結婚生孩子，找媳婦，你是不是女的？又能怎麼樣呢？一次才三十塊錢，還操得舒服。尤其有許多女人做不了的活，他們全能接，所以說，這些客人也就慢慢不在乎了。

　　小雙因為工作上的關係長時期與 L 公園裡的妖們互動，他上述的話語即是根據這些姐妹多年來的觀察與體會。L 公園位於瀋陽 T 區，該區在改革開放前是整個中國大陸最重要的工業重鎮之一，雖曾體現計畫經濟的燦爛輝煌，但也聚集計畫經濟體制的所有弊端。（卜長莉，2009：2）改革開放後，整個東北地區經濟開始普遍下滑，T 區大量國有企業接連破產倒閉，造成無數工人下崗失業、生活困頓。因此，T 區就成了瀋陽的經濟底層區，它的低廉房租與消費也吸引大量農民工聚集。T 區的 L 公園後來更成為以妖為主的站街賣淫勝地，收費十分低廉，全套式的服務只收取 30 至 50 元。

43　香港跨性別資源中心的梁詠恩在〈跨粉：一個與跨性別有莫大相關，卻被遺忘了的身分〉一文中提出「跨粉」的概念，意指跨性別者的粉絲，情慾上愛慕跨性別的群體。梁在該文中便將「跨粉」視為一種新型態的性／別身分認同，並將「妖客」視為「跨粉」此一身分認同概念所指涉、含括的對象之一。（梁詠恩，2017）

在L公園站街賣淫的妖們雖有某種程度的流動性，但在非極端嚴寒的季節裡，人數都能維持在30至40人左右。公園妖姐妹們大多數來自東北及內蒙古的貧困農村。平均教育水平是初中，其中幾位識字能力有限，甚至還有一、兩位文盲。其年齡層偏大，最年長的都已經56歲。他們群居在公園附近的一些被廢棄而待改建的「工人村」。每當有混混前來公園尋釁滋事時，姐妹們會自發性地聚會商議，並團結合力將混混打出公園。值得一提的是，2017年7月在當地工作組的協助下，還成立了「L公園姐妹互助協會」，由公園妖姐妹們自治管理，但有時也會因為姐妹「撕逼」而停止運作。

大多數公園妖姐妹們既不做胸也沒服用激素，白天就是男裝打扮，休閒時也會前去男同浴池及麻將館尋歡作樂。晚上在公園裡以接「直男客」為主，但偶爾也接「妖客」，有時還得應「妖客」的要求與小姐做愛（龍鳳飛），甚至他們同時又是異性戀婚家關係下的「丈夫」及／或「父親」。這群妖們既不見容於男同社群，也深受跨性別女人群體的排擠。男同們嫌棄他們不男不女，還站街賣淫，辱罵他們是一群「屁眼刺撓愛人家操」的「爛逼」。跨性別女人群體則因他們並非全時女裝及賣淫行徑而否定他們的跨性別主體性。

對於L公園妖群體而言，勞動準則便是：「啥客都能接，啥活都願幹」。因此，一線城市高檔妖們的某些行業禁忌、賣淫底線到了這公園都成了稀鬆平常的事。在L公園站街賣淫的妖們是我見過最底層（且持續向下探底）、最爛逼、最不識性／別差恥、同時也是最神乎其技地進行山寨性／別模組化展現的妖群體。[44] L公園妖們的諸多賣淫勞動及相關生活型態乃充分體現了「爛逼性」與「妖的山寨性／別模組化展現」之間的交互動能關係。

小雙揭露了瀋陽L公園裡的直男嫖客明知所嫖的對象是妖卻若無其事且樂此不疲的弔詭現象。此一揭露也讓人置疑「直男客」與「妖客」之間關乎身分認同的本質差異。再者，我的田野調查更發現，不論是在一般賣淫或SM性服務脈絡下，不少妖們還真有本事「誘使」一些看似「鋼鐵直男」的嫖客嘗試「男男性愛」，[45] 甚至讓後者扮演「零號」角色，進而產生相當有趣卻也值得深思的對於下列三者的惑亂效

44　此句中的「底層」一詞至少有兩層意含，一層是經濟的；另一層則是性／別的。

45　「鋼鐵直男」為當代中國大陸網路用語，用來指涉一群不知變通、不解風情、不夠體貼且性向如同鋼鐵般堅硬而不可能被「掰彎」為「gay」的直男。

應：「普世化的性／性別／身體的知識範疇與主體疆界」、「被中介的西方現代性／
別身分認同政治」及「流傳已久的在地禮教綱常」。

五、「妖」的性／別惑亂效應

在闡述「扮裝易服」與「文化焦慮」之間的關聯性時，蓋博（Marjorie Garber, 1944- ）
指出，扮裝易服開啟了一種同時組構又惑亂人類文化的可能性，因為其所具備的惑
亂元素不僅將引發男女兩性的範疇危機，更將導致範疇本身的危機。（Garber, 1992:
17）然而，我認為，當代中國大陸妖們在賣淫勞動中所造成的惑亂效應早已逃竄出
蓋博聚焦於性別的有限眼界，而徹底地顛覆我們關於性／性別／身體的既有思維
與想像。

許多妖受訪者從自身的賣淫經驗中體會到，即便大多數「直男客」擺明是無法
接受「妖」，但弔詭的是，越來越多直男客在妖們的誘引下，其實是深具「妖客」的
潛質。論到如何「妖客化」直男客，珊珊堪稱佼佼者：

> 還有一次在〔東莞〕虎門，就遇到一個客人……他還結婚了啊！他也有孩
> 子那些的……他想來我家裡嫖我嘛……來就做，做了做了，他要舔逼
> 嘛！他要很想舔（笑），我就〔把睪丸囊袋摺成像陰唇的樣子〕給他舔喔！舔
> 得蛋癢得要死！然後我就硬得要死！我一下整個〔下體〕拿出來給他，他
> 舔舔就很驚訝。他說，「這個是什麼？這個是什麼？」他就很嚇到嘛……
> 我就解釋給他聽嘛！我說像我們這種很多的，我就展示姐妹照片給他
> 看，給他看那些〔妖跟男人做愛的色情〕電影……然後，後來就做做睡睡，
> 睡到下半夜，他又想做，我又不想幫他吹。然後，他就幫我在那裡吹我
> 的雞巴。

需留意的是，在將直男客「妖客化」的進程中自然是存在著風險。這是因為對
妖不甚理解、不具「喜妖」意識的直男客容易因著妖的生理男性事實而一時間陷入
「我是在搞基嗎？」的困惑與自責，甚至激發他們的怨懟，進而使妖們受到暴力相
向。在深圳賣淫的施施與薩麗都曾因高估自身的魅力而在企圖「妖客化」直男客不

成後反遭對方一陣拳打腳踢。然而，對於一些賣淫經驗老到的妖們而言，一旦「識人」與「應對」的工夫益加純熟老練，不僅能誘使直男客接受妖，甚至還願嘗試「當零」。在瀋陽賣淫已久的資深妖娜天從這個職業中尋獲到最極致也最令他樂此不疲的快感來源便是誘使直男客「當零」：

> 我遇到一個直男小伙，一米八二，22歲，可好了……那天我倆就在公園溜達……後來我就告訴他了，我說，「你覺不覺得有什麼不對？」他說，「我沒覺得啊！」……我說，「我是妖，你能接受嗎？」他說，「那也沒啥接受不了的啊！」……回家後我倆都脫了……然後他操我，我也給他做口活。我說，「我操你，你試一試唄！」他說，「會疼啊！」……我說，「你就試一試唄！」……對啊！我是女裝操他，我操他的時候我也叫啊！我叫，「老公啊！」我說，「老公！好不好操？疼不疼啊！」完了要快射了，我說，「老公！你叫一叫！」因為我願意聽男人那種磁性的呻吟，就是叫一些也是發浪的話，「老公啊！好不好受啊？媳婦操你啊！爽不爽啊？」他也說啊！他說，「媳婦！你快點射吧！我受不了了！」

娜天與這位嫖客老公的另類交媾演繹了一種山寨爛逼式的「夫婦之義」，這當然迥異於正典儒家傳統的「夫婦之義」。論到後者，《禮記》指出：「男女有別……男帥女，女從男，夫婦之義由此始也。」（鄭玄注、孔穎達疏，1999：814-815）延續這樣的論述軸線，東漢班固（32-92）所撰的《白虎通義》更將「夫為妻綱」列為三綱之一，並與「一陰一陽謂之道」的陰陽五行思想接合，強調「陽得陰而成，陰得陽而序，剛柔相配」。（班固，1968：312-313）這樣的論述反映在房中術上便如同唐朝孫思邈（581-682）的《備急千金要方》所揭示的「御女之法」，亦即，夫（男）在與婦（女）交合時藉由「採陰補陽」等駕御技法，以達攝生保健、延年益壽之效益。（孫思邈，1994：1028-1031）

然而，在上述那場「顛陰倒陽」、「不知乾坤為何物」的賣淫嫖娼過程裡，原本在既有的性／別文化想像與實踐裡該是個「欠缺陽具」、「理應被插入／駕御」的媳婦角色不僅給「有陽具」的妖擔綱，竟還能如此「琴瑟和鳴」（誰能說他們不（夠）「和鳴」呢？）以其真切實感的陽具「插入／駕御」嫖客老公的「後庭」。甚至後者全

然順應陣陣快／痛感，不顧（也顧不得）傳統禮教、人倫綱常而呼喊著：「媳婦！你快點射吧！我受不了了！」[46]

宋朝周密（1232-1298）的《癸辛雜識》一書描繪當時扮女裝的男娼們如何無畏於盛行的禮教綱常，戮力撐起男色／男扮女賣淫的盛況榮景。（周密，2012：59）有趣的是，先人這般不識性／別羞恥的「爛逼」膽識竟也體現在當代妖們身上，使後者得以山寨性／別模組化的賣淫勞動惑亂流傳已久的在地禮教綱常。[47]

對於多數受訪的妖們而言，促使他們「扮真女」賣淫的主要動能，[48] 除了是「掙錢」這類經濟上的考量外，便是為了能「玩直男」。如果妖們本身就偏好「當零」，那麼，在送往迎來的賣淫勞動中，一旦遇上自己鍾情的直男客類型，接續的性勞動過程無疑是充滿愉悅。然而，就偏好「當一」的妖們來說，要想如同娜天一樣接到後庭肯被插入的直男客恐怕人不易。不過，在西安賣淫的百合還真有如此絕佳的機緣與本事。百合告訴我，近年來在西安喜好被「小姐／雞婆」愉虐調教的直男客有增多的趨勢。在某次假扮「真女」服務他所喜歡類型的直男客時，對方除了要求百合扮演女主人綑綁他之外，還希望百合能穿上經常為某些「T」（陽剛女同）所使用的「陽具內褲」（dildo panties）插入他的後庭：

> 我就矇上他眼睛，他不知道，明明是要我拿出個假的，但我也可以變個花樣，我自己就跟他玩了，他也不知道（笑）。他以為操他的是假雞巴，

46　此處的「綱常」即為「三綱五常」。「三綱」意指「君為臣綱」、「父為子綱」、「夫為妻綱」；五常則為「仁」、「義」、「禮」、「智」、「信」。朱熹在〈讀大紀〉中將「三綱」與「五常」同列並強調：「宇宙之間一理而已，天得之而為天，地得之而為地，而凡生於天地之間者，又各得之以為性。其張之為三綱，其紀之為五常，蓋皆此理之流行，無所適而不在。」（朱熹，1975：1282）因此，在朱熹理學論述下，「三綱」乃型塑人倫關係的尊卑主從階序；「五常」則是支撐這樣的人倫關係階序的道德準則。

47　不僅在誘引直男嫖客「當零」時，甚至在服務「零號妖客」時，妖們也經常需要口出這類性／別惑亂的淫聲浪語，甚至「爆粗口」。一口哆聲哆氣的施施告訴我，當他第一次「操妖客」時便能無師自通地哼吟著：「『騷逼！使勁地操你！老娘操得舒服嗎？操死你這個騷貨、爛貨、賤逼！』他聽了更爽（笑），我說，『愛不愛？』他就回我說，『愛！愛死了！』」（笑）

48　這類「扮真女」的山寨性／別模組化展現也常常引發妖姐妹間的相互調侃：「你這個假逼！假女人！老愛裝逼了！」、「誰說我是假逼？人家我可是真逼！真女人！」、「誰跟你真逼假逼的，我可是純直男！」

但他不知道操他的是我的真雞巴！

一位喜歡被「真女」使用「假陽具」插入後庭的直男客因緣際會之下竟被一位假冒真女的「妖」用其「真陽具」給插入。這次奇妙經驗讓百合對於「喜歡被操的直男客」與「妖客」、「戴上假雞巴的真女」與「妖」之間的差異性益發困惑。

所有接過妖客的受訪者均指出，在妖客之中有越來越高的比例是偏好「當零」。這些客人尤其享受「妖們」晃動著「胸部」並抽插他們的「肛門」時所產生的性愛快感與視覺刺激，而這也正是一群沒做胸的妖們深覺在吸引妖客上的主要劣勢。另一方面，有些妖們或因年齡較長，例如鶯鶯，或因長期服用激素的緣故，例如葉子，他們的陽具是難以勃起而當不了「一」。當然也有些妖基於主觀上的考量而拒絕當一，例如美麗。更有如同美麗一樣主觀上雖不願當一，但看在高額嫖資份上「咬著牙反串當一」，莉娜便是一例。莉娜是成都第一代的妖，2004年便做了一對「永久性」的38D傲人的胸部。[49] 自認性／別意識還是有點傳統的莉娜告訴我，一旦妖客要求他當一時，絕不許對方在性愛過程中喊他「老婆」：

> 知道我〔的妖〕身分叫我老婆，我會叫他閉上嘴，對，我直接吼他，不喜歡聽這句話。如果說叫我老婆，應該是不知道我身分的人，這樣我心裡還會挺舒服的，就是感覺到了嘛！但說句不好聽的話，你都知道我有雞巴了，我要操你了，你還叫我老婆！我會說，「閉上嘴，不許說話！」[50]

莉娜是受訪的妖當中相對少數（13/67）的全時女裝者之一，經常參與成都工作組的跨性別培訓活動後，也具有若干跨性別意識。即便在日常的賣淫勞動過程中，需因應各類嫖客的需求而靈活地展現各式性／別模組，但就莉娜來說，陰柔被動的、被插入的、扮演老婆角色的妖的性／別模組一直是他最心儀也是最能帶給他心理滿足的。因此，當他在賣淫勞動過程中，為滿足妖客的需求而進行「操人的妖」此一性／別模組化展現時，妖客在此過程中若喚他「老婆」，非但無法促進情

49　當代中國大陸妖們透過手術所做成的胸部，大致可分為「永久性」與「非永久性」兩種。前者費用較昂貴；後者的期限通常為五年。

50　這段引文中的「身分」一詞意指生理性別的事實，而非身分認同。

趣，反而更激化他向來所偏好並產生認同感的「被操的妖」性／別模組與當下所展現的「操人的妖」性／別模組之間的違和感。

如前所述，康奈爾從一名受訪者因無意間被女伴的手指插入肛門而產生巨大的快感進而嘗試從直男轉變為男同的生命經驗中獲得啟發，提出他所謂「身體反思實踐」概念。（Connell, 1995: 59-60）長期在深圳賣淫的素顏在一次與妖客、小姐／雞婆的「龍鳳飛」賣淫勞動過程中所產生的極度身體快感，或可說明「身體反思實踐」在妖的山寨性／別模組化展現過程中可能發揮的影響力。

2011年初次受訪時，素顏便以其年輕貌美、身材曼妙且胸部傲人的優勢條件，成為深圳、香港兩地眾多妖客們的最愛。在還沒做胸成為妖的男同階段，他便樂於「當一」，爾後在服務「零號妖客」時也顯得駕輕就熟。但在一次與小姐／雞婆搭檔「龍鳳飛」服務妖客時，在極度身體快感中竟不免對自身的性／性別／身體認同恍惚起來：

> 他〔妖客〕讓我先去操那個雞婆……然後他在一邊觀看。觀看到一定的程度了，他再操我……〔操那個雞婆時〕有快感！因為我當時想的是，想到我是一個男人……就是一個男人操一個女人。但是過了一會，那個客人〔再從後面同時〕上我的時候，我就變成一個妖。我不知道我的性別是男？是女？那一刻是很刺激的……因為我當時就已經是在中間的角色了，就是很爽……已經超過生活中或者說幻想中的極限了！[51]

就在此番玄妙至極的「巫山雲雨龍鳳飛」之後，益發被活化且難以言狀的「操人／被操」的身體快感不僅讓素顏更樂於提供「肛交」的服務，或是應妖客們的要

51　本文多處提及妖田野中的女性性工作者（小姐／雞婆），除了一兩處是我的親身觀察外，其餘皆是透過妖們的訪談再現。小姐／雞婆與妖的互動關係是多重的，雙方可以互惠互利一起「龍鳳飛」服務妖客或「雙鳳飛」服務直男客，但也會因為爭搶直男客而頻生齟齬，如小姐／雞婆向直男客揭露妖們的生理男性身分；妖們則鄙視一同站街的小姐／雞婆年齡過大、外型欠佳。值得一提的是，不少妖們原本就對女性有「性趣」，因此，也有一些妖和小姐／雞婆站街站出感情而決定一起「湊合」過日子，甚至還有登記結婚的。感謝一位審查人的相關提問引領我反思在後續的相關研究中應將田野中出現的小姐／雞婆也納入深度訪談的對象，由小姐／雞婆發聲述說自己以及她們與妖的互動關係。

求與雙飛搭檔的小姐／雞婆進行「陰道性交」，甚至還打消原已萌生的變性念頭。[52]

　　當代中國大陸性工作產業慣將賣淫勞動過程中的「妖」和「小姐／雞婆」的搭檔服務組合稱為「龍鳳飛」，這似乎將妖們在此類賣淫勞動中所展現的山寨模組化「性／別」化約為一種生理性別現象。再者，此一組合中的「小姐／雞婆」的性／別認同也容易被簡化為「陰柔的異性戀女人」。玫瑰接下述說的故事便直指這類簡化的問題所在：

> 那客人知道我是妖……我的回頭客，他說，「再找個女的！」我就給王姐打電話。完了我就給他〔客人〕裏，完了可硬了……王姐就害怕我給裏射了……沒操她就得不到錢！王姐說，「別裏了！別裏了！待會給我裏射了！不用裏了！」……完了他操王姐，他倆做愛……王姐是拉拉，拉拉裡的T，可爺們了！跟我們這幫妖都像哥們姐妹似的，可好了……王姐跟男人做愛純粹就是為了掙錢嘛……她在賣的時候裝溫柔，私底下可爺們。

　　為數不少的男異性戀者投入以服務男同／雙性戀者為主的當代中國大陸男男性產業，當起一名專業稱職的MB；相對地，為男異／雙性戀嫖客（甚至還包括妖客們）提供性服務的「小姐／雞婆」當中，也不必然全是異性戀者。上述故事中，與玫瑰搭檔「龍鳳飛」的王姐便是一例，她甚至還是一名十分陽剛的拉拉。[53]正因為玫瑰是位已做胸的妖，王姐則是名相當「爺們」的T，那麼，究竟誰是此一雙飛賣淫組合中的「龍」？誰才是「鳳」？是一龍一鳳嗎？抑或雙龍？雙鳳？恐怕重點不在於答案究竟為何，而是在於問題本身所具備且不斷衍生的惑亂效應。

　　另值得一提的是，願意從事雙飛或多P賣淫服務的妖受訪者當中，有些強調，他們或許可應妖客要求與「小姐／雞婆」性交，[54]但絕不和「妖姐妹」做愛。例如，

52　素顏雖曾自認是名「男同」，但他並沒有當「MB」的經歷。

53　趙彥寧在〈往生送死、親屬倫理與同志友誼：老T搬家續探〉一文中也提到一位名叫「阿魯」的老T曾於「一九八〇年代中期持觀光簽證赴日逾期打工，與當時的女友共赴日本銀座酒店擔任陪酒小姐」。（趙彥寧，2008：188）

54　即便是應妖客要求而「操」小姐／雞婆，但有些妖們往往會與小姐／雞婆當下形成「假操」（不實際插入而是做做樣子）的默契，如莉娜所述：「他〔妖客〕帶著小姐呢！要我操小姐，他再操我

在北京賣淫的小雪便明白地告訴我：

> 你要是說，有的客人說，「你跟妖，你倆發生關係」這樣絕對是不可能的，我沒辦法接受。我什麼都能接受，但我倆〔兩個妖〕玩，這絕對是不可能……咱舉個例子，假如是有個男人，他可以跟任何女人玩，但是他不可能跟他哥們玩吧！

　　小雪上述這段話語是摘錄自 2011 年所進行的深度訪談內容，當時的我正積極扮演著西方性／別知識的地緣中介角色，於是，我很快就援引賽菊蔻（Eve Sedgwick, 1950-2009）的理論，認定小雪的這段話語是源自以「同性戀恐懼」（homophobia）為前提的直男之間的「哥們情誼」（male bonding）。（Sedgwick, 1985: 1）又因為妖與妖之間既是「姐妹」，但基於生理男性事實又同時被還原再現為「哥們」，「但是他不可能跟他哥們玩吧！」進而再構連出某種存在於當代中國大陸妖群體裡的「妖妖性愛恐懼」。

　　如今回想起來，當初那種立即將西方酷兒理論拿來作為分析當代中國大陸妖現象的舉動與心態，著實可笑。我並不否定賽菊蔻酷兒理論的精闢之處，但我之後的田野調查發現，與其說這是一種「妖妖性愛恐懼」作祟，它更像是當代中國大陸男同／妖群體內部的某種莫名的性／別禁忌（諸如「姐妹操逼，天打雷劈」）所衍生並藉以型塑「妖階序」的羞恥政治。[55] 換言之，上述的階序標示著，只有低檔下作的妖才會飢不擇食地去違逆此一禁忌；高檔上層的妖可不會如此不知羞恥地罔顧妖的倫理。因此，在北京堅持不站街而只到酒吧蹲點或接網路生意、最低嫖資八百起跳的小雪便宣稱，自己絕不可能應妖客的要求而與妖姐妹進行任何性行為。相對地，在瀋陽 L 公園站街、被賤斥為「最低檔爛逼妖」的滿姨卻可以因為妖客給的一人一百的嫖資，在雙飛大活開始前，應妖客的要求，先幫在同個公園站

　　呢！但通常就是說，有好多小姐我都打個眼色，假操。我趴她〔小姐〕身上，那他〔妖客〕操我，我能硬嗎？我硬不了的！我趴她身上，那女的就直叫：『進去了！』那小姐我不認識的，但她懂那意思，做小姐的都懂。那我跟她們玩，有些女孩們也挺好的，她們不去為難別人，何必為難別人呢？」

55　這好比有些小姐／雞婆會以堅持不提供「口活」來與那些提供「口活」的小姐／雞婆進行階序上的區隔。

街的妖姐妹曼曼做口活，而這樣的事在公園裡早已不足為奇。

　　許多受訪者在從事妖賣淫之前曾經是以男裝樣貌提供男男性服務的MB，即便轉成了妖之後，有些還會不時恢復男裝樣貌的性／別模組「勾客」或為男同／雙性戀熟客提供性服務，[56] 有些則仍對過去男男性愛愉悅難以忘懷，而偶爾以「去妖化」的男同性／別模組化展現，向男同群體邀約一夜情。然而，不論是前者或後者，對於一名已做胸的妖而言，都容易因為隆起的胸部而遭到識破。上述兩種情境，長期在深圳賣淫的小喬都曾經歷過，有成功矇騙的，但也有不幸被看穿的：

> 因為那時候客人開了酒店房，那客人走了，我就在附近搜的，在Jack'd上……他〔gay砲友〕一開始以為我的〔奶子〕是胸肌，哇！興奮到不行。他做零的，要我操他。後來他就突然不做了……他後來就應該知道啦……我〔上衣〕連脫都沒脫。他回去就發訊息問我，「你是不是酒吧裡演反串的？」我說，「不是」（笑）。沒辦法啦！做這個一定要捨棄一些東西……對啊！以後最多就只是網上聊聊天而已。懂得捨得也好，做了胸跟直男玩也挺好的……做胸後也接過喜歡gay的客人，一些老客人，然後我就說，「健身健得不好，沒健好，〔胸肌〕健歪了！」（笑）他們也信，你要哄啦！[57]

　　小喬自嘲，做了胸之後，服務直男客時，只能讓他摸上面，不許碰下面；等到面對gay嫖客或砲友時，只能讓他摸下面，不許碰上面。他已意識到，身上的那

56　在妖受訪者當中，黛媛、小紅、春榮、大咪等人迄今仍然會使用男同交友軟件「勾客」，隨時轉換為MB的性／別模組，為客人提供男男性服務；周周、寒寒等人則跟小喬一樣偶爾以男裝模樣為過去的熟客提供男男性服務。

57　「Jack'd」為一款可下載在手機使用的男同交友軟件，它一度與另一款軟件「Blued」並列為中國大陸男同群體內最受歡迎的交友軟件，但如今已式微。再者，另一名妖受訪者珊珊也有過類似的「男男」約砲經驗。有一次到廣州賣淫時，珊珊一時興起透過手機中的男同交友軟件「Blued」約到一位gay砲友到他入住的酒店尋歡。在他技巧性地操弄下，對方也誤以為他那一對高聳乳房是兩塊大胸肌：「然後就在廣州嘛！在廣州就是那個Blued喔！Blued裡面有個男的，我就發了張照片，他就以為是胸肌，所以他就來見我，叫我插他，但我沒插……然後他就來摸，我肯定不能放鬆，放鬆他摸起來就圓圓的，很嚇人。我就這樣使勁鼓起來，他一摸說，『哇！好大的胸肌！』他就在那裡親親親，我就想笑的要死。天啊！怎麼那麼傻！」

對「奶子」雖可讓他既掙錢又玩直男，但也會讓他與過去曾浸淫其中的男同群體漸行漸遠。這種有得有失的人生際遇，雖是造化弄人，卻也使人深化生命。男同的模組人生是如此，妖的山寨世間亦復是。

在訪談中，小喬還透露自己曾與一名「T」女同形婚，[58] 對方即使知道他是個「男同」，當時也已經女裝做胸賣淫了，但對方還是擔心小喬會性侵她。因此，每逢過年回老家時，兩人必定得分床睡，這樣的形婚關係一直維繫到小喬現任的老婆懷孕。小喬的現任老婆原本是網路上找來的「代理孕母」，但見到男裝帥氣無比的小喬後就迷戀上他，希望能與小喬結婚生子。生下女兒後，小喬的經濟壓力更大了，得更加勤奮賣淫，但在一次因賣淫而遭到行政拘留的事件中，小喬老婆得知一切。小喬提出離婚要求，但老婆不答應，日後對於小喬女裝賣淫只能隱忍。她曾要求小喬將胸取出，但小喬嚴拒，他說：「我要靠胸賺錢啊！不然一家人要吃什麼？」小喬常在男裝微信帳號的朋友圈曬著與女兒的相片和視頻，[59] 在女兒面前，他儼然就是個顧家的暖男慈父。

總之，上述關乎當代中國大陸妖的賣淫勞動及生活型態的諸多敘事已充分印證，妖們的山寨性／別模組化展現總是靈活地接合、運作不同脈絡下的微妙動能，既不具本質意含，其展現軌轍更是多重交織、迴盪搖擺，並對普世化的性／性別／身體的知識範疇與主體疆界、被中介的西方現代性／別身分認同政治及流傳已久的在地禮教綱常等產生惑亂效應。妖的性／別模組化展現可含括（但不限於）：賣直男客時的「真女」、與小姐／雞婆搭檔龍鳳飛時的「龍」或雙鳳飛時的「鳳」、賣妖客時的「妖」、賣SM妖客時的「女王」或「奴」、賣過去的gay客和約砲時的「男同」、與嫖客、混混打架或與員警抗爭時的「爺們」、異性戀婚家關係下的「丈夫」及／或「父親」、出席高大上國際會議時的「跨性別」等等。因此，被中介的西方「跨性別」身分僅僅是接合、運作不同脈絡下的微妙動能而被某些妖們所展現的模組化性／別之一。「跨性別」一詞絕對無法統整、化約妖們以其靈巧多變的山

58　「形婚」為「形式婚姻」的簡稱，是一種只有形式而沒有實質的婚姻關係。在當代中國大陸同志語境下，形婚的兩造為一位女同與一位男同，雙方均在親友的催婚壓力下展開「異性」形婚的協議與實踐。

59　小喬有兩個微信帳號，一個是跟親友聯繫使用的男裝帳號；另一個女裝帳號則是用來勾引、聯繫嫖客。

寨性／別模組化展現作為「策略／手段」的諸多繁複的賣淫勞動及相關生活型態。

六、結語：妖之後續／敘

　　二十一世紀初急速後工業化的中國大陸都會城市的邊緣社區與公園，縱向承接的是社會主義工業化廢墟與農村剩餘勞動人口，橫向遭遇的則是全球性／別符號系統轉碼中介的進逼。當在地的同運組織積極打造政治正確的性／別主體性，對內建立中國家庭主義特色的同性戀正典化，對外與以西方為中心的全球LGBT運動接軌，亦即，當其戮力向上提昇之際，弔詭的是，底層妖群體卻是逆勢而行，向下探底，以其山寨性／別模組化展現惑亂了在地關乎西方現代性／別身分認同政治的知識中介及各就其位的性／別主體打造工程。

　　2011年6月出席在北京召開的愛滋防治國際會議的玫瑰，讓與會人士見識到「東北妖」於此一高大上的場合裡如何巧妙地（卻也不明裡地）進行「跨性別」的山寨性／別模組化展現。然而，他在會議中並未透露的是，就在前一晚的北京男同桑拿裡出神入化地展現另一個恐怕會讓與會人士深覺不符合正典跨性別女人意象的「男同一號胖熊」的性／別模組。

　　玫瑰始終不太理解「跨性別」此一高大上洋人詞彙的意含，就連他的妖客們也整不明白。他們無需明白，因為這個詞彙從未進入過他們在瀋陽賣淫嫖娼的場域裡。況且明白了又如何？妖既不能多掙錢，妖客也沒更爽利。

　　玫瑰自北京返回瀋陽後，經歷了一年多風生水起的賣淫日子，卻因「溜冰」（吸食冰毒）而遭到警察追緝，再加上與男友的感情頻生波折，於是，在2012年底決定將胸取出後返回吉林老家。2015年3月，新婚不久的玫瑰突然在QQ上傳給我一則訊息並附上一張他與老婆的結婚照：「我回老家就找媳婦結婚了，胸都拿掉了，就在老家經營服裝店了，不出去了，呵呵！我和老婆的照片！」在讀了這則訊息後，我竟不假思索地提了一個充滿政治正確、關乎「妖／同妻」的無知又無理的問題：「你是真心愛你老婆的吧？」玫瑰接續的回覆可謂對我的一記當頭棒喝：「沒有啥愛不愛的，主要是她對我挺好的，我也對她挺好的！兩人處得來就行！湊合過日子唄！」

　　玫瑰的退役標示著瀋陽B公園妖群體的式微。警察嚴厲取締，公園加裝路燈

並砍掉樹叢，使得 B 公園的妖賣淫產業終究「黃了」！[60]「妖」及「妖群體」既然都是因著諸多繁複條件、因素的聚合及交互爭戰下生起的不具本質、自性的「假名」現象，那麼，妖群體的「緣聚則生、緣散則滅」是再自然不過。就在 B 公園妖群體已然式微之際，另一個相對較邊陲、更底層的 L 公園妖群體則逐漸興起。原先和玫瑰一同在 B 公園站街的寶釵、娜天、亮亮、曼曼、大咪等妖姐妹也相繼轉到 L 公園幹活掙錢。

不只瀋陽的妖群體緣聚緣散，深圳的妖群體何嘗不是？R 公園妖群體一度何等風光啊！小喬、芊芊、丁湘、菲菲、珊珊、靈靈、素顏、小雲、施施、薩麗、鶯鶯、白姐、丹妮等都曾在此各領風騷。但再怎麼風光也禁不起黑道混混的接連尋釁及社區居民的不斷舉報，R 公園妖群體於 2013 年終究也是散了！群體散了，姐妹各有造化。小喬轉去 G 區工廠仔聚集地站街；菲菲和珊珊則前往東莞的「雞婆巷」上班；薩麗回到西北老家一帶的「摸吧」掙錢；丹妮到廣西柳州開按摩店；白姐處在半退役狀態；施施展開全國巡迴賣淫；素顏改做秀場表演；丁湘及芊芊則是先後變性並嫁作人婦。

R 公園妖群體消散了，但在靈靈等姐妹開發下，離 R 公園不遠處的 Y 地的一個規模較小、結構鬆散的妖群體則接續興起。Y 地也成為離散各地的前 R 公園妖姐妹返回深圳時的一個暫時落腳賣淫之處。但好景不常，2019 年 3 月，在社區居民的接連舉報下，這個最後只剩下靈靈、施施、薩麗和三個從北京南下的姐妹所組成的 Y 地妖群體也終究消散！

靈靈以微信語音告知我這項訊息時，難掩失望倦勤的語氣，直說他想退役了，然後再度搬出要我幫他找個台灣同性戀老公的戲碼：「你們台灣不是那個同性戀可以結婚了嗎？你快點幫我找個老公，我要像趙又廷那種又高又帥的，你快點幫我找一個嘛！你到底有沒有在幫我找啊？」我還是照往例回他：「你一開始不是說過你是想變性當女人的嗎？還說工作組的人說你是跨性別，不是同性戀！那人家台灣同性戀結婚干你什麼事呀！」靈靈也依然很堅決地反駁我：「我上次不是跟你說過了嗎？我不是跨性別的！別聽他們胡說！我跟你說，那以前是以前，我現在是同性戀！你趕快幫我找一個像趙又廷那樣的老公，我馬上把胸取出來，我要

60　在東北方言裡，「黃了」意指「倒閉」、「結束」、「放棄」、「分手」等。

退役了！準備嫁到台灣去！找個台灣老公過日子！」

　　結束微信語音訊息對話後，我隨即翻閱積累數年的田野筆記，裡頭清楚地記錄著，2013 年 10 月 17 日是我首次前往 Y 地進行調研之日。當晚不僅幾位離散各地的前 R 公園妖姐妹紛紛現身，還引來三名中年雞婆加入站街行列，甚至還有兩位男同會所的 MB 也湊了進來。「妖」、「雞婆」、「嫖／妖客」加上「MB」，大伙來回穿梭，那晚的 Y 地好不熱鬧。

　　從西方現代性／別身分認同政治的視角看來，「妖」、「雞婆」、「嫖／妖客」、「MB」很容易就被歸類為截然不同的性／別主體，擁有各自分明的性／別身分認同。然而，當代中國大陸妖們的山寨性／別模組化展現原本就牴觸西方現代性／別身分認同政治，而一旦隨著妖們的生命軸線延展開來，彼此恐怕更加扞格不入。除了大把的妖們曾擁有 MB 的賣淫經歷外，雞婆更是其成了妖之後的主要性／別模組化展現之一。至於「嫖／妖客」與「妖」之間總該有著不可逾越的主體疆界吧！我也曾長時期抱持著這樣的視角，　　直到我遇上了在瀋陽 L 公園站街賣淫的冬梅。冬梅原本是個專找小姐的直男嫖客，無意中發現妖群體的存在後，2015 年夏天就開始上 L 公園嫖妖，大咪、小青等姐妹都曾讓他嫖過。孰知同一年的秋天，他見這行業掙錢容易，毅然決定做了胸，從「妖客」轉成了「妖」，與原先嫖過的妖姐妹一同站街賣淫。[61]

　　看來，不論西方現代性／別身分認同政治如何被巧妙而精緻地中介著，一旦遭遇到當代中國大陸妖群體時，其所欲獲致的全球性／別整編秩序總有萬般不適，似已無技可施。

　　時空再拉回 2013 年 10 月 17 日那晚的深圳 Y 地。靈靈依舊秉持「勞模」精神勤奮拉客賣淫，他的「纏功」無人能出其右。一旁的施施氣呼呼地跟姐妹抱怨一小時前在酒吧被一名老外當眾揭露身分，憤而拔下高跟鞋狂打對方的腦袋。坐在街椅上的白姐一副白頭宮女等著話當年的模樣，而坐他身旁、著爆乳裝的丹妮則是笑盈盈地四處張望。不久後，薩麗領著在男同會所當 MB 的直男戀人及另一名直男小伙前來。丹妮一聽說那直男小伙是個剛從農村出來、涉世未深的 MB，便喚他過

61　冬梅是瀋陽 L 公園少數做胸的妖之一，他在賣淫勞動之餘便是標準的東北爺們樣。冬梅喜歡當零，特別偏愛范冰冰這類型、能當一的長腿大胸妖。他坦承對男裝樣貌的男人較沒激情，但為了掙錢也能與爺們型的嫖客做愛。

來調戲一番。孰料腦子裡根本沒有「妖」概念的直男小伙誤把丹妮當「真女」，靦腆地向丹妮告白示愛。我看著這一幕直發笑，倏忽間，一名誤把我當成「嫖客」的雞婆竟已湊到我身旁來，指著妖們輕聲說：「你知道他們全都是男的嗎？」我戲謔地誆她：「我知道啊！我們都是姐妹啊！我今晚沒化妝就出來！」她聽了一時驚訝不已：「啊？你也是啊？這怎麼回事啊？」

　　到了隔日凌晨三點左右，眼看嫖客都散了，加上姐妹也無心幹活了，薩麗便邀大伙到附近一家仍在營業的湘菜館吃夜消。他還不忘提醒漢族姐妹們，他是伊斯蘭教的，不吃豬肉。就在大伙起身前往餐館時，不知哪個姐妹的手機鈴聲響起了，傳來的是黃齡（1987-）的暢銷曲《癢》。

　　即便時隔多年，這歌詞聽起來還是如此妖嬈，這般貼近妖的生命：

　　　　來啊！快活啊！反正有大把時光！

　　　　來啊！愛情啊！反正有大把愚妄！

　　　　來啊！流浪啊！反正有大把方向！

　　　　來啊！造作啊！反正有大把風光！（黃齡，2007）

附錄：受訪者簡介

1. 香姐：1964 年生，受訪時在瀋陽賣淫，離婚，初中畢，漢族，遼寧農村出身，未做胸。
2. 美婷：1966 年生，受訪時在成都賣淫，離婚，小學畢，漢族，四川農村出身，已做胸。
3. 白姐：1967 年生，受訪時在深圳賣淫，未婚，戲曲學校畢，回族，山西地方戲曲演員家庭出身，已做胸。
4. 妲己：1968 年生，受訪時在瀋陽賣淫，離婚，中專肄，蒙古族，內蒙古軍人家庭出身，未做胸。
5. 牡丹：1970 年生，曾在西安賣淫（受訪時已退役），離婚，初中畢，漢族，陝西農村出身，未做胸。
6. 寶釵：1971 年生，受訪時在瀋陽賣淫，未婚，初中肄，漢族，遼寧農村出身，未做胸。
7. 黛媛：1971 年生，受訪時在瀋陽賣淫，離婚，初中畢，漢族，遼寧工人家庭出身，未做胸。
8. 小橙：1972 年生，受訪時在瀋陽賣淫，離婚，小學畢，漢族，黑龍江農村出身，未做胸。
9. 鶯鶯：1972 年生，受訪時在深圳賣淫，未婚，小學畢，漢族，河南農村出身，未做胸。
10. 若蘭：1972 年生，受訪時在上海賣淫，已婚，初中畢，漢族，江蘇農村出身，未做胸。
11. 金蓮：1972 年生，受訪時在東莞賣淫，離婚，初中畢，漢族，廣東農村出身，已做胸。
12. 貂蟬：1973 年生，受訪時在東莞賣淫，已婚，初中肄，漢族，廣西農村出身，未做胸。
13. 瑪莉：1973 年生，受訪時在瀋陽賣淫，未婚，中專肄，漢族，遼寧農村出身，未做胸。
14. 娜天：1974 年生，受訪時在瀋陽賣淫，已婚，小學畢，漢族，遼寧農村出身，未做胸。
15. 棠棠：1974 年生，曾在西安賣淫（受訪時已退役），未婚，小學畢，漢族，甘肅農村出身，未做胸。
16. 小紅：1974 年生，受訪時在瀋陽賣淫，離婚，初中畢，漢族，黑龍江農村出身，未做胸。
17. 薔薇：1975 年生，曾在長春賣淫（受訪時已退役），未婚，初中畢，漢族，吉林農村出身，已做胸。
18. 威威：1975 年生，受訪時在瀋陽賣淫，未婚，高中畢，漢族，遼寧工人家庭出身，未做胸。
19. 美麗：1976 年生，受訪時在上海賣淫，已婚，初中畢，漢族，福建農村出身，已做胸。
20. 春榮：1976 年生，受訪時在瀋陽賣淫，未婚，小學肄（識字能力低），漢族，河北農村出身，未做胸。
21. 亮亮：1977 年生，受訪時在瀋陽賣淫，離婚，高中肄，漢族，遼寧農村出身，已做胸。
22. 莉娜：1977 年生，受訪時在成都賣淫，未婚，小學畢，漢族，四川農村出身，已做胸。
23. 叮噹：1977 年生，受訪時在上海賣淫，已婚，初中肄，漢族，河南農村出身，未做胸。

24. 寒寒：1977年生，受訪時在瀋陽賣淫，離婚，技校畢，回族，遼寧工人家庭出身，未做胸。

25. 小玉：1978年生，受訪時在上海賣淫，未婚，初中畢，漢族，吉林農村出身，已做胸。

26. 蓉兒：1978年生，受訪時在西安賣淫，未婚，小學畢，漢族，陝西農村出身，做過胸但訪談時已取出。

27. 小桃：1978年生，受訪時在上海賣淫，已婚，初中畢，漢族，安徽農村出身，未做胸。

28. 菲菲：1979年生，受訪時在東莞賣淫，未婚，初中畢，瑤族，廣東農村出身，未做胸但因長期服用激素胸部些微隆起。

29. 小青：1979年生，受訪時在瀋陽賣淫，離婚，初中畢，滿族，遼寧農村出身，未做胸。

30. 兔兒：1980年生，受訪時在瀋陽賣淫，未婚，小學肄（識字能力低），蒙古族，內蒙古農村出身，未做胸。

31. 靈靈：1980年生，受訪時在深圳賣淫，未婚，大專畢，漢族，江西農村出身，已做胸。

32. 周周：1980年生，受訪時在瀋陽賣淫，離婚，高中畢，漢族，黑龍江農村出身，未做胸。

33. 黛玉：1980年生，受訪時在上海賣淫，已婚，初中畢，漢族，安徽農村出身，未做胸。

34. 絲玉：1980年生，受訪時在瀋陽賣淫，已婚，初中畢，漢族，遼寧農村出身，未做胸。

35. 流蘇：1981年生，受訪時在瀋陽賣淫，離婚，大學畢，漢族，遼寧白領家庭出身（突遭單位開除後灰心喪志而致使生活困頓），未做胸。

36. 珊珊：1981年生，受訪時在東莞賣淫，離婚，小學肄，傣族，雲南農村出身，已做胸。

37. 玫瑰：1982年生，受訪時在瀋陽賣淫，已婚，小學畢，漢族，吉林農村出身，做過胸但已取出。

38. 小雲：1982年生，受訪時在深圳賣淫，未婚，小學肄，漢族，江西農村出身，已做胸。

39. 紫兒：1982年生，受訪時在上海賣淫，未婚，高中畢，漢族，安徽農村出身，做過胸但訪談時已取出。

40. 蜜雪：1982年生，受訪時在瀋陽賣淫，離婚，初中肄，蒙古族／俄羅斯族，內蒙古農村出身，已做胸。

41. 滿姨：1982年生，受訪時在瀋陽賣淫，未婚，小學肄（識字能力低），漢族，遼寧農村出身，未做胸。

42. 瑤瑤：1982年生，受訪時在瀋陽賣淫，形婚，初中肄，漢族，遼寧農村出身，未做胸。

43. 丹妮：1983年生，受訪時在深圳賣淫，已婚，小學肄，漢族，江西農村出身，已做胸。

44. 曼曼：1983年生，受訪時在瀋陽賣淫，未婚，初中肄，漢族，吉林農村出身，未做胸。

45. 苗苗：1983年生，受訪時在東莞賣淫，未婚，中專畢，苗族，雲南農村出身，未做胸。

46. 芊芊：1984年生，受訪時在深圳賣淫，已婚，大專肄，漢族，江西農村出身，已變性。

47. 燕燕：1984年生，受訪時在上海賣淫，未婚，高中畢，漢族，山東農村出身，已變性。

48. 朋朋：1985年生，受訪時在瀋陽賣淫，未婚，高中肄，漢族，內蒙古農村出身，未做胸。

49. 薩麗：1985年生，受訪時在深圳賣淫，未婚，初中畢，回族，青海農村出身，未做胸但因長期服用激素胸部些微隆起。

50. 思瑤：1985年生，受訪時在長春賣淫，未婚，高中畢，漢族，黑龍江農村出身，已做胸。

51. 小喬：1985年生，受訪時在深圳賣淫，已婚，初中畢，漢族，四川農村出身，已做胸。

52. 丁湘：1985年生，受訪時在深圳賣淫，離婚後再婚，高中畢，漢族，湖南農村出身，已變性。

53. 大咪：1985年生，受訪時在瀋陽賣淫，離婚，初中肄，漢族，遼寧農村出身，做過胸但訪談時已取出。

54. 棉兒：1986年生，受訪時在瀋陽賣淫，已婚，高中肄，漢族，吉林農村出身，未做胸。

55. 百合：1986年生，受訪時在西安賣淫，未婚，高中畢，漢族，陝西工人家庭出身，做過胸但訪談時已取出。

56. 葉子：1986年生，受訪時在北京賣淫，未婚，初中畢，漢族，天津白領家庭出身，未做胸但因長期服用激素胸部些微隆起。

57. 小雙：1986年生，受訪時在瀋陽賣淫，未婚，中專畢，漢族，遼寧工人家庭出身，已做胸。

58. 甜甜：1986年生，受訪時在瀋陽賣淫，未婚，小學肄（文盲），漢族，遼寧農村出身，未做胸。

59. 小雪：1987年生，受訪時在北京賣淫，未婚，初中畢，漢族，黑龍江農村出身，已做胸。

60. 白娜：1987年生，受訪時在北京賣淫，未婚，初中畢，漢族，山西農村出身，未做胸但因長期服用激素胸部些微隆起。

61. 文文：1987年生，受訪時在瀋陽賣淫，離婚，小學肄（識字能力低），漢族，遼寧農村出身，未做胸。

62. 冰冰：1988年生，受訪時在成都賣淫，未婚，大學畢，漢族，遼寧工人家庭出身，已做胸。

63. 素顏：1988年生，受訪時在深圳賣淫，未婚，初中畢，漢族，江蘇農村出身，已做胸。

64. 施施：1988年生，受訪時在深圳賣淫，未婚，初中畢，漢族，江西農村出身，已做胸。

65. 冬梅：1992年生，受訪時在瀋陽賣淫，未婚，小學肄，漢族，遼寧農村出身，已做胸。

66. 言言：1994年生，受訪時在瀋陽賣淫，未婚，初中畢，漢族，遼寧工人家庭出身，未做胸但因長期服用激素胸部些微隆起。

67. 小愛：1995年生，受訪時在瀋陽賣淫，未婚，高中畢，漢族，遼寧農村出身，未做胸。

參考書目

中文書目

卜長莉（2009）《社會資本與東北振興》，北京：社會科學文獻出版社。

小明雄（1997）《中國同性愛史錄》，香港：粉紅三角出版社。

北京愛知行研究所（2009）〈北京市跨性別性服務者現狀調查研究報告〉，北京：北京愛知行研究所。

印順（1993）《印度佛教思想史》，台北：正聞出版社。

朱熹（1975）〈讀大紀〉，《朱文公文集》卷70，台北：台灣商務印書館，頁1282-1283。

——（1986）《朱子語類》，台北：文津出版社。

何志宏（2002）《男色興盛與明清的社會文化》，新竹：國立清華大學歷史所碩士論文。

何春蕤（2009）〈山寨性／別：模組化與當代性／別生產〉，國立中央大學性／別研究室「何春蕤論述資料庫」，2009年12月5日，https://sex.ncu.edu.tw/jo_article/2009/12/山寨性%EF%BC%8F別：模組化與當代性%EF%BC%8F別生產/

利瑪竇（Ricci, Matteo）著，劉俊餘、王玉川譯（1986）《利瑪竇全集》卷1，台北：光啟出版社。

吳存存（2000）《明清社會性愛風氣》，北京：人民文學出版社。

吳汝鈞（1992）《佛教思想大辭典》，台北：台灣商務印書館。[https://doi.org/10.29652/LM.199209.0010]

亞洲促進會（2015）《暗不見光的日子：北京、上海兩地跨性別女性性工作者生存狀況調查》，紐約：亞洲促進會。

周密（2012）《癸辛雜識》，上海：上海古籍出版社。

林純德（2009）〈成為一隻「熊」：台灣男同志「熊族」的認同型塑與性／性別／身體展演〉，《台灣社會研究季刊》第76期，頁57-117。

——（2013）〈「C／娘」的爭戰指涉、怪胎展演與反抗能動性：檢視「蔡康永C／娘事件」中的「性別平等教育女性主義」論述〉，《台灣社會研究季刊》第90期，頁163-214。

——（2017）〈妖嬈若是：當代中國大陸「妖」性工作者的性／別模組化展現及其惑亂效應〉，發表於「第六屆中國性研究學術研討會：積澱與反思」，哈爾濱：金谷酒店，2017年7月3至5日。

姚偉明（2011）〈走在賣淫的路上：從宋明清的男性／跨性別性工作者說起〉，甯應斌編：《性地圖景：兩岸三地性／別氣候》，中壢：國立中央大學性／別研究室，頁251-260。

星星（Lu, Damien）（2011）〈什麼是「酷兒理論」？它與同志運動有什麼關係？〉，《愛白網》，愛白文化教育中心，2011年5月30日，https://www.aibai.cn/read/31

范坡坡（2012）《彩虹伴我心》（紀錄片），范坡坡獨立工作室。

孫思邈（1994）《備急千金要方》卷83，余瀛鰲編：《中國科學技術典籍通彙》，鄭州：河南教育

出版社，頁1028-1031。

班固（1968）《白虎通義》，台北：台灣商務印書館。

荀子（1988）《荀子讀本》，台北：三民書局。

馬鐵成（2011）〈中國東北地區跨性別性工作者現狀調查〉，甯應斌編：《性地景圖：兩岸三地性／別氣候》，中壢：國立中央大學性／別研究室，頁277-312。

梁詠恩（2017）〈跨粉：一個與跨性別有莫大相關，卻被遺忘了的身分〉，「跨性別資源中心」，1月10日，https://www.tgr.org.hk/index.php/zh/10-database/8-2016-10-16-17-54-04

郭玉潔（2013）〈以母愛之名？——評《彩虹伴我心》〉，「酷拉時報」，10月3日，華人拉拉聯盟，2014年第1版，頁102-104。[https://cnlgbtdata.com/files/uploads/2019/03/QueerLalaTimes_vol.1_2014.pdf]

陳亞亞（2014）〈人人都是美少女：「美少女戰士拉拉」論辯始末〉，「酷拉時報」，3月31日，華人拉拉聯盟，2014年第1版，頁2-6。[https://cnlgbtdata.com/files/uploads/2019/03/QueerLala-Times_vol.1_2014.pdf]

富曉星（2012）《空間、文化、表演：東北A市男同性戀群體的人類學觀察》，北京：光明日報出版社。

甯應斌（2018）〈揚棄同性戀、返開新男色〉，《台灣社會研究季刊》第111期，頁165-229。

華人拉拉聯盟（2011）〈華人拉拉聯盟關於酷兒理論爭論的聲明〉（2011年12月27日）何春蕤編：《華人性權研究》總第4期（2012年3月1日），頁62。[http://www.wacshome.net/china/CSRR_4.pdf]

黃嚴忠、賈平（2014）《全球基金的中國遺產》，紐約：美國對外關係委員會。

黃齡（2007）《癢》（流行音樂專輯），上海：環球天韻。

愛白文化教育中心（2011a）〈愛白關於中國大陸地區同妻／同夫問題的立場文件〉（2011年10月8日），何春蕤編：《華人性權研究》總第4期（2012年3月1日），頁63-64。[http://www.wacshome.net/china/CSRR_4.pdf]

——（2011b）〈愛白關於確立科學理念和科學普及在工作中重要性的立場文件〉（2011年10月21日），何春蕤編：《華人性權研究》總第4期（2012年3月1日），頁50-51。[http://www.wacshome.net/china/CSRR_4.pdf]

——（2016）〈關於我們〉，「愛白網」，2月1日。（原引自「愛白網」，今此篇文字已移除，引述文字可另參：https://zh.wikipedia.org/zh-tw/%E7%88%B1%E7%99%BD%E7%BD%91）

趙彥寧（2008）〈往生送死、親屬倫理與同志友誼：老T搬家續探〉，《文化研究》第6期，頁153-194。[https://doi.org/10.6752/ JCS.200803_(6).0007]

劉人鵬、丁乃非（1998）〈罔兩問景：含蓄美學與酷兒政略〉，何春蕤編：《酷兒：理論與政治》，中壢：國立中央大學性／別研究室，頁109-155。

劉達臨（1995）《中國古代性文化》，台北：新雨出版社。

潘綏銘（2006）《中國性革命縱論》，高雄：萬有出版社。

鄭玄注、孔穎達疏，李學勤編（1999）《禮記正義》，北京：北京大學出版社。

龍樹著，鳩摩羅什譯（1983）《中論》，《大正新修大藏經》第30冊，台北：新文豐出版社，頁 1-39。

謝肇淛（1971）《五雜組》，台北：新興書局。

韓愈（1994）〈辭唱歌〉，《韓昌黎全集》，北京：中國書店，頁521。

魏偉（2015）《酷讀中國社會：城市空間、流行文化和社會政策》，桂林：廣西師範大學出版 社。

外文書目

Cai, Yong, et al. 2016. "Prevalence and Associated Factors of Condomless Receptive Anal Intercourse with Male Clients among Transgender Women Sex Workers in Shenyang, China." *Journal of the International AIDS Society*, 19(3 Suppl 2): 20800. [https://doi. org/10.7448/IAS.19.3.20800]

Connell, R. W. 1995. *Masculinities*. Cambridge: Polity.

Garber, Marjorie. 1992. *Vested Interests: Cross-Dressing and Cultural Anxiety*. London: Routledge.

Haraway, Donna J. 1991. *Simians, Cyborgs, and Women: The Reinvention of Nature*. London: Free Association Books.

Hinsch, Bret. 1990. *Passions of the Cut Sleeve: The Male Homosexual Tradition in China*. Berkeley: University of California Press.

Kong, Travis. 2011. *Chinese Male Homosexualities: Memba, Tongzhi and Golden Boy*. London: Routledge.

Kulick, Don. 1998. *Travesti: Sex, Gender and Culture among Brazilian Transgendered Prostitutes*. Chicago: University of Chicago Press.

Rofel, Lisa. 2007. *Desiring China: Experiments in Neoliberalism, Sexuality, and Public Culture*. Durham: Duke University Press.

Sedgwick, Eve K. 1985. *Between Men: English Literature and Male Homosocial Desire*. New York: Columbia University Press.

Stryker, Susan. 2006. "(De)Subjugated Knowledge: An Introduction to Transgender Studies." In Susan Stryker and Stephen Whittle (Eds.), *The Transgender Studies Reader* (pp. 1-17). London: Routledge.

Whittle, Stephen. 1996. "Gender Fucking or Fucking Gender? Current Cultural Contributions to Theories of Gender Blending." In Richard Ekins and Dave King (Eds.), *Blending Genders: Social Aspects of Cross-Dressing and Sex-Changing* (pp. 196-214). London: Routledge.

Williams, M. Monier. 1988. *A Sanskrit-English Dictionary*. Oxford: Oxford University Press.

第三部分

木石之怪　在轉向介質與未知新地之間

社會議題的中介與轉化

以撒舒優・渥巴拉特兩部台灣原住民族紀錄片為例

林文玲

一、前言

　　台灣原住民族導演的紀錄片創作，自一九九〇年代末期至今已有二十多年的發展。台灣社會在這期間進一步捲入全球化、資本流動以及新自由主義經濟的體系與環節。而生活於偏鄉的原住民族社群則歷經政治、經濟與文化的急速變遷，從中浮現的社會衝突以及關於生存權利的尖銳議題，成為近年原住民族紀錄影片的重要主題。屏東縣三地門鄉賽嘉部落的排灣族人撒舒優・渥巴拉特（1981-）拍攝的《最後12.8公里》（2013）與《原來我們不核》（2015）兩部紀錄片，以「台26線兩路段的修築」以及「核廢料貯存場之選址」為影片主軸，探觸原鄉困境在發展主義思維引領的工程、建設以及藍圖、願景之下，在生態、生計與生活、住居上所衍生的問題與挑戰。

　　撒舒優的這兩部影片著重在地族人於結構性的既定當中，歷練了無數次的意見扞格以及立場殊異的激烈情境，有些衝突與能量在短兵交接當中有了集結與演變。一些族人立基於土地連結、族群連帶以及文化之理念與傳統價值，闡述其立場、發展其論述並落實為行動與實踐。前述之論述、行動與實踐，用來面對現代性諸如理性化、個體化、差異化以及對自然之馴化、商品化之思維與作用力所帶來的壓力、裂解與社會重組，進行諸般幹旋與抗拮的同時並給予多元之轉化與轉進。這兩部紀錄片多方描繪當代台灣原住民族所面臨的困境，捕捉、突顯原住民社會的某些現實處境以及現代性推進的諸種刻痕，從中也標幟了台灣原住民族紀錄影片的當代議程。

　　撒舒優・渥巴拉特的《最後12.8公里》於2013年拍攝完成，本紀錄片一開始以「PowerPoint」風格提舉了影片的主題要旨。首先藉由全黑螢幕凝聚觀影者的注意力，再於視線左方浮出一行一行的字幕，爾後於右邊方格讓攝影機記錄的現場、

人物與講話依序出場。字幕寫著：「101年1月18日屏東縣政府召開旭海至觀音鼻自然保留區審議會。關係著台26線旭海至安朔公路興建案，也直接影響著阿塱壹古道的保留與否。」[1] 本場審查會議將決定一條公路的興建與否，以及一條文化古道的存續命運。審議過程與結果也扯動著現場聚集的各方民眾。

　　影片的字幕滾動並更新其內容：「會場內，抗議不應劃設自然保留區，間接阻斷台26線公路興建而犧牲地方發展。」與此同時，右框螢幕淡入講話聲，來自台東縣第13選區的朱連濟（1963-）縣議員發言表示：[2]「我〔們台東鄉親〕要開闢台26線」的強烈立場，並要求審議委員「請你們尊重公平正義的原則，也尊重我們台東，也請你們正視台東的權益」。這之後，影片裡接著出場的是屏東這方的發言，牡丹鄉旭海村潘呈清（1977-）村長（阿美族）國台語夾雜，一方面支持台東鄉民的訴求，同時希望政府要真正去聽聽在地人的聲音。[3] 潘村長說：

> 路有多麼的小，為什麼這麼小……旭海現在設了緊急醫療站，是為了解決我們醫療的問題。為什麼會產生這麼多問題〔偏遠、交通、醫療、就業、教育等〕，應該是政府單位早就應該來關心。不是講到阿塱壹古道，還是台26線才來急急忙忙[4]，大家都站出來講。（撒舒優，2013）

　　影片闡明會場內各方立場之後，隨後將鏡頭轉向外頭集結的各路人馬，有環保團體及其聲援者，也有來自部落的族人。牡丹鄉石門部落文史工作者古英勇（1957-）先生，帶著幾位部落族人來到現場，以平和柔性的語調說：

> 我們不吭聲、不講話、不強辯，我們只是為了愛這塊土地而已。……我

1　「阿塱壹古道」於2018年6月間，由屏東縣政府與旭海鄉民及學者力推正名為「琅嶠－卑南古道」。下文一律延用影片對「阿塱壹古道」的稱呼。

2　台東縣第十三選區為台東市、太麻里鄉、金峰鄉以及綠島鄉。

3　旭海村是屏東縣牡丹鄉唯一靠海的部落，擁有豐富的自然生態資源以及多元的族群文化。旭海村內有阿美族、排灣族、斯卡羅族以及閩客族群。

4　字幕上「急急忙忙」這句話，潘村長是「輾轉」又「自在」（lián-tńg／koh／tsū-tsāi）地用台語「乒乒乓乓／pin-pin-piàng-piàng」說出口來的。

們就要從阿塱壹古道這個地方去看見、去知道。……我們回去要面臨我們部落還有周遭附近的人，要承受很多異樣的眼光、異樣的指責，開始受到很多對我的不諒解。但我相信這個不諒解終究會過去。（同前引）

　　撒舒優於影片的前四分鐘，將圍繞台26線以及阿塱壹古道複雜糾結的各方意見、看法與運作給予呈現、鋪陳。為了讓各方立場能夠在影片當中充分表述，本片的攝製有需要去跨越並橋接不同身分、社會位置以及地方所在而來的異質卻緊密連動的錯縱網絡，並從中展開紀錄片想要去碰觸以及談論的議題。其中對於各方頗為緊張的衝突立場以及相互對立的看法，《最後12.8公里》主要功課之一，在於去呈現並試圖尋找衝突、異見之中介／調解（mediation）此樣社會過程的可能出路。中介、調解之呈現如果是《最後12.8公里》的敘事軸線與工作目標，那麼延續它而發展出來的《原來我們不核》進入的則是密度甚高的聲響（sonic）與聲音（voice）的空間迴廊，直探被拍攝對象觀點細緻之處以及信念堅定之所繫。

　　台東縣達仁鄉南田部落老頭目（或稱「Mazazangilan」，部落領袖之意）苞勒絲‧加那扎凡（Paules Tjangazavan，漢名：呂劉金花）在《原來我們不核》透過紀錄片的鏡頭表達老人家對地方／部落存續的憂心：「即使南田很貧瘠，土地非常小，又處在台灣最南端的偏鄉，發展不是很好的地方，可是我們還是要這部落。」（撒舒優，2015）對核廢料可能貯存到部落的問題，這位部落長者訴諸族群延續以及後代子孫的生存權利與生活條件之維護，宣示其強烈的立場：「南田是祖先交付給我的傳統領域，如果真的決定要〔將核廢料〕放南田，我一定誓死抵抗。」（同前引）

　　《原來我們不核》影片包括頭目苞勒絲‧加那扎凡共有三位主述者，她們在螢幕前綿密地發出聲音，質疑、挑戰社會發展與建設的主導性思維及其既定之論述，並且將關於核廢料貯存的「衝突」、「異見」轉進、帶入另一層次的意義與價值闡釋之場域。此片中的三人在面對核電以及核能科技官僚的決策、論述與推進模式，不約而同地動用文化承傳、歷史記憶、土地以及生命權利、生活方式之言說進行構念，闡述反對核廢料貯存的深層意涵，發出意義非凡的聲音／言說。《原來我們不核》三位被拍攝對象的聲音敘說，也相當顯明地試圖在文化與社會之間搭建起橋梁，並寄望核廢料議題的談論能夠在政治、文化與公共領域之間勾連出新的關係，映射認識與解決問題的新視野，如此的言說舉措體現著文化中介（cultural

mediation)的特別質地。三位主述者於影片的攝製以及放映的過程中也將化身成為
文化的中介者。

二、中介與轉向

近年來不同領域的學者嘗試探索中介於社會運作、法律事件、修復式正義以
及媒介、溝通與傳播等面向的意涵。馬克思主義文化批評家，文化研究的重要奠
基人之一威廉斯(Raymond Williams, 1921-1988)，在《關鍵詞》(*Keywords*)一書中援引
法蘭克福學派批判理論學者阿多諾(Theodor Adorno, 1903-1969)的主張，強調「中介」
(中文版《關鍵詞》將「mediation」譯為「調節」)是介於不同種類的行動或意識之間
直接且必要的行動。(Williams, 2015: 154)社會心理學專家李文史東(Sonia Livingstone,
1960-)深入威廉斯關於中介的關鍵詞爬梳，指認它的三重核心意涵：(1)扮演調和
者的角色(也就是調和對立的一種政治舉措)；(2)媒合原本分立的各方並讓它們
彼此發生關係；(3)將一種原本無以名狀的關係(unexpressed relation)透過正式管道
訴諸公開的表達。在此「媒合」或「調和者」的顯明角色，強調、突顯主體能動的積
極面向。(Livingstone, 2009: 12)而「將分立的各方媒合並使之產生關係」，或是去表
述、顯現原先隱而未顯的關係，都意味著中介於傳播或溝通的過程中，行動者的
介入讓各方主體與其他主體或者與環境產生關係的刻意舉動。

這項「刻意」與「舉動」就各方學理研判，並不標榜中立。而是意圖在做出動
作的同時，去影響靜止或恆常的情境、狀態，使之震盪、鬆動或產生傾斜，促使
中介力場的出現。而鬆動開始之際或傾斜顯現的角度，可能迸出的縫隙或推擠中
產生的位差，讓變動或轉進有了可能。中介因此隱含著關係的延展以及再連結，
這也包含認知的更迭以及意義層面的轉化。傳播學以及文化研究申論中介與社會
及意義之間的關係，側重傳播或溝通的動態社會過程的同時，一致認為中介是
為了要影響兩造雙方之間的關係而介入的行為；或者是，透過一種制式的動力
(institutional agency)，將社會認識與文化價值引導給一個閱聽人的行為。(奧沙利文
等著，楊祖珺譯，1997：227)也就是說，所有意義都是經由中介而來，意義甚且是在
被接收之前，就已透過書籍、電視、報紙和其他溝通形式的編輯與詮釋篩選。(布
魯克著，王志弘、李根芳譯，2003：240)

　　中介所涉及的形式與內容有其本體論上分離（ontological separation）的特徵（Mazzarella, 2004: 356-357），但這並不是在說中介與媒介或客體是分立的兩個東西。對此阿多諾認為，中介含納於媒介或客體自身，而非介於媒介或客體以及其所試圖呈現之間（Adorno, 1997; Williams, 2015: 154），中介有其物質性及其進入的關係網絡。以藝術品、視覺作品或詩篇、小說等文化成品為例，中介維繫著某一作品的生產與消費之間必然存在的「關係」。換句話說，文化成品必須置放在一個社會關係的脈絡當中才得以進行審視。

　　人類學者近年來對於中介與媒介的探析，見諸宗教信仰、都市研究、基礎設施、新物質主義等各專題討論的脈絡當中（Boyer, 2012），並不約而同地將其注意力投注在中介作為社會過程以及它的影響上（Hinkson, 2018: 7）。而中介所著附的媒介常常被認為是一種物質框架，它既能支持某一組特定的中介之社會實踐，又能對它產生約束力（Mazzarella, 2004: 346），中介因此成為觀察動態社會關係、身分建構、意義轉化與效應的重要場址。

　　當代透過各式媒介而來的原住民性（indigeneity）與文化建構，是人類學者以及原住民媒介工作者關注與探索的關鍵議題。不少專家對原住民媒介（indigenous media）所進行的剖析，認為其媒介實踐帶有獨特的視角（Hinkson, 2018: 4），譬如原住民影片製作者常常透過關注地景，趨近、感知靈性空間以及與祖先的聯繫。這樣一種人與土地、空間難以分割的生命觀念與存在樣態，以及一個有著複雜親屬關係的生活世界，常常內建、植基於原住民媒介的製作過程，支配著攝影機前後的拍攝者與被拍攝者之間的互動。雖然現代科技發明、媒介與原住民結合的關係討論上，不少情況從文化維護與文化消亡的對立進行思辨。阿布－盧格霍德（Lila Abu-Lughod, 1952-）的研究則跳脫前述二元框架模式，在她對埃及新興類型的情節劇之研究當中，分析了不同觀眾對這個情境劇的反應。（Abu-Lughod, 1997）此研究結合了對媒介實踐的分析以及對新媒介主體性形式的理解，並且闡述了這項情節劇的中介／過程，如何從在地社群的實踐以及想像中體現出來。

　　原住民媒介專家金斯堡（Faye Ginsburg, 1952-）為了開闢認識與分析媒介在地化的新「話語空間」，二十多年前即已倡導以更接近原住民觀點與立場的方式，去尊重、理解原住民透過不同媒介的各種書寫。（Ginsburg, 1995a; 1995b）金斯堡強調此類研究需將其注意力，擴及生產以及接收的環節與過程所發生的現象。而此種態度

落實於對紀錄影片的分析，金斯堡明確表示在探討、分析的進路上，她就不太將注意力放在影片作為文本的層次，反倒更為聚精會神地去關注透過視覺影像作品而來的文化中介。（Ginsburg, 1995a: 259）對於文化中介的注視，連帶而來的則是需要去梳理原住民媒介所交纏的主流話語，以及座落的政治經濟學。前述話語型態以及政治經濟學環境的釐清，有助於人們去了解原住民（社群）的文化中介如何透過某項媒介實踐而發生，如何與主流文化與價值的遭逢，以及從中進行了何種樣態的自我置位與自我決定。這也是透過媒介的表意實踐來中介／調解原住民的政治與文化身分。（Ginsburg, 1995a）

承接上述，本文將透過對撒舒優・渥巴拉特的《最後 12.8 公里》與《原來我們不核》兩部影片所涉及的議題以及產生的中介進行探析，並呼應人類學近年來透過對中介的思辨，去理解、剖析社會過程及其社會互動之意涵。本文之具體作法將從物件、關係以及紀錄影像的觀點，去辨識幾個關鍵的中介場域、介面或結點，探討當中的媒介過程與社會過程的關聯性（Martín-Barbero, 1993），以及此些過程所闡明的意義，隱含的變革或轉化的契機。

三、從道路視角盤點地方的建設與發展

地方建設與發展、阿塱壹古道、台 26 線以及核廢料等議題，以不同比重出現在《最後 12.8 公里》以及《原來我們不核》兩部影片。[5] 台 26 線作為道路基礎設施（infrastructure）有其實體物件（thing）與蘊含著關係（relation）兩個層次面向可供討論。

5　台 26 線（原台 24 線）公路全長約 92 公里，環繞整個恆春半島海岸，自屏東縣楓港往南，繞經鵝鑾鼻、滿洲港仔，預計連通至台東縣的達仁鄉安朔。台 26 線目前有兩處路段未修築完成，一是安朔至旭海段，另一則是港仔至佳樂水段，這兩段未完成的路段被稱為「環島公路的缺口」。港仔至佳樂水段位於墾丁國家公園境內，屬於生態敏感地帶，環評決議不得開發。而安朔至旭海段則於 2001 年透過環評，2006 年 3 月開始動工，2010 年完成安朔至南田 5 公里路段。安朔至旭海段，最初規劃的路線是與最早連接台灣東西部的「恆春卑南道」僅存的路線：阿塱壹古道重疊，評估環境以及歷史場址的保存，至今未動工興建。鄰近南田部落的安朔部落，兩地族人之間有緊密的親緣與血緣的連帶。推動安朔部落生態旅遊不餘遺力的潘志華說，核廢料場預定地正巧位於古道北端入口，所以反核廢料和守護阿塱壹古道是劃上等號的。（潘志華，2014：466）這也說明撒舒優拍攝的這兩部紀錄片彼此之間的關聯與交錯關係。

圖1　台26線旭海至安朔改善計畫圖
圖片來源：撒舒優，《最後12.8公里》（2013）

（Larkin, 2013: 329）作為實體構建物的台26線若全線貫通，可將台東縣的南田、安朔至屏東縣旭海連接在一起。本路段原來規劃的12公里的公路興建案，其中台東端約5公里工程於2010年已陸續完成。屏東這方則因考量自然與環境生態的不受破壞，遲遲未動工，之後更提出工程改良與路線更動，採取往陸地內縮以及建隧道的方式，尋求兼顧景觀與環境保護的最合適方案。[6] 援用哥倫比亞大學巴納德學院人類學教授拉金（Brian Larkin, 1964-）對基礎設施所做的分辨，道路一則為「創造其他物體／對象得以運行的基底物件」，再則它也是「事物之間的關係」。（Ibid.）因此從道路的觀點來看，台26線最初規劃的路線，首要衝擊、牽動的物件是阿塱壹古

6　原為台26線規劃貫通的道路工程當中的下南田至旭海路段，所經過的路線沿途有著豐富的天然海岸林、礫石海岸、特殊地質景觀、歷史古道以及原住民人文遺址。道路興建計畫對環境與文化的衝擊巨大，環保團體與部分地方人士長期抗議之後，公路局重新修正路線規劃，提出環差報告重新審議。依據公路總局報告，為保存阿塱壹古道，改善方案已將路線往內陸退縮200公尺，偏離海岸，道路寬度由12公尺縮減為9公尺，並以增加隧道興建的方式，取代平面道路的構築，以此減低人車對環境所造成的侵擾。

道的存廢，以及這條古道所經過的自然區域與文化場址。再者，台26線開通與否與地方的建設與發展，甚至與核廢料貯存場的問題交纏在一起。

台東縣達仁鄉南田村高富源（1958-）村長在鏡頭前表示：「因為我們〔南田〕的地形上，還有目前的地緣，整個地理的位置，我們算是一個角嶼的地方。公路未到達〔的地方〕。」（撒舒優，2013）台26線若照原來計畫打通，將會讓環島公路唯二缺口減少一個，並將台東與屏東沿著恆春半島的海岸線連接起來。位於這路段兩端的南田與旭海都將因為公路的開通而帶來改變。交通外出需往北邊行進或驅車上南迴公路的南田、安朔居民，可轉而南向，透過恆春半島來到台灣的西半部。相較於目前的台9線南迴公路段，台灣南端的東部居民若是能夠利用台26線，去到西半部的行車時間將大為縮減。而屏東這個端點的旭海在這條公路的興建之下，能夠開啟另一個連通的維度，即傾向台東這一區域，行旅或安排日常生活項目。道路的建設與連通，總體而言，允諾並紓解地方發展的諸多困境，包括產業、工作、就醫、教育以及人口外流等問題。

> 〔路一直沒有開通〕這跟人口外流的原因也是很大。你看就醫、就學、教育〔還有〕工作機會都沒有的話，……年輕一輩的一定是往外面走，所以很多外流的年輕人在外面工作。……目前〔對外通道〕都封閉住了，誰敢去投資這個〔在家鄉土地蓋房子，做生意或營運民宿〕。如果能夠打通台26線，增加地方的一些工作機會、一些產業的話，相信在外打拚的遊子也一定會回到自己的故鄉。（同前引）

上述為屏東縣牡丹鄉旭海村潘呈清村長的看法，直指道路對地方發展所扮演的關鍵角色。由此看到台26線道路設施作為基底（infra-）支撐著地方的日常運作與發展的重大功能，它著眼於當下、實用卻牽引著即將到來的視角延伸。

地理區位分隔兩地經由道路給予貫通，這也意味著兩地居民對日常活動與生活項目的構思、安排與規劃可以有新的可能。透過原本計畫連接起來的台26線，旭海居民若有就醫的需要，就可以前往計畫興建的南迴醫院接受醫療照護，而無須舟車勞頓地前往屏東境內路途遙遠的醫療院所。道路不僅僅將沿線各區域串接在一起，也將路線上的各個聚落，在想像或實際的層次引導、嫁接至更大的區

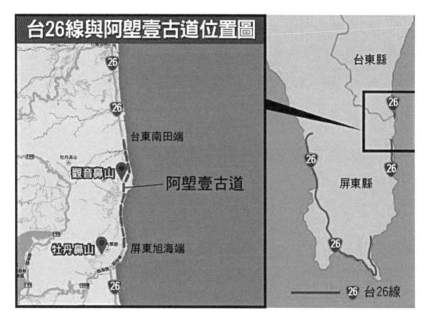

圖2　台26線與阿塱壹古道位置圖
圖片來源：陳彥廷，〈台26線貫通公路總局：視屏縣能否解禁〉（2018）

域網絡。道路的有無，導引出不同的因果關聯以及一系列人、事、物的走向與發展，這是因為道路是物件也是關係，它能夠建立網絡，促進貨品、人們或創意的流動（Larkin, 2013: 328），轉進以及重新給予嫁接。

　　台26線體現的如果是與速度感結合的實現、當下與未來的視域動向，介入既有空間關係的配置以及對政治經濟進行重分配的話，那麼「從阿塱壹古道這個地方去看見、去知道」[7]的會是些什麼？（撒舒優，2013）牡丹鄉石門部落文史工作者古英勇先生呼籲我們轉換視角，要大家試著從古道的角度來看事情。古英勇在《最後12.8公里》一開頭的講話即是將自己置放在古道的視角，去揭示、調解「阿塱壹古道」的質地與意涵。此位排灣族長老語重心長地說出看法：「台灣有幾個可以讓我們撼動心靈、心靈沉澱的地方？」這樣一個觸動人心的地方場域，若在它的上面鋪設又直又寬的公路，達到交通快捷的目標，然而也讓某些東西流失、難以復返。擔任阿塱壹古道嚮導的柯詩軒是牡丹鄉東源村排灣族人，對於在文化古道上構築

_____
7　牡丹鄉石門部落文史工作者古英勇先生在屏東縣政府前的一席講話。

現代道路，他表示說：

> 這麼美麗的地方會變成馬路，你用十分鐘的話去闡述這邊的美麗的時候，哪可能就是方便……坐在那個7-11喝個咖啡，那是你眼睛看到的美麗而已。因為兩個字所以讓人心變了：方便。……我們習慣於方便去做什麼事情，所以導致人心改變了某些型態的存在。（同前引）

　　上述話語指出的不僅只是地方、地景與歷史場域的消逝，也在談論與此深刻相繫的心靈與存在樣態的流變。然而，這樣一種心靈存在之樣態得以活現的關鍵因素，是維繫在這段僅存的古道身上：它可被觸及的物性與實質性。同樣的因由，公路基礎設施是一種新的實踐本體，對（節省）時間、空間（距離之縮減）之分布實踐，有著重新配置、進行調節、帶來（諸如時空關係、環境、人、意識、認知上）改變的潛能。（Harvey et al., 2016: 4-5）

　　走上阿塱壹風景絕倫的古道，進入的還有時空套疊的歷史諸多場景。阿塱壹永續發展協會首任理事長、同是古道導覽員的潘志華帶領一團慕（古）道而來的學子，在古道之旅開拔之前，來到南田部落傳統領袖苞勒絲・加那扎凡家的祖靈廟，由頭目連通靈界，祈求祖先的保佑與祝禱。這位傳統領袖誦唸著：

> 我們尊重這裡祖先的土地及部落。今天年輕人要感受先民走過的路。雖然我不知道他們從何處來，然而台灣這塊土地是我們大家所共有的。所以這些年輕孩子們要往北方的土地探尋。我們要讚美祖先在這塊土地上的付出與榮耀。（撒舒優，2013）

　　苞勒絲・加那扎凡傳統領袖透過祝禱儀式所通達的地方，是一處深藏著時間縱深的精神靈性之空間場域，古道在這位「vuvu」的話語中於是承載起跨越實質與虛擬時空之間的連結物，並一舉將現下吵吵嚷嚷的實境，中介轉換至沉穩而清淨的空間氛圍之中。[8] 阿塱壹古道在此作為媒介與中介的，可能是一些愈來愈稀有的

8　「vuvu」是排灣族對祖父母輩的稱呼，自己家或別人家的祖父或祖母都是稱為「vuvu」。而反過

價值、信念與生活態度。

　　要讓這些價值、信念與生活態度得以存續的條件，在於能夠保住這條古道所經過的自然人文區域，也就是活化古道的自然環境與人文資源。往前回溯這條古道的歷史價值，2012年劃定的「旭海觀音鼻自然保留區」內曾發現有石板屋遺址幾處。旭海村附近也有一處年代達1,000年的「旭海遺址」（南仁山金屬文化層）。在十六世紀外來族群尚未進入台灣之前，有「海角天涯」古道之稱的阿塱壹古道，是當時生活在中央山脈南端東西兩側的魯凱族、排灣族、卑南族與阿美族交通往來的重要孔道。這條古道連通台灣西南平原、恆春半島以及後山（今台東、花蓮兩縣）等地區，也是原住民族部落間打獵、商貿、婚嫁、聯盟、遷徙、移動的濱海小徑。（顏士傑、林瓊瑤，2007）清代之後陸續來到此區域移墾的閩客籍漢人，行經此處或定居古道沿途與周遭，與原住民族群一同留下豐富的歷史人文遺跡。

　　阿塱壹古道自古以來為多族群交通與文化往來的重要路徑，飽含豐富文化資產，而它的生態體系也極為珍貴而獨特。牡丹鄉石門部落古英勇長老特別指出：「在生態……因為那個地方跟別的地方是不同的環境，一個東北季風的出風口。它生長的生態植物是不太一樣的，它多元的植物和環境的多變，是別的地方所沒有的」。（撒舒優，2013）環保團體以生態多樣性以及永續的觀點，照燭古長老講話的核心重點，「〔阿塱壹古道是〕全台灣最珍貴的生態廊道，一個世界級的生態諾亞方舟」[9]。（同前引）而如此珍貴而稀有的生態體系，不進行人為干預，不去大興土木地建設它，反而保有它的價值，甚且創造它高質地的「產值」。

　　承接上述，古英勇長老跨出以人為中心的思維，將非人（nonhuman）的條件與因素涵納進來，以一種生態敏感性（ecological sensibility）的觸角去闡述他的看法：「我們不要破壞這些既有的條件。我們的條件就是這些生態文化。你把這些具備既有的優勢，你的條件把它破壞了，你還有什麼優勢條件可以去吸引人、跟人家分

來，祖父母輩的也是用「vuvu」來稱呼孫子女輩。

9　據「台26線安朔至港口段公路整體改善計畫環境影響差異分析報告書」（2009）的調查資料，本區動物資源調查紀錄哺乳類共記錄16科27種，鳥類調查共記錄到44科120種，兩棲類調查共記錄到4科15種，爬蟲類調查共記錄到11科46種、蝶類調查共記錄到5科17亞科117種。共18種台灣特有種及36種台灣特有亞種；並發現一級保育類4種、二級保育類26種、三級保育類19種。

享。」(同前引)[10] 同是牡丹鄉民的柯詩軒延伸「非人」所具有的難以測度之動能，一語道破「發展、建設與利益」之間的慣常思維與邏輯：

> 如果站在利益的角度裡面去講的話，我覺得不開通〔台26線〕的利益可能會比較大一點。因為如果路開通了〔將破壞阿塱壹古道及台灣獨一的生態體系〕，你成就的只是一個財團的目的而已。[11] 如果今天這個東西是留在部落的一個利益，我相信只有把土地留住，只有把最傳統、最原始的東西去被呈現，那個東西才會變成實質上的美麗。而且，同時你也讓你自己很驕傲地活在自己的土地上。(同前引)

從物的角度來看，阿塱壹古道並非現代性技術下的一種行進載體，在它上面行旅的不再是一般意義的貨品、人們或創意，而是關於記憶、回溯、意義、闡明以及身體經驗、體驗的多樣連結，以及重新定向的動態過程。接引阿帕度萊(Arjun Appadurai, 1949-)的說法，道路作為物件涵蘊了中介與物質性兩個相互關聯的維度，此相互關聯的雙方(中介與物質)[12] 總是存在並且共同作用。(Appadurai, 2015)延伸來看，道路的物性讓人、事、物、意念與想像能夠移動、流通、交流或連結、轉向，是一種媒介並總是中介些什麼。因此行走在這個古道上、穿越的多重時空，交織進入的是這個歷史通道的社會傳記與它的層次與內涵，所帶出的網絡樣態以及關係之向度，在於時間的延續與縫補，仰賴的是人的主體及參與以及做出的連結性。這顯然有別於現代性技術的道路建設，所致力的空間架構、速度與效能上

---

10 美國政治理論家與哲學家班尼特(Jane Bennett, 1957-)，在她的新物質主義大作《物質能動性及政治生態》(*Vibrant Matter: A Political Ecology of Things*)中力陳「非人」面向的重要性，並以此呼籲理論學家們以更為嚴謹的態度：一種「生態敏感性」，關注人類之外存在的諸多複雜的並不斷發展的各種網絡。(Bennett, 2010: xi)

11 2014年4、5月間，魏德聖(1969-)導演以32天的時間徒步台灣環島。4月25日魏導演一行8人來到阿塱壹古道，於「阿塱壹部落生態旅服務中心」停留、用餐，並表達關於「該不該開通台26線旭海南田段」的看法。魏德聖表示，「如果公路開了，賺錢的還是便利商店。經過的人潮只會到便利商店消費，然後休息一下就走了，不會進到部落消費。我們環島的過程中，我們的經驗就是這樣告訴我們」。(潘志華，2014：456)

12 中介作為一種操作或具體實踐，而物質性是中介的場所。

的變革，以及它對於點跟點之間連續性的要求。

在點與點之間，並藉助爭取兩點之間最短距離構建而成的現代公路上行進，多非以體力、步行為之，通常是利用有效率的運行器械、透過視覺訊息判別以達快速移動的目標。如此而來的體驗，可以說是傾向「離地」的經驗。人們在「速度」中不再是倘佯、漫步於無邊無際的大地，而是進入節點與連接器構成的高效率網絡。在這樣的網絡當中，化身、改名為節點或連接器的地方、環境甚至情境，將轉為稀薄、透明，並顯得無足輕重，落失其重要性。（Ingold, 2011）然而古道體驗模式卻不僅僅以「視覺」為限（譬如行進中眼前的大自然、景致或光影），並且在多重感官連動，甚至意識與反思之間活絡其連結。柯詩軒講述某次帶團導覽，指認了走上阿塱壹古道所觸及的現象學式體驗：

> 我曾經帶過一個客人，他是視障的朋友。因為要走高繞段，然後我不知道他是視障。然後我一直勇敢地跟他說，「如果你不方便就不要去」。因為我看他的行動有一點不方便，然後就走得很困難……他要做給他自己的小孩看，「我可以走完這一段」。我後來問眼睛看不到的朋友：「你的感覺是什麼？」「我即便看不到，但是我聞得出來。」——聞，當然〔也〕有聽（耳朵聽及鼻子聞）——「我聞得出來，它是豐富的，它是很豐富的。」我即便看不到這麼美麗的那一句話。「我即便看不到，但是我可以感受到這裡的豐富。」這些小孩看他自己的父親，都看不見還走完這一段。他表現出在這麼困難的路，我即便看不到，我還是走完。我現在站在一個父親的角色，我已經教育到我的小孩子：這條路我只是困難一陣子，不是困難一輩子。（撒舒優，2013）

台26線以及阿塱壹古道作為道路／媒介，藉由它們能夠開展出相當不一樣的向內或往外的關係、連結，而移動其上的人、事、物、意念、想像與價值，兩者不甚相同，各有其屬性而來的偏移。專精原住民藝術與視覺媒體的人類學家卡本特（Edmund Carpenter, 1922-2011）從他的好友麥克魯漢（Marshall McLuhan, 1911-1980）那裡汲取的想法，可作為前述現象的註記：「每一種媒介都是獨特的土壤，不保證長出什麼樣的植物，但卻影響什麼樣的植物將會開花或凋零。」（Carpenter, 2001: 239）

古道或現代技術構建之公路作為物件與作為媒介，它們與人們的生活、生存心態以及意涵之關係和連結之向度與價值傾向，於片中在不同立場的各方說法當中充分嶄露、現形，彼此競逐與對話。導演撒舒優表示他是讓影像（以及影像中人物）自己講話，實際上卻因為在片中並置了各方說法，而讓彼此得以「互看」、「聽到對方」。《最後12.8公里》接近片尾時，導演安排了眼睛看不見朋友抒發的心聲、企及的深遠意境以及對現實的譬喻，身為觀影者的我們藉此清晰地感受並明瞭了導演的立場以及他的關切之所在。

四、環繞核廢料而來的關係、論辯與想像

在片名出現之前，《原來我們不核》透過字幕與說話聲音將影片的主題與背景勾勒出來。由下往上捲動的字幕提供影片的背景資訊，依序出現：「1982年5月17日蘭嶼被放置了第一批一萬多桶的核廢料。目前已存放了近10萬桶核廢料。1996年台電承諾將核廢料遷出……」；接著：「經濟部於2012年7月核定公告，台東縣南田村和金門縣烏坵鄉兩處，為低放射廢棄物永久貯存候選場址……」。（撒舒優，2015）

字幕逐漸淡出的同時，南田那處優美的海岸線浮現出來，傳統領袖苞勒絲‧加那扎凡的說話聲響起：「即使南田很貧瘠，土地非常的小，又處在台灣最尾端的偏鄉，發展不是很好的地方。不過……但是我們還是要這部落」。達悟族人希嫻‧瑪飛洑（Sinan Mavivo，漢名：賴美惠，1973-）在「vuvu」之後發聲，長期從事蘭嶼反核廢運動的她，就台灣的核廢料終將落居何處大聲問道：「核廢料不放在蘭嶼，難道放在南田嗎？」希嫻‧瑪飛洑拋出的難題，台東廢核反核廢聯盟前秘書長蘇雅婷將它承接起來，進而指出問題的核心在於：「大家要用核電，可是沒有人要面對核廢料這件事情。」（同前引）

沉默而幾近無聲的核廢料作為一種媒介，在這部影片中透過它的物質性、遷移以及座落某空間場址而夾帶出它的聲響，從而與三位主述者的講話聲音此起彼落，構造了本片的內容、論辯以及它的題旨。[13]

13　目前學界對「媒介」的理解有擴大的趨勢，認為媒介已不能就再現／呈述形式簡化分類為戲劇

圖3 台東達仁鄉海岸線
圖片來源：撒舒優，《最後12.8公里》（2013）

　　核廢料放在蘭嶼、南田或者烏坵，其選址首要之考量因素在於地處邊陲、人口密度低，對生活的影響與衝擊小。而偏鄉的困境與問題早在《最後12.8公里》，導演撒舒優就已指陳歷歷。阿塱壹古道的存廢或者台26線公路的開通與否，帶出的即是台灣東南角嶼的這個區域，長期處於基礎建設匱乏的狀態，導致人口外流，就業、就醫以及就學都相當不便而窘迫。此區域的台東或屏東的鄉與村，普遍處於偏鄉的困境。台東縣達仁鄉「阿塱壹永續發展協會」的潘志華提出他的觀察：「2002年回來的時候，我發現整個部落是很冷清的，跟我小時候的印象差很多，感覺沒有人了。因為沒有產業所以沒有工作，沒有工作人就外流。」（撒舒優，2013）同樣選擇回到自家部落牡丹鄉東源村的柯詩軒表示，剛開始帶團擔任阿塱壹古道導覽員時，常常兩個禮拜才接一團，維持生計變得很辛苦。導演撒舒優對原

　　或電影等，也無法將它們視為僅是印刷或電信的技術，或者只是書寫、視覺影像或數位之象徵系統。（Pias et al., 2004: 10）不少學者因此主張媒介一詞，是涵蓋著文化和自然的領域。物質（matter）、物質性（materiality），甚至自然成為理解媒介以及梳理媒介作用時，必須考慮進來的因素。由此而來拓寬對「媒介」的理解，也將數字、日曆、圖像物件或噪音，以及「非人」傳送器（transmitters）例如水、土、火、空氣等元素含括進來。（Horn, 2007: 7-8; Herzogenrath, 2015: 2）

住民偏鄉問題特別有感，因此想多為這些地區拍一些東西。[14]

> 偏鄉，應該說是社會讓它變成偏鄉，不是它自己變成偏鄉。整個社會讓
> 它造成〔變偏鄉〕的，其實它可以不要變成偏鄉，它自己好好過著生活也
> 可以。可是我們整個經濟、社會結構是扣在一起的嘛，你很多資源不過
> 來，它當然就慢慢就凋零凋落甚至消失滅亡。（撒舒優，2018a）

撒舒優的講話直指基礎設施，譬如道路的興建或有無，反映的不只是都會與偏鄉
的差距與社會關係，還會對社會關係產生重新配置的效果。

　　然而，部落面臨的困境與難題不僅止於地處偏遠、人口外流、生計困難，偏
鄉的困境卻反而成為放置核廢料的理想地點，也因此核廢料回饋金成為遊說在地
居民的最佳利器。候選場址名單傳出初期，台電表示未來將釋出50億元作為回
饋金。此時部落流傳關於回饋金的說法，「只要接受核廢料我們就可以領到很多
錢」、「每個人可以領到30萬」。（潘志華，2014：320）而南田村被選為候選場址之後
的三年，遷入當地戶籍人數異常增加，其中許多人是衝著台電新台幣50億元回饋
金而來的。[15] 50億元的回饋金，台電當時回應媒體的詢問表示，將以「公共回饋」
模式發放，並沒有個人回饋金。不過顯然許多人不明究裡，以為能以個人身分收
到回饋金。

　　台電對部落所做的宣導，一則由核電專家背書傳遞單一的核電建設的思維與
論述，進而向民眾強調低階核廢料技術上已能夠安全處置（然而民眾並不相信這樣
的保證）；另一方面台電則強調回饋金將為地方的建設與發展帶來很大幫助（卻多
半沒有清楚說明發放的原則與方式）。[16] 台電宣導說明的這兩項重點，無法有效解

14　撒舒優表示，台東這邊的困難比屏東更大。南迴那邊更需要有人去關心。

15　根據台東達仁戶政事務所統計，達仁鄉歷年總人口數：2006年3,815人，2007年3,739人，2008
　　年3,722人，連續三年下降，平均都在3,750人左右，不過到了2009年突然增加到4,080人，
　　2010年增到4,095人，2011年11月雖然回到3,957人，不過比起五年前人數增加了100多人。達
　　仁鄉人口數上升，根據原視新聞報導2011年11月11日發布的新聞，當時鄉長王光清認為與經濟
　　部公告南田作為低放射性廢棄物的建議候選場址有關。衝著台電回饋金影響戶口遷移的報導，
　　參見「環境資訊中心」2012年4月18日新聞一則。

16　台灣的核能論述所呈現的專家宰制的現象，起因於公部門的核能相關人士多半來自單一學術系

決族人對核能與核廢的諸多疑慮，同時卻引發贊成與反對的族人之間的對立與衝突。[17]

對於達仁鄉成為核廢料貯存的候選場址，引發鄰近部落內部產生嚴重的分歧。安朔部落的潘志華前理事長認為，這樣的內部分歧與面臨的危機，很多是導因於偏鄉的多重弱勢處境，其中資訊的不對等、資訊的封閉以及知識的貧乏，加深偏鄉族人對於核電知識的落差，造成紛擾以及判斷上的區隔，也使得族人彼此間難以在此議題上有所溝通或意見交流。潘志華前理事長在鏡頭前闡明他的看法：

> 我們一直不斷地告訴族人，這個東西〔核廢料〕不是好東西，是全世界都沒有人要的。沒有人要的。不要去相信台電的謊言，如果這個東西是好東西的話，台北市早就搶去了，哪裡輪得到我們達仁鄉。只不過很多人去相信謊言，說接受這個東西就有回饋金可以領。（撒舒優，2015）

回饋金這項機制突顯了此區域是為偏鄉的現實與赤裸。達悟族人希婻‧瑪飛洑長年推動「核廢料遷出蘭嶼」的抗爭與行動，她剖析地方、建設、政策、規劃以及國家治理之間的關聯與思維：

> 我不知道或許南田在某種成分上，是因為可能地方發展，伴隨而來的那種、那種會急切……〔因此〕不管核廢料的對環境、人體的傷害。所以他願意接受。……我覺得那是一個更殘忍的，……為什麼會是這種交換方

統。此些背景以及專業養成相似的人才，分布於政府相關單位與台電公司。這些專業人士進入與核能相關的不同體系當中，擔任研究人員、決策者、監督者或執行者的各種角色，卻由於仍置身於緊密的專業分工之網絡當中，不免出現服膺推動核能建設的單一思維。（謝蓓宜，2016：127）而核能管制與研究機構之間複雜的共生網絡，的確弱化了科學知識生產的可信度以及釋出的風險資訊。（范玫芳，2017）

17 台東縣太麻里鄉香蘭拉勞蘭部落「Lalaulan」（行政區名為新香蘭）長老教會牧師戴明雄（排灣族名：Sakinu Tepiq，1967-），曾公開指出，台電利用原住民生活上物質需求的匱乏，向原住民族人提出相當高的利誘，設法讓原住民能接受核廢。同時利用民意代表向族人強調，「這是政府的政策，當地族人一定要配合」。戴牧師說，原住民族人一聽到是政府的政策，大家都肅然起敬，甚至會立正站好順從政府的措施。（呂建蒼，1998）

式來帶動地方發展？讓他可以存活？那何嘗不是一種歧視嗎？……為什麼很多少數民族，甚至台灣原住民的偏鄉地區，他必須要透過有條件的交換，來讓他的地方能夠得到適切的發展。……難道我們一定要有核廢料，中華民國政府才願意照顧我們嗎？（同前引）

　　2012年7月經濟部核定公告，台東縣達仁鄉的「南田村」以及金門縣烏坵鄉的「小坵村」兩處地點為低放射廢棄物永久貯存候選場址，需經公投決定是否建貯存場。[18] 以公投表決是依照2006年頒布的核廢料永久處置場選址條例之規定，由台東全體縣民以民主表決方式決定是否接受核廢料永久處置場設置於達仁鄉的南田村。生活場域與貯存預定地鄰近的大武鄉族人對此表示，達仁鄉如果同意的話，真正受害的其實是大武鄉。達仁鄉南田村居民不多，可以集體遷移至他地，部落的其他地方都不在汙染範圍內，反而是大武鄉許多族人就住居在預定地的附近。（呂建蒼，1998）因此公投一人一票並不合理，不少達仁鄉族人認為，核廢場址鄰近各村的意向應該加權計票。

　　公投表決後續因地方各界的強大反彈聲浪，台東縣政府以及金門縣政府皆以「拒絕辦理公投」為由，使選址程序無法順利進行。台電這方則持續推動放射性廢棄物集中式貯存設施的興建，對原先規劃的這兩處地點，台電「仍將持續溝通，盼順利推動選址公投。原能會也規劃在公投外，容許改以地方協商取得共識，加速興建計畫」。（周志豪，2018）「容許改以地方協商取得共識」的變通方案，似乎為台電開闢了操作地方民意的空間。[19]

　　面對核廢料的諸多爭議，《原來我們不核》並沒有延續《最後12.8公里》的影片手法，讓多方說法同時並陳，也沒有著墨於地方的衝突與對立。《原來我們不核》

18　台灣低階核廢料最終處置場的選址，依據《低放射性廢棄物最終處置設施場址禁置地區之範圍及認定標準》，是透過負面表列方式去篩選，也就是將特定斷層與地質條件、地球化學條件、水文條件、人口密度條件，以及其他依法不得開發地區予以排除之後，最後選出台東縣達仁鄉的「南田村」以及金門縣烏坵鄉的「小坵村」。這兩個村落於2010年被選址小組公告為：台灣低階核廢料最終處置場的「潛在場址」。

19　第二屆百大青農、台東土坂紅藜達人吳正忠，抗議台電在他不知情的情況，在一支宣導核廢料放置達仁鄉的影片，將他在紅藜田工作的勵志畫面，配上「專業職能提升回饋方案：原住民創業協助」的字幕，誤導觀眾視聽。參見吳正忠於2015年1月29日一則臉書發文。

反而全然將影片三位主述者：南田村傳統領袖80多歲的「vuvu」，蘭嶼的希婻‧瑪飛洑以及「台東廢核‧反核廢聯盟」的蘇雅婷，她們堅定的反核廢立場，一一呈現出來。而與她們持不同見解的一方並未真正地出現在這部紀錄片當中。不過這並不是在說，贊成核廢料進到地方貯存的人占少數。影片導演撒舒優回想當初攝製這部影片的情景，他表示相較於《最後12.8公里》，本片的拍攝過程特別艱辛。[20]由於想要拍攝持贊成立場的族人，幾次「找到人、連絡上，卻被〔計畫拍攝的對象〕晃點很多次，真的很辛苦」。或許面對攝影機談論支持核廢料進到自己家鄉貯存，多少顧慮到影像散播的穿透效能，沒有人願意在鏡頭前曝光。[21]無法呈現這一部分是撒舒優拍攝本片的最大遺憾。[22]

　　支持核廢料進駐的族人選擇自我消音的做法，卻不難從希婻‧瑪飛洑的講話覺察其中面臨的社會輿論以及心理掙扎：「核廢料不放在蘭嶼，難道放在南田嗎？[23]真的是拋一個道德兩難的這件事給蘭嶼人，我覺得這個非常非常的不公平，非常非常的殘忍，姑且講說是弱弱相殘。」（撒舒優，2015）撒舒優曾經以拘持理解的態度跟支持核廢料放置部落的族人說：

> 你會有〔讓核廢料進來〕這樣的想法，不是你的貪婪〔想要領回饋金〕，而是社會的結果讓你有這樣的想法。〔也〕就是你肚子很餓了，餓很久了〔建設匱乏，沒有生計可能，很難養活自己跟家人〕、要餓死了〔回饋金的發放帶來希望，能夠馬上緩解飢餓〕。……可是這個問題〔飢餓〕是社會造成的，有時候是不得已的狀況。（撒舒優，2018a）

20　持贊成立場的族人不少是「現代頭人」，如地方首長、民意代表、教師、教會人員或任職於公部門與行政單位者。而當前台灣原住民社會，現代頭人於社會地位與權威、權勢上，明顯凌駕在部落傳統領袖之上。

21　支持者最常被冠上愛錢的標籤。

22　此外，當時幾位部落族人也曾私底下向導演撒舒優表示，部落資源稀少，生活窘困，他們有點想放棄部落。有一人甚至說一拿到回饋金，他就會搬離南田。

23　蘭嶼朗島村的一位牧師坦承，有來自台東的朋友想要跟我們達悟族人請教反核廢的經驗。然而有老人家面對受訪，心裡卻很掙扎。老人家想說，如果台東的朋友成功阻止核廢料放到他們那邊，那不就意味著核廢料將一直放在蘭嶼島上？（洪申翰，2016）

　　撒舒優企圖勸說隱身於強大道德以及輿論背後的族人現身說法，但終究沒有成功。然而他的這項說服舉動卻也指認了核廢料的處理與選擇，是一項極為複雜的倫理爭議。而這項爭議的一個核心議題，在於人類數十年的壽命，如何能夠定奪低階核廢料數百年「生命週期」的何去何從？[24]

　　撒舒優原本非常希望把造成上述現象後面的結構性因素揭露出來，嘗試了很多次，還是沒有人願意出來講，「尊重他們」是導演最終的取捨。[25] 即使本片無法透過鏡頭捕捉這個區塊，撒舒優也沒有嘗試藉助旁白的方式，去將這一區塊藉由畫外音給予轉呈出來。[26]《原來我們不核》在這個意義上，並不是要去做平衡報導，而是讓影片的三位主述者滔滔不絕而條理分明，充分而堅定地抒發並闡明其觀點，去直面那些不現身、沒發出聲音卻顯得固著的態勢。在此，撒舒優並不諱言《原來我們不核》的鮮明的立場，他說：「既然已經拍不到〔支持者這方〕，就讓它〔影片的立場〕更強一些。」（撒舒優，2018b）

　　承接上述想法，導演讓三位主角一棒接一棒地輪流上場講話，更為彰顯立場地去抗衡噤聲的支持者，以及核廢料的頑強沉默。核廢料所具有的龐大沉默，來自於它的歷久不衰的物質（性）。而它恆常的物性以及作為媒介的一種，因其時間偏移之特性，使得關於它的一切變得穩定而又難以去駁斥。這種物質的持久特徵及其中介、散播的意義，即使是單一訊息的一再發送，已足夠讓人感受到在個人此生是無法去超克的。因此，或許有鑑於不同的時間尺度、頻率與週期，有些人感受不到核廢料的影響（譬如我們也活不到那麼久），或者選擇去忽略它。然而影片的三位主述者卻意義非凡地發出聲音，去探觸那深而不可度量的沉默。三人不約而同地動用具持久價值與意義之事物，去立論、連結並進行抗拮。導演撒舒優在此是以極簡風格的手法，將三人的講話與聲音拚貼成序列，凸現了蒙太奇（Montage）加乘的聲響效果。

24　參見蔡卉荀與洪申翰於 2018 年 11 月 20 日於《The News Lens 關鍵評論》，關於核廢料議題所發表的一則評論。

25　是拍此片的遺憾卻也是倫理考量下的抉擇。另外，本紀錄片由原文會補助拍攝，有限期結案的壓力。在台灣許多紀錄片工作者需仰賴政府的計畫補助案才能存活。

26　撒舒優說，那時候堅持不用旁白，不用口述去講多餘的事情。他只要用畫面去講清楚，用記錄的角色來講事情。

　　台東廢核·反核廢聯盟前秘書長蘇雅婷，整理了她長年以來的經驗與心得。她明白地指出，在部落談核廢料，需要很小心，要先貼近部落族人的生活，然後再跟他們談論關於核廢料的問題。而如何談、談些什麼才能觸碰到人心、激起反思呢？與土地的關係，顯然是趨近原鄉族人生活的核心與脈動之所在。在影片中，蘇雅婷前秘書長表示：

> 我今天不是只是抵抗核廢料進來的問題而已，包括是在學習跟思考怎麼存活，然後跟土地的關係〔這件事〕。……每次這樣子想的時候，就會覺得我在做這件事情，不要把輸贏成敗只放在核廢料這件事情而已。而是怎麼樣可以長久跟他們建立一種關係，然後透過他們平常生活最在意的東西。……回來再想說我可以用什麼方式再去談核廢料，甚至也不一定要談。〔因為〕只要他們的土地意識夠了，然後權利意識夠了，也許哪天這個力量就會凝聚起來。（撒舒優，2015）

蘇雅婷的話語從一個較大尺度的關懷，點出了原鄉族人與土地、傳統生活空間緊密相連的存在樣態。對於此種存在樣態的喚醒、覺察與意識，將帶來捍衛自身權益的強大動能與力量。然而有了土地意識進而去申張其權利，需要去面對、周旋的是層層國家行政體系與它的治理思維。

　　蘭嶼是達悟族人傳統以來的生活領域，也是由政府劃歸為原住民保留地的所在。目前台灣低階核廢料有十萬桶，就是置放在蘭嶼這塊原住民保留地上。希婻·瑪飛洑解析了其中的弔詭與無奈，核廢料要放在蘭嶼是必須依原住民保留地的管理辦法，向地方政府洽談與承租。但是台電直接跳過這些：「除非你〔地方政府〕承租給我，我〔台電〕才會發多少的回饋金給你。」（同前引）而對於接受核廢料、領取回饋金以帶動地方發展的交換關係，希婻·瑪飛洑質問：「難道這些人……不能在沒有有害物質的置放的條件下好好地自主發展嗎？」而原住民偏鄉能夠好好的自主發展，需要來自政府關鍵而有規劃的輔助。希婻·瑪飛洑強烈主張：「同樣是中華民國的國民，我們〔原住民〕那應該是享有同樣的義務啊。我們同樣享有被政府照顧的責任。」（同前引）

　　相較於訴諸土地意識、權利意識或制度的不公義、公民權利甚至普世人權

之價值，南田部落傳統領袖苞勒絲‧加那扎凡在傳統價值式微，頭目權威低落的當代情境，依舊動用傳統與文化的概念、構想，對人、土地與族群進行闡述、關聯，「南田部落是來自『Qaljapitj』富山部落的祖先。長輩親友交代我說，這裡是我們的傳統領域」。（同前引）這位年長的「vuvu」語重心長地說：

> 以前我們的祖先不管做任何事情，都會為下一代設想。就像現在大家都在努力傳承祖先留下來的文化，都說原住民族文化的歷史悠遠且珍貴。所以後代子孫在回顧歷史時會講說，我的那個祖先是不好的人，他為了自己的利益，拿了回饋金換來這有害的核廢料。想到子孫未來若真有如此遭遇，心裡就會很難過。[27]（同前引）

這位部落傳統領袖的講話有著深刻的倫理意涵，並轉換在不同主體位置與立場，向著祖先或對著後代族人講述其關切並發出其話語，如此之發聲具現了中介／生發的自我疏遠（self-distancing）以及自我認知（self-recognition）的雙重關係。（Mazzarella, 2004: 357）這位「vuvu」勇敢地負起責任說：「守住這裡〔南田傳統領域〕、不能改變這裡的名字、不能讓祖靈回來的時候找不到了。」[28]此種拖曳在不同主體位置發言的方式，在於體察、應對微觀尺度的社會緊密關係。由於，持贊成立場的也是自己族人，也是我們的一部分。是自己人，確實難以用指名道姓的方式去指陳。因此「vuvu」以自我叩問的反身性話語，讓不同意見的人都盡量能夠聽得到你講的話，進而從中媒合分立的各方，並將難以名狀的祖先訓示具體勾連著族群存續的命脈（Livingstone, 2009: 12），讓不同的各方警醒、有所規範，並在彼此之間產生更為飽滿而有厚度的連結。

三位主述者於《原來我們不核》中的講話，彼此之間常常沒有過場鏡頭給予橋接，而是直接連番上場，因此營造出「聲音」之間相互回響以及彼此援引的話語加乘效果。聲音（voice）其本質在於能夠產生見解，承載了我們的語言內涵（Ihde, 2007:

27　這位「vuvu」也擔心核廢料對土地的汙染，她常常說，在這樣（有核廢料）的地上怎麼種東西？土地無法種東西，後代子孫還能去哪裡？

28　參見「環境資訊中心」賴品瑀2014年3月14日的新聞報導一則（〈南田老頭目：「核電的大便 我們就是不要！」〉），南田老頭目苞勒絲‧加那扎凡說：「核電的大便，我們就是不要！」

189），影片中三位主角的發聲即是在表達觀點（聲音因此是一種媒介）（Couldry, 2010: 91-92），或從廣義的政治角度去理解，就是在表達一種急需被世人知道的觀點與視角。尤其身處傳統權威與價值體系式微的社會情境，生活在部落的「vuvu」以及希嫡‧瑪飛洑，深切知道她們所依賴的環境、社會紋理以及有限物質條件，植基於她們的處境而抒發的聲音因此顯得格外重要。透過影片的攝製而獲得以及行使發聲這一動作，將直接暴露她們與族人在教育、基礎設施、交通、衛生福利、食物安全以及環境破壞等攸關其生存權利之關鍵問題。這些問題如何被說出來以及所具有的政治意義，牽動社會將以何種態度來面對或進行變革。三位主角殷殷的聲音表達所產生的中間空間，是帶著中介／調解的驅力在其中。（McLuhan 1964: 77-79）

五、紀錄影像中介／調節的力場：溝通與框架移轉

《最後12.8公里》影片開端，牡丹鄉石門部落的古英勇長老在2012年1月18日屏東縣政府召開旭海至觀音鼻自然保留區審議會的會場外，對著聚集的群眾說：「我們〔主張保存阿塱壹古道〕回去要面臨我們部落還有周遭附近的人，要承受很多異樣的眼光、異樣的指責。」（撒舒優，2013）古長老指出部落族人的情況，正是撒舒優想要藉由紀錄影片去碰觸的議題。

開始想去拍《最後12.8公里》影片的念頭，撒舒優表示是在攝製他的第一部紀錄影片關於鼻笛《排灣nasi》（2012）的時候。撒舒優回想當時，因為拍片地點鄰近旭海與南田兩地，知道兩個村落以及附近的族人正因為台26線的興建問題，群情激動，部落呈現撕裂的狀態。撒舒優「觀察一年多，都不敢拍。由於部落衝突很嚴重，〔而我〕又不是那兩個部落的人，但卻有點擔心事態發展」。（撒舒優，2018a）撒舒優那個時候一直在觀察那裡的事態與動向，後來覺得不行了，一定要來拍出影片，讓外界多多知道這裡發生的事情。

當時部落裡面反對台26線興建的聲音是很少數。若依據當初道路建造藍圖去施作，那麼僅存的一小段阿塱壹古道將全部遭到破壞。因為部落已經很少人了，持反對意見的是少數，少數人的聲音被壓著。迫於這樣的情勢，撒舒優希望透過紀錄影片，「把他們〔少數〕的想法傳遞出去讓大家知道」。影片攝製工作一啟動，

撒舒優即刻發現他找到的受訪者，都是很願意去談這件事的少數。「他們不怕去講他們反對的立場」。這些受訪者都不怕了，撒舒優反問自己「那我怕什麼」，然後就跟著一直拍下去。（撒舒優，2018a）

拍攝原住民族的當代議題，不免需要面對、折衝於諸多立場不一、觀點殊異或理念相左的情狀。這包括自己族人對族人間，以及部落跟部落間，更別說與主流社會或國家行政體系與治理思維之間的扞格。撒舒優在一次訪談中表示，當代原住民族面臨的問題，讓他感觸良多，於是想透過紀錄影片去呈現、探討這些錯縱、難解卻攸關著台灣原住民族群存續的問題。撒舒優也觀察到，關於原住民族文化面向的探觸，藝術家、文化工作者有很多人在努力。然而大多數人都不願意去面對「當代我們〔原住民〕遇到的問題，該如何、怎麼樣去處理、解決」。於是當聽聞、目睹台東與屏東地方的族人，因台26線的興建以及核廢料議題，彼此產生離隙與對立的狀態。身為影像工作者的撒舒優，因而透過紀錄片的攝製去面對、因應，並尋求部落的發展與出路。撒舒優說：「用我的想法〔透過影片〕，看大家能不能稍微改變他們的想法。」（同前引）

《最後12.8公里》撒舒優讓在地族人的不同立場與多元觀點，在各自的視框、場景當中，分別抒發其觀點與看法。於是他們的對立與交逢，其實是透過編輯與詮釋篩選的影像中介空間當中被呈現與延展。（布魯克著，王志弘、李根芳譯，2003：240）鏡頭前人物的講話彷彿對著彼此、其實也是對著觀影者。由於本片並沒有採納旁白的方式，去註解或串接不同人物的言談話語，而是讓立場殊異的各方透過鏡頭，完整而充分地暢談他的意見與看法。在顧及均衡以及面面俱到的意圖上，加上如此的呈現手法，這部影片形成了一種「四平八穩」的敘事效果。這樣一種讓分立的各方並陳的呈現方式，本片將觸動何種樣態的溝通、交流或衝突？

《最後12.8公里》入選財團法人原住民族文化事業基金會2013年的第二屆「部落電影院」，導演撒舒優選擇位於阿塱壹傳統領域的安朔村「阿塱壹勇士團聚會所」進行放映（2013年11月2日）。[29] 影片主角之一的南田傳統領袖苞勒絲‧加那扎凡及其家人皆應邀前來，南田與安朔許多族人出席本次的影片活動。[30] 影片主角之一

29　入選「部落電影院」的影片計畫須於限期內拍攝完成。完成的作品隨即安排至不同地點公開放映。第二屆部落電影院場次活動表請參考附錄一。

30　《最後12.8公里》有四位主要角色：護衛阿塱壹古道的南田村傳統領袖苞勒絲‧加那扎凡、安朔

的潘志華前理事長心情緊繃，擔心影片在立場相互對立的眾多族人眼前開演，不知會不會引起衝突？放映結束，某協會理事長回饋說，在地的人都不曉得（阿塱壹古道）的整個歷史脈絡。透過影片呈現的內容，讓族人多所機會認識自己的土地，了解阿塱壹的整個歷史文化。由於不是很清楚原來古道和自己的族群以及土地有如此深的連結，這位理事長表示，看完影片之後，對自己的無知頗感汗顏。

　　南田的高富源村長當天晚上無法前來觀賞，紀錄片放映活動前夕，撒舒優先去拜訪並邀請村長。[31] 撒舒優回憶道，去邀請村長時內心忐忑不安、壓力很大。因為在影片中高村長表示支持道路的興建，高村長的立場與影片的立場不同。撒舒優因此擔心高村長會對影片的內容與立場感到不高興。不過出乎撒舒優的意料之外，高村長看到導演的來訪，劈頭就說：「喔，你這部片子真的不錯耶！把我們的立場什麼都⋯⋯還不錯把我們的心聲都有傳達出去。」（撒舒優，2019）而心情緊張的潘志華前理事長在映演結束的那一刻，似乎鬆了一口氣、顯得相當釋懷，他覺得他終於把想說的話，（透過影片）說給（在場的）大家聽了。一位族人發言表示，看了影片才明白潘志華前理事長一直在做的事情，以及這些事情對部落的意義與價值。歸功於影片的部落放映，族人對這位時常發起抗爭、「很有事」的前理事長有了不一樣的看法。[32]

　　另一處影片放映活動，面對同為原住民影像工作者，對於本片過度簡化部落的複雜性，而且「在尖銳議題上一語帶過」的質問，撒舒優回應說：「那議題不簡單，不要再造成衝突。你要講得這麼平和，你要講得不要再造成衝突，其實不簡單。」（撒舒優，2018a）撒舒優認為，紀錄片太硬地去講議題，或是很直接地去呈現衝突，當事人或觀眾並不會領情，也不會接受這樣的說理方式。撒舒優有意識地用比較溫和的方式去呈現議題，但他強調核心要講的東西並不會因此失焦，一定要將核心的東西講清楚。撒舒優也表示，在影音的運用上，他選擇少用被拍攝對

　　村的潘志華前理事長，以及支持建造台26線的南田與旭海兩村的高富源與潘呈清村長。

31　基於尊重以及為求謹慎，撒舒優都會將影片初剪版本給影片的主角過目。高村長早先即已看過《最後12.8公里》的拍攝內容。

32　《最後12.8公里》入選2013年的台灣國際民族誌影展，翌年2014年民族誌影展巡迴台灣各地，有近十場的公開放映活動。《最後12.8公里》於2013年台灣國際民族誌影展盛大映演，撒舒優依循原住民社會傳統，殺一頭豬分送給本片的每一個角色，以分享榮耀、表達感謝。

象在鏡頭前直接地講道理，而是盡量多讓影像自身進行表達。如此不咄咄逼人的話語方式，撒舒優認為這樣才能讓觀者更為平心靜氣地看影片，進而接近、思索影片意圖表述的內容。

撒舒優表示，如果你的論述不錯，你的觀點別人也可以接受，用比較溫柔的方式去講，別人比較有可能接受你的觀點或想法。此外，他還認為，直白的方式常常使得觀者在情緒上遭受攻擊，因此無法保持理性地去聽聞別人的意見。撒舒優關於人們意見交流及進行協商的見解，充分演繹了讓分立各方抒發其意見，完整呈現他的想法理路，如此將更有利於溝通之進行。而在影片的空間裡支持分立各方的參與並使之賦權，開拓出來的中介力場有一種積極性，也將留給觀者更多從中思索的空間。

「用溝通的方式也許我不敢保證，也許人家是聽得進去的呀，也許他回去之後會慢慢再重新思考，這是一個方法」[33]（同前引），如此說法呼應了古英勇長老對衝突與溝通的洞察：

> 我相信族人，他們有智慧。我今天所講的，或許他們沒有辦法立即可以理解、聽懂我在講什麼。但是人很奇妙，當你今天沒有辦法理解我講的話的時候，你會一直反覆思考，為什麼我的想法跟你的想法是不一樣？你會因為你的角度，然後你會在我的立場角度上，你會為我想，古長老他為什麼堅持反對。（撒舒優，2013）

古英勇長老說《最後12.8公里》這部片子出來之後，與當時支持台26線開發的旭海潘呈清村長持續有所接觸，感受到村長與當地居民的想法有在改變，對生態、對環境保護這一塊有一些跟之前不一樣的看法。古長老推敲說，也不知是否與這部影片有什麼關聯，不過這幾年的確看到潘呈清村長頗為積極在推動旭海的生態旅遊。潘村長大聲疾呼，旭海有得天獨厚的條件，山海、溪流、溫泉、草原

33　撒舒優：「我的片子大部分就是會朝這個方向去做。畢竟我是學電影的，可能還要加上我很喜歡電影那種說故事的方式。我喜歡電影的說故事方式，是比較開放的，比較沒有結局的，比較能夠讓人家回去之後能夠好好思考。」（2018a）

圖4　2014年「308護台東‧反核廢」大遊行台東場，南田部落族人一起走上街頭
圖片來源：撒舒優，《原來我們不核》（2015）

多樣化的生態環境以及阿塱壹古道，這裡的多元文化特色應該被看見。[34] 旭海村
對生態旅遊的推動，多少移置以人為中心的思維（道路建設與便捷性），轉向自然
與人文生態的視域動向，從中披露「守護牡丹，幸福牡丹」這項新的創造性態度，
並提舉「保護牡丹鄉環境，讓年輕人可以回到部落生活」之實質政治項目。（Iovino,
2012: 144）

　　2015年第三屆部落電影院入選影片之一的《原來我們不核》，同時獲得國內外
大小不一的影展映演機會，也積極參與校園巡迴映後座談或非政府組織的播映邀
請。雖然面對更為多元與多樣的觀影群眾，本片的映後回響卻不若《最後12.8公
里》所呈現的動態張力。2015年，適逢原住民族電視台創立十周年，《原來我們不
核》除了一場部落放映活動（台東市），也移師華山大草原的露天星空電影院盛大演
出（2015年7月5日）。[35] 本次放映活動，筆者擔任引言與對談人的角色參與其中，
而現場發言的觀眾多是持反核、反核廢的立場，或許是因為本片立場鮮明，擁核

34　潘呈清先生目前為屏東縣牡丹鄉民代表。呼籲推動生態旅遊新聞，參見《中時新聞網》潘建志
　　2018年11月2日新聞報導一則（〈阿塱壹的故鄉 旭海村長潘呈清改選代表〉）。

35　放映資訊請參考附錄二。華山場次是於2015年7月4至5日的【Am嗎～我們！ 2015原住民族音
　　樂生活節】×部落電影院」活動中進行放映。

人士多半不會前來參加本片的播放活動。也或許核廢料議題像鐵板一塊，支持或反對者的立場與說法彼此心知肚明，誰也說服不了誰？[36]

《原來我們不核》的攝製與完成多少反映並回應了核廢料議題之「無法協商、難以交流」的僵固局面。這是因為本片拍攝的時間點正當反核、反核廢的聲浪高漲時期，部落裡支持核廢料進駐的族人很難在這樣的社會氛圍挺身表達其立場，亦造成影片的拍攝進度延宕，陷入困境。然而台東這一邊的族人處境，面對的問題較之於西部的排灣族部落嚴峻許多，卻沒有得到足夠的關注、報導或探討。而台東的南田又在如此天涯海角的位置，在這個小角隅「作為傳統領袖的」苞勒絲‧加那扎凡對於土地、族群延續的堅定心念沒有多少人知曉，且她的聲音也難以向外傳達。撒舒優回想自己當時抱持的立場就是，站在自己族群的立場、角度，土地的思維，站在「vuvu」的思維去看反核、反核廢這件事。撒舒優若有所思地說：「因為『vuvu』的聲音絕對是……因為南田太裡面……」（撒舒優，2018b）所以，把「vuvu」的聲音好好地傳達出來，成為《原來我們不核》影片拍攝的重要任務與價值核心。

撒舒優能夠聽見南田「vuvu」的話語聲響及其意涵，主要因為撒舒優從小是由自己的（女性長輩）「vuvu」在母語環境中帶大（撒舒優非常懷念與自己「vuvu」相處的時光），因此跟南田的這位「vuvu」還有用族語對話的能力，很喜歡跟她對話，也聽得懂「vuvu」在講什麼[37]。（同前引）如此經由族語所啟動的影片拍攝活動，顯現了族群的重要連帶，並活絡著代間聯繫。撒舒優與族中長輩用族語溝通、協商影片拍攝的主題與內容。這些互動與過程不一定出現在影片裡，卻為影片的敘事及意義鋪墊通道，賦予色調。在此，原住民族影片製作，彰顯、體現著意義顯著的社會過程以及豐富的文化生產。（林文玲，2013：157）

此種藉由族語油然而生的代間聯繫持續發酵，《原來我們不核》影片對「聲音」的安置與安排，透露著撒舒優對這些聲音話語的專注聆聽以及深刻參與，從而也在影片中轉而對著觀影者提出傾聽的請求。[38] 撒舒優透過影片製作的某些環節，

36　華山草原放映之後，《原來我們不核》有機會到一處研究機構放映，映後一位學者以台灣的電力短缺，認為核電才有辦法緩解這項壓力，而衍生的核廢料自然需要處理。這位學者態度強硬指出，一味反對處置場的設置，不能解決用電問題。

37　撒舒優說現在很多年輕族人聽不懂母語，就不會想去理會老人家。

38　有了說話的行為或發出聲音，即使很成功，卻也保證不了什麼。因為若是無人在聽，那麼即使

擴大並增強南田「vuvu」的話語聲響，以此創造的某種紀錄的真實，更接近一種「社會紀錄」(social documents，語出 Turner, 2002: 87)的真實。[39] 而瀰漫、滲透在這個社會紀錄真實有一個面目清晰的視域框架。此視域框架一方面連結族群命脈所繫的傳統生活領域進行言說，以此所夾帶出來的具身經驗以及與土地的倫理關係，讓它明顯有別於核廢料正反兩方的主導論述。

本片稱職而真切地將南田「vuvu」視角的社會認識與文化價值(一種愈來愈少見的視域框架)給予中介、轉譯，進而引導給觀影者。(奧沙利文等著，楊祖珺譯，1997：227)本片映後座談雖然大多沒有激起論辯的火花，然而影片的實際效應卻出現在南田這塊角嶼地方。南田的「vuvu」說，很多人來找過她了，每個人都說很支持她。得到這麼多人的關切與表達支持，這位聲音、立場被部落現代頭人質疑、壓抑的傳統領袖，豁然覺得：「那我沒有錯啊，我並沒有做錯啊。」一位來自屏東的族人跟「vuvu」打氣說：「妳本來就沒有錯啊。即使沒有人來支持妳，妳也沒有錯啊。南田這裡就是妳的領土，妳本來就應該堅決守護它。反而是妳的族人更應該支持妳才對。」

《原來我們不核》讓「vuvu」講的話更大聲，表達的想法更完整，也設法讓她的聲音傳得更深更遠。撒舒優慶幸自己將《原來我們不核》拍出來：「如果我們沒有透過這部紀錄片到各個地方〔公開放映〕，我們也沒有辦法看見『vuvu』反對核廢料，守護土地的決心。」南田「vuvu」的講話、思維與態度：她的聲音，透過公開映演活動的實施，在觀眾、被拍攝對象與影像工作者的「共同在場」(co-present)，及其搭建的中介空間當中轉動其視域，進而提供更廣大群眾面對現代性議題，體察台灣原住民族的歷史互動痕跡，尋索社會正義的可能出路。

是最有創造性的聲音或說話，都無法激起任何漣漪。「是否有人聽到」是聲音／媒介傳達的成敗關鍵。赫斯本德(Charles Husband, 1908-1983)提出「傾聽」的必要性以及它的意涵。(Husband, 2009)透過傾聽，意味著積極地去聽，如此才不至於讓聲音淪為僅僅是背景或襯托的聲響。

39　沒有人願意在紀錄片鏡頭前講述其贊成核廢料進到地方存放的想法，反映的即是社會現實的某種狀態。

六、結語

　　本文藉由呈現與剖析不同類型的媒介諸如實體物質的台26線、阿塱壹古道與核廢料，以及跨足自然與文化領域的發聲（尤其《原來我們不核》片中的三位主述者的話語聲響）和影片（撒舒優的影音紀錄），及其釋出的中介／調節力道與構造的場域，提出理解大尺度的現代性的多種作用力之下，台灣原住民族的微觀處境以及在地族人回應、辯證或抗拮之舉措。而透過對不同媒介與中介之並置、相互牽引與振動的爬梳，以更為務實的態度去認識與理解在地的情境、狀態與言論、行動之內外張力。如此，也能夠捕捉在地如何座落並鑲嵌於更大政治、經濟、社會、文化之多源脈絡以及全球化的環境與複雜性當中，看見在地族人與之斡旋、起而因應的動態歷程。

　　台26線、阿塱壹古道與核廢料從時間的視角，就其訊息質地、意義生成以及協商之屬性或包容性來看各有其特點。植基於現代性理性思維予以規劃與進行構建的台26線，在透過對環境的有效制伏，企求達到地理空間上點與點之間的直線連通，以及便捷、有效率的移動模式。此種現代公路的物化模式表徵著一種加速的時間效應，所標榜的快捷效率雖然抽象卻常常凌駕其他價值、標的而顯得難以輕易地與之交涉、周旋，也使得其協商空間無法有效鋪展。有別於現代道路加速時間之特徵，核廢料則因其超出人類個體存活極限的綿長生命週期，難以測度、衡量的物質效應，以及它為人所知的沉默訊息的單一發送，限縮進入其中的各方進行調節、交流或鬆動其既定走向的可能。

　　阿塱壹古道作為載體有著可以被觸及的空間場域，而這空間場域是將時間的不同向度涵納進來。現象學式的體驗，慢活節奏，以及進入歷史場景與通道的時空穿梭，讓古道這項媒介能夠促生更具張力的中介、力場與向度。從人類中心的視角偏移，轉而面向實體物質的台26線、阿塱壹古道與核廢料。體察、描繪、闡述與實體物質的非人行動者的遭遇，一方面突顯非人行動者的作用與影響。而從這樣的網絡偏移與動向也披露著新的創造性態度，有了思索、體驗生活世界的另類觀點（Iovino, 2012: 144），所訴求的政治項目將生態、形而上的大世界納入，而不僅駐足於當下的爭論、傾軋。

　　《原來我們不核》片中三位主述者的觀點、想法，藉由跨足自然與文化領域的

聲音／物質進行表述。她們的聲音一方面對事物、核廢料議題產生見解，同時承載著她們的語言之意旨與內涵（Ihde, 2007: 189），聲音另一方面涉及感官，是一種感性事件，能夠活絡感性連結。感性連結的穿透特性，讓撒舒優深刻地聽見南田這位「vuvu」話語鞭辟入裡之處，尤其對族群命脈的承傳以及與土地的連結。撒舒優隨後將他從「vuvu」那裡「聽來的」聲音，透過鏡頭使之有組織地浮現出來，並與其他聲音交織、對位，從而構造了這些聲音清晰的面貌以及頗有韌性的力道。撒舒優的影片讓台東縣南田原鄉這個偏遠小角嶼地方，權威業已式微的傳統領袖發出清澈的話語聲響，這些聲音深具潛力，對內、對外以及在影片播放的場合都伸展著它溝通之請求與調解之動能。

　　撒舒優‧渥巴拉特的兩部紀錄作品，善用影片／物質的特性，將現代性作因如何深刻影響、改變著台灣原住民社會與族人的生活，族人面對社會環境的激烈變動，衍生的衝突以及尋求解決的出路，刻寫在視覺影像上。影片也記述一些族人如何訴求土地的連結、族群的連帶以及文化之理念與傳統價值，以面對、因應現代性帶來的影響並給予多元之轉化與轉進。撒舒優的紀錄鏡頭對前述現象之捕捉與闡述，充分標記與反映了台灣原住民族紀錄影片的當代議程。而影片的物性乘載著移動其上的人、事、物、意念、想像與價值，並將它帶往各處；所創造的再次協商、調節各方的力場，也將在映演的每一個場合浮現並開展出來。

附錄一

2013年第二屆「部落電影院」巡演場次表

場次	放映時間	片名	表演者	導演	放映地點
1	10 / 20 (日) 18：00	血‧馬丁阿泰	黑孩子	林光亮	臺東縣成功鎮都歷部落多功能聚會所 (臺東縣成功鎮都歷路1144號)
2	10 / 26 (六) 18：00	島嶼的記憶	馬韾珊	張也海‧夏曼	台東縣蘭嶼完全中學室內體育館 (臺東縣蘭嶼鄉油村37號)
3	11 / 02 (六) 18：00	最後12.8公里	黑孩子	撒舒優‧渥巴拉特 (曾連豪)	臺東縣安朔村阿朗壹勇士團聚會所 (臺東縣達仁鄉安朔村八鄰116號之一)
4	11 / 09 (六) 18：00	來自Cilo'ohay的風	七字軍	Kawah Umei (連長榦)	花蓮縣鳳林鄉鳳信部落鳳信國小操場 (花蓮縣鳳林鎮中正路一段120巷25號)
5	11 / 16 (六) 18：00	好久不見‧德拉奇	盧皆興	莎韻‧西孟	宜蘭縣南澳鄉風雨運動場 (宜蘭縣南澳鄉金岳村金岳路1-3號)
6	11 / 23 (六) 18：00	衝擊西拉雅效應- 存在與傳承	保卜	潘朝成 (木枝‧籠爻)	臺南吉貝耍部落大公廨廣場 (臺南市東山區東河里133號)
7	11 / 30 (六) 18：00	叫心裡醒來的笛音	小魯凱	伊誕‧巴瓦瓦隆	屏東縣三地鄉禮納裡部落大社村穿山甲藝文廣場 (屏東縣三地門鄉大社村和平路二段35號)
8	12 / 07 (六) 18：00	太陽之子	Boxing	Uki Bauki (潘昱帆)	屏東縣來義鄉文樂村文樂國小活動中心 (屏東縣來義鄉文樂村新樂路1號)

附錄二

2015年第三屆「部落電影院」巡演場次表

參考書目

中文書目

IPCF-TITV原文會原視（2011）〈列核廢選址名單 達仁設籍人口增 20111212〉，「原文會原視」YouTube，2011年12月13日，https://www.youtube.com/watch?v=Zb4m3fV9hKk

中央廣播電台報導（2012）〈衝著回饋金 達仁南田村將有條件接受核廢〉，《環境資訊中心》電子報，2012年4月18日，https://e-info.org.tw/node/76166

布魯克（Brooker, Peter）著，王志弘、李根芳譯（2003）《文化理論詞彙》（*A Glossary of Cultural Theory*），台北：巨流出版社。

吳正忠（2015）〈第二屆 百大清農吳正忠（魯瓦）聲明稿 台電還我清白〉，「紅藜先生 Mr. djulis」Facebook，2015年1月29日，https://www.facebook.com/notes/穿越世界末日-為愛而走/第二屆-百大青農吳正忠-魯瓦-聲明稿-台電還我清白/598710793562075

呂建蒼（1998）〈來自台東的反核怒火〉，《台北環境季刊》（電子期刊）第18期（1998年6月），http://ago.gcaa.org.tw/mounth/18-4.htm

周志豪（2018）〈台電核廢貯存場 全台都納入選址範圍〉，《Udn午後快報》（聯合新聞網電子報）第5801期（2018年3月3日），https://news.housefun.com.tw/news/article/113225189780.html

林文玲（2013）〈製作「原住民」：轉換中的技術載體，轉化中的文化身分〉，《臺灣人類學刊》第11卷第1期，頁155-187。

洪申翰（2016）〈歧視的困局：懂得核廢之難與痛，就不會笑了〉，《報導者》電子報，2016年2月24日，https://www.twreporter.org/a/opinion-nuclear-waste-yami

范玫芳（2017）〈誰的風險？誰的管制與檢測標準？蘭嶼核廢料爭議之研究〉，《傳播研究與實踐》第7卷第1期（2017年1月），頁107-139。[https://doi.org/10.6123/JCRP.2017.005]

陳彥廷（2018）〈台26線貫通公路總局：視屏縣能否解禁〉，《自由時報》電子報，2018年5月9日，https://news.ltn.com.tw/news/local/paper/1199026

奧沙利文等著（O'Sullivan, Tim, et al.），楊祖珺譯（1997）《傳播及文化研究主要概念》（*Key Concept in Communication and Cultural Studies*），台北：遠流出版社。

撒舒優・渥巴拉特（Sasuyu Ubalat）（2013）《最後12.8公里》（紀錄片），版權為導演個人所有，未委託商業發行。

──（2015）《原來我們不核》（紀錄片），版權為導演個人所有，未委託商業發行。

──（2018a）個人訪談，2018年8月27日。

──（2018b）個人訪談，2018年9月4日。

──（2019）個人訪談，2019年5月27日。

潘志華（2014）《原住民族生存發展的策略與行動：安朔部落的歷史經驗與當代實踐》，國立台

東大學公共與文化事務學系南島文化所碩士論文。

潘建志（2018）〈阿塱壹的故鄉 旭海村長潘呈清改選代表〉，《中時新聞網》電子報，2018年11月2日，https://www.chinatimes.com/realtimenews/20181102000066-260407?chdtv

蔡卉荀、洪申翰（2018）〈核廢料真的能包起來放你家？低階和高階核廢料有什麼不同？〉，《關鍵評論》電子報，2018年11月20日，https://www.thenewslens.com/article/108508

賴品瑀（2014）〈南田老頭目：「核電的大便 我們就是不要！」〉，《環境資訊中心》電子報，2014年3月14日，https://e-info.org.tw/node/98001

謝蓓宜（2016）《多元社會脈絡下的核廢論述：民間核廢論壇個案分析》，國立政治大學公共行政學系碩士論文。

顏士傑、林瓊瑤（2007）〈歷史的道路－琅嶠－卑南道〉，「臺灣國家公園」（內政部營建署），2007年12月17日，https://np.cpami.gov.tw/youth/index.php?option=com_content&view=article&id=412&Itemid=40

外文書目

Abu-Lughod, Lila. 1997. "The Interpretation of Culture(s) After Television." *Representations* 59: 109-134. [https://doi.org/10.2307/2928817]

Adorno, Theodor W. 1997. *Aesthetic Theory*. Minneapolis: University of Minnesota Press.

Appadurai, Arjun. 2015. "Mediants, Materiality, Normativity." *Public Culture*, 27(2): 221-237. [https://doi.org/10.1215/08992363-2841832]

Bennett, Jane. 2010. *Vibrant Matter: A Political Ecology of Things*. Durham: Duke University Press.

Boyer, Dominic. 2012. "From Media Anthropology to the Anthropology of Mediation." In Richard Fardon, Olivia Harris, Trevor H. J. Marchand, Mark Nuttall, Cris Shore, Veronica Strang, and Richard A. Wilson (Eds.), *The SAGE Handbook of Social Anthropology* (pp. 383-392). London: Sage.

Carpenter, Edmund. 2001. "That Not-So-Silent Sea." Appendix B. In Donald Theall, *The Virtual Marshall McLuhan* (pp. 236-261). Montreal: McGill-Queens University Press.

Couldry, Nick. 2010. *Why Voice Matters: Culture and Politics after Neoliberalism*. London: Sage.

Ginsburg, Faye. 1995a. "Mediating Culture: Indigenous Media, Ethnographic Film, and the Production of Identity." In Leslie Devereaux and Roger Hillman (Eds.), *Fields of Vision: Essays in Film Studies, Visual Anthropology, and Photography* (pp. 256-290). Berkeley: University of California Press.

——. 1995b. "The Parallax Effect: The Impact of Aboriginal Media on Ethnographic Film." *Visual Anthropology Review*, 11(2): 64-76. [https://doi. org/10.1525/var. 1995.11.2.64]

Harvey, Penny, et al. 2016. "Introduction: Infrastructure Complications." In Penny Harvey, Casper

Bruun Jensen, and Atsuro Morita (Eds.), *Infrastructures and Social Complexity: A Companion* (pp. 19-40). London: Routledge.

Herzogenrath, Bernd, ed. 2015. *Media Matter: The Materiality of Media, Matter as Medium*. New York: Bloomsbury.

Hinkson, Melinda. 2018. "Indigenous Media." In Hilary Callan (Ed.), *The International Encyclopedia of Anthropology* (pp. 3207-3216). London: Wiley-Blackwell. [https://doi.org/10.1002/9781118924396.wbiea1944]

Horn, Eva. 2007. "There Are No Media." *Grey Room*, 29: 6-13. [https://doi.org/10.1162/grey.2007.1.29.6]

Husband, Charles. 2009. "Between Listening and Understanding." *Continuum: Journal of Media and Cultural Studies*, 23(4): 441-443. [https://doi. org/10.1080/ 10304310903026602]

Ihde, Don. 2007. *Listening and Voice: Phenomenologies of Sound*. Albany, NY: SUNY Press.

Ingold, Tim. 2011. *Being Alive: Essays on Movement, Knowledge and Description*. London: Routledge.

Iovino, Serenella. 2012. "Steps to a Material Ecocriticism: The Recent Literature about the 'New Materialisms' and Its Impact on Ecocritical Theory." *Ecozon*, 3(1): 134-145.

Larkin, Brian. 2013. "The Politics and Poetics of Infrastructure." *Annual Review of Anthro- pology*, 42: 327-343. [https://doi.org/10.1146/annurev-anthro-092412-155522]

Livingstone, Sonia. 2009. "On the Mediation of Everything: ICA presidential address 2008." *Journal of Communication*, 59(1): 1-18. [https://doi.org/10.1111/j.1460-2466. 2008.01401.x]

Martín-Barbero, Jesús. 1993. *Communication, Culture and Hegemony: From the Media to Mediations*. (Elizabeth Fox and Robert A. White Trans.). London: Sage.

Mazzarella, William. 2004. "Culture, Globalization, Mediation." *Annual Review of Anthropology*, 33: 345-367. [https://doi.org/10.1146/annurev.anthro.33.070203.143809]

McLuhan, Marshall. 1964. *Understanding Media: The Extensions of Man*. New York: McGraw-Hill.

Pias, Claus, et al. 2004. *Kursbuch Medienkultur: Die maßgeblichen Theorien von Brecht bis Baudrillard*. Stuttgart: Deutsche Verlags-Anstalt (DVA).

Turner, Terrace. 2002. "Representation, Politics, and Cultural Imagination in Indigenous Video: General Points and Kayapo Examples." In Faye D. Ginsburg, Lila Abu-Lughod, and Brian Larkin (Eds.), *Media Worlds Anthropology on New Terrain* (pp. 78-89). Berkeley: University of California.

Williams, Raymond. 2015. *Keywords: A Vocabulary of Culture and Society*. London: Oxford University Press.

中國跨性別性工作者不確定的
未來與言證紀錄片 *

李思齊（Nicholas de Villiers）著

蕭美芳、張行 譯；林純德 校譯

> 重要的是，正是在闡釋經過重新指意的這些術語（它們的內
> 容影響了我們被排斥和拋棄，結果重新指意創造了社群使用
> 的話語和社會空間）而被鍛造出來之親緣關係中，我們看到
> 主流術語的挪用，將它們轉向了一個更加給力的未來。
>
> ——巴特勒（Judith Butler, *Bodies That Matter*, 1993, p. 131）

　　劉言（1987-）兩部風格截然不同的紀錄片在2017年台北「東北妖站街日常‧攝影展」放映。紀錄片講述中國東北的變裝和跨性別（男跨女）性工作者的日常生活。在《女夭兒》（2014）此片中，我們看到這群性工作者日常生活的實踐、即興的酷兒形式的親緣關係和生存樣態、言談間所表露出的黑色幽默和在賣淫經略上的抱負，而在《跨‧年》（2016）該片中，她們對著充滿悲憫心的「NGO凝視」訴說自己的艱辛和未來的夢想，後者要求她們提供身為（家庭、醫療和就業）歧視受害者的證詞。她們討論自身未來和「跨性別」身分的方式根據紀錄片所採用的不同模式而有所差異。了解這些修辭的差異有助於介入當代中國關於NGO（Non-Governmental Organization）角色的重要爭論，特別是關乎跨性別身分、性工作、HIV（Human Immunodeficiency Virus）和酷兒形式的親緣關係的爭論。這些近期的紀錄片也可以與崔子恩（1958-）在北京拍攝酷兒性工作者的電影（崔子恩，2004；2012），對珍妮‧利文斯頓（Jennie Livingston, 1962-）的《巴黎在燃燒》（*Paris is Burning*，美國，1990）——一部有關跨性別女性和性工作者的重要紀錄片——之言證和民族誌形式

---

* 　非常感謝「苦勞網」的王顥中，在2017年12月2日（台北電影蒐藏家博物館）丁乃非主持的「『修復』式閱讀：不／體面政治」演講後，首次提出對比這兩部紀錄片的想法。非常感謝丁乃非提示我寫這篇文章作為回應。感謝劉言與我分享他的紀錄片並信任我（注意到暴露受訪主體的風險）。還要感謝我的同事吳永安關於紀錄片的啟發評論。

的辯論，以及當前關於跨性別的文化生產和能見政治的辯論聯繫起來。

　　《女夭兒》運用真實電影的互動和參與式觀察模式，描繪了中國瀋陽的兩位跨性別性工作者大米和城城的日常生活——米歇爾・德・塞都（Michel de Certeau, 1925-1986）稱之為日常生活的實踐（practices of everyday life）。（de Certreau, 2011）這紀錄片從一個 KTV 包房開始，城城唱著關於友誼和愛情的歌曲。這一幕與第六代導演賈樟柯（1970-）的准紀錄片中許多真摯表現感傷流行歌曲的類似時刻遙相呼應，其中包括《小武》（1997）（一部講述扒手與一名 KTV 俱樂部性工作者短暫關係的電影，後者為了更好的前景而離開他）和《世界》（2004）（透過更負面地描述潛在的「被拐」俄羅斯婦女以及北京 KTV 俱樂部中「甜心乾爹」無人接受的出價，反映出對性工作觀念之全球性轉變）。賈導解釋了人們唱這些感傷現代流行民歌作為「現實主義迫切性」（realist imperative）的指標的重要性，因為他注意到在中國經濟和基礎設施快速轉型下被棄離的人們日常生活，同樣的迫切性顯然也支配劉言的紀錄片《女夭兒》。（Jia, 2010）

　　KTV 一幕以大米似乎抓住了一個潛在嫖客而結束。從 KTV 中的歌曲切到大米家中個人電腦播放著的同一首歌，劉導運用了某種音橋（sound bridge）。紀錄片大部分發生在這個狹窄的「驢逼操的地方」，高度突顯個人電腦是 QQ 聊天室中進行互動的場所。聊天群中，大米必須跟各種指控展開周旋——她想來賺錢，她是個人妖，還有對她如何手淫的疑惑——所有這些都反映了跨女必須經常在網絡空間就著汙名及男性好奇心攻勢展開周旋，儘管管理員向她保證：「只要有魅力、只要夠給力，不管你是男還是女。」我們也看到大米和城城在線下公共領域的協商與互動，在菜市場爭執魚和蛋的售價。每一個空間中，她們都展示了自己敏銳的語言智慧，而所記錄下來的皆是酷兒形式的親緣關係和日常生活作為具現修辭形式（forms of embodied rhetoric）的實踐。

　　我們見證著大米和城城作為「跨性別姐妹」（也是母女）的多種互動方式：一起唱卡拉 OK；城城替大米編織最新的時尚髮型；大米更衣露出乳房，然後和城城開玩笑地跳著舞並把裸乳壓在城城身上；煮飯時，大米嘮叨著城城，「來吧，媽媽給你做清蒸的。」「你給我滾犢子。」「你會炒什麼啊？你這個是炒什麼的呀？放這麼老多油啊？」這種日常生活的實踐突顯了酷兒親緣關係的複雜方式，它確保了共同生存，但也涉及到在近乎不斷的相互打趣之下，嬉鬧形式的撒潑戲謔。這些技巧

在討價還價時也很有用，正如我們在大米與賣雞蛋的大媽的討價還價中看到，那女人問她：「你掙那麼多錢呢，吃點兒好的唄？」

> 大米：「誰掙多少錢啊？」
> 大媽：「你啊，還是這麼漂亮的美女。」
> 大米：「媽呀，我可是下崗女工，一個月才掙六百塊錢。」
> 大媽：「哎呀媽呀，六千吧。」
> 大米：「我都寡婦失業了，現在還沒有老公，俺姐倆過〔日子〕。」
> 大媽：「你姐倆過更不錯。」
> （當被告知價格時，大米查看了秤）
> 大媽：「這麼不相信人呢，大妹子？」
> 大米：「萬一你要忽悠我呢！」
> 大媽：「漂亮美女，你敞亮一點兒。」

當她們回到公寓準備晚餐時，大米解釋了跨性別性工作者在當地公園工作所經歷的嚴峻經濟現實：

> 也不容易，這一幫姐妹，說實話，好的一年掙三萬兩萬的。不好的一年就掙萬八〔千〕的，不夠租房的，去掉吃喝的。這幫老娘們逼嘴還賊潮〔能花錢〕，買這買那的，去了過年再買幾件衣裳，沒了。錢也不好掙。你看他們一天在公園能掙多少錢呢？都吹牛逼，說〔接〕一個活一百二百的，在公園裡哪有出那大價的呀？都老了個雞巴的。等著死吧，多遭罪啊。

在這裡，我們應該注意到劉導堅持重點關注性工作者的物質和財務困境（如下文討論的《巴黎在燃燒》中始終存在的金錢主題），而不像其他許多關於性工作的紀錄片那樣，充斥著性汙名和創傷。（de Villiers, 2017）即便如此，大米也有相當悲觀的一面，而這個基調問題將在下文介紹的另一部紀錄片《跨‧年》中探討。

《女夭兒》體現了互動式民族誌紀錄片模式：順性別導演兼採訪者劉言，坐在鏡頭前與她們共用家常菜。他問城城為什麼沒有跟大米一樣做隆胸手術。她解釋

了自己的目標以及要如何實現它們，再工作數年，然後靠她的手藝成為一名髮型師。當城城說出自己的一些攢錢計畫：「自己好好開一個店〔髮廊〕，自己真正地幹一番事業。」大米當場取笑她，大米問：「自己當老闆娘妖？那你要是開髮廊不怕別人歧視啊？」城城打斷她說：「媽呀，太累了，歧視啥啊。我就這樣兒的，我也不化妝，頭髮願意留我就留，不願意留我就……」大米回擊道：「媽呀，你那母逼拉碴的，老娘們可不能願意讓你碰她頭髮，你再蘭花指上去……那你髮廊一天掙不上50塊錢，然後〔租〕門面一天80〔塊錢〕，你能合算麼？」戲謔當中，劉導跟著擠眉弄眼，插話道：「反正幹髮廊肯定不賠錢。」城城繼續訴說更多的未來計畫，「要是我不幹髮廊，我就想整個麵食店，雇下崗女工。」劉導探問：「你把這些姐妹都叫去唄？」城城堅持說：「她們可不行」，因為她無法駕馭她們，而「真正的下崗女工，一教就行」。大米問：「我行不？」城城向她保證：「你肯定行，你絕對能幫我張羅。」大米迅速回應：「那當然了，喊賣我也有勁兒啊。」

劉導說：「我看你都計畫好了，還很有過這樣的想法哈，這人數都算出來了！」然後他問城城和家人是否相處融洽。她解釋與家人相處融洽，但他們「不知道」她的女性自我呈現，因為他們住在很遠的地方，而她自己待在瀋陽。得知其母已經90歲，劉導問家人是否急著要她結婚，而她的回答清晰表明婚姻所代表的義務，「我已經完事了」。大米解釋：「她孩子都六歲了、還是七歲了。」城城解釋自己不和妻子同住：「我結完婚第二年我就走了。我真的，我就屬於像逃婚似的，就孩子生完以後，第二年我就走了……那現在就屬於離婚了，都多少年了，四、五年了，我和王佳〔現男友〕都處了六年了。」我們得知她的岳母正在照顧他們的兒子。她說：「我不管」，並解釋為何今年不回去見兒子的原因——即她的女性外表，「現在已經這個樣子了」。當劉導問：「你去年不是這樣的唄？」然後他們討論她兒子會不會接受不了她，他們開玩笑說：「管她叫『姑』唄，那沒辦法……」「叫大娘。」再一次，我們應該注意到親緣關係酷兒化已是中國酷兒電影中的一個重要主題，尤其是崔子恩（他也是東北人）的作品，我們將於下文分析其作品。

大米在談論她對孩子的渴望時直言不諱：「不要小子，要丫頭。我喜歡丫頭……到時候做彩色超音波，小子我也不要啊。」她問劉導：「誒，你看我結婚錄像帶啊？……我可母了我……那時候純是我把她甩了，要不咱倆也不能離婚。沒用，只能證明這輩子不白活。」很難不對這種說法感到震驚，該陳述強調了正典

異性戀對於生命價值的衡量標準；但在這種語境下，就像城城，大米證實了酷兒親緣關係的複雜性，超越了「騙婚」的論述，而這種論述主導中國社會關於男同性戀者進入異性戀婚姻的討論。（Zhu, 2018）她開玩笑說自己在婚禮錄像旁還放著色情電影光盤，「那天我打飛機了」。城城嘲弄道：「你那麼噁心呢。」但是這種噁心（grossness）有著重要的酷兒修辭目的，在婚姻之重要性及她們無法符合婚姻之標準的討論上，它能夠調節情感基調。

這種戲謔、這種酷兒親緣關係的主題持續存在，當大米安排與一位年輕男子見面時，後者被交替稱為男友／丈夫／兒子。電話中她對他的吼叫展示出一種複雜權力動態：「沒錢的時候給我打電話聊騷。你他媽有錢的時候，我操你媽的，撩他媽別人去……行了，你別跟我賤了，來了再說，調教你。」當她們等待他的到來時，城城和大米討論著陰莖尺寸，以及靈活應對直男客和一些妖客。城城解釋：「她雞巴大，俺倆老出雙飛，我老看她。完了有的時候，她一出雙飛，她一撅著的時候，我就怕她露包〔被嫖客發現雞巴〕。」大米解釋道：「你是越男性、長得越是我喜歡，我越能操你。但我不是非得說你是零是一，那我倒不在乎。你是零我可以幹你，你是一你可以幹我，我是這樣事兒的。」然後她敘述了她們和一位直男的一次，他「知道俺倆是人妖，完了他最開始說要操俺倆，後來我就硬了，完了我就操他，她看我操，她也操。但我主動要操他。我現在不知道咋回事，就只要越是知道身分的活哈，我就感覺你幹得我舒服，我也不能虧欠你，我也得幹你。那個男的也挺那啥的〔漂亮〕」。

我們可以將大米和城城關於性認同和性別的日常話語（vernacular terminology）與TS麥迪遜（TS Madison Hinton, 1977-）（非裔美國跨性別成人娛樂製作人／明星和網絡紅人）和珍妮特·莫克（Janet Mock, 1983-）（非裔美國跨性別作者，前性工作者和電視主持）之間的一次電視對談進行比較。當中，TS麥迪遜隨意地使用了一個更普遍但已「過時」的話語去討論一個與跨性別女人相對立的「真正女人」，並預期到莫克為了她那些可能不是跨性別的觀眾，會糾正她改為採用「一個順性別非跨性別的婦女」，因為使用短語「真正女人」即意味著跨性別女人不是真正女人。（Hinton, 2015）但是，TS麥迪遜在她的熱門線上節目中執意使用老一輩跨性別女性、性工作者和色情明星的話語，並且經常討論自己的陰莖大小，拒絕因曾為跨性別性工作者而感到羞恥（她的名字TS就喚起網約和色情的變性者稱謂）。儘管莫克堅持使用

更學術的話語「順性別」（Cisgender），但她在節目中也表示自己非常欣賞 TS 麥迪遜的著名口號：「做你自己的婊子！親愛的，強化自己的『逼』功能！找份工作！搞好生意，婊子！把雞巴吃起來！」城城和大米不識羞恥地討論賣淫與她們未來計畫的關係時，顯然也是遵循這種精神。

　　大米嚷嚷著：「我要接我丈夫去〔從片尾的演員名單中得知，他名為阿焦〕。」在接下來的互動中，我們可以看到他作為男朋友／戀人／丈夫／兒子的角色是如何交替的。這種動態也體現在《巴黎在燃燒》的後續訪問中，充滿傳奇性的紐約哈林區扮裝皇后之家的媽媽朵莉安・科瑞（Dorian Corey, 1937-1993）對酷兒親緣關係之動態，做了如下的解釋：「我曾經有很多孩子，但隨著時間流逝。那些過去會來聊天的孩子，她們現在已是自己家的媽媽。我是一個過氣的傳奇，你知道嗎？里奧（Leo）真的是我唯一的孩子。在最初的四到五年裡，他是我的愛人，隨後的二十分鐘他是我的朋友，現在他是我的兒子。」（Cunningham, 1998）同樣，大米坐在她「前情人」阿焦的大腿上戲弄著說：「那我不愛你嗯？媽媽對你不好嗎？媽媽是斷過錢啊、還是斷過料啊給你？」

　　阿焦回憶說：「我 18〔歲〕那時〔大米〕就給我拿下了。」我們得知大米在 22、23 歲時已結婚，導演問他：「她結婚你什麼心情？會吃醋或者不開心嗎？」大米開玩笑說：「嫉妒我媳婦兒，那時候當你唦穿婚紗就好了。」這是一個關鍵的例子，說明「敢曝」（camp）的酷兒實踐；敢曝，據埃絲特・紐頓（Esther Newton, 1940-）和理查・戴爾（Richard Dyer, 1945-）定義，是一種對酷兒在異性戀社會中格格不入的處境所採取嘲笑而非哭訴的方式。（Newton, 1972; Dyer, 2002）大米甚至之前就吹噓自己能夠在哭泣時化妝。她還嘲笑前情人「那時候你要是跟我倆死纏爛打的，到現在還至於我現在賣淫麼？咱倆早就過日子了。要什麼沒有？車、樓、啥沒有啊？咱就和你媽分家另過了」。此種霸權的但往往無法實現的「美好生活」衡量標準，被羅蘭・貝蘭特（Lauren Berlant, 1957-2021）從其《殘酷樂觀主義》（*Cruel Optimism*, 2011）視角進行了批判性審視。

　　我們可以看到那些關於郊區異性婚姻和收養孩子的美好生活的類似討論出現在紀錄片《巴黎在燃燒》的尾聲，在年輕跨性別色情應召者維納斯・克斯特拉瓦加（Venus Xtravaganza, 1965-1988）和奧克塔維亞・聖羅蘭（Octavia St. Laurent, 1964-2009）性別重置手術後的言證當中。儘管只有維納斯在紀錄片中明確地談論了她的賣淫工

作，而我們僅僅在電影的結尾看到奧克塔維亞作為一個有抱負的模特兒的努力，只有在《巴黎在燃燒》後續影片中，才有可能了解她的色情應召工作。（Maglott, 2018）《巴黎在燃燒》的導演珍妮‧利文斯頓將年輕跨性別女性關於夢想的親密告白剪接到奧克塔維亞參加模特兒大賽的鏡頭之後，此處我們聽到福特模特兒經紀公司（Ford Models）的艾琳‧福特（Eileen Ford, 1922-2014）解釋說，每個年輕人都有「希望和夢想」，而這在世界歷史上無甚分別。但是在影片的結語，我們了解到維納斯在一家「骯髒的旅館」被客人謀殺，而她的跨性別媽媽安吉‧克斯特拉瓦加（Angie Xtravaganza, 1964-1993）必須辨認屍體並告知其血親家庭。利文斯頓還收錄了一段奧克塔維亞‧聖羅蘭在街頭的片段，與她最初「很多帥哥，很多奢侈品」的未來夢想相矛盾，她現在說「我什麼也不找。我認為所有男人都是狗，他們狂吠只是遲早的事」。利文斯頓令人讚許之處在於允許受訪者自相矛盾，因為對未來的幻想在後資本主義時代本就必然矛盾（正如貝蘭特的主張），並且還要面臨就業歧視和暴力，特別是在美國，針對有色人種的跨性別女性的暴力行為仍在持續蔓延。

與奧克塔維亞「男人都是狗」的評論一致，大米前情人沮喪地說：「現在她不要我了，嫌我胖了，嫌我蠢。」大米回答說：「去你媽逼的。是你不要我的，操你媽的。」

但城城解釋說，當他們分手時，她曾說：「現在已經把他帶入行列了。」大米同意說：「對啊……媽媽把所有的功力全傳授給你了。是一、是零啊、是極品零啊、五星級零啊，不全教給你了麼？媽媽的大陰道你也不是沒嘗試過？」

城城繼續說：「完了，給他霍霍〔糟蹋〕了。一個小小的好直男，給霍霍成這樣……真直男、純直男！完了，慢慢帶上道了！」大米拒絕跟著做戲：「直男他奶奶個逼啊……那時候你在那掛活〔接活〕。」再次，我們可以看到關於同性戀腐敗／失敗的異性戀正典觀念被喚起，但此觀念也被酷兒性工作者以一種明顯的「敢曝」風格戲耍嘲諷。面對異性戀正典，他們堅持酷兒的親緣關係，大米宣稱：「人家是我老頭媳婦，別老瞎雞巴說。」然後阿焦回答：「我媳婦不就你嘛，我大媳婦。」但他調笑道：「完了，讓你給我帶上道了。」

在這裡，「同性戀」是一個廣義的概括性術語，正如在《巴黎在燃燒》中所聽到、大衛‧瓦倫丁（David Valentine）的《想像跨性別》（*Imagining Transgender*, 2007）所討論的那樣，瓦倫丁指出即使在社會服務機構創建並運用了「跨性別」一詞後，這種

用法仍然存在。被「帶上道」進入同性戀世界的概念當然是恐同的，但此一概念也被她們親暱地嘲弄，在她們對酷兒親緣關係的複雜性以及在酷兒化的同／異性戀情色場景的解釋當中——伴隨城城演繹出已經完成性別重置手術的狂想，她們開始討論陰莖的大小和氣味，上演亂倫戲碼。

城城要求大米：「你給我做口活，你看我硬起來多大。」大米對導演說：「往這拍來，我給她做口活。」這表明，我們可以從民族誌知識的色情（向我們揭示一個隱藏的世界）轉向字面意義的色情民族誌。（Nichols, 1991: 210）我稱這種模糊的類型為「性紀錄研究」。（de Villiers, 2017: 2）她們拿亂倫禁忌開玩笑，然後城城再度喚起「噁心」：「我真噁心，你給我整吐了。」但城城堅持說：「那怕啥的，咱倆敢親嘴。」大米解釋說：「一個雞巴倆人都口過。」當她們被問到「姐妹真有玩兒的？」城城說：「我都吃過她唖〔乳房〕。她一直想操我，我一直沒依她，沒容忍她。」大米重返戲仿的酷兒親緣關係的主題：「她現在喜歡當奶奶，找孫子奴。」大米還與導演調情，詢問他的身體是否多毛，雖讚賞卻堅稱：「但我爺們那個比你好。爺們，你把你肚子亮開，讓他看看……你給我趕緊的，操你媽，你不聽主、女王？」在整個對話中，大米顯然正試圖成為現場的導演。

醉醺醺的城城回到關於她們未來的主題：「你等我麵店開業了，完了我剪掉頭髮，咱倆一起過啊。」大米戲謔她：「你麵店開業我給你唱〈哭七關〉〔輓歌〕。」城城回答說，「完了我天天操你先。」這暗示著一個病態的、噁心的、但異常的烏托邦未來或色情烏托邦（pornotopia）。導演在亂倫臥榻的幽閉恐懼症之外結束了影片，與市場場景的公共領域相呼應，大米和城城在街上手挽手走在一起，展示了互助與共生的重要性。

《女夭兒》接近《巴黎在燃燒》中所建立的言證式紀錄片的比喻：採訪年輕跨性別的女性和性工作者，詢問她們的希望和夢想，包括性別重置手術（對它的關注在最近美國的跨性別媒體中已經轉移了）（de Villiers, 2015），同時也展示了她們在充滿敵意的街道上之生存方法。最近的論文集《暗門：跨性別的文化生產和能見政治》（*Trap Door: Trans Cultural Production and the Politics of Visibility*）批判在再現跨性別主體時的「能見政治」（politics of visibility），質疑主流的跨性別再現中「跨性別轉折點」（transgender tipping point）的說法——該說法與當前針對有色人種的跨性別女性的暴力行為持續蔓延形成對比——因此質疑了官方能見性的價值。（Gossett, Stanley, and Burton eds., 2017: xv-xvi）中國「新紀錄片運動」對官方媒體的再現提出了類似的批評，強調了中國「第二次大躍進」所遺留的邊緣人口的故事：無家者、農民工和性工作者。雖然我認為將關於美國有色人種跨性別女性的紀錄片與劉言的電影進行比較很有成效，但他特定的中國背景顯然至關重要。（但值得注意的是，《女夭兒》在某種意義上是跨國生產的產物，它是2014年由「同志亦凡人」與「酷兒大學」聯合出品，除了接受歐盟的資金，還獲得了福特基金會、北京紀安德諮詢中心，以及愛之援助健康諮詢服務中心的援助。）

　　劉言的電影值得與崔子恩的男性性工作者的雙聯畫、腳本化家庭劇進行比較：《哎呀呀，去哺乳》（崔子恩，2003）是關於傳教士試圖「拯救」男性性工作者（如羅麗莎〔Lisa Rofel, 1953-〕在〈男妓交易〉〔"The Traffic in Money Boys," 2010〕一文中有關新自由主義同志主體的同性戀正常化的願景）；而《夜景》（崔子恩，2004）是部準紀錄片，其特色是對北京男妓的採訪，採訪有時明顯是在念稿，有時是由演員扮演性工作者。崔導原計畫將該項目發展為北京一家同志夜場的性工作者和主持人的口述歷史，令他感興趣的不只是他們的性行為，還有他們的遷徙故事及同居生活（同享火鍋）。（de Villiers, 2017: 133）此處，我們可以觀察到此與劉導《女夭兒》的一個緊密聯繫，即對於採購雜貨與共享晚餐之儀式的親密框架。

　　像崔導兩部影片之間的對比，劉導的後續紀錄片《跨・年》也以城城和大米為主角，但模式卻截然不同：非政府組織的文宣紀錄片，以跨性別女性的言證採訪為主題，探討她們在工作、家庭和醫療中的歧視經歷（這可與崔子恩後來的LGBT人物特寫紀錄片《誌同志》〔2009〕相比）。由於這是一個簡短的視頻，涉及不同的「修辭情境」（rhetorical situation），人們可以注意到對道德感（權威、地位）、感染力（情感）和契機（時間選擇）的訴求存在深刻的差異。關於性和酷兒親緣關係的複雜，混亂或「噁心」的討論，以及第一部紀錄片中的「婊子」智慧、戲謔和姐妹情誼，似乎都被消音了。城城嘲弄著說「歧視什麼？」，與片中以憂鬱的鋼琴曲為伴奏的言證構成一對鮮明的矛盾。

　　《跨・年》這片名提示我們必須向前邁進，（跨）越進入新生活，片名源於採訪拍攝是在春節前後。這部影片顯然是在為更好的未來——或巴特勒（Judith Butler, 1956-）所說的「一個更給力的（enabling）未來」——而論爭；在未來，為受訪者所證實的歧視和拒斥，可以透過「意識提升」（awareness raising）以及有望的結構性改

變，來進行改善——從而提出使跨國非政府組織作為維權組織的問題（這有時遭到中國共產黨反對）。（Huang, 2107）並非採取參與式觀察的方法，如共用晚餐、眼神互動，該片所採取的「人物特寫」（talking heads）鏡頭的訪談相當孤立，穿插著書面化言證幻燈片（有點多餘地加強了他們受訪時所陳述的內容），在這之中，主體們對著一個悲憫卻未具身化的NGO凝視而訴說。這部電影是由福特基金會（Ford Foundation）、荷蘭王國（the Kingdom of the Netherlands）、聯合國艾滋病規劃署（UNAIDS）和瀋陽愛之援助健康諮詢服務中心製作。

　　這部電影的開場是聯合國艾滋病規劃署駐華辦事處主任蘇凱琳（Catherine Sozi）的發言。她闡述說：「家人和社區不應該歧視性少數群體，應該多一些包容。歧視是不道德的、違法的、傷害人的，也是不人道的。」在一幕標題畫面上寫著「我不想結婚，但我也沒有辦法」之後，我們看到城城在一間辦公室坐著（身後有個書架）接受訪談，她辯解因自己是獨生子，不得不服從父母之命，但結婚後，她離家出走了。接續的另一幕標題畫面說著，「離開家以後，我終於可以做我自己了」。她解釋道「我有一個女人的心，我想要展露我自己作為女人的方式」。另一幕標題畫面接著說：「我很幸運，因為我可以做胸。」她解釋說，因為醫院是拒絕對艾滋病毒呈陽性反應的「跨性別姐妹」進行隆胸手術的。她解釋自己想當美髮師，因為美髮師可以留長髮。城城直接呼籲政府改革：「當國家政府能容忍我們、容納我們的時候，我再回去看看孩子。」一幕標題畫面如下：「我們都是正常人，請不要對我們區別對待。」她希望「在這個社會當中，不被別人去貶低我們、排斥我們」。她主張既然跨性別婦女與其他人平等，歧視便是錯誤，她甚至斷言，「我們如果能融入在這個社會當中，能被接納的話，也許我們比你做得更好」。一頁幻燈片中，我們看到她穿著毛茸茸的外套出現在《女夭兒》中的同一個公寓裡，旁邊文字說明她不認為兒子可以接受自己這個樣子。聲明性的一幕如下：「我想成為一個真正的女人，作為一個跨性別，我身不由己。」這個「同情的受害者」（sympathetic victim）角色也許是這種修辭情境的要求，但奇怪地弱化了她的能動性。（Kaye, 2010: 114）這樣的說法在隨後的採訪中也得到了妍妍的呼應：「我也沒有辦法……」「我控制不了。」

　　與《女夭兒》最顯著的對比可以在接下來大米的後續訪談中看到。現在看到大米的短髮，她的乳房被「摘除」，因為「那時候就感覺，幹這個，真的徹底沒意思

了。」但她希望「做胸，想做個更好的，更貴的」。她還討論了母親原本反對她的隆胸手術，但已逐漸接受。她解釋自己「很孝順」，並希望她的侄子也能如此。她還描述了自己的同學如何接受她，認為社會是多元化的，她沒有對男女同志進行評判，因為「這些人別無選擇」。（女神卡卡〔Lady Gaga, 1986-〕的「生而如此」〔"Born This Way"〕運動提出了類似的主張。）但大米指出：「我說我化女妝演出，但我沒說我女裝賣淫。」下一張幻燈片影像解釋說她今年想和叔叔開一家餐館（呼應城城在《女夭兒》中的未來計畫：如果她不能成為美髮師，就要開一家餐館）。但是大米的未來也不確定，因為她說自己不敢接受檢測，「真要是檢測出來有艾滋病，我怎麼去面對？」我們看到下張幻燈片，大米操作她的個人電腦的照片（就像在《女夭兒》一樣），上面寫著「如果不是現實生活的無奈，我真的想變性，做一個真正的女人。可惜我生活在農村，家人永遠無法理解我」。

影片中最後訪談的語調最是消沉，但這增強了它對哀感的吸引力：一名艾滋病毒呈陽性反應的跨性別女性講述了醫院和家庭的歧視：醫院未經她的同意就告知其父母，現在她意識到那是違法的；她因陽性的狀態不斷被拒絕進行變性手術；她的男友離開她去結婚生子。她是最悲觀的，「我媽媽歧視我很厲害，我現在不想活了！」她感到無助地說：「如果我死了，世界上沒有人會找到〔歧視〕我了！」將這種哀感化為對社會運動的呼籲後，聯合國艾滋病規劃署主任蘇凱琳表示（用英語發言但有些字幕不準確）：

> 我鼓勵更多的LGBTI（Lesbian, Gay, Bisexual, Trans and Intersex）群體可以聯合在一起，團結在一起。不管以什麼方式，哪怕只是提供一點點社區支持、一些志願者的工作、或者是一些小的資金幫助，我認為很多時候，如果我們要革命，那麼推動的力量必須來自我們的人群本身。因此請每一位群體成員都可以加入到這場沒有硝煙的戰場，成為勇敢的運動者。你可以不必像我們這樣，成為一名聲名大噪的運動者，你可以以你自己安靜的方式來進行。當有一天我們共享勝利的果實時，你可以很坦然地說這裡也有我的參與，因為你真的為性／別少數群體做了貢獻。畢竟，我們都有責任讓我們自己和所在的群體變得更好。

　　總而言之，《跨‧年》與《女夭兒》的修辭情境大相徑庭，前者強調常態，要求血親家庭接受，並對其訪談對象和觀眾以某種方式進行「灌輸承擔」（responsibilizes）。（de Villiers, 2015）隨著謝幕的滾動，大米與劉言坐在攝影機前（紀錄片中最「互動」的時刻），解釋她感到非常榮幸，因為她從未想過有一天可以接受訪談，「會有多少觀眾看我們這種社會，就感覺說話聊天啥的，挺有感觸的。感覺這一輩子就是死了的話，我這輩子也不白活」。這提出了一個關鍵問題，即我們究竟如何看待她的生活、以及她還有其他跨性別姐妹的談話方式。這兩部紀錄片截然不同的修辭情境是如何要求不同意義的能動性、受壓迫、社會運動、言證、具身化和幽默的？

　　最後，我想以城城和大米在《女夭兒》中的姐妹逗樂結束，這永遠都不會出現在《跨‧年》裡。大米穿好衣服出去時，城城開玩笑說：「你別凍死，我還得背你。」

> 大米：「你死了我都不會死的。我操你奶奶的，我死了你能得到遺產麼？」
> 城城：「對啊。最起碼你在臨嚥氣的時候，也能把〔銀行卡〕祕密告訴我。」
> 大米：「96144〔殯葬服務熱線〕，你去取吧。」
> 城城：「你不告訴我〔120〕麼？」
> 大米：「那個120是我剩25塊錢的〔銀行卡〕密碼。那錢昨天讓我花了。」
> 城城：「那96144的那個〔銀行卡〕有多少錢啊？」
> 大米：「96144那個卡裡面麼？四十多萬吧，這幾年賣淫掙來的。還有我家大門垛子裡有60萬塊錢，在我們家狗窩那兒。」
> 城城：「那沒事兒，我買兩個二踢腳〔鞭炮〕，先把狗崩死完了我再去取。」
> 大米：「你太累了。」

　　如果從字面上看，這是相當令人震驚的，但如果將它置於酷兒敢曝的語境下則相對容易理解；敢曝實踐，包括情感不連貫性（affective incongruity）和噁心，所發揮的核心作用，體現在少數族裔酷兒、扮裝皇后、以及《巴黎在燃燒》舞會一幕的跨性別文化，其中敏銳的智慧和羞辱的藝術，譬如精準而詼諧的吐槽（reading）和話中有話的撕逼（shade），既是街頭生存策略，也是在話語社群中展現姐妹情誼共同

紐帶的方式。約翰‧尚帕涅（John Champagne, 1960-）提出對《巴黎在燃燒》的批評：「其高度複雜的話語環境可能需要對言證類型中的話語限制投入更多的關注，而這似乎不是電影願意允許的。」（Champagne, 1995: 116）相同的批評可能適用於《跨‧年》。但是，就像利文斯頓的《巴黎在燃燒》對拍攝對象自相矛盾的展現能力一樣，我相信《跨‧年》與《女夭兒》中類型之間的矛盾提供了一種富有創造性的張力，當將兩者一起思考時，會使彼此的閱讀更加豐富。

參考書目

中文書目

崔子恩（2003）《哎呀呀，去哺乳》（影片），Cui Film Production。

——（2004）《夜景》（影片），Water Bearer Films Inc。

——（2009），《誌同志》（影片），DGenerate Films。

——（2012），《酷兒中國，「同志」中國》（影片），DGenerate Films。

賈樟柯（1997）《小武》（影片），胡同製作。

——（2004）《世界》（影片），上海電影集團公司、香港西河星匯有限公司。

劉言（2014）《女夭兒》（影片），瀋陽愛之援助、同志亦凡人、酷兒大學。

——（2016）《跨‧年》（影片），瀋陽愛之援助。

外文書目

Berlant, Lauren. 2011. *Cruel Optimism*. London: Duke University Press. [https://doi.org/10.1215/978 0822394716-002]

Butler, Judith. 1993. *Bodies That Matter: On the Discursive Limits of "Sex"*. New York: Routledge.

Champagne, John. 1995. *The Ethics of Marginality: A New Approach to Gay Studies*. Minneapolis: University of Minnesota Press.

Cunningham, Michael. 1998. "The Slap of Love." *Open City #6: The Only Woman He's Ever Left*. (Spring 1998, pp. 175-195). [https://opencity.org/archive/issue-6/the-slap-of-love]

de Certeau, Michel. 2011. *The Practice of Everyday Life*. Berkeley: University of California Press.

de Villiers, Nicholas. 2015. "Incorporating the Medical Gaze in Queer and Transgender Life Writing and Video." *The Writing Instructor* (Special Issue: *Queer and Now*, Mar. 2015). [http://www.writinginstructor.org/de-villiers-2015-03]

——. 2017. *Sexography: Sex Work in Documentary*. Minneapolis: University of Minnesota Press.

Dyer, Richard. 2002. *The Culture of Queers*. London: Routledge.

Gossett, Raina, Eric. A Stanley, and Johanna Burton, eds. 2017. *Trap Door: Trans Cultural Production and the Politics of Visibility*. Cambridge: MIT Press.

Hinton, Madison. 2015. "TS Madison on Her Brand New Memoir." *So POPular!*, MSNBC.com, 12 June 2015. [https://www.msnbc.com/so-popular/watch/ts-madison-on-her-brand-new-memoir-463151171924]

Huang, Zheping (黃哲平). 2017. "NGOs Are under Threat in China's Latest Crackdown against 'Foreign Forces'." *Quartz*. Quartz Media, Inc., 5 Jan. 2017. [https://qz.com/873489/ngos-are-trying-to-stay-alive-in-chinas-latest-crackdown-against-foreign-forces/]

Jia, Zhangke (賈樟柯). 2010. "Jia Zhangke: The Realist Imperative." *Asia Society*. Asia Society.org, 6 Mar. 2010. [https://asiasociety.org/video/jia-zhangke-realist-imperative]

Kaye, Kerwin. 2010. "Sex and the Unspoken in Male Street Prostitution." In Melissa Hope Ditmore, Antonia Levy, and Alys Willman (Eds.), *Sex Work Matters: Exploring Money, Power and Intimacy in the Sex Industry*. London: Zed Books.

Livingston, Jennie. 1990. *Paris Is Burning*. Off-White Productions.

Maglott, Stephen A. 2018. "Octavia St. Laurent." *The Ubuntu Biography Project*. Ubuntu Biography Project, 16 Mar. 2018.

Newton, Esther. 1972. *Mother Camp: Female Impersonators in America*. Chicago: University of Chicago Press.

Nichols, Bill. 1991. *Representing Reality: Issues and Concepts in Documentary*. Bloomington: Indiana University Press.

Rofel, Lisa. 2010. "The Traffic in Money Boys." (Special Issue: *Beyond the Straight(s): Transnationalism and Queer Chinese Politics*, Ed. Petrus Liu and Lisa Rofel.) *positions*, 18(2): 425-458.

Valentine, David. 2007. *Imagining Transgender: An Ethnography of a Category*. Durham: Duke University Press.

Zhu, Jingshu (朱靜姝). 2018. "Straightjacket: Same-Sex Orientation Under Chinese Family Law － Marriage, Parenthood and Eldercare." Diss. Leiden University, 2017.

幻設轉向[*]

「千禧年」之「喻」

白瑞梅（Amie Parry）著

張竣昱 譯；方郁甄 校訂

身為地球之種

被拋置於新世

首須領會

己身一無所知

——巴特勒，《撒種的比喻》

（Octavia Butler, *Parable of the Sower*, 2000: 178）

寫書是藉口，那麼真正的目的呢？

——拉森，《龍紋身的女孩》

（Stieg Larsson, *The Girl with the Dragon Tattoo*, 2008: 81；中譯本頁95）

奧克塔維婭・巴特勒（Octavia Butler, 1947-2006）的《比喻》系列（*Parable*, 1993; 1998）和史迪格・拉森（Stieg Larsson, 1954-2004）的《千禧年》系列（*Millennium*, 2005-2007；英文譯本2008-2009）兩部作品之間的驚人相似，在於其皆將基督教基要主義（Christian

* 本研究計畫由科技部補助。本論文的最初版本發表於2015年多倫多美國研究年會，以及2017年10月國立臺東大學「轉向／重新定向：第二十六屆英美文學國際學術研討會」。兩場研討會中和我同一會場的其他發表人及聽眾皆提供了許多寶貴的意見回饋。亦感謝參與我研究所課程「推想小說專題」的學生提供的討論。同時我也感謝2017至2018年康乃爾大學人文學會駐校研究群成員，其間我們對於貪腐、透明等概念的諸多對話都深具啟發。最後，我想再次感謝《中外文學》48卷第4期（2019年12月出刊）的責編洪凌及其邀稿，本文譯稿最初刊登於該期之「旁若文學專輯」中。感謝本文譯者張竣昱良好的譯文，以及後續幾次修訂的耐心協助。本文因應本書（《罔兩問景 II：中間物》）的收錄而修訂新版本，並由譯者方郁甄協助校譯。

1 「Parable」既可翻譯為「寓言故事」，也是聖經的「比喻說教」之意。由於此系列書名來自於聖經內文，故選用「比喻」的「喻」。

fundamentalism）與種族主義追溯至二十世紀的跨國企業權力，一反新自由主義意識形態形塑出的歷史敘事。[2] 在二十一世紀第二個十年眾多事件發生之前，這些作品就已寫出了這種連結性，更突顯出新自由主義架構下，白人文化國族主義、國家權力、企業階級，與所謂「中立」的市場操作之間，長久以來的聯繫。兩部系列作亦皆環繞著處境相似的女主角：她們即便生理及精神上脆弱而異於常人，卻仍獲取了某些力量（power）。如何使用其力量及擁有這份力量的後續效應，令她們反覆掙扎——這一切在小說中從未被呈現得無辜天真。兩部作品皆突顯了主角——亦可說是整個系列——對於賦權之倫理困境的階段性理解，包括了公開透明、個人自主、以及歸屬（belonging）等議題。[3] 在我對（後）冷戰政治／倫理良知批判性的比較閱讀中，上述的公開透明、個人自主、歸屬等都會被作為問題呈現，而非將之視為簡單的解決方案；同時，這些問題也碰觸到酒井直樹（Naoki Sakai, 1946-）所謂：在戰後自由主義思維中，永遠延宕的、被假定作為整體的「西方」（putative unity of the West）。（Sakai, 2005: 180）本論文將這兩部系列小說視為建立不同世界觀的旁若文學（para-literary）文本，探究其中的科幻元素除了描繪出另翼想像的困難，更極富批判思考地將上述問題指向私有制，與促成不同程度自由化之法律等結構因素，以國家和／或個人權利之名，實則系統性地將財富重分配予經濟上層。

　　在本文中，我將把小說對於自由主義與新自由主義的幻設思考（speculative thinking），與關於幻設小說（speculative fiction）之學術研究並置對話，並以此為基礎

2　參見梅拉麥德（Jodi Melamed）詳解反種族主義一直以來對戰後美國自由主義演變而言之重要性。本文後段討論《比喻》系列的部分會再談及她的著作。
　　布萊希（Erik Bleich）曾針對戰後美國、英國和西歐的種族歧視言論立法規範，做過比較研究。雖然自由跟反種族言論被定位成偶爾會「相互牴觸」的兩種「價值」，但布萊希指出美國的情況實際上隱含了「很少被公開認知的內在矛盾」，在他的比較研究分析框架裡被突顯。首先，美國在他研究的國家中，對於保障言論自由的執法程度最為嚴格，甚至還違反了國際準則，自二戰起「美國實際上**擴張**了種族歧視言論的自由」。（Bleich, 2011: 6）然而一旦一樁事件在法律上開始被理解成行為，而非只是為某個信念發聲時，美國在仇恨犯罪的相關立法也獨步全球：「相較於其他自由民主國家，其制定地更早，也更厲行」。（*Ibid.*, p. 12）

3　關於「歸屬」與政治或哲學上的自由主義之間的關聯，參見瑞迪（Chandan Reddy, 1972-）著作《暴力的自由》（*Freedom with Violence*, 2011）中的專章〈妮拉・拉森《流沙》中暴力的合法自由〉（"Legal Freedom as Violence in Nella Larsen's *Quicksand*"）。

理解：「旁若文學」如何有助於我們問題化當代政治思維中、看似宏偉矗立而作為知識－思想整體存在的「西方」。許多旁若文學的文化評論已指出：科幻及奇幻是少數得以反省並突破「別無選擇」之經濟現實論（"no alternative" economic realism）的再現模式。在非裔未來主義的部分，近年來前所未有的大量研究專注於幻設小說作為一種批判方式用以回應並介入種族資本主義衍生出的新自由主義價值觀。[4] 方秀真（Aimee Soogene Bahng, 1975- ）於 2018 年出版了一部重要著作《遷移未來：解殖金融時代中的投機／推想》（*Migrant Futures: Decolonizing Speculation in Financial Times*）。書中論及處理幻設小說的難題在於：幻設（speculation）[5] 本身就是新自由主義金融制度的立基工具。[6] 方秀真認為「反幻設／反投機」（counterspeculations，語出 Bahng, 2018: 17）是來自「常識之下」（undercommons）的反實證主義知識形式，並在書中開篇即講明其立論前提：「旁若文學的系譜，讓我們注意到從資本主義之外的平行脈絡中迸發出各種新穎的文學形式及其意義，因而為超越資本主義系統的世界想像提供更多的可能。」（*Ibid.*, p. 20）即便未提及旁若文學一詞，法律學者思倍（Dean Spade, 1977- ）亦在 2011 年發表的〈要求難以想像的〉（"Demanding the Unthinkable"）一文中，以類似方式討論新自由資本主義現實論與科幻文學的關係。思倍雖然沒有在著作中論及幻設／投機分別在虛構小說和金融領域的兩面性，但他提出科幻擁有對社會改造工作而言重要的思想資源。在文中他指出：在當今美國國內兩種建制——移民法強制執法與監獄工業複合體（prison industrial complex）——之中，種族化與性別化暴力橫行；這些建制造就了更多入罪化與貧窮的情形，然此些建制卻又被以法律保護為名合理化。

4　相關研究可參見：柯帝斯‧馬雷茲（Curtis Marez）的《農場工人未來主義：抗爭的推想技術》（*Farm Worker Futurism: Speculative Technologies of Resistance*, 2016），以及雪莉‧斯特里比（Shelley Streeby, 1963- ）的《想像氣候變化的未來：科幻小說與行動主義的世界建構》（*Imagining the Future of Climate Change: World-Making through Science Fiction and Activism*, 2018）。

5　譯註：該詞原意有根據得到的資訊作想像推斷之意，在金融領域內又譯為「投機」。

6　關於此問題的相關研究，可參見許婉玲（Linh U. Hua）的〈製造時間，製造歷史：巴特勒《親族》中的愛與黑人女性主義愁緒〉（"Reproducing Time, Reproducing History: Love and Black Feminist Sentimentality in Octavia Butler's *Kindred*," 2011）；編者未具名的合輯《推想這個！》（*Speculate This!*, 2013），以及 2015 年雪柔‧文特（Sherryl Vint, 1969- ）所編的期刊《旁若思維》（*Paradoxa*）之專號「未來工業」（*The Futures Industry*）。套用方秀真的話來說，這本專書有很多篇幅也探究「幻設怎麼成為具基進性的開展形式，而非保護主義式地一味盼望」。（Bahng, 2018: 7）

如同方秀真在其書中後段的主張，思倍指出此時此刻所需的社會改造，在法理政策（formal policy）象徵性地涵納差異的情況下，總會被認定為「不可能」與「無法想像」；而此種「不可能」正是新自由主義經濟現實論的論述策略。思倍提到：「批判改造工作變得不可言說、前所未聞、難以辨析。政治可能性能被想像的範圍，被新自由主義經濟框架變得很狹隘、拘束，『不可能』的領域（the realm of "impossibility"）便成了唯一仍有創造力徜徉的所在。」（Spade, 2011: 1-2）目前已為數眾多且仍在增加的研究，都將科幻及相關文類連結至批判新自由主義、投機金融與種族資本主義等，上述兩份研究是較為顯著之例。我把這股在學術與文化界的新興發展趨勢稱作「幻設轉向」（speculative turn）。

我認為就《千禧年》系列與《比喻》系列當中的科幻元素而言，兩部都有超越資本主義現實論的思考，一部分是源自於它們都攬起了對抗新自由主義經濟價值，此等「無法想像」的任務；同時，兩部作品也皆點出抬高自由主義以對抗新自由主義極端信仰的作法是有問題的。為了突顯這點，我會援引分析亞洲脈絡之冷戰資本發展主義歷史的理論文獻；這些文獻指出：與西方思維中的假設（政治自由主義及民主必然聯繫）大相逕庭，某些亞洲國家的民主體制之運作，從未真正與政治自由主義完整連動。這兩部系列小說中，對於自由主義和非自由主義（illiberalism）諸多複雜的探索過程，我將其視為一種思考過程，嘗試跳脫冷戰後學術領域劃定的「西方／其餘」二元典範：例如，比較文學研究常將「民主」與西方連結（「民主」有許多定義，但常被等同於自由主義），而獨裁專制的國族主義（其定義模糊）則與其餘的各地域連結。我將論證：這兩部以科幻進行世界建構的未完作品，皆提出了一種時間觀與歷史觀，其暴露出了「西方」在（自我呈現為具進步種族政治的）冷戰價值擁護者，與新自由主義政策執行者（剝奪社福政策供給）兩種形象之間的連續性。以這種形式再現自由主義、自由化、西方等理念，即是去介入並攪擾被認定為客觀、實則奠基於冷戰認識論且延續至今的現實典範。在〈科幻與正統文學〉（"Science Fiction and 'Literature' – or, The Conscience of the King," 1984），狄蘭尼（Samuel Delany, 1942-）提出了大寫L起首的「正統文學」（Literature）與科幻之分別；此分別有益於理解科幻敘事元素如何具有叩問現實主義範式之潛力。對於狄蘭尼來說，這兩組我們認知為正統文學與科幻的文本，其重要差異並非在於文類分野本身，而在於兩者之分野所形成的兩種差異性論述。科幻論述與文學論述皆具有其相異的寫作與閱讀實踐。正統文

學論述根基於現實主義的假設與正典之形構上。相反地，科幻論述肯認非現實主義的世界建構實踐。相較於由單一作者論著，且由大出版社出版的正統文學作品，科幻論述乃是以次文化的閱讀、寫作、出版社群形構而成。（Delany, 2012[1984]: 65-68）我提議將此種狄蘭尼稱作科幻論述的社群實踐，視作為一種介入後冷戰西方現實主義建構的可能性；實現上述之介入攪擾，正是此時旁若文學日益重要的原因，而此前少有論者意識到這點。

　　然而，在「新自由主義」一詞捕捉到批判性政治想像被資本主義現實論抑制而失落的狀態之前，即有論者長久辯論於**某些被歸納為正統文學之文本**所含的理論性潛質：這些文學文本以特殊的方式質疑、悖反了被正典化的現實主義及其所假定的世界觀。在1970年茨維坦・托多洛夫（Tzvetan Todorov, 1939-2017）對幻奇文學的形式主義研究（1973年英譯版）中，他認為幻奇文學具顛覆力地懸置了後啟蒙實證主義帶來的可預測性（certainty）。而1972年蘇恩文（Darko Suvin, 1930-）極具影響力的文章（根據其一九六〇年代晚期的演講所寫），則將科幻定義為「認知疏離」（cognitive estrangement）的文類。（Suvin, 1972）在一九七〇年代末期，狄蘭尼則奠基於蘇恩文提供的思想資源，提出了另一些具有結構主義與後結構主義影子的科幻討論（即上文已言及的文章）。重要的是，狄蘭尼從**科幻讀者和寫作者的社群**出發，而非科幻本身的詩學問題；他以科幻文化中的這種動態之互動性書寫社群（dynamic interactive communities），來抗衡於傅柯（Michel Foucault, 1926-1984）所言的「作者功能」（author function），以及正典化機制形構出的文學整體。狄蘭尼認為：科幻所提供的、致使所有文句需被逐一字面檢視的閱讀情境，以及其所含有的非寫實主義閱讀實踐，能發掘、使用所有小說皆隱含的世界建構面向。閱讀科幻與閱讀寫實作品不同的是，讀者無法先行假定自己認識故事敘述的世界，他們必須把文字敘述的世界和規則拼湊在一起；換句話說，讀者會被迫閱讀他們所未知的，並了解到即便是一個簡單的文句，都有多種可能的涵義。[7] 這種閱讀實踐讓科幻和文本的世界有了思索推斷

7　舉個狄蘭尼給的例子：「他轉向／打開左側。」（"He turned on his left side."）；在一般的寫實主義文本中，這句話的可能意思會是說一個躺著的人翻身向左側。在科幻文本裡，雖然也可能是這個意思，但也有可能他是個生化人或機器人，打開他身體左側的能源開關；又或者可能是完全不同的意思，但故事還沒解釋，因此讀者得先將不知道的事情留待往後，繼續讀下去。閱讀的過程中細讀每個句子，即便有些意思彼此相反，但保留句子潛在的多重涵義，最後將得到的資

（speculative）的關係，也以同樣的方式潛在地和讀者身處的世界連結。

　　《千禧年》系列被歸類為犯罪小說，通常其中的科幻元素也不會被特別討論。但若就科幻小說對其他類型文學（包括主流文學）影響力日增的情形來看，不難理解這種將科幻類型元素嵌入報導寫實的情形。從拉森的生平資料能看出他和科幻文學之間，有著相當明顯而持久的聯繫：自年少時期，他就非常熱衷閱讀科幻小說，甚至以科幻雜誌出版者的角色參與科幻寫作的社群。[8]而本文並非以一般認知的文類概念理解「旁若文學」，而是將它視為一種**建構世界的模式**；這雖然源於旁若文學，但也擴及其他主流的敘事形式。這種擴散的現象是旁若文學與近年來的幻設轉向中，極其重要但甚少被論及的面向。學術界雖未將《千禧年》系列納入大寫的正統文學範疇，但它確實是市場認定的主流作品。若從上述狄蘭尼的論述來看，他在文章的末段認為，寫實作品確實可以用科幻的方式閱讀，也就是以非寫實主義的科幻閱讀模式解讀寫實。他也暗示這種閱讀模式，對文學的未來可能會是好的發展方向。而今看來，當時的他或許真有先見之明。

　　若根據狄蘭尼所言，「科幻是一種論述實踐，而非一組具體的作品」，則我將以此為基礎論證：巴特勒和拉森的小說在建構世界的手法上，都運用了認知疏離的科幻技巧，以此批判一個將自身呈現為唯一可能的世界系統；因此兩人的作品對於當前政治思想的發展，是非常重要的資源。特別值得一提的是，兩部作品也都試圖揭露以自由主義價值來批判新自由主義的問題性。我試圖藉由並置閱讀兩部作品，來指認這兩部作品的相似，源自於一個具批判性格的「想像性遭遇」[9]之系譜。即便巴特勒的科幻作品在這套廣闊的系譜中舉足輕重，然亦不能以作為「西方」建構之一部分的「作者功能」，來簡化地認定其論述上的影響力。而後文雖然討論了一九九〇年代巴特勒筆下的蘿倫（Lauren Olamina）與 2000 年後拉森創造的莎蘭德（Lisbeth

---

訊拼湊起來。（Delany, 2012[1984]: 103）

8　參見彼得森（Jan-Erik Pettersson, 1948-）所著的傳記資料，其中討論到拉森的這個興趣，延續至成年之後：「〔拉森〕是 1980 年北歐科幻協會（Scandinavian Science Fiction Association）的主席，任期一年，也是該協會期刊的主編。」（Pettersson, 2011: 21）關於拉森對科幻的興趣及其政治立場的關係，可參見本文註 21。

9　這裡指向的是斯皮勒斯（Hortense Spillers, 1942-）的一篇論文標題〈想像性遭遇？〉（"Imaginative encounters," 2008）；後續會再討論到。

Salander）這兩個角色的相似點，以及兩部系列作品中的其他相似處，然而這不必然就是巴特勒直接影響拉森的證據（雖然確實有這種可能性）。本文的著墨點更偏向於指認：這些相似處如何是上述之「想像性遭遇」——這個廣闊而跨越國界的系譜——存在於幻設小說文化中的軌跡，同時也是冷戰之後試圖讓政治思維脫離自由主義底線（liberal bottom line）（Chua, 1995; 2017）的諸多嘗試之一。[10] 若政治思考無法擺脫自由主義邏輯，那就是個問題，因為自由主義邏輯將萬事萬物皆放置在個人權利與守護權益的框架中，因而致使更大的結構性問題難以被看見、結構性的改變難以被想像，一如本文所分析的兩本小說所呈現的。

一、（後）冷戰政治良知的密室懸案

> 「自從蘇聯解體後，歐洲興起一種新的**現實政治**。我們在辨
> 識間諜方面的工作愈來愈少，現在多半和恐怖主義有關，要
> 不就是評估某個地位敏感人物的政治取向。」
> 「這一直都是重點。」
>
> ——拉森，《直搗蜂窩的女孩》
> （Larsson, *Girl Who Kicked the Hornet's Nest*, 2009b: 131；中譯本頁108-09）

　　拉森轟動一時的小說《千禧年》系列（2005-2007），在英語世界中較為人熟知的是其中的第一冊《龍紋身的女孩》（*Girl with the Dragon Tattoo*，瑞典語：*Män som hatar kvinnor*，原意為「憎恨女人的男人」）。[11] 小說的開場圍繞著一樁聲稱曾發生過的凶殺

10　「自由主義底線」（liberal bottom line）一概念借自蔡明發（Beng-Huat Chua, 1946- ）；詳見其論及非自由主義民主形態的論著：《新加坡的社群主義意識形態與民主》（*Communitarian Ideology and Democracy in Singapore*, 1995）及《被否認的自由主義：新加坡的社群主義與國家資本主義》（*Liberalism Disavowed: Communitarianism and State Capitalism in Singapore*, 2017）

11　關於標題翻譯和國際版書封設計隱含的行銷邏輯，參見露意絲·尼爾森（Louise Nilsson）的〈揭露封面偽裝：跨國脈絡中的瑞典犯罪小說行銷〉（"Uncovering a Cover: Marketing Swedish Crime Fiction in a Transnational Context"）。此文記述了拉森在原版標題中呈現的政治態度，但出版商希望改掉，英文版標題則是在拉森過世後不久定案。其中提到一件重要的事情：「英語是幾百萬讀者的第二語言，英語文學和電影也通行全球。標題翻譯的選擇去掉了作品本身限於國內的框

案。一名善於採訪金融貪腐案的新聞記者麥可・布隆維斯特（Mikael Blomkvist），在揭露一名身價十幾億的投機客所犯下的多起金融案件後，被控以誹謗罪。布隆維斯特在等待法院判他入獄前，暗地裡受雇於瑞典僅存的家族企業前 CEO 亨利・范耶爾（Henrik Vanger），欲從其家族親屬中找出一凶殺案之犯案兇手。自從范耶爾最實貝且最可能承繼其衣缽的姪女海莉（Harriet Vanger）神秘失蹤後，這起凶殺案幾十年來都未能破案。海莉由於原生家庭失能，被范耶爾收養。這起凶殺案發生在范耶爾整個大家庭團聚期間，他居住的小島聯外交通被切斷；加上其他的因素，讓范耶爾確信兇手是其家族親戚。在故事的前期，我們開始了解到這個所謂的模範家庭有家暴的前例，甚至在戰前和戰後長期參與法西斯活動。當布隆維斯特在等待判刑期間開始調查時，周遭的人都認為他是為了范耶爾家族老去的族長的自傳計畫，而收集其家族史料。正如駱里山（Lisa Lowe, 1955-）點出這種模範人物自傳是自由主義重要的文類（Lowe, 2015），這個「藉口」（pretext）在書中建立了一組范耶爾的人生與事業故事：范耶爾的企業雖已衰微，但在國家經濟處於資本主義發展初期，他將整個企業帶向領導地位，被稱為「這個福利制度完善國家的產業砥柱」（Larsson, 2008: 66；中譯本頁80）而為人所敬仰。

　　雖說寫自傳的藉口是為了掩蓋范耶爾雇用布隆維斯特的「真實目的」：找出殺害海莉的兇手，但其目的立刻就被島上的其他親戚所猜到。然而即便如此，這個謎團依然無法解開，直到其隨情節發展轉變成另一個問題：最初推測認為合理的假設是種誤導；范耶爾極具說服力的說法完全誤導了調查的對象。在前半部分，范耶爾、布隆維斯特，甚至讀者，都不曾想過當年的小海莉並沒有死，而是自己安排了一齣失蹤的劇碼。他們更沒有想到海莉殺了其中一位襲擊者，並逃過另一位的追殺，最後在澳洲內陸的一個放牧場當牧羊人，就像平行時空一般，在一個沒有人想像得到的地點與時空中活活。由此而言，布隆維斯特「真正的」目標，是在資本主義式的親密關係樣態中，進行「與過去不符的假設式」（past conditional）解讀（Lowe, 2015: 40），將家族中的厭女情結和法西斯國族暴力，視為更大的、在現下時空中從未徹底被知曉之過去歷史的一部分。[12] 故事中當下的景況是由海莉相對受到普遍敬

架，而將小說和電影和範圍更大的美國流行文化連結。」（Nilsson, 2016: 5）

12　「『過去可能會是如何』（what-could-have-been，語出歷史學者史戴芬妮・斯莫伍德〔Stephanie Smallwood〕）蘊含著一種**與過去事實不符的假定時間**（past conditional temporality），巧妙地象徵著

愛的哥哥馬丁（Martin Vanger）接任了CEO的職位，但實際上他卻是連續殺人犯，而受害者多數都是移民女性，犯案時間長達二十五年以上。布隆維斯特的工作成果，或是說拉森的這部系列，以橫跨二十世紀跨國經濟的規模，在這條基於現下時空重新劃設的歷史線中，改寫了家庭暴力的意義，並將當下時空遭遇這段危險、人命關天，卻未被直面肯認之暴力過往的時刻戲劇化。正如布隆維斯特從調查者轉為受害者時所說的：「**這不是陳年懸案。馬丁到現在還在殺害女人。而我竟然這麼一腳踩進……**」（Larsson, 2008: 417；中譯本頁423）

　　這樁案件之所以久久未破，是由於一名企業家極其寵信的姪女被認定遭到家族成員殺害。這個預先假設已經先破除家庭是避風港的迷信。然而隨著小說和整個系列的敘事發展，可以發現：這整起事件將其最後目標限定於家族規模內作祟，事實上也是一種藉口，就和自由主義強調家庭生活（domesticity）的說法一樣是個幌子。[13]一開始所認知的「密室懸案」（*Ibid.*, p. 217；中譯本頁102）般的認知，到最後卻被完全推翻。范耶爾最愛的姪女不僅沒死，甚至逼不得已變成殺人犯；而故事則以眾多女性的謀殺案作結，她們甚至也不是受人尊敬的名門范耶爾家族的一員。這些女性都是從東歐來的宗教少數移民，而東歐在故事開頭還被國家選定成為以企業利益為核心而實行的金融投機計畫預定地區。除外，范耶爾家族中有一人以上參與犯案，故事中甚至暗示這些案件更大程度上與北歐戰前及戰後法西斯活動有關。這部看起來像是「會讓人沉溺其中」（*Ibid.*, p. 217；中譯本頁223）的故事，最終原來是關乎於冷戰資本主義、移民與人口販運、白種國家法西斯等過往歷史的**紛雜交錯**。本系列小說的總標題「千禧年」實則標誌了：瑞典偏離了北歐模式這樣一個被稱頌為結合社會主義國家福利、資本主義自由市場觀，以及「自由主義式、權利本位之個人保障」（Sejersted, 2011: 8）的政治經濟模式的時刻。[14]

一種不同思維……企圖能包含歷史與社會科學的研究對象與實證方法，但也同時包含那些沒有切入方法、被不同的方法糾纏混亂、甚至無法被任何方法探求的事物。」（Lowe, 2015: 40-41）

13　在此借用了蘿絲瑪莉・喬治（Rosemary George, 1950-）從性別化的殖民性脈絡談家庭生活與個人主義興起（George, 1999），以及駱里山直觀地以親密性出發，觀察占有式個人主義（possessive individualism）如何在殖民史中被建構為個人生活的認可形式，亦即：「歷史發展的分野，將世界的發展過程分為兩種，一種發展出現代式的自由主體和社會生活，另一種則是被遺忘的，被打入失敗或無關的，因為它們沒能生產出可以被現代性所辨識的『價值』。」（Lowe, 2015: 17-18）

14　在第三冊中有一故事段落聚焦在國安局憲法保障組負責人，其中包含了他對於言論自由（和限

　　這部系列小說的巧妙命名，也表明了媒體（尤指新聞報導）所扮演的角色。社民黨（Sweden Social Democratic Party，簡稱SAP）主導下的政治體制雖然放棄對媒體的控制，然而歷史學家和《千禧年》系列都認為媒體並沒有真正「獨立」，因為背後還有廣告商的利益和制度資源。（*Ibid.*, pp. 442-443, 467）2005年第一冊出版之前，2004年底拉森就已過世，他自己即是新聞記者，在一些合作計畫中調查白種至上和法西斯活動，甚至成為死亡威脅的目標。據現有的文字紀錄和訪談，拉森相信這些看似邊緣、地下、激進的右派集團，其實是整個瑞典社會重要的內在因子。這個說法的可信度，可參照歷史學家厄斯林（Johan Östling, 1978-）的觀察：一九九〇年代至千禧年間，史學界在理解納粹主義之於二十世紀瑞典之影響力時的典範轉移。[15] 拉森的長期研究讓他的小說具有歷史縱深與可信度。但除此之外，在暴露並挑戰新自由主義的一些自然化邏輯上，整個故事的科幻元素所具有批判力道，與其作為犯罪小說的報導寫實元素不相上下；這兩種文類並不衝突，都需要大量的研究為基礎。這些科幻元素包括了莉絲・莎蘭德（Lisbeth Salander；書名所指紋身者）與她的駭客夥伴們，這些明顯向科幻文本世界致敬的角色，以及小說的形式風格本身。我會在接下來的篇

制）作為基本權利，關乎瑞典的「民主能否持續」（Larsson, 2008: 291；中譯本頁243）的省思。關於限制的部分：「立法的精髓所主張的是沒有人有權利騷擾或羞辱其他任何人……〔但報告已有利地聲稱〕幾乎不可能將任何人以違反族群仇恨法起訴並判刑。」（*Ibid.*, pp. 291-292；中譯本頁243-244）

15　厄斯林的歷史研究涵蓋了一戰前和一戰後歐洲的自由主義、共產主義和法西斯主義，以便定位和理解瑞典的特殊地位，並將瑞典聲稱的中立位置歷史化。在導論中，厄斯林一反當代以野蠻原始（atavistic）的眼光看待法西斯主義，他強調其實在一戰前，這三者都可以被視作是現代思想，某種程度上有著同樣的系譜，也有著不同程度的相似度。「很多會讓現在的我們聯想到國家社會主義的思想模式，並不限於納粹一類，而是更廣大的當代思想語彙的一小部分。」（Östling, 2016[Kindle]: 338）後續厄斯林在分析歷史學家諾博・高茨（Norbert Gotz）著作的段落中，他強調「儘管明顯地和——法西斯主義和共產主義——等其他意識形態選項相關，（瑞典模式，高茨視其為『自由民主之選項的代表』）組構出一個連貫的社會形式，與其他種社會形式有著根本的差異。然而，納粹主義一直以願景或幻想的形式競爭，同時作為挑戰和引誘，或明或暗的威脅」（*Ibid.*）。接著認為這種存在形式經常被忽略，但對於理解歷史和當下情況非常重要。「納粹曾在一九三〇至一九四〇年代非常明顯地出現在瑞典，但其支持人數有限，幾個主要的團體也沒有廣大的影響力。儘管如此，如果將其視為一種集體經驗，它依然有非常深遠的影響。納粹在當年發揮的效果甚至比其他現象還大……因此，只要有政治意識，不論職業或政治傾向，即便說任何人都與納粹有關係也並不為過。」（*Ibid.*, pp. 417-424）

幅，處理這些要素。

《千禧年》系列建構世界的方式，將當代眾多第一與第二代移民角色的命運，放進二十世紀納粹主義、白種優越性、厭女問題等被詳盡探索的歷史中。這三部曲進展的過程中，原本熟悉的斯德哥爾摩城市地景，成為眾多角色的故事舞台。不論是他們的家、辦公室，甚至有時穿插著驚人的豔情過往，不供讀者臆測而將細節悉數展開，訊息量大得像科幻小說中常有的描述段落。[16] 如此緩慢卻引人入勝的敘事，鋪陳出莎蘭德有著相機般的記憶力和近似自閉症的症狀。在往後的故事中，我們漸漸明白這些能力／缺陷（(dis)ability）和特質，是前俄國情報員亞歷山大・札拉千科（Alexander Zalachenko；簡稱札拉〔Zala〕）四散各地的孩子身上都有的，而莎蘭德有的只是眾多能力中的其中一種。札拉自俄國叛逃，投靠瑞典後成為告密者，後來成為犯罪集團首腦。他的存在不能被洩漏，因此受到國家的庇護。札拉在冷戰期間備受倚重時，常對莎蘭德的母親施暴，然而這些暴行卻被保安警察中的秘密部門掩蓋掉，因而札拉得以繼續為政府進行秘密工作。當札拉重毆莎蘭德的母親及至瀕死，並且準備離開時，少女時期的莎蘭德放火燒了他的車。事後莎蘭德被認定為「法定失能」，且須在成年後繼續被法定監護人監督，才能免除被永久禁閉於收容機構；這代表了她無法享有法律上的一切權利保障，且她的經濟條件也將被法定監護人控制。故事暗示札拉千科年輕時所加入的戰時實驗，意味著他們製造出了常被提及的「札拉千科基因」（指向解釋莎蘭德超乎常人的調查技能，和她同父異母的哥哥過人的體能與無法感知肉體疼痛的缺陷）。在二十幾歲時，莎蘭德遭逢一名嗜虐的法定監護人所加諸的殘酷性暴力。由於莎蘭德已被法律判定為具有對他人的攻擊性，因而法律並不會保護她；相較之下，她的法定監護人在法律上則是個看似聲譽良好、潔身自愛的律師。這名法定監護人之所以得以利用莎蘭德過往被法定監禁及病理化的紀錄占她便宜，體現的是她如何容易被國家、社會，甚至她自己，視作為瘋子或怪物。

《千禧年》系列有引人入勝的情節和核心人物設定，但我想指出的是，其敘事結合了幻設小說建構世界的手法和報導調查的風格，打開了以往家暴敘事常有的「密

16　參見馬克・J・P・沃爾夫（Mark J. P. Wolf, 1967- ）的《構建想像世界》（*Building Imaginary Worlds*, 2012），尤其是第一章的部分。

室」典範。建構世界的敘事方式，讓被掩蓋的歷史和社會力量浮現，揭露了家暴，以及莎蘭德被媒體、警察、醫療及法律權威標籤為怪物的整個過程，讓她身上不尋常的能力、傷害，以及她的犯罪紀錄等等的意義去個體化。但同時這些答案又只是暫時的：不僅因為這些是日常表面下隱藏的驚人現實，也因為後續都還會有更深的謎團被揭露，很多謎團又因為拉森死得突然，暫時沒有解答。此種不完整感深化了小說敘事手法中，呈現出的意義晦澀之細節的陌異化效果，令這個看似理應逕直的故事，反倒難以被簡略地以寫實主義讀法閱讀；甚至因而使一些看似老套的觀念，譬如同理心，在敘事中具有預料之外的效能，關於這點後續我會再行討論。《千禧年》系列挑戰了將親密程度等同於人際之間透明公開程度的框架、挑戰了同理和坦誠即為良善（benevolence）的觀念連結，小說所帶出的這些思維，部分地拒絕了藉由自由主義式的解決方案，來理解並處理其所呈現的自由或不自由暴力。

二、「這世上沒有天真無辜的人，但有不同程度的責任」[17]

在《千禧年》系列的世界中，同理心不僅特殊，甚至可能是個問題。首先，不同於以往慣例，同理心在本系列小說中，並未被以普世人文主義或自由主義式的典範呈現；而是在新自由主義主導、以統計學衡量而個人化疾病、失能、犯罪的風潮中，突顯其稀有的地位。事實上，《千禧年》系列和《比喻》系列都將同理心呈現為一種特殊的，甚至是某種人工的特質；或者雖是殘缺，但在某些層面上有賦權的作用。[18] 這種特徵，尤其是有些角色有同理心，但為了自保，不得不維持冷酷或深

17　標題引自拉森千禧年第二部曲《玩火的女孩》（*The Girl Who Played with Fire*, 2009a: 412；中譯本頁358）；敘事體聚焦於莎蘭德的思維。

18　我在2014年在美國研究學會（ASA）所發表的論文〈「什麼統合了領土呢？我們的婚姻」：科幻小說與「西方」的非自由性〉（"'What holds the realm together? Our Marriage': SFF and the Illiberality of the West"）中，將狄蘭尼的說法，和思倍針對科幻、移民的執法、監獄工業複合體的論文，放在一起並讀，探究當代的某個「新自由」科/奇幻小說怎麼處理同理。當時處理的文本是喬治·馬汀（George R. R. Martin, 1948- ）的《冰與火之歌》（*A Song of Ice and Fire*）系列，並一同參照HBO的改編影集《冰與火之歌：權力遊戲》（*Game of Thrones*）。但我當時並非聚焦在有同理能力/缺陷的女性角色，而是著重分析幾個**缺乏**同理心的病態角色，例如年輕的喬佛里國王（Joffrey Baratheon），讀者則透過一位有貴族身分的侏儒蘭尼斯特（Tyrion Lannister）的觀點，並帶點幸災

不可測的態度，在當代的科幻和相關文類中非常普遍。雖然莎蘭德經常被其他位階高過她的角色形容為完全沒有同理心可言，但我認為她正是在科幻作品中展現同理心的典型角色。她在調查過程中展現的同理心並非只是情感的，更多的是在理智認知的層次上展現，反倒突顯她對於自己所調查的對象精準的情感描繪。此外，她詭異的能力可以「鑽進調查者的表皮底下」（Larsson, 2008: 33；中譯本頁49），某方面而言駁斥了同理心必然和公開、互為主體、互相坦誠等特質之間的聯繫。首先，由於莎蘭德藉非法管道對他人資訊透徹的理解掌握，並以此威脅他人，使得她在別人資訊透明的情況下，必須依然保持不透明。儘管她只是個高中輟學生，又是最年輕的視點角色（POV character），但她對其他人的行動、背景、不為人知的動機，甚至是感情，跟其他在小說中本應更擅於此的角色（包括受專業訓練的調查人員、心理醫生、偵探、國安人員、老辣的間諜罪犯等等），相比之下了解得更為深入。她的神秘感以及她的過去、能力／缺陷，只有在一連串的謎團中才慢慢解開，對於前述的眾多專業角色，或對讀者而言皆是如此。這一點，與我在下個段落要討論的《比喻》系列一般，點出了公開透明並非為善。在情感的層次上，每當她密切理解他人的行動和動機時，除了情感上的同理，往往還有譴責；即便情感上同理，自己也會遭受到痛苦折磨。她對於他人的透徹理解，更多的是透過電子媒介而非人際互動，互為主體性的成分也相對較少。整部故事的推動是以莎蘭德入侵其他角色的資訊，並以這些資訊推理，足可見她從電腦獲取他人隱私的情節本身，就是小說建構世界的過程之一，也牴觸了自由人文主義下的角色特質和劇情發展。

最後，科幻語彙誘發的閱讀模式，得以將上述被問題化的同理心和單向透明，以及莎蘭德身上的怪物性，抽離出一般殘障、特殊才能、犯罪故事所預設的個體化敘事模式，而通常認證這些敘事的科學知識，是受過正規教育背景的專業階層產出的。她的角色光環將同理心的稀有，連結到更寬廣而深遠的資本主義發展史，但也讓性暴力批判脫離了新自由主義對良善公民與家庭的權利保護語境，甚至使這種語境在莎蘭德身上顯得相當狹隘：「假如〔莉絲〕莎蘭德是個普通公民，她很可能……立刻上警局指控……強暴。」（Ibid., p. 210；中譯本頁217）然而，「莎蘭德和一般正常人不同。……對她而言，警察是多年來不斷地逮捕她、羞辱她的敵對勢力。……她

樂禍的態度教訓這些病態角色。這樣的態度，並沒有和同情（sympathy）背道而馳。

的交友圈不大，也沒有任何住在郊區、受到保護的中產階級友人」(*Ibid.*, p. 212-213；中譯本頁219)。

小說中大量描述莎蘭德和中產階級、郊區住民、警方之間的疏離，強調了她從來沒有，也從不可能被視為強暴的受害者，更無法考慮求助婦女救助中心，或是走一般的法律途徑。相反地，整部小說將她描述成沒有怕過「任何人、任何事」，雖說這也可能意味著她的基因組成有問題，可能和她同父異母的哥哥無法感受疼痛的原因相似，但她確實也認為自己很危險，甚至有時會變得像怪物一樣。敘事使用了科幻文類中有標誌性的角色形象及轉喻(tropes)；三部曲在在呈現莎蘭德的驚人天賦時，逐漸增加具有未來感(futuristic)的語言描述，強化她異於常人(paranormal)的形象，譬如她雖然清瘦矮小得像個十四歲男孩(直至第二部才手術隆乳)，卻又像個超級女英雄般毫不畏戰。

莎蘭德不斷地和這種疏離，以及背後種種力量搏鬥的敘述，遙相呼應了法律學者思倍談到科幻和當代美國移民政策之種族歧視的關係時，他所提出的「『家庭』、『勞工』、『怪物』這三種象徵語言層次」。(Spade, 2011: 2)《千禧年》系列作品在其非寫實主義的世界建構手法中，呈現了這些分類方式如何正被擴張中的入罪化大業持續生產出來且運用。同時，小說亦追溯出了：這些分類如何根植於瑞典的反移民情結中，以及此種情結與長久存在的極右國族主義與跨國法西斯組織之間的連結。

小說的最後一部，則在結尾以附記的形式，簡短提及瑞典在一九八〇年代末至一九九〇年代的「移民危機」。(Larsson, 2009b: 746；中譯本無收錄)至此，我會在剩下討論《千禧年》系列的篇幅中，將這部作品建構世界的手法和閱讀方式，連結到角色在面對極右國族主義和法西斯主義歷史的倫理困境，並討論《千禧年》系列呈現了冷戰之後，政治良知在碰觸到控制、監禁、正義的內涵等議題時陷入的僵局。

系列的第一部以布隆維斯特起頭——他是一位有爭議但有成就、受人尊敬的記者，被控以誹謗，即將判刑入獄(「身為罪犯便是如此，他心想，置身於麥克風另一頭」〔Larsson, 2008: 9〕)。第二部則從莎蘭德開始——她是一個甚至在法律上沒有完整人格的少女，因為三名死者的謀殺案，以及媒體的大肆渲染，而被警方追捕。前兩部的劇情發展都從核心主角被判有罪起頭，描繪出兩位主角、法律、既有的倫理墨守法規，三者之間的關係，例如將大型金融犯罪與女性家暴相連的環節。第三部以移民政策的相關軼事暫時作結，突顯出這幾條反貪腐和女性賦權的故事線，都是以

國家主義、移民問題、種族主義等相關事件背景闡發的。隨著莎蘭德和布隆維斯特的關係愈發親密，兩人在道德觀念上無可妥協的張力，以及在政治思想上的僵局，迸發出這段關係中的情感橋段。即便讀起來既奇怪又發展得不太完全，但我認為這個張力和僵局的戲劇化處理才是這整部系列的「真正目的」：布隆維斯特雖然至少年長了二十歲以上，但莎蘭德覺得他的道德觀實在太過天真（不管一個人對他人做了何等傷害，他都會對此人受到某種程度的壓迫油然生出自由派式的同情心）；相反地，她在認知上同理的表達方式雖然不太合法，但貫徹起來更加徹底到位，也非全然為善，正如藍道・威廉斯（Randall Williams, 1964-）所形容的「不倚仗法律的清算」（non-juridical reckoning）。（Williams, 2010: xxxii）[19] 在這層意義上，「**莎蘭德原則**」（Larsson, 2008: 321；中譯本頁326）這種反自由，或至少是非自由派的道德原則，成了《千禧年》系列批判新自由主義的重要根據。[20]

對布隆維斯特（或許對讀者亦然），即便他所調查的地下法西斯活動愈來愈與資本主義史和經濟自由化有所關聯，但他還是只視這些活動為非法策動而已。作為一位左傾的金融貪腐案專家，即便要被關押，他也戮力想戳穿這群倚仗法律保護私產，得益於投機行為最多，卻仍犯下貪腐案的企業頂尖分子。但到最後，雖然他已經了解到白人至上和企業力量之間的關聯，卻還是回到自由派的基礎與法律秩序。莎蘭德與他截然不同，她的生命歷程和獨特**原則**，是在布隆維斯特最後無意間回歸的占有式個人主義（possessive individualism）之外形成的。她的原則是在她和一小群沒

---

19 雖然莎蘭德涉入的非法活動遠比布隆維斯特還要多，但兩人同樣都被法律嚴厲制裁。此外，雖然故事從布隆維斯特的判刑起頭，但隨著劇情發展，他的爭議報導揭發了許多人的犯法行為，包括從銀行搶匪，到有頭有臉的大企業家，不過他還是選擇隱瞞莎蘭德的秘密犯行，並在自己的調查中利用她高超的入侵技巧，挖出企業高層的貪腐行為。

20 莎蘭德被一間保全公司的人員雇用，調查並入侵布隆維斯特的個人電腦。他發現之後，兩人第一次見面，她解釋了自己個人原則的其中兩條：「你或許有興趣知道我也有你們道德委員會那類的原則。我稱之為**莎蘭德原則**。其中一條是混蛋永遠是混蛋，如果我能挖出一些狗屁倒灶的事來傷害一個混蛋，那是他活該。〔……〕不過重點是當我做私調的時候，我也會提出自己對那個人的看法。我並不中立。如果那個人看起來像個好人，我的報告可能會寫得溫和一點。〔……〕我本來可以寫一本關於你的性生活的書，也可以〔……〕提到艾莉卡（Erika Berger）曾經上過『極端夜總會』〔……〕〔但〕我若提到她，只會傷害你們兩人或是給某人提供勒索的題材。」（Larsson, 2008: 321-322；中譯本頁326-327）。

有太多交集的人之間，賦予了不同程度的信賴感而逐漸形成的（這些人包括她的母親、社會學研究生兼情色愉虐服飾設計師但關係時有時無的女友、成員都是女性但已休團的金屬樂團「邪惡手指」、駭客朋友構成的虛擬社群、願意在系統內給予最大程度自由的前受託人、她的老闆德拉根・阿曼斯基〔Dragan Armansky〕、以及拳擊冠軍保羅・羅貝多〔Paolo Roberto〕、布隆維斯特）。這些角色在空間上和社經地位上分布不一。莎蘭德甚至幾乎沒有對他們透露自己的創傷過往和現在的法律地位。這些問題正如故事所強調的，沒有一點能與現有被認可的家庭型態相容，不論是血緣式、另組的，或是社群式的皆如此（唯一例外也許是「駭客共和國」，莎蘭德對其中的成員也最為坦承。但這個社群幾乎是以線上互動為主，偶爾涉入非法行為，彼此也幾乎不見面）。莎蘭德和這些角色的倫理關係幾乎都不是出自對家人或對國家的愛，也不是因為共同的利益。相反地，她將父母過世而繼承的財產全數捐出。除此之外，她在米爾頓保全公司的薪水也很少。她唯一一次的大筆收入是從網路上盜領一位劫財成性的億萬投機客的帳戶。莎蘭德的個人財產和人際關係所奠基的倫理性很難被其他人一眼看透。對大多數人而言，侵犯個人和侵犯家庭與財產是三位一體、相互連動的；因而在人們眼中，她執行正義的方式，有時與自命正義、試圖控管風紀的法西斯組織的暴力行為之間，顯得難以分辨。同時莎蘭德的原則，以及整個家內謀殺案如何被預想的方式及過程，都迫使書中角色與讀者看見這整個探案模式中所仰賴的、現行的倫理框架，暗含了自由主義意識形態的議題。原本這種探案模式構想出的整個敘事和最後真相，是要逐漸發掘出背後的犯罪行為，卻沒想到在這個過程中，反而碰觸到合法性與私產制度的問題。

布隆維斯特與讀者只知道莎蘭德原則的其中兩條：第一，傷害女人或其他弱勢群體的「混蛋」，不管在什麼情況下都是混蛋，即便用非法手段曝光也是活該；第二，對駭客而言，非中立性在判斷該曝光對方多少事情的時候是個重要依據，端看對方是否像個「好人」（不是混蛋）。莎蘭德基本上雖然接收了法律上定義強暴所仰賴的合意原則，但在其他問題上偏離了法律，以及對不涉及利害關係的客觀性之信念。有意思的是，或許是由於莎蘭德的生活及工作既屈從卻亦脫節於法理的財產關係，她對於其他角色的評判，並不僅僅按照個人的可歸責性（accountability）；對莎蘭德而言，不時赤裸裸地揭露出他人所有行為決策如何被更大的陰謀結構型塑，這件事並不意味著個別的行為人毋須被歸責，而是意味著：沒有任何行為是真正無辜無

罪的。在布隆維斯特的世界裡，「受苦」能夠讓某些莎蘭德判定為混蛋的人，至少免除一部分的罪過；但在莎蘭德的世界裡，**「這世上沒有天真無辜的人，但有不同程度的責任」**。這種非慈善式的、將所有行為人皆視為與不公的社會及經濟結構有所牽連的認知方式，構成了一種另類的正義及清算方式，我認為它是非自由主義的。譬如，對於莎蘭德而言，徹底清算混蛋必須包含：避免他們再度謀殺那些即便突然消失也不被關注的移民女性。相較之下，布隆維斯特對於混蛋的同情，顯然地，也是奠基於認知到他們身上的較大結構面力道影響；然而在效果上卻形成了一種再個人化（re-individualizing）之敘事，其意圖是維繫同理心（empathy），但最終卻無法徹底根除默許且促使他們持續對移民女性行使暴力的各種社會條件。

我們僅知曉莎蘭德的兩條原則，而這也暗示還會有更多的原則；這種不完整感，呼應了莎蘭德一直以來如何與關於個人可歸責性的問題糾纏，或成或敗地持續極長時間。而她亦反覆地試圖處理關於「後果」的重要性的問題，那是在於她險些對於威脅她或其他女性的人使用暴力的時候開始。這種反思亦體現在她於三部曲中，持續不斷的倫理掙扎。藉由這些描寫能夠看出，她的正義原則並未被完整總結，亦沒有個可預知的末尾。最終，莎蘭德與布隆維斯特兩個角色之間的倫理僵局（ethical impasse），帶出的是：在現行的、對於親密關係形式的邏輯中，莎蘭德如何之於布隆維斯特而言，不（夠）透明（nontransparent）；這種倫理僵局，伴隨其所引起的認識論及情節敘事上的悖論（paradox），才是整個系列實質的密室懸案所在。

當上述這些悖論成為閱讀焦點時，就能理解當今將「西方」視為一整組政治與社會價值的文化大業其不友善之處與危險性何在。《千禧年》系列可以從各種支持與自由化對立的政治立場進行閱讀，在此我會探索其中的兩個立場。布隆維斯特和莎蘭德對政治倫理的意見分歧，也在其他地方有所呼應：例如劇中諸多岔出的議題討論，像是瑞典憲法保障的權利與言論自由的本質。或者更具系統性的例子：許多劇中角色，甚至可能連故事敘述本身，都在爭論「札拉千科俱樂部」是否代表瑞典國安局（Swedish Security Service，簡稱SAPO）和整個國家，還是它只是個扭曲後的存在。對多數角色而言，一個有所運作的警方必然會維護民主價值，因而民主才能保護人民。但從莎蘭德對此絕不可能接受的態度而言，從她遭受到的對待來看，這樣的立場無法徹底解決故事敘述提出的問題。這些立場的張力在故事中完整地保留，也意味著從這兩方的立場閱讀《千禧年》系列都可行；但是在新自由主義的問題日趨嚴

重的當下，這部作品的可貴之處在於它開放這個問題的方式，得以對自由派提供的解決方案進行幻設層次的批判。

　　本文剩下的篇幅將討論巴特勒的小說《比喻》系列，並追溯前述的歷史對接（將資本主義發展史接合到個體化的轉喻〔individualizing tropes〕及其敘述模式）和意識形態上的脫節（將對於新自由主義入罪化效應的批評格局，從對法治與私產保障的自由派語法割離），這兩種手法在一九九〇年代這個系列小說中的原型。前文提及，年輕時的拉森極度投入狄蘭尼謳歌過的科幻出版社群，[21] 而這部系列作在拉森的圈子中也大受好評。在此我所提供的分析，並非關乎屬於正典形構一部分的「作者影響」（authorial influenc），而是關於科幻文類中，社群的重要性如何大過於文學正典的建構。作出這種推斷的基礎，一是狄蘭尼的文章，二是如同葛蕾絲・洪（Grace Kyungwon Hong, 1970-）所論述之「有色女性主義實踐」（women of color feminist practice）；其對於文本創作影響的所在之處及其方式，不見得都能被辨識肯認。[22] 像拉森筆下的莎蘭德，這種一部分從科幻文化中形成，卻廣泛地在各處出現的角色類型，可能已有系譜可循。這種可能性，讓我們得以用另一種眼光，理解瑞典和其他譯本出版商想改掉原標題「憎恨女人的男人」，拉森卻死命堅持的插曲。[23]「婦女受暴」

21　利奇（Nathaniel Rich, 1980-）在《滾石》（*Rolling Stone*）雜誌的一篇人物側寫中，將年輕時拉森在科幻出版文化中的社群活動，連結到他的左翼立場與生涯志向：「在青少年時期，拉森就創立了兩份科幻愛好者雜誌，寫故事、寫文章、畫插畫。讀者可以寄自己寫的故事，或寫信給主編，當成一種支付雜誌費用的形式。科幻和政治之間的隔閡雖說本就一直不甚明顯，但當時可是一九七〇年代，瑞典的青年運動已經到達了一種狂熱的高峰。雜誌常常會收到年輕的左翼分子來信，但當時有個例外：有位署名『Lars-Göran Hedengård』的科幻迷來信，激昂地為尼克森（Richard Milhous Nixon, 1913-1994）辯護，支持越戰。拉森不能放任這種言論不管。沒多久雜誌就被他對『Hedengård』的回應大篇幅占據。後來愈來愈清楚『Hedengård』是個支持法西斯活動的活躍分子。拉森其實本來就有注意到瑞典的這些仇恨團體，但他非常震驚這些團體在他的同代人之間重新復活。他決心一定要曝光這些秘密運作的人群，他要變成偵探。」（Rich, 2011）

22　「發展式的敘事製造出對抽象的有產美國公民形象的認同，以及占有式的個體，並將這種主體形構普遍化，讓個體之間的差異變得不顯眼。不同的是，有色女性主義實踐徹底地根除這種單一認同或普世主體的概念，〔並〕強調認同與不認同等各種軸線之間彼此的交會與競逐。」（Hong, 2006: xxvi）

23　這部分有許多文字紀錄，尤其可參考依娃・賈布列森（Eva Gabrielsson, 1953-）的《我想讓你知道一些事：關於拉森與我》（*"There Are Things I Want You to Know" about Stieg Larsson and Me*, 2012）。

（violence against women）或許是源自小說所採用的集體強暴事件原型，而這個理解也正是基於社會事實，但卻成為了個體化之意識形態工具（將事件源頭和譴責歸咎於某些個體）的其中一個例子。然而，正如我在前文分析過的，《千禧年》系列反而花了大量的篇幅（雖非處處皆然），試著將家庭暴力（被一群只在乎單一議題的白種女性主義者推廣到全球），連結到資本主義、種族主義和法西斯主義等原本可能都會被模糊掩蓋掉的歷史發展。[24]

三、「生物性的良知也總好過沒心沒肺」[25]

　　斯皮勒斯（Hortense Spillers, 1942-）在一篇短文〈想像性遭遇〉（"Imaginative Encounters"）中，將科幻的重要性定位在它「詭異」地將「熟悉的與怪異的事物結合……以我們未知而未曾經歷過的方式帶我們回到原本熟知的事物」。（Spillers, 2008: 4）斯皮勒斯在文章中聚焦於巴特勒的作品整體，而她也從思倍所談的「不可能」和「難以想像」，討

24　如同我在導言所討論的，思倍曾論及科幻對女性主義政治思想的重要性，在於新自由主義挪用社會運動的涵納策略下，科幻能讓我們敢於要求難以想像的事情。「反父權的政治計畫不斷地受邀或受誘進到『可能』的範圍，結果變成入罪化和帝國的正當理由。種種女人和酷兒族群生命的修辭被四處利用，在國內發起仇恨犯罪的立法，在全球輸出入侵他國的軍隊，建立並維持著施加種族與性別暴力的體系。還有，在諸多打著『女性』、『LGBT權利』的旗幟下運作，實則為種族歧視和同志正典的計畫，卻因為金錢援助、媒體報導、專業認可只認這些標語而大行其道。」（Spade, 2011）拉森的小說應是奠基於某一種女性主義的政治主張，用思倍的話來說，也就是可能「變成入罪化和帝國的正當理由」。女性受害者的形象貫串全系列，從新聞報導檔案、殺人犯日記中的紀錄，到屍體的照片、未成年少女裸體被家人性侵的照片，以及被噤聲販運的東歐女性和亞洲女性（拉森曾聲稱自己幼時目擊過一個女孩被集體性侵，時常提及此事是他創作此系列的動機。但也有可能這些女性就是這個女孩的原型）。這點正是此系列小說在種族和性別政治上站不住腳的地方，其一是讓其中少數、未被記錄的女性噤聲，其二是它的賦權方式，讓莎蘭德成為所有女人的榜樣與捍衛者。我把上述這些讀作是新自由主義式的賦權與涵納敘事作用在小說上的證據。這個力道，和前述思倍的分析、方秀真對幻設小說的專文討論，還有葛蕾絲·洪在《難以否認的死亡：差異的不可能政治》（Death Beyond Disavowal: The Impossible Politics of Difference, 2015）一書的導論中，都指認出新自由主義欲結合社運的策略，兩者並行不悖。但同時，如同我在這篇文章的分析，這部小說系列再現了自由派正義觀的難題，也正是在對抗上述的邏輯。

25　標題引自巴特勒的《撒種的比喻》（Parable of the Sower）。（Butler, 2000[1993]: 115）

論巴特勒如何在作品中再現這兩個概念，以突顯時間性（temporality）對於非裔未來主義（她自己並沒有使用這個詞，但這篇文章收錄在標題為《非裔未來女人》〔*Afro-Future Females: Black Writers Chart Science Fiction's Newest New-Wave Trajectory*, 2008〕的合集中）的重要性。她在討論巴特勒的小說《親族》（*Kindred*, 1979）時，談到書中回到奴隸時代之旅的情節，以及這種穿梭時空的旅程想像本身就讓人「難以想像」：「但巴特勒甚至將其想像成小說體上最大膽的一步：如果虛構時間真的具有可塑性，那麼其必然可以前進，也能倒轉。」這段難以想像的思考／旅行之所以詭異，部分原因是它「拒絕了……前進的必然」，以及它強迫讀者從「偽造的天真夢境中」醒來：「我們不想知道自己在現實的存在是用難以計數的代價換來的。」（*Ibid.*, p. 5）[26] 甚至不只是巴特勒的《親族》一書，眾多評論者包括斯特里比（Shelley Streeby, 1963-）都有提到的《比喻》系列，已經是諸多針對美國新自由主義的學術研究對象。（Streeby, 2014; 2018）巴特勒在《比喻》系列中展現了她對整個社會和政治變化過程的研究和推演，像是刪除圖書館和學校等公共服務的預算、國家監視強化、日益嚴重的罪刑化、監獄大興、負債和私產剝奪的情形增加、氣候變遷，以及這些現象與種族資本主義及奴役的歷史之關聯。[27]

在接下來的段落中，我會探究《比喻》系列中具有兩種不同走向的時間性，其以科幻語言，針對「新自由主義對冷戰悲劇的再製」（the neoliberal reproduction of cold war miseries）[28] 進行了反思。首先，在幻設式的過往這方面：我將女主角蘿倫的「過度同理症候群」（hyper-empathy syndrome），視為是在批判式地回應冷戰自由主義種族小說論述中「同理」所扮演的角色。（Melamed, 2011）第二，《比喻》系列正面對抗，並試圖超越後啟蒙傳統下，將封閉性視作實現烏托邦的條件（Jameson, 2005），重新思考共同體的未來。[29] 這種想像未來性的方式，一部分是立基於一種既必要，也可能非自由主義

---

26   在這個啟蒙後的進步時間被當成自然的當今，斯皮勒斯除了劃出完全對反而「難以想像」的歷史之外，她對小說的閱讀方式也意外地應和了全球金融資本主義中的種族主義邏輯的相關理論。

27   有些研究將《比喻》系列視作對氣候變遷和新自由主義之批判性的幻設作品，相關研究可參見斯特里比專書（*Imagining the Future of Climate Change: World-Making through Science Fiction and Activision*）中的章節〈溫室世界的氣候難民：隨著巴特勒小說歸檔全球暖化〉（"Climate Refugees in a Greenhouse World: Archiving Global Warming with Octavia E. Butler"）。（Streeby, 2018: 71-73）

28   這個名稱沿自美國研究學會2016年會的一個分會場主題名稱，也是這篇文章首度發表處。

29   或者就像詹明信（Fredric Jameson, 1934-）在《未來考古學》（*Archaeologies of the Future*）一書中討論布

的實用主義（illiberal pragmatism）。（Chua, 1995: 192-193）相較於另一群匿名作者稱頌其為「積極平權式幻設」（affirmative speculation）的想法，《比喻》系列以「在眾星之間生根」（Uncertain Commons, 2013）這種看似矛盾的觀念模式所想像的未來，更往前推進了一步。

《撒種的比喻》開頭，女主角蘿倫·歐拉米娜（Lauren Olamina）以日誌的方式，敘述一連串的夢。一開始先從一場火燒房子的惡夢開始，之後慢慢敘述蘿倫和繼母的對話。繼母以西班牙文向她敘述自己從前看不見星星，是因為蘿倫沒見過的「城市之光」。（Butler, 2000[1993]: 5）對話中蘿倫提及，即便沒有月亮而僅有星光，她也能很清楚地看見「社區之牆」。這種形容也許會讓人以為場景是在一個有警衛大門的普通社區裡，不過這種設想立刻就會被後續的語句打上問號：「牆」是鄰近地方魁梧聳立，隱然令人不安的存在」，像是「既伏欲出的巨獸，與其說是給予安全，不如說是令人有壓迫感」。（Ibid., pp. 1-3, 5）當讀者在小說中進入後續的日誌，他們立刻明白剛才的那場夢是對整個環境的直白描述。這裡的科幻世界設定在近未來洛杉磯附近的一座小城，而非一般科幻設定的遙遠他方。但讀者已經必須從這個設定，從批判反省當下的眼光，閱讀他們尚且未知的事物。

小說中的南加州在氣候變遷和嚴重乾旱，以及國家驅使的種族暴力之下柔腸寸斷。國家並無介入緩和現況，警察和消防機關都因私有化過於昂貴，一般民眾無法求助。多數人口皆失業與無家可歸。水是相當稀有的商品。有些人更服用一種流行的新藥，變得特愛四處縱火，讓原本極盡乾旱的現況雪上加霜。僥倖占據到房屋的人民須在社區周圍建立高牆，將其他人阻擋在外。否則像是沒有房屋，也沒有養護車輛費用的眾多人民，都必須以雙腳走上高速公路，成群結伴保護彼此，向北方逃去，即使北方早已對這些加州居民封鎖了邊境。在這樣的設定中，以蘿倫為第一人

洛赫（Ernst Bloch, 1885-1977）時所說的：「在諸多隱蔽的話語及實踐中，找到突出表面的路。」（Jameson, 2005: 3）《才幹的比喻》（Parable of the Talents, 1998）中，「地球之種」這種不斷在變化的社群概念，可以讀作是將兩種對反力量的結合。一種是開創烏托邦式的衝動（開放、改革式的），另一種則是建立烏托邦式的計畫（封閉、革命式的）。在《撒種的比喻》故事開頭，蘿倫的至交及其家族放棄了日亦弱勢的飛地社區，選擇被收編進城鎮中，而她卻採取了「反－反烏托邦立場」（anti-anti-utopian position，語出詹明信〔Jameson, 2005: xvi〕），或可認為此處的設定已經體現了前面所述的對反。

稱的敘述，說道：「我可以在不崩潰的情況下承受許多痛苦」(*Ibid.*, p. 11)，若說從故事先前已敘述過的痛苦情況來看，似乎就能理解這句話。但在下個段落，我們又讀到蘿倫談的是她自身的「過度同理症候群」，導致她僅看到他人受苦，就會在身體上受到同樣的痛楚，在童年時期甚至還會流血。小說中敘述這種情形的用詞是「同享」(sharing)。每當蘿倫遭遇到暴力或受難事件時，都必須承受這種超乎想像的痛苦，然而不論在她的世界或牆外世界，這些事件又相當普遍。小說以「過度」和「症候群」等字眼，標示出這種極度同理表現形式的不正常；如同《千禧年》系列，這也暗示著在新自由主義的圖景中，同理作為打破社會形勢的一種嘗試。

　　梅拉麥德(Jodi Melamed)的研究指出，「同情」(sympathy)在冷戰時期種族小說的論述形成中相當重要。美國雖標榜自由主義，並以此領導自由世界，但包括前蘇聯等國都指控美國在國內施行法西斯主義，以及奠基於奴役的種族化資本主義，而這些小說即如同證據。(Melamed, 2011: 53)梅拉麥德認為冷戰的「種族自由主義」運用同情，譴責白人至上，認為白人要為種族主義負責。然而它的方式是將這些主張個人化，例如閱讀種族小說(無論內容如何)可以即刻賦予白人一些認知，從心智意念上徹底轉變為反種族主義者，藉此也讓種族觀擺脫一些認定其已納入資本主義體系的批判。這種論述，以及同情在其中扮演冷戰的協同角色，不僅不反對，甚至將美國為首的全球資本主義合理化，成為自由西方的反種族主義提倡手段。(*Ibid.*, pp. 54-55; 62-71)冷戰之後，新自由主義式的多元文化主義當道的今時今日，反種族主義和民主依然和自由市場的理念掛勾，黑白二分的種族觀早已不復其當年的效力。(*Ibid.*, pp. 42-43)[30]

　　梅拉麥德在研究中爬梳了冷戰時期更具批判性格的小說。具同等批判性的巴特勒，從新自由主義的私有化、罪刑化、債務奴役等現象擴大的過程，在故事中演繹出美國資本主義的種族形構，是一種無法以自由派觀點解決的結構問題。巴特勒的科幻語言，一反現有研究多隱含了社會學式的現實論預設──將小說的形式視為文化的透明「窗口」。

　　種族自由主義中的同情心，中介層次過多又相當膚淺，而《比喻》系列中的過

30　在目前社會不平等被歸因為個人的失敗，而非整個系統運作過程一部分結果的當下，對於貧窮化與入罪化的諸多個體的咎責也愈來愈多。或許正是新自由主義在製造出各個文化「專家」的過程中，遮蔽了這一點，使得冷戰建構出的同情所具有的慈悲善意，得以延續。

度同理症候群，得以讓蘿倫對他人的理解更深層也更準確，對於處在其社區牆外之人也是如此。隨著故事的進展，她運用這種能力高效地領導，收服人心。她偶爾會設想（但通常不會太久）如果所有人都有這種「狀況」，特別是有了能感知他人痛楚的能力後，世界是否能變得更好。蘿倫出生在一個曾為中產階級的混種家庭中（她的父親是黑人牧師，母親是拉丁裔，兩人都有博士學歷），成長於多為黑人的多種族社區中，父親因教會職位成為非正式的領袖。一天蘿倫的父親突然失蹤，雖然她還年少，仍須擔起父親一部分的職責。當其他社區居民對於當下的危機採取否定的態度，或是妄想有一天能回到「往日的美好時光」（例如一九九〇年代，也是小說系列的寫作年代）時，蘿倫卻採取行動，進行應對，也說明她是優秀的領導人及思想者。由於無法逃避或忽視過度同理症候群讓自己遭受的種種痛楚，蘿倫最後決意要成立新的宗教「地球之種」（Earthseed）。「地球之種」的信徒數量急速擴展，在第二部小說的尾聲，其中一部分的信徒甚至到外太空建立殖民地。雖然蘿倫的過度同理令人們被她吸引，而蘿倫也由此體會到諸多不同背景的人們所面臨的困境，但這種過度同理的呈現並不同於自由主義式的、企圖屏除暴力行為的仁慈：「小時候我不常打架，因為我會很痛。我能感覺我打的每一拳，就好像打在我自己身上一樣。所以當我決定要打架時，多是我主動打其他人，而不是像平常小孩互相打架。我打斷了麥可・塔考特（Michael Talcott）的手臂和魯賓・昆坦妮拉（Rubin Quintanilla）的鼻子，敲斷了席薇亞敦（Silvia Dunn）四顆牙齒……」（Butler, 2000[1993]: 11）和前述的善正好相反，蘿倫甚至在這段日誌中認定其他角色（可能包括讀者）可以理解這點。在小學時她就有了這麼多的暴力紀錄，而且全都是事前盤算過的，但卻也都是出於自我保護或保護他人，就像預言了往後大眾所熟知的莉絲・莎蘭德。[31] 而且這種暴力傾向還延續到成人階段：「我將他人一擊斃命，因為我覺得如果只是讓對方受傷，自己根本承受不了那種痛。」（Ibid., p. 278）此外還有一點和莎蘭德一樣，當蘿倫用過度同理的能力透視他人時，也沒有公開透明性可言。事實上，正因為這種能力會讓蘿倫相當脆弱，她才對近親以外的人隱瞞，並且習慣維持冷酷的面貌。

31　蘿倫在另一件事情上也展現出她拒絕同情。當她向她往後的未婚夫透露病情時，他一剛開始以人文主義的方式比喻，說如果所有人都有這種病的話再好不過，試著以體貼的方式不理會病情帶來的失能結果。但蘿倫卻回應道：「我不是要聽這些恭維或安慰的話，我要你去理解體會。」（Butler, 2000[1993]: 278）

　　《比喻》將人際之間的公開透明所預設的可能性及可欲性複雜化。加之，小說運用了科幻的語彙，更拒絕了一般認識論層次上的公開透明。此外，蘿倫講求實際的宗教哲學，也直接拒斥了現下時興的「別無選擇」式新自由主義經濟現實論述。蘿倫和跟隨她的人相信「神（God）是因著被人塑造而存在。一定還有我們能做的事，還有更好的命運能由我們塑造」。（Ibid., p. 76）這種共享式塑造的見解來自於她廣納百川式的哲學思維，不斷地見於書中各處：「所有你接觸的，都被你改變。所有被你改變的，也都改變了你。神，就是改變。」（Ibid., p. 195）這種哲學已有許多人討論過，它對於改變的著重可以連結到以往的一些哲學思想，包括從佛教到美國的實用主義哲學。例如，皮爾（Ellen Peel, 1951-）就認為這套思想沿自威廉・詹姆斯（William James, 1842-1910）的實用主義傳統。（Peel, 2008）皮爾將小說哲理中的改變，讀作小說要教導讀者的觀念，也是對女性主義的貢獻。

　　這個概念當然是多種思想混雜後的表達產出。但如果將其放回全小說系列的政治綱領中──亦即從當今新自由主義的經濟與社會進程推演出的一椿故事──便可知「地球之種」系列的作品力度，在於它挑戰了自由主義所框設的解決方案。瑞迪（Chandan Reddy, 1972-）曾形容這種解方的思維，是將一些持續成形又變化的情況，歸納成明確固的脈絡。[32] 而《比喻》系列阻礙了這種思維運作。在《比喻》系列中，這些情況不斷地變動，跟社群有相互形構的關係，而非將其固化成一個界定明確的社群及環境脈絡。地球之種的教義肯認了這些情況的存在，重視它們帶來的諸多可能性，即便這些情況可能難以接受或令人不安。地球之種在往後人數不停地倍增，規模超出一般的社群樣貌，而非侷限於第二部小說描繪過的定點發展型態。這種情況是必然的，也被認為是實際的，但這種實際的精神已然捨棄了私產觀念與固定的領域觀。

　　社會學家蔡明發（Beng-Huat Chua, 1946-）曾提出「非自由主義的實用主義」（illiberal pragmatism），這個概念是用來形容冷戰之後，許多發展中國家的民主脫離自由主義的狀態。然而對已發展國家和英語社會學界而言，這種概念讀起來就只有在科幻小說中才會實現。他舉新加坡執政黨為例，它採行現代化、多元主義、民主選舉的同時，卻沒有行自由主義的政治態度，令人難以捉摸；蔡明發以此例說明冷戰

32　見其專書《暴力的自由》（Freedom with Violence, 2011）之導論，尤其頁6-8。

將現代性、民主和多元主義等概念鑲嵌進自由主義。（Chua, 1995: 185-187）蔡以政治與文化理論解釋了：對於在美國領導的新自由主義冷戰軌跡中成形的發展中國家政府而言，民主是如何運作，以及這些國家又如何在實用主義的層次上，出於發展導向的目的而拒絕了自由主義。然而，在美國新自由主義現實論的脈絡中，可能還需要一部幻設小說，從當代自由多元主義的陷阱中，將策略性而有活力的實用主義解放出來。在這個層次上，巴特勒在這部系列中所做出的新自由主義批判，對於叩問自由西方世界在冷戰中劃設世界的方式，是相當具有前瞻性的。

四、「我寧願能仰望星辰」[33]

地球之種的使命

便是在眾星之間生根

是在新的地球上生活並繁衍

是化為新生 思索新的疑問

是探索廣袤無垠的天際

是探索廣袤無垠的自己

——巴特勒，《才幹的比喻》

（Butler, *Parable of the Talents*, 1998: 276）

地球之種——在閱讀過程中作為一種思想工程——確實提供了另一種理解的方式；正如狄蘭尼所說，科幻迫使讀者認知到他們對於被描述的世界並不全然了解：「身為地球之種／被拋置於新世／首須領會／己身一無所知。」（Butler, 2000[1993]: 178）一如我在前文所述，《比喻》系列作為一部幻設式地遭遇過往歷史的故事，在當代梅拉麥德所述的新自由多元文化主義籠罩之下，處理了種族自由主義及其殘存餘毒的歷史生產過程。同情在自由派反種族主義中之所以舉足輕重，其實是奠基於種族小說的寫實表達：即，不論歸類於何種文類的小說，其中必定包含了原汁原味的種族訊息和知識。（Melamed, 2011: 63）雖然就整個文類而言，巴特勒幾乎是以毫不掩

33　標題出自巴特勒的《撒種的比喻》。（Butler, 2000[1993]: 6）

飾的寫實手法寫就這部系列，但她的科幻書寫也消解了小說敘事固有的寫實元素。它拒絕了既有的知識理解、以往由國家調度提供的解方（例如企業城鎮、契約奴工），以及現有的社群及歸屬觀念。在最後這簡短的結論裡，本文將探究這部小說如何想像未來社群「被拋置於新世」，拋棄以往的知識，以及這實驗性的一步怎麼變成這部科幻小說的實際**場景**（而非外太空殖民地所想像的最後藍圖）。

雖然這部系列通常被認為是反烏托邦的故事，許多研究者還是將故事中的「橡實」社區（Acorn）[34] 視為一種烏托邦。[35]「橡實」是第一部小說中的最後，地球之種所建立起的一個社區，最後被基督教基本教義派的執政黨代理人毀滅，成年人變成奴隸，幼年人則被另置於基督教背景的關懷之家。蘿倫在創立地球之種前，當她和夥伴們前往北方時，她頭一次向他們提起創立這個宗教的構想。她曾解釋，這個宗教的最終目標是選定新的世界：「我覺得我們必須像個種子一樣，離這塊將亡之地愈走愈遠。」（Butler, 2000[1993]: 79）換言之，這個宗教的「使命」就是要「於眾星之間生根」。這種對未來的圖景意味著對過去，甚至對現下（「將亡之地」）的基進否定，也並非期待最終會有一種「根深蒂固」，而是永遠移動前進（愈走愈遠）的持續性的過程。斯特里比引用了詹明信的討論，並注意到在批判性的反烏托邦文本中，這種將最終目的地或最終目標往後推延，是一種「烏托邦眼界的閃爍微光」。（Streeby, 2014: 34）對於斯特里比而言，這種閃爍微光代表持續不斷的鬥爭，去想像並建立另翼的、多種族的社群。即便勝率極低，小說本身和書中角色也都不輕言放棄這種鬥爭。

我想強調的是，除了前述提及的短暫定居於橡實社區之外，這種眼界或目標在整個故事中，並非只是向前標出最終地點，而是從一人所立之處所拉出的遙遠距離，就像故事開頭的夢境中所描繪的星星一般。對詹明信而言，如同先前斯特里比談過的，啟蒙後的烏托邦也必定是一種飛地（enclave），仰賴一體化的封閉力量，分

34　名稱可能取自「萬丈高樓平地起」之意的英文諺語：「Great oaks from little acorns grow.」

35　對於烏托邦相關說法的小說批評，參見皮爾的〈神即是改變：巴特勒《比喻》系列中的勸服與實用主義烏托邦〉（"'God Is Change': Persuasion and Pragmatic Utopianism in Octavia E. Butler's Earthseed Novels"），皮爾自己稱其為「實用烏托邦主義」（pragmatic utopianism），並提及以往烏托邦的觀念常被設想為靜態穩定（static）的。（Peel, 2008）另參見斯特里比將巴特勒視為是「空間理論家」的相關研究。（Streeby, 2014: 33-34）

化出內與外、「我們」與「它們」等。這些小說所再現出的飛地社區（有圍牆的羅布雷多〔Robledo〕和橡實社區），雖然沿用了社區和歸屬的觀念，但小說除了以欲望的角度描繪，也同時將這些觀念以問題化的方式呈現：兩種東西都是「虛假安全」（false security）的來源，而羅布雷多社區也相當不智地立足於特定的倫理典範，作出人與非人、良善與邪惡、值得與不值得的人事物等等區分。然而這種烏托邦想像的基進之處，並非在於蘿倫的夥伴試圖建立一個不同於此的社區，而在於這種未來感十足，卻尚未形成的社群，在第二冊的推進中，並沒有給定一個實存的地點或領土。地球之種已然「無產」（propertyless），因此蘿倫與其跟隨者開始建立新的「公社」，不等同也不被特定的「在地」（local）所束縛（Berlant, 2004: 3），隱約地向更遠更廣之處擴散。最後我想以一則類比作結：地球之種不基於私產，而以「公社」為模式擴散的方式，正具備了幻設小說語言所具有的運動和衝撞特質。「去冷戰政治思想計畫」（Chen, 2010）企圖超越自由主義認定的價值及可能性，而幻設小說的語言特質正好扮演了這樣的角色。

參考書目

中文書目

拉森（Stieg Larsson）著，顏湘如譯（2008）《龍紋身的女孩》，台北：寂寞。

——（2009）《玩火的女孩》，台北：寂寞。

——（2010）《直搗蜂窩的女孩》，台北：寂寞。

外文書目

Bahng, Aimee. 2018. *Migrant Futures: Decolonizing Speculation in Financial Times*. Durham: Duke University Press.

Berlant, Lauren. 2004. "Introduction: Compassion (and Withholding)." In Lauren Berlant (Ed.), *Compassion: The Culture and Politics of an Emotion* (pp. 1-13). London: Routledge.

Bleich, Erik. 2011. *The Freedom to Be Racist?: How the United States and Europe Struggle to Preserve Freedom and Combat Racism*. Oxford: Oxford University Press.

Butler, Octavia E. 2000[1993]. *Parable of the Sower*. New York: Grand Central.

——. 1998. *Parable of the Talents*. New York: Grand Central.

Chen, Kuan-Hsing. 2010. *Asia as Method: Toward Deimperialization*. Durham: Duke University Press.

Chua, Beng-Huat. 1995. "Towards a Non-liberal Communitarian Democracy." *Communitarian Ideology and Democracy in Singapore* (pp. 184-202). London: Routledge.

——. 2017. *Liberalism Disavowed: Communitarianism and State Capitalism in Singapore*. Singapore: National University of Singapore Press.

Delany, Samuel. 2012[1984]. "Science Fiction and 'Literature' — or, The Conscience of the King." 1984. In *Starboard Wine: More Notes on the Language of Science Fiction* (pp. 61-81). Rev. ed. Middletown: Wesleyan University Press.

Gabrielsson, Eva. 2012. "*There Are Things I Want You to Know*" *about Stieg Larsson and Me*. New York: Seven Stories.

George, Rosemary Marangoly. 1999. *The Politics of Home: Postcolonial Relocations and Twentieth-Century Fiction*. Berkeley: University of California Press.

Hong, Grace Kyungwon. 2006. *The Ruptures of American Capital: Women of Color Feminism and the Culture of Immigrant Labor*. Minneapolis: University of Minnesota Press.

——. 2015. *Death Beyond Disavowal: The Impossible Politics of Difference*. Minneapolis: Minnesota University Press.

Hua, Linh U. 2011. "Reproducing Time, Reproducing History: Love and Black Feminist Sentimentality in Octavia Butler's *Kindred*." *African American Review*, 44(3): 391-407.

Jameson, Frederic. 2005. *Archaeologies of the Future: The Desire Called Utopia and Other Science Fictions*. Durham: Duke University Press.

Larsson, Stieg. 2008. *The Girl with the Dragon Tattoo*. (*Män som hatar kvinnor*, 2005) (Reg Keeland Trans.). London: Quercus and MacLehose.

——. 2009a. *The Girl Who Played with Fire*. (*Flickan som lekte med elden*, 2006) (Reg Keeland Trans.). London: Quercus and MacLehose.

——. 2009b. *The Girl Who Kicked the Hornet's Nest*. (*Luftslottet som sprängdes*, 2007) (Reg Keeland Trans.). London: Quercus and MacLehose.

Lowe, Lisa. 2015. *Intimacies of Four Continents*. Durham: Duke University Press.

Marez, Curtis. 2016. *Farm Worker Futurism: Speculative Technologies of Resistance*. Minneapolis: University of Minnesota Press. Kindle.

Melamed, Jodi. 2011. *Represent and Destroy: Rationalizing Violence in the New Racial Capitalism*. Minneapolis: University of Minnesota Press.

Nilsson, Louise. 2016. "Uncovering a Cover: Marketing Swedish Crime Fiction in a Transnational Context." *Journal of Transnational American Studies*, 7(1): 1-16.

Östling, Johan. 2016. *Sweden after Nazism: Politics and Culture in the Wake of the Second World War*. (Peter Graves Trans.). New York: Berghahn.

Peel, Ellen. 2008. "'God Is Change': Persuasion and Pragmatic Utopianism in Octavia E. Butler's Earthseed Novels." *Afro-Future Females: Black Writers Chart Science Fiction's Newest New-Wave Trajectory* (pp. 52-74). Columbus: Ohio State University Press.

Pettersson, Jan-Erik. 2011. *Stieg Larsson: The Real Story of the Man Who Played with Fire.* (Tom Geddes Trans.). New York: Sterling.

Reddy, Chandan. 2011. *Freedom with Violence: Race, Sexuality and the US State.* Durham: Duke University Press.

Rich, Nathaniel. 2011. "The Mystery of the Dragon Tattoo: Stieg Larsson, the World's Bestselling－and Most Enigmatic－Author." *Rolling Stone*, 5 Jan. 2011. [https://www.rollingstone.com/culture/culture-news/the-mystery-of-the-dragon-tattoo-stieg-larsson-the-worlds-bestselling-and-most-enigmatic-author-231910/]

Sakai, Naoki. 2005. "The West: A Dialogic Prescription or Proscription." *Social Identities*, 11(3): 177-195.

Sejersted, Francis. 2011. *The Age of Social Democracy: Norway and Sweden in the Twentieth Century.* (*Sosialdemokratiets tidsalder. Norge og Sverige i det 20. århundre*, 2005) (Richard Daly Trans.), Princeton: Princeton University Press.

Spade, Dean. 2011. "Demanding the Unthinkable." *feminists@law*, 1(1). [https://www.journals.kent.ac.uk/index.php/feministsatlaw/article/view/10/31]

Spillers, Hortense J. 2008. "Imaginative Encounters." *Afro-Future Females: Black Writers Chart Science Fiction's Newest New-Wave Trajectory* (pp. 3-5). Columbus: Ohio State University Press.

Streeby, Shelley. 2014. "Speculative Archives: Histories of the Future of Education." *Pacific Coast Philology*, 49(1): 25-40. Web (Project Muse). [https://www.academia.edu/10286013/Speculative_Archives_Histories_of_the_Future_of_Education_]

——. 2018. *Imagining the Future of Climate Change: World-Making through Science Fiction and Activision.* Oakland: University of California Press.

Suvin, Darko. 1972. "On the Poetics of the Science Fiction Genre." *College English*, 34(3): 372-382.

Uncertain Commons. 2013. *Speculate This!* Durham: Duke University Press. Kindle.

Vint, Sherryl. 2015. "Introduction." In Sherryl Vint (Ed.), *The Futures Industry*. Spec. issue of *Paradoxa*, 27: 1-19. [https://paradoxa.com/wp-content/uploads/2020/06/1-Introduction-to-"The-Futures-Industry"-Vint-pp-7-20.pdf]

WIlliams, Randall. 2010. *The Divided World: Human Rights and Its Violence.* Minneapolis: University of Minnesota Press.

Wolf, Mark J. P. 2012. *Building Imaginary Worlds: The Theory and History of Subcreation.* New York: Routledge.

文章出處

〈性、淫、翻譯：晚清性別知識重構舉隅〉| 劉人鵬

- 載《中外文學》第49卷第4期（2020年12月），頁125-153。

〈亞洲之間思想遭遇的負面性轉移：瞿秋白與泰戈爾，1924〉| 黃詠光

- 載《中外文學》第49卷第4期（2020年12月），頁155-202。

〈成者為妻，敗者妾妓：婚姻轉型與女權演化〉| 丁乃非

- 載《中外文學》第49卷第4期（2020年12月），頁203-243。

〈何謂台灣的「主體性／subjectivity」？——一個在亞洲「之間」的方法論的實踐〉| 張馨文

- 載《台灣社會研究季刊》第111期（2018年12月），頁7-57。

〈等待醫治的斷指：冷戰自由人文主義的國／種族殘缺敘事〉| 林建廷

- 載《台灣社會研究季刊》第109期（2018年4月），頁5-35。

〈妖嬈若是：當代中國大陸「妖」的山寨性／別模組化展現〉| 林純德

- 載《中外文學》第49卷第4期（2020年12月），頁67-124。

〈社會議題的中介與轉化：以撒舒優‧渥巴拉特兩部台灣原住民族紀錄片為例〉| 林文玲

- 載《中外文學》第49卷第4期（2020年12月），頁25-66。

〈中國跨性別性工作者不確定的未來與言證紀錄片〉| 李思齊（Nicholas de Villiers）

- 載《中外文學》第49卷第4期（2020年12月），頁245-260。

〈幻設轉向：「千禧年」之「喻」〉| 白瑞梅（Amie Parry）

- 載《中外文學》第48卷第4期（2019年12月），頁19-51。

作者／校譯者簡介

作者　　　　　　　　　　　　　　　　　　　　　　　　　依姓氏筆畫序

丁乃非
國立中央大學英美語文學系教授，性／別研究室成員。著有 *Obscene Things: Sexual Politics in Jin Ping Mei*（2002）；與劉人鵬、白瑞梅合著《罔兩問景：酷兒閱讀攻略》（2007）；與劉人鵬合編《置疑婚姻家庭連續體》（2011）。

白瑞梅（Amie Parry）
任教於國立中央大學英美語文學系，為英文系性／別研究室核心成員之一。其著作包含：《虛空屏幕彼方的詩：對現代主義文化群的諸種介入》（*Interventions into Modernist Cultures: Poetry from Beyond the Empty Screen*），曾榮獲美國亞美研究協會最佳圖書獎；以及與丁乃非、劉人鵬合撰之中文專書《罔兩問景：酷兒閱讀攻略》（2007）。

李思齊（Nicholas de Villiers）
任教於美國北佛羅里達州大學（University of North Florida）英語系，曾於國立中央大學性／別研究室擔任客座（2017）。他在明尼蘇達大學出版社（University of Minnesota Press）出版了三本書：《含混與衣櫃》（*Opacity and the Closet*, 2012），《性的記錄研究：紀錄片中的性工作》（*Sexography: Sex Work in Documentary*, 2017），《釣魚，想睡，憂鬱：蔡明亮電影中性的迷失方向》（*Cruisy, Sleepy, Melancholy: Sexual Disorientation in the Films of Tsai Ming-liang*, 2022）。

林文玲
現為中央研究院民族學研究所副研究員，國立陽明交通大學社會與文化研究所合聘教授。研究區域位於台灣南部屏東山區的隘寮群魯凱，最近的研究主題包括原住民偏鄉道路基礎設施研究、隘寮群魯凱的混農林業研究（以咖啡、養蜂為主）、數位視覺人類學，以及原住民族性別「她者」研究。近期發表的期刊論文有〈社會議題的中介與轉化：以撒舒優・渥巴拉特兩部台灣原住民族紀錄片為例〉（2020）、〈活力的部落，培力的評鑑？——原住民族部落活力計畫

現場的民族誌觀察〉（2020）、〈持續延展的生命傳記：中央研究院民族學研究所1950至1960年代臺灣原住民族的「田野照片」〉（2022），以及專書論文 "From Paths to Traditional Territory: Wayfinding and the Materialization of an Ancestral Homeland"（2021, ANU Press）。

林建廷

國立中央大學英美語文學系副教授。美國加州大學聖地牙哥分校文學與文化研究博士。主要的研究興趣和領域包括：醫療現代性與生命政治、亞際文化研究、批判性種族研究、新殖民主義、軍事主義與帝國研究、跨太平洋冷戰及後冷戰研究。論文發表可見於 *Inter-Asia Cultural Studies*、*Verge: Studies in Global Asias*、*Review of International American Studies*、《台灣社會研究季刊》等。相關研究獲得2016年美國研究學會「榊原胖夫國際學者論文獎」（the 2016 Yasuo Sakakibara Prize for International Scholar of American Studies Association）以及2015年國際美國研究學會年輕學者論文獎（the 2015 Emory Elliott Award of International American Studies Association）。目前正在進行個人英文專書寫作計畫（*Fugitive Medicines: Secret Doctors and the Politics of Care*）以及與 Lily Wong and Christopher Patterson 共同合編英文專書（*Transpacific Undisciplined*）。

林純德

獲英國伯明罕（Birmingham）大學文化研究碩士暨華威（Warwick）大學社會學博士，目前為中國文化大學大眾傳播學系教授，及《台灣社會研究季刊》編輯委員。學術研究領域為性／別研究及文化研究，尤聚焦於兩岸的邊緣性／別少數群體。代表著作有〈成為一隻「熊」：台灣男同志「熊族」的認同型塑與性／性別／身體展演〉（2009）、〈「C／娘」的爭戰指涉、怪胎展演與反抗能動性：檢視「蔡康永C／娘事件」中的「性別平等教育女性主義」論述〉（2013）、〈客家「村姑」要進城：台灣客家男同志的認同型塑及其性／別、族群與城鄉的交織展演與政略〉（2016）、〈妖嬈若是：當代中國大陸「妖」的山寨性／別模組化展現〉（2020）等。

張馨文

印度班加羅爾文化與社會研究中心（Centre for the Study of Culture and Society）文化研究博士、拉岡取向心理分析實踐者、社會運動者。目前為德里安貝卡大學（Dr. B. R. Ambedkar University, Delhi）心理系博士候選人。

黃詠光

台大建築與城鄉研究所碩士，曾就讀於印度班加羅爾文化與社會研究中心（Centre for the Study of Culture and Society），現為印度理工學院德里分校（Indian Institute of Technology, Delhi）人文與社會科學研究所博士候選人。

劉人鵬

國立清華大學中國文學系教授。著有《閻若璩與古文尚書辨偽：一個學術史的個案研究》（2005[1991]）；《近代中國女權論述：國族、翻譯與性別政治》（2000）；與丁乃非、白瑞梅合著《罔兩問景：酷兒閱讀攻略》（2007）。編有《憂鬱的文化政治》（與鄭聖勳、宋玉雯合編，2010）；《置疑婚姻家庭連續體》（與丁乃非合編，2011）；《酷兒情感政治：海澀愛文選》（與宋玉雯、鄭聖勳、蔡孟哲合編，2012）；《抱殘守缺：21世紀殘障研究讀本》（與宋玉雯、蔡孟哲、鄭聖勳合編，2014）。

校譯者

方郁甄

國立中央大學英美語文學所碩士在學，文學與文化研究訓練出身。關注議題為女性主義之性政治、婚姻家庭作為性別化場域、跨性別、台灣城鄉差距與階級、冷戰文化遺緒、童年與兒童的現代建構、精神分析實踐、酷兒情感情緒。得過林榮三文學獎、中興湖文學獎、台灣文學營文學獎，作品散見《自由時報》。

張行

印第安納大學（Indiana University）性／別研究博士生。2017年獲杜克大學（Duke University）東亞研究碩士學位，2021年獲國立中央大學性／別研究碩士學位。研究方向包括中國酷兒文學、酷兒理論與馬克思主義的交叉、中國酷兒的西方想像。

張竣昱

國立中央大學英美語文學系畢業、藝術學研究所碩士。研究興趣包括酷兒理論、性／別政治、當代藝術、視覺文化理論、意識形態與歷史書寫、美術館與展覽的文化政治，碩士論文以攝影家Robert Mapplethorpe的作品及展覽定位為題。現為兼職譯者、評論，作品散見「流行文化學院」、「數位荒原」、「苦勞網」等站。無領域觀、心思不定。

黃道明

國立中央大學英美語文學系教授兼系主任，中央大學性／別研究室成員。著有 *Queer Politics and Sexual Modernity in Taiwan* (Hong Kong University Press, 2011)，編有《愛滋治理與在地行動》（2012）、《愛滋防治、法律與愉悅的政治》（2014）、《當欲望碰上公衛：愛滋防治的解放政治》（2016）（中央大學性／別研究室叢書）。目前從事台灣左翼酷兒系譜建構的文化研究。

蕭美芳

畢業於加州大學聖塔克魯茲分校（University of California, Santa Cruz）之藝術碩士（社會紀錄 social documentation）課程。仍學習發問．學習拍片．學習寫字。

國立陽明交通大學文化研究國際中心出版系列

「亞洲現代性與批判思想」系列

《罔兩問景 II：中間物》｜丁乃非、劉人鵬、張馨文、黃詠光／主編，丁乃非、白瑞梅 Amie Parry、李思齊 Nicholas de Villiers、林文玲、林建廷、林純德、張馨文、黃詠光、劉人鵬／著，方郁甄、張行、張俊昱、黃道明、蕭美芳／譯，陽明交通大學出版社

《懶惰土著的迷思：16至20世紀馬來人、菲律賓人和爪哇人的形象及其於殖民資本主義意識形態中的功能》｜賽胡先・阿拉塔斯 Syed Hussein Alatas／著，陳耀宗／譯，蘇穎欣／審校，陽明交通大學出版社

《落地轉譯：臺灣外文研究的百年軌跡》｜王智明／著，聯經出版公司

《創造國族：羅摩誕生地運動與恐懼自身》｜阿席斯・南地 Ashis Nandy、什卡・特維迪 Shikha Trivedy、沙・馬亞南 Shail Mayaram、阿育・雅歷 Achyut Yagnik／著，李孝智／譯，台灣社會研究雜誌社

《話語：申榮福的最後一門課》｜申榮福 신영복／著，白元淡 백원담、尹泳祹 윤영도／監譯，延光錫 연광석／譯，陽明交通大學出版社

《疆界、主權、法》｜林淑芬／主編、校譯，卡爾・施密特 Carl Schmitt、艾蒂安・巴里巴 Etienne Balibar、尼克・旺－威廉斯 Nick Vaughan-Williams、酒井直樹 Naoki Sakai、裘迪・柏蘭柯 Jody Blanco、魯納 Rune Svarverud、藍弘岳、聶保真 Pál Nyiri／著，林芳如、洪世謙、施清婧、唐慧宇、陳佩甄、詹亞訓、蔡慶樺／譯，陽明交通大學出版社

《一分為二：現代中國政治思想的哲學考掘學》｜劉紀蕙／著，聯經出版公司

《革命－後革命：中國崛起的歷史、思想、文化省思》｜賀照田／著，陽明交通大學出版社

《思想的分斷：陳映真與朴玄埰》｜延光錫 연광석／著，台灣社會研究雜誌社

《鑑往知來：中國與全球歷史變遷的模式與社會理論》｜王國斌 R. Bin Wong／著，李立凡／譯，陽明交通大學出版社

《農民工與新工人：當代中國階級問題研究》｜潘毅、孟捷／主編，潘毅、沈原、孟捷、李怡樂、任焰、盧暉臨、郭于華、黃斌歡、黃宗智、鄭廣懷、張慧鵬、許怡、佟新、何明潔、張銜、汪建華、邱林川／著，陽明交通大學出版社

《歷史的記憶與日常：資本主義與東亞批判研究——哈若圖寧選集》｜哈若圖寧 Harry Harootunian／著，劉紀蕙、陳春燕／主編，王梅春、王琬葶、周俊男、陳春燕、陳莉萍、謝樹寬／譯，陽明交通大學出版社

《文革的政治與困境：陳伯達與「造反」的時代》｜白承旭 백승욱／著，延光錫 연광석／譯，胡清雅／校對，陽明交通大學出版社

「批判理論翻譯叢書」系列

《抵抗的人民・不屈的電影：布洛薩的電影、哲學、政治札記》｜阿蘭・布洛薩 Alain Brossat／著，曹天羽／譯，林深靖、羅惠珍／審校，陽明交通大學出版社

《解殖：全球殖民性與世界失序》｜瓦爾特・米尼奧羅 Walter D. Mignolo／著，唐慧宇、劉紀蕙／編，王嘉蘭、周俊男、唐慧宇、黃杰／譯，陽明交通大學出版社

《遭撞翻的哲學家：哲學評論集》｜阿蘭・布洛薩 Alain Brossat／著，謝承叡、韓旻奇、羅惠珍／譯，羅惠珍／審校，陳韋勳／校譯，陽明交通大學出版社

《錯開的交會：傅柯與中國》｜阿蘭・布洛薩 Alain Brossat／著，謝承叡、郭亮廷、羅惠珍、湯明潔、林士鈞／譯，羅惠珍／校閱，陽明交通大學出版社

《波灣戰爭不曾發生》｜尚・布希亞 Jean Baudrillard／著，邱德亮、黃建宏／譯，朱元鴻／校閱，麥田出版社

《欺矇的戰略》｜保羅・維希留 Paul Virilio／著，陳惠敏、蕭旭智／譯，邱德亮／校閱，麥田出版社

《恐怖主義的精靈》｜尚‧布希亞 Jean Baudrillard／著，邱德亮、黃建宏／譯，朱元鴻／校閱，麥田出版社
《歡迎光臨真實荒漠》｜斯拉維‧紀傑 Slavoj Žižek／著，王文姿／譯，林淑芬／校閱，麥田出版社
《例外狀態》｜阿岡本 Giorgio Agamben／著，薛熙平／譯，林淑芬／校閱，麥田出版社
《歧義：政治與哲學》｜賈克‧洪席耶 Jacques Rancière／著，劉紀蕙、林淑芬、陳克倫、薛熙平／譯，洪世謙／
　　法文審訂，麥田出版社
《傅柯：危險哲學家》｜阿蘭‧布洛薩 Alain Brossat／著，羅惠珍／譯，朱元鴻、楊成瀚、蕭旭智、陳惠敏／校
　　訂，麥田出版社
《歷史之名》｜賈克‧洪席耶 Jacques Rancière／著，魏德驥、楊淳嫻／譯，麥田出版社

「生命政治」系列
《亞斯伯格的孩子們：自閉症在納粹維也納的起源》｜伊迪絲‧薛弗 Edith Sheffer／著，吳哲良、黃明慧／譯，
　　陽明交通大學出版社
《求生意志：愛滋治療與存活政治》｜ João Biehl／著，陳秋山、李佳霖、曹寶文／譯，林淑芬、陳秋山／審
　　訂，陽明交通大學出版社

「台灣研究」系列
《侯孝賢的凝視：抒情傳統、文本互涉與文化政治》｜謝世宗／著，群學出版社
《從科學月刊、保釣到左翼運動：林孝信的實踐之路》｜王智明／主編，王智明、吳永毅、李淑珍、林正慧、林
　　嘉黎、林麗雲、陳光興、陳宜中、陳美霞、陳瑞樺、劉源俊、歐素瑛、錢永祥、鍾秀梅、蘇淑芬／著，聯
　　經出版公司
《日治時期台灣現代文學辭典》｜柳書琴／主編，陳萬益／總顧問，聯經出版公司
《回望現實‧凝視人間：鄉土文學論戰四十年選集(修訂版)》｜王智明、林麗雲、徐秀慧、任佑卿／主編，聯合
　　文學出版社
《階級攸關：國族論述、性別政治與資本主義的文學再現》｜謝世宗／著，群學出版社
《砂糖之島：日治初期的臺灣糖業史1895-1911》｜黃紹恆／著，陽明交通大學出版社

「左翼文學書寫政治」系列
《蝸牛在荊棘上：路翎及其作品研究》｜宋玉雯／著，陽明交通大學出版社

「亞際翻譯實驗書寫」系列
《馬來素描》｜亞非言(Alfian Sa'at)／著，蘇穎欣／譯，四方文創股份有限公司

「藝術思潮」系列
《活隱喻‧活博物館系列一：六燃國際互動劇場合集》｜賴雯淑／編著，賴雯淑、王小苗、馬克斯‧舒馬赫 Max
　　Schumacher、棚橋洋子 Hiroko Tanahashi／著，王聖智、賴雯淑／譯，賴雯淑／審校，陽明交通大學出版社
《活隱喻‧活博物館系列二：遇／預見六燃——賴雯淑藝術裝置個展作品集》｜賴雯淑／著，王聖智／譯，陽明
　　交通大學出版社
《活隱喻‧活博物館系列三：2022六燃文件展——移動的六燃》｜賴雯淑／編著，王俊秀、沈致軒、史欽泰、
　　邱筠穎、何黛雯、林一平、林子博、林冠吟、林雅萍、林曉薇、施承毅、高綺蔓、陳啟仁、陳佳利、陳怡
　　寧、洪致文、郭中端、堀込憲二、梁信鈞、張鈞傑、黃舒楣、榮芳杰、趙家麟、鄧詠嫣、鄭昌杰、劉為
　　光、賴雯淑／著，王聖智／譯，賴雯淑／審校，陽明交通大學出版社

《蔡明亮的十三張臉：華語電影研究的當代面孔》｜孫松榮、曾炫淳／主編，羅鵬、裴開瑞、馬蘭清、馬彥君、馬嘉蘭、劉永晧、包衛紅、謝世宗、何重誼、林志明、孫松榮、張小虹、林松輝／著，蔡文晟／譯，陽明交通大學出版社

「藝術介入與社會行動」系列

《民眾在何處？——亞際社會的民眾劇場》(中英版)｜李齊、雷智宇 Zikri Rahman、劉紀蕙／主編，林欣怡、劉紀蕙、李齊、雷智宇 Zikri Rahman、Glecy Cruz Atienza、Muhammad Febriansyah、安筱霏 Ratu Selvi Agnesia、丁東 Dindon W. S.、Richard Barber、Robin Weichert、區秀詒、韓嘉玲、王墨林、鍾喬、阿道‧巴辣夫‧冉而山、夏曉鵑、李秀珣、吳思鋒、白大鉉、洪承伊、趙川、王楚禹、劉馨鴻、Assane Alberto Cassimo、郭亮廷／著，李丁、黃雋浩、吳庭寬、胡明、劉岩、延光錫、白真松、葉寶儀／譯，陽明交通大學出版社

「亞洲現代性與批判思想」系列

罔兩問景 II：中間物

國家圖書館出版品預行編目（CIP）資料

罔兩問景 II：中間物／丁乃非，白瑞梅（Amie Parry），李思齊（Nicholas de Villiers），林文玲，林建廷，林純德，張馨文，黃詠光，劉人鵬著；丁乃非，劉人鵬，張馨文，黃詠光主編. -- 初版. -- 新竹市：國立陽明交通大學出版社，2022.11
368 面；17×23 公分. --（亞洲現代性與批判思想系列）
ISBN 978-986-5470-48-7（平裝）

1. CST：性別研究　2. CST：文集

544.707　　　　　　　　　　　　　　111016034

策　　畫：國立陽明交通大學文化研究國際中心
總 主 編：劉紀蕙
主　　編：丁乃非、劉人鵬、張馨文、黃詠光
作　　者：丁乃非、白瑞梅（Amie Parry）、李思齊
　　　　　（Nicholas de Villiers）、林文玲、林建廷、
　　　　　林純德、張馨文、黃詠光、劉人鵬
　　　　　（依筆畫序）
譯　　者：方郁甄、張行、張俊昱、黃道明、蕭美芳
　　　　　（依筆畫序）
特約編輯：陳筱茵
行政編輯：蘇淑芬
文字校對：楊雅婷
美術設計：羅文岑
內頁排版：顏麟驊

出 版 者：國立陽明交通大學出版社
發 行 人：林奇宏
社　　長：黃明居
執行主編：程惠芳
助理編輯：林軒陞
行　　銷：蕭芷芃

地　　址：新竹市大學路 1001 號
讀者服務：03-5712121#50503
　　　　　（週一至週五上午 8:30 至下午 5:00）
傳　　真：03-5731764
e - m a i l：press@nycu.edu.tw
網　　址：http://press.nycu.edu.tw
FB粉絲團：http://www.facebook.com/nycupress

製版印刷：中原造像股份有限公司
初版日期：2022 年 11 月
定　　價：450 元
I S B N：978-986-5470-48-7
G P N：1011101667

展售門市查詢
陽明交通大學出版社
http://press.nycu.edu.tw
三民書局
臺北市重慶南路一段 61 號
網　　址：http://www.sanmin.com.tw
電　　話：02-23617511

或洽政府出版品集中展售門市
國家書店
臺北市松江路 209 號 1 樓
網　　址：http://www.govbooks.com.tw
電　　話：02-25180207
五南文化廣場臺中總店
臺中市台灣大道二段 85 號
網　　址：http://www.wunanbooks.com.tw
電　　話：04-22260330

教育部高教深耕計畫特色領域研究中心
國立陽明交通大學文化研究國際中心　資助